# 2016
# 中国房地产统计年鉴

国家统计局
固定资产投资统计司 编

中国统计出版社
China Statistics Press

图书在版编目（CIP）数据

中国房地产统计年鉴. 2016 / 国家统计局固定资产投资统计司编. -- 北京: 中国统计出版社，2016.12
ISBN 978-7-5037-8080-6

Ⅰ. ①中… Ⅱ. ①国… Ⅲ. ①房地产业－统计资料－中国－2016－年鉴 Ⅳ. ①F299.233-54

中国版本图书馆 CIP 数据核字(2016)第 283767 号

中国房地产统计年鉴—2016

作　者/国家统计局固定资产投资统计司
责任编辑/佘竞雄
装帧设计/李雪燕　李　静
出版发行/中国统计出版社
通信地址/北京市丰台区西三环南路甲 6 号　邮政编码/100073
电　话/邮购（010）63376909　书店（010）68783171
网　址/http://www.zgtjcbs.com/
印　刷/河北鑫宏源印刷包装有限责任公司
经　销/新华书店
开　本/880mm×1230mm　1/16
字　数/500 千字
印　张/15.5
版　别/2016 年 12 月第 1 版
版　次/2016 年 12 月第 1 次印刷
定　价/380.00 元

如有印装差错，由本社发行部调换。

# 说　明

《中国房地产统计年鉴—2016》是一部反映中国房地产市场运行状况的统计资料，收集了全国房地产开发企业开发经营统计数据，是全面客观研究和深入量化分析房地产市场的权威工具。本年鉴在国家统计局固定资产投资司与中国指数研究院共同出版的《中国房地产统计年鉴》(1999-2015)基础上，对结构和表式进行了重新编辑。

《中国房地产统计年鉴—2016》资料来源于 2015 年全国房地产开发统计报表基层数据。本年鉴分为综合篇和城市篇两大部分。

综合篇主要内容包括：各地区房地产开发企业个数及从业人员情况；各地区房地产开发投资完成情况及到位资金情况；各地区房屋开竣工面积、商品房销售及土地购置情况；各地区房地产开发企业经营收入及资产负债情况等。

为重点反映全国大、中城市房地产开发企业的运行状况，本年鉴单独发布了35个重点城市（直辖市、省会城市及计划单列市）的房地产开发统计资料。城市篇的主要内容包括：重点城市房地产开发企业完成投资情况；重点城市商品房销售情况、成套房屋建设情况、商品房待售情况以及房地产企业主要财务指标完成情况等。

本年鉴数据使用注意事项：

1. 本年鉴资料来源于房地产开发企业联网直报的基层报表数据库，不包括香港、澳门特别行政区和台湾省数据。

2. 本年鉴资料凡小数点后各项相加不等于总计者，均由于数据四舍五入的缘故。

3. 本年鉴各表中的“空格”表示该项统计指标数据不足本表最小单位数、数据不详或无该项数据。

4. 本年鉴资料由国家统计局固定资产投资统计司编制并负责解释。

咨询电话：010-68782436，010-68783355

邮箱：tzfcc@gj.stats.cn

由于编辑时间比较仓促，本年鉴难免存在一些不妥之处，欢迎广大读者批评指正。

# 目　录

## 第一部分　综合篇

### 第一章　房地产开发企业基本概况



### 第二章　房地产开发投资及企业到位资金情况

## 附　　录

# 第一部分　综合篇

## 第一章　房地产开发企业基本概况

# 1-1　房地产开发企业主要指标完成情况

| 指　　标 | 绝对量 | | 增速 | |
|---|---|---|---|---|
| | 2014 | 2015 | 2014 | 2015 |
| **一、企业个数(个)** | **94197** | **93426** | **3.0** | **-0.8** |
| 内资 | 89218 | 88773 | 3.3 | -0.5 |
| #国有 | 1476 | 1329 | -15.1 | -10.0 |
| 集体 | 457 | 409 | -19.8 | -10.5 |
| 港、澳、台投资 | 3414 | 3235 | 0.7 | -5.2 |
| 外商投资 | 1565 | 1418 | -6.5 | -9.4 |
| **二、本年完成投资(亿元)** | **95035.61** | **95978.85** | **10.5** | **1.0** |
| 1.按构成分 | | | | |
| 建筑安装工程 | 70561.11 | 71195.57 | 10.4 | 0.9 |
| 设备工器具购置 | 1306.91 | 1211.52 | 4.6 | -7.3 |
| 其他费用 | 23167.59 | 23571.75 | 11.1 | 1.7 |
| #土地购置费 | 17458.53 | 17675.44 | 29.3 | 1.2 |
| 2.按工程用途分 | | | | |
| 住宅 | 64352.15 | 64595.24 | 9.2 | 0.4 |
| 办公楼 | 5641.19 | 6209.74 | 21.3 | 10.1 |
| 商业营业用房 | 14346.25 | 14607.49 | 20.1 | 1.8 |
| 其他 | 10696.02 | 10566.37 | 2.2 | -1.2 |
| **三、本年新增固定资产(亿元)** | **41251.03** | **40937.81** | **10.3** | **-0.8** |
| **四、本年土地购置面积(万平方米)** | **33383.0** | **22810.8** | **-14.0** | **-31.7** |
| **五、房屋建筑面积(万平方米)** | | | | |
| 施工面积 | 726482.3 | 735693.4 | 9.2 | 1.3 |
| #住宅 | 515096.4 | 511569.5 | 5.9 | -0.7 |
| 竣工面积 | 107459.0 | 100039.1 | 5.9 | -6.9 |
| #住宅 | 80868.3 | 73777.4 | 2.7 | -8.8 |
| **六、商品房销售** | | | | |
| 商品房销售面积(万平方米) | 120648.5 | 128495.0 | -7.6 | 6.5 |
| #住宅 | 105187.8 | 112412.3 | -9.1 | 6.9 |
| #别墅、高档公寓 | 3047.3 | 3487.4 | -16.1 | 14.4 |
| 商品房平均销售价格(元/平方米) | 6324 | 6793 | 1.4 | 7.4 |
| #住宅 | 5933 | 6473 | 1.4 | 9.1 |
| #别墅、高档公寓 | 12965 | 15157 | 3.0 | 16.9 |
| **七、利润总额(亿元)** | **6446.06** | **6473.12** | **-34.4** | **0.4** |

注：商品房平均销售价格由报告期内新建商品房销售额除以销售面积计算而成。不同时期的商品房平均销售价格可能会受商品房区域、房屋类型等各种因素的影响(以下相关各表同)。

# 1–2 各地区按登记注册类型分的房地产开发企业个数

单位：个

| 地区 | 总计 | 内资 | | | | | |
|---|---|---|---|---|---|---|---|
| | | | 国有 | 集体 | 股份合作 | 国有联营 | 集体联营 |
| **全国总计** | **93426** | **88773** | **1329** | **409** | **77** | **6** | **3** |
| 北京 | 2784 | 2545 | 60 | 16 | 1 | | |
| 天津 | 1267 | 1164 | 56 | 6 | 2 | 2 | |
| 河北 | 3181 | 3130 | 9 | | | | |
| 山西 | 2430 | 2410 | 66 | 7 | | | |
| 内蒙古 | 2048 | 2043 | 7 | 1 | 1 | | |
| 辽宁 | 3514 | 3166 | 19 | 4 | 5 | | |
| 吉林 | 1727 | 1702 | 6 | 1 | 1 | | |
| 黑龙江 | 2041 | 2012 | 39 | 1 | 1 | | |
| 上海 | 2758 | 2354 | 54 | 15 | 1 | 1 | 1 |
| 江苏 | 6642 | 6056 | 69 | 32 | 3 | | |
| 浙江 | 6252 | 5911 | 51 | 15 | 6 | 2 | |
| 安徽 | 3620 | 3537 | 46 | 6 | | | |
| 福建 | 3151 | 2773 | 71 | 17 | | | |
| 江西 | 2187 | 2095 | 37 | 5 | 2 | | |
| 山东 | 6606 | 6395 | 104 | 59 | 8 | | |
| 河南 | 6158 | 6069 | 66 | 6 | 3 | | 1 |
| 湖北 | 4212 | 4107 | 75 | 14 | | | |
| 湖南 | 3710 | 3623 | 65 | 6 | 3 | | |
| 广东 | 7341 | 6451 | 103 | 146 | 10 | | 1 |
| 广西 | 2423 | 2329 | 52 | 11 | 5 | | |
| 海南 | 1103 | 1037 | 24 | 1 | 2 | | |
| 重庆 | 2585 | 2450 | 31 | 2 | 4 | | |
| 四川 | 4032 | 3903 | 43 | 8 | 7 | | |
| 贵州 | 2633 | 2595 | 29 | 3 | 1 | | |
| 云南 | 2649 | 2610 | 37 | 4 | 2 | | |
| 西藏 | 45 | 45 | 1 | | | | |
| 陕西 | 2070 | 2031 | 62 | 10 | 5 | | |
| 甘肃 | 1533 | 1516 | 30 | 12 | 2 | | |
| 青海 | 330 | 329 | 3 | | 1 | 1 | |
| 宁夏 | 539 | 535 | 1 | | | | |
| 新疆 | 1855 | 1850 | 13 | 1 | 1 | | |

1-2　续表 1　　　　　　　　　　　　　　　　　　　　单位：个

| 地　区 | 内资 | | | | | | |
|---|---|---|---|---|---|---|---|
| | 国有与集体联营 | 其他联营 | 国有独资公司 | 其他有限责任公司 | 股份有限公司 | 私营独资 | 私营合伙 |
| **全国总计** | **4** | **6** | **1706** | **41655** | **3150** | **173** | **32** |
| 北　京 | | | 53 | 1830 | 51 | | |
| 天　津 | | | 70 | 635 | 48 | 1 | 1 |
| 河　北 | | | 16 | 1574 | 131 | 7 | 2 |
| 山　西 | | | 32 | 399 | 22 | | |
| 内蒙古 | | | 20 | 909 | 84 | 3 | 1 |
| 辽　宁 | | | 45 | 1336 | 111 | 11 | |
| 吉　林 | | | 23 | 866 | 90 | 8 | |
| 黑龙江 | | | 25 | 985 | 116 | 4 | |
| 上　海 | 1 | | 141 | 1107 | 51 | 5 | 1 |
| 江　苏 | | | 131 | 2087 | 228 | 17 | 3 |
| 浙　江 | 1 | | 133 | 2597 | 74 | 7 | 2 |
| 安　徽 | | | 66 | 1595 | 109 | 9 | 3 |
| 福　建 | 1 | | 107 | 1396 | 59 | 1 | |
| 江　西 | | | 37 | 991 | 124 | 5 | 1 |
| 山　东 | | | 120 | 3128 | 345 | 9 | |
| 河　南 | | 3 | 41 | 3791 | 314 | 9 | 2 |
| 湖　北 | | | 59 | 1835 | 193 | 8 | 2 |
| 湖　南 | | | 75 | 1604 | 185 | 10 | 2 |
| 广　东 | | 2 | 73 | 3506 | 139 | 15 | 2 |
| 广　西 | | | 40 | 860 | 97 | 8 | 2 |
| 海　南 | 1 | | 27 | 708 | 53 | 2 | 1 |
| 重　庆 | | | 79 | 938 | 42 | 4 | |
| 四　川 | | | 66 | 1876 | 167 | 10 | 3 |
| 贵　州 | | | 52 | 1276 | 69 | 1 | 3 |
| 云　南 | | | 45 | 1099 | 93 | 10 | |
| 西　藏 | | 1 | 3 | 14 | 2 | | |
| 陕　西 | | | 59 | 1053 | 81 | 3 | |
| 甘　肃 | | | 19 | 757 | 46 | 5 | |
| 青　海 | | | 11 | 92 | 11 | | |
| 宁　夏 | | | 12 | 122 | 4 | | |
| 新　疆 | | | 26 | 689 | 11 | 1 | 1 |

1-2 续表 2

单位：个

| 地　　区 | 内　资 | | | 港澳台商投　资 | | | |
|---|---|---|---|---|---|---|---|
| | 私营有限责任公司 | 私营股份有限公司 | 其他内资企　业 | | 合资经营 | 合作经营 | 独　资 |
| **全国总计** | **37778** | **2291** | **154** | **3235** | **1114** | **291** | **1765** |
| 北　京 | 519 | 15 | | 141 | 49 | 52 | 40 |
| 天　津 | 323 | 17 | 3 | 58 | 26 | 1 | 26 |
| 河　北 | 1297 | 86 | 8 | 33 | 13 | | 20 |
| 山　西 | 1831 | 52 | 1 | 13 | 9 | | 4 |
| 内 蒙 古 | 969 | 44 | 4 | 2 | 2 | | |
| 辽　宁 | 1565 | 65 | 5 | 233 | 95 | 7 | 126 |
| 吉　林 | 663 | 40 | 4 | 17 | 7 | | 8 |
| 黑 龙 江 | 763 | 76 | 2 | 19 | 9 | 1 | 8 |
| 上　海 | 935 | 40 | 1 | 273 | 97 | 11 | 162 |
| 江　苏 | 3288 | 193 | 5 | 396 | 135 | 10 | 244 |
| 浙　江 | 2969 | 51 | 3 | 225 | 93 | 3 | 123 |
| 安　徽 | 1565 | 127 | 11 | 55 | 24 | 1 | 27 |
| 福　建 | 1067 | 52 | 2 | 283 | 87 | 8 | 183 |
| 江　西 | 812 | 77 | 4 | 71 | 31 | 1 | 39 |
| 山　东 | 2432 | 176 | 14 | 145 | 62 | 11 | 71 |
| 河　南 | 1656 | 162 | 15 | 60 | 20 | 4 | 32 |
| 湖　北 | 1806 | 110 | 5 | 78 | 34 | 3 | 38 |
| 湖　南 | 1499 | 164 | 10 | 62 | 25 | 1 | 34 |
| 广　东 | 2343 | 101 | 10 | 689 | 148 | 164 | 368 |
| 广　西 | 1169 | 80 | 5 | 57 | 26 | 4 | 27 |
| 海　南 | 193 | 19 | 6 | 51 | 14 | | 32 |
| 重　庆 | 1270 | 79 | 1 | 99 | 30 | 3 | 66 |
| 四　川 | 1616 | 99 | 8 | 75 | 23 | 2 | 46 |
| 贵　州 | 1068 | 91 | 2 | 29 | 19 | 1 | 9 |
| 云　南 | 1211 | 94 | 15 | 30 | 17 | 1 | 12 |
| 西　藏 | 24 | | | | | | |
| 陕　西 | 685 | 70 | 3 | 23 | 5 | 2 | 16 |
| 甘　肃 | 600 | 43 | 2 | 12 | 10 | | 2 |
| 青　海 | 197 | 13 | | | | | |
| 宁　夏 | 379 | 17 | | 2 | 1 | | 1 |
| 新　疆 | 1064 | 38 | 5 | 4 | 3 | | 1 |

1-2　续表 3

单位：个

| 地　区 | 港澳台商投资 | | 外商投资 | | | | | |
|---|---|---|---|---|---|---|---|---|
| | 股份有限 | 其　他 | | 合资经营 | 合作经营 | 独　资 | 股份有限 | 其　他 |
| **全国总计** | **53** | **12** | **1418** | **558** | **128** | **663** | **48** | **21** |
| 北　京 | | | 98 | 44 | 34 | 18 | 2 | |
| 天　津 | 5 | | 45 | 19 | 3 | 18 | 3 | 2 |
| 河　北 | | | 18 | 8 | 1 | 8 | 1 | |
| 山　西 | | | 7 | 3 | | 4 | | |
| 内蒙古 | | | 3 | 1 | | 1 | | 1 |
| 辽　宁 | 5 | | 115 | 58 | 6 | 47 | 4 | |
| 吉　林 | 1 | 1 | 8 | 7 | 1 | | | |
| 黑龙江 | 1 | | 10 | 4 | 1 | 5 | | |
| 上　海 | 2 | 1 | 131 | 42 | 7 | 75 | 7 | |
| 江　苏 | 7 | | 190 | 78 | 8 | 103 | | 1 |
| 浙　江 | 5 | 1 | 116 | 59 | 2 | 52 | 2 | 1 |
| 安　徽 | 3 | | 28 | 8 | 1 | 17 | 1 | 1 |
| 福　建 | 5 | | 95 | 24 | 1 | 62 | 5 | 3 |
| 江　西 | | | 21 | 10 | | 10 | 1 | |
| 山　东 | 1 | | 66 | 31 | 9 | 25 | | 1 |
| 河　南 | 1 | 3 | 29 | 11 | 1 | 15 | 1 | 1 |
| 湖　北 | 2 | 1 | 27 | 14 | | 10 | 1 | 2 |
| 湖　南 | | 2 | 25 | 14 | 1 | 8 | 2 | |
| 广　东 | 9 | | 201 | 52 | 40 | 96 | 9 | 4 |
| 广　西 | | | 37 | 17 | | 16 | 2 | 2 |
| 海　南 | 3 | 2 | 15 | 4 | 2 | 9 | | |
| 重　庆 | | | 36 | 12 | 3 | 15 | 4 | 2 |
| 四　川 | 3 | 1 | 54 | 19 | 2 | 32 | 1 | |
| 贵　州 | | | 9 | 4 | 3 | 2 | | |
| 云　南 | | | 9 | 4 | 1 | 3 | 1 | |
| 西　藏 | | | | | | | | |
| 陕　西 | | | 16 | 6 | 1 | 8 | 1 | |
| 甘　肃 | | | 5 | 3 | | 2 | | |
| 青　海 | | | 1 | 1 | | | | |
| 宁　夏 | | | 2 | 1 | | 1 | | |
| 新　疆 | | | 1 | | | 1 | | |

# 1-3 各地区按资质等级分的房地产开发企业个数

单位：个

| 地区 | 总计 | 一级 | 二级 | 三级 | 四级 | 暂定 | 其他 |
|---|---|---|---|---|---|---|---|
| **全国总计** | **93426** | **1250** | **9778** | **20281** | **17949** | **37922** | **6246** |
| 北京 | 2784 | 108 | 175 | 220 | 1197 | 574 | 510 |
| 天津 | 1267 | 25 | 103 | 126 | 734 | 229 | 50 |
| 河北 | 3181 | 53 | 318 | 585 | 1161 | 1001 | 63 |
| 山西 | 2430 | 18 | 180 | 326 | 1218 | 641 | 47 |
| 内蒙古 | 2048 | 27 | 165 | 331 | 1117 | 331 | 77 |
| 辽宁 | 3514 | 46 | 210 | 832 | 55 | 2042 | 329 |
| 吉林 | 1727 | 11 | 210 | 341 | 382 | 751 | 32 |
| 黑龙江 | 2041 | 16 | 304 | 1104 | 179 | 378 | 60 |
| 上海 | 2758 | 54 | 246 | 318 | 4 | 1741 | 395 |
| 江苏 | 6642 | 97 | 1898 | 827 | 43 | 3196 | 581 |
| 浙江 | 6252 | 125 | 535 | 1452 | 730 | 2622 | 788 |
| 安徽 | 3620 | 33 | 303 | 865 | 307 | 1987 | 125 |
| 福建 | 3151 | 30 | 145 | 751 | 591 | 1427 | 207 |
| 江西 | 2187 | 12 | 168 | 535 | 307 | 1084 | 81 |
| 山东 | 6606 | 111 | 479 | 985 | 1447 | 3137 | 447 |
| 河南 | 6158 | 77 | 662 | 992 | 744 | 3109 | 574 |
| 湖北 | 4212 | 56 | 441 | 817 | 1082 | 1726 | 90 |
| 湖南 | 3710 | 31 | 278 | 1551 | 727 | 1029 | 94 |
| 广东 | 7341 | 78 | 288 | 1409 | 1881 | 3002 | 683 |
| 广西 | 2423 | 19 | 141 | 501 | 332 | 1297 | 133 |
| 海南 | 1103 | 3 | 29 | 88 | 129 | 734 | 120 |
| 重庆 | 2585 | 52 | 738 | 666 | 58 | 1015 | 56 |
| 四川 | 4032 | 52 | 602 | 2373 | 133 | 712 | 160 |
| 贵州 | 2633 | 5 | 172 | 475 | 586 | 1266 | 129 |
| 云南 | 2649 | 30 | 236 | 281 | 988 | 973 | 141 |
| 西藏 | 45 |  | 4 | 15 | 5 | 20 | 1 |
| 陕西 | 2070 | 34 | 291 | 510 | 760 | 294 | 181 |
| 甘肃 | 1533 | 8 | 128 | 477 | 469 | 435 | 16 |
| 青海 | 330 | 3 | 95 | 96 | 67 | 59 | 10 |
| 宁夏 | 539 | 11 | 108 | 124 | 116 | 174 | 6 |
| 新疆 | 1855 | 25 | 126 | 308 | 400 | 936 | 60 |

# 1-4　各地区按隶属关系分的房地产开发企业个数

单位：个

| 地　区 | 合　计 | 中央属 | 地方属 | 省　属 | 地市属 | 县　属 | 其　他 |
|---|---|---|---|---|---|---|---|
| **全国总计** | **93426** | **725** | **92701** | **1637** | **8232** | **8899** | **73933** |
| 北　京 | 2784 | 110 | 2674 | 206 | 258 | 1 | 2209 |
| 天　津 | 1267 | 33 | 1234 | 121 | 284 | 74 | 755 |
| 河　北 | 3181 | 12 | 3169 | 13 | 267 | 324 | 2565 |
| 山　西 | 2430 | 18 | 2412 | 39 | 115 | 94 | 2164 |
| 内蒙古 | 2048 | 11 | 2037 | 10 | 143 | 270 | 1614 |
| 辽　宁 | 3514 | 24 | 3490 | 15 | 283 | 278 | 2914 |
| 吉　林 | 1727 | 4 | 1723 | 3 | 157 | 202 | 1361 |
| 黑龙江 | 2041 | 7 | 2034 | 73 | 273 | 368 | 1320 |
| 上　海 | 2758 | 42 | 2716 | 153 | 342 | 44 | 2177 |
| 江　苏 | 6642 | 26 | 6616 | 40 | 246 | 329 | 6001 |
| 浙　江 | 6252 | 12 | 6240 | 55 | 212 | 248 | 5725 |
| 安　徽 | 3620 | 20 | 3600 | 67 | 379 | 293 | 2861 |
| 福　建 | 3151 | 10 | 3141 | 39 | 260 | 355 | 2487 |
| 江　西 | 2187 | 13 | 2174 | 37 | 144 | 272 | 1721 |
| 山　东 | 6606 | 43 | 6563 | 97 | 530 | 897 | 5039 |
| 河　南 | 6158 | 23 | 6135 | 48 | 746 | 843 | 4498 |
| 湖　北 | 4212 | 41 | 4171 | 41 | 505 | 359 | 3266 |
| 湖　南 | 3710 | 17 | 3693 | 62 | 400 | 380 | 2851 |
| 广　东 | 7341 | 46 | 7295 | 55 | 820 | 640 | 5780 |
| 广　西 | 2423 | 7 | 2416 | 24 | 255 | 214 | 1923 |
| 海　南 | 1103 | 9 | 1094 | 86 | 154 | 218 | 636 |
| 重　庆 | 2585 | 39 | 2546 | 80 | 292 | 123 | 2051 |
| 四　川 | 4032 | 37 | 3995 | 38 | 258 | 528 | 3171 |
| 贵　州 | 2633 | 20 | 2613 | 44 | 94 | 285 | 2190 |
| 云　南 | 2649 | 11 | 2638 | 62 | 147 | 417 | 2012 |
| 西　藏 | 45 |  | 45 | 2 | 8 | 4 | 31 |
| 陕　西 | 2070 | 25 | 2045 | 58 | 318 | 248 | 1421 |
| 甘　肃 | 1533 | 7 | 1526 | 33 | 185 | 205 | 1103 |
| 青　海 | 330 | 3 | 327 | 10 | 37 | 26 | 254 |
| 宁　夏 | 539 | 4 | 535 | 13 | 24 | 13 | 485 |
| 新　疆 | 1855 | 51 | 1804 | 13 | 96 | 347 | 1348 |

# 1–5 各地区按登记注册类型分的房地产开发企业从业人数

单位：人

| 地 区 | 总 计 | 内 资 | | | | | |
|---|---|---|---|---|---|---|---|
| | | | 国 有 | 集 体 | 股份合作 | 国有联营 | 集体联营 |
| **全国总计** | **2738454** | **2551484** | **57273** | **10771** | **1828** | **449** | **97** |
| 北 京 | 90743 | 78994 | 2529 | 292 | 51 | | |
| 天 津 | 37367 | 32953 | 2131 | 99 | 12 | 36 | |
| 河 北 | 107118 | 103665 | 420 | | | | |
| 山 西 | 58757 | 58193 | 2519 | 319 | | | |
| 内 蒙 古 | 44813 | 44643 | 209 | 11 | 3 | | |
| 辽 宁 | 79455 | 67845 | 371 | 109 | 154 | | |
| 吉 林 | 41719 | 40169 | 207 | 11 | 5 | | |
| 黑 龙 江 | 43608 | 42977 | 875 | 5 | 5 | | |
| 上 海 | 64598 | 48843 | 1256 | 392 | 7 | 37 | 14 |
| 江 苏 | 179649 | 158475 | 2375 | 861 | 53 | | |
| 浙 江 | 121738 | 112499 | 1945 | 211 | 157 | 358 | |
| 安 徽 | 110135 | 106272 | 1466 | 70 | | | |
| 福 建 | 95167 | 83975 | 2528 | 320 | | | |
| 江 西 | 69492 | 66477 | 1127 | 95 | 29 | | |
| 山 东 | 211284 | 202676 | 4982 | 2804 | 225 | | |
| 河 南 | 190755 | 187489 | 2332 | 137 | 71 | | 1 |
| 湖 北 | 132507 | 127757 | 3139 | 320 | | | |
| 湖 南 | 116069 | 112506 | 2364 | 85 | 171 | | |
| 广 东 | 228918 | 193070 | 3480 | 3560 | 237 | | 82 |
| 广 西 | 77776 | 73081 | 1761 | 181 | 78 | | |
| 海 南 | 43268 | 38806 | 1460 | 30 | 17 | | |
| 重 庆 | 96420 | 89434 | 1453 | 26 | 116 | | |
| 四 川 | 140016 | 131885 | 1494 | 272 | 193 | | |
| 贵 州 | 76812 | 75444 | 779 | 47 | 18 | | |
| 云 南 | 79293 | 75978 | 1070 | 55 | 19 | | |
| 西 藏 | 1865 | 1865 | 127 | | | | |
| 陕 西 | 84861 | 82305 | 10890 | 289 | 103 | | |
| 甘 肃 | 43098 | 42504 | 1388 | 165 | 49 | | |
| 青 海 | 10427 | 10399 | 112 | | 35 | 18 | |
| 宁 夏 | 17941 | 17773 | 40 | | | | |
| 新 疆 | 42785 | 42532 | 444 | 5 | 20 | | |

1-5　续表 1　　　　单位：人

| 地　区 | 内资 | | | | | | |
| --- | --- | --- | --- | --- | --- | --- | --- |
| | 国有与集体联营 | 其他联营 | 国有独资公司 | 其他有限责任公司 | 股份有限公司 | 私营独资 | 私营合伙 |
| **全国总计** | **52** | **203** | **70163** | **1243019** | **119244** | **5375** | **693** |
| 北　京 | | | 3105 | 60583 | 3430 | | |
| 天　津 | | | 2843 | 16724 | 2263 | 1 | |
| 河　北 | | | 482 | 50951 | 5145 | 300 | 81 |
| 山　西 | | | 1133 | 11721 | 619 | | |
| 内蒙古 | | | 830 | 20669 | 1619 | 89 | 30 |
| 辽　宁 | | | 1658 | 32066 | 3348 | 310 | |
| 吉　林 | | | 494 | 21860 | 2110 | 266 | |
| 黑龙江 | | | 2056 | 22298 | 2668 | 70 | |
| 上　海 | 8 | | 2773 | 21941 | 2604 | 210 | 4 |
| 江　苏 | | | 4598 | 58584 | 6912 | 903 | 50 |
| 浙　江 | 33 | | 3351 | 51823 | 2564 | 57 | 17 |
| 安　徽 | | | 2745 | 48412 | 9825 | 241 | 56 |
| 福　建 | 8 | | 6189 | 43744 | 2274 | 9 | |
| 江　西 | | | 1472 | 31550 | 5029 | 146 | 20 |
| 山　东 | | | 5329 | 99861 | 11111 | 289 | |
| 河　南 | | 98 | 1331 | 121240 | 9905 | 379 | 84 |
| 湖　北 | | | 4440 | 58327 | 9207 | 248 | 33 |
| 湖　南 | | | 2901 | 52563 | 5148 | 235 | 75 |
| 广　东 | | 49 | 3623 | 102664 | 8502 | 541 | 81 |
| 广　西 | | | 1382 | 27968 | 2982 | 206 | 41 |
| 海　南 | 3 | | 1255 | 26176 | 2044 | 50 | 24 |
| 重　庆 | | | 3974 | 34293 | 2340 | 96 | |
| 四　川 | | | 2526 | 63976 | 7220 | 201 | 39 |
| 贵　州 | | | 1263 | 40954 | 2622 | 30 | 37 |
| 云　南 | | | 1674 | 34564 | 2708 | 250 | |
| 西　藏 | | 56 | 52 | 670 | 53 | | |
| 陕　西 | | | 3207 | 41026 | 2993 | 87 | |
| 甘　肃 | | | 535 | 21996 | 904 | 133 | |
| 青　海 | | | 748 | 2961 | 242 | | |
| 宁　夏 | | | 1082 | 3996 | 274 | | |
| 新　疆 | | | 1112 | 16858 | 579 | 28 | 21 |

1-5 续表 2

单位：人

| 地　区 | 内资 私营有限责任公司 | 内资 私营股份有限公司 | 内资 其他内资企业 | 港澳台商投资 | 合资经营 | 合作经营 | 独资 |
|---|---|---|---|---|---|---|---|
| **全国总计** | **969773** | **67257** | **5287** | **124494** | **41122** | **10172** | **70685** |
| 北　京 | 8754 | 250 |  | 7355 | 1887 | 2735 | 2733 |
| 天　津 | 8170 | 600 | 74 | 2286 | 971 | 130 | 932 |
| 河　北 | 40146 | 5768 | 372 | 1429 | 604 |  | 825 |
| 山　西 | 40816 | 1058 | 8 | 319 | 224 |  | 95 |
| 内蒙古 | 20454 | 646 | 83 | 9 | 9 |  |  |
| 辽　宁 | 28218 | 1519 | 92 | 7258 | 2556 | 186 | 4364 |
| 吉　林 | 14380 | 739 | 97 | 1168 | 450 |  | 671 |
| 黑龙江 | 13892 | 1044 | 64 | 468 | 240 | 53 | 173 |
| 上　海 | 18840 | 757 |  | 10511 | 4882 | 592 | 4975 |
| 江　苏 | 79422 | 4574 | 143 | 14134 | 3751 | 428 | 9632 |
| 浙　江 | 50885 | 1014 | 84 | 6164 | 2384 | 35 | 3649 |
| 安　徽 | 39783 | 3333 | 341 | 2697 | 759 | 33 | 1795 |
| 福　建 | 27218 | 1594 | 91 | 8842 | 3253 | 94 | 5388 |
| 江　西 | 24682 | 2157 | 170 | 2211 | 903 | 30 | 1278 |
| 山　东 | 71491 | 5852 | 732 | 6098 | 2369 | 161 | 3547 |
| 河　南 | 46974 | 4553 | 384 | 1865 | 502 | 204 | 1077 |
| 湖　北 | 49198 | 2782 | 63 | 3407 | 1352 | 120 | 1838 |
| 湖　南 | 42744 | 5350 | 870 | 2412 | 892 | 28 | 1383 |
| 广　东 | 66790 | 3246 | 215 | 22249 | 5168 | 4550 | 12413 |
| 广　西 | 35492 | 2869 | 121 | 3554 | 1023 | 157 | 2374 |
| 海　南 | 7144 | 454 | 149 | 3727 | 1211 |  | 1696 |
| 重　庆 | 44002 | 3111 | 23 | 5348 | 1600 | 122 | 3626 |
| 四　川 | 51454 | 4290 | 220 | 4852 | 1854 | 42 | 2840 |
| 贵　州 | 27526 | 2128 | 40 | 1099 | 610 | 38 | 451 |
| 云　南 | 32152 | 2877 | 609 | 2530 | 715 | 11 | 1804 |
| 西　藏 | 907 |  |  |  |  |  |  |
| 陕　西 | 21374 | 2231 | 105 | 1647 | 216 | 423 | 1008 |
| 甘　肃 | 16494 | 782 | 58 | 480 | 398 |  | 82 |
| 青　海 | 5911 | 372 |  |  |  |  |  |
| 宁　夏 | 11786 | 595 |  | 134 | 111 |  | 23 |
| 新　疆 | 22674 | 712 | 79 | 241 | 228 |  | 13 |

1-5　续表 3　　　　　　　　　　　　　　　　　　　　　　　单位：人

| 地　区 | 港澳台商投资 | | 外商投资 | | | | | |
|---|---|---|---|---|---|---|---|---|
| | 股份有限 | 其　他 | | 合资经营 | 合作经营 | 独　资 | 股份有限 | 其　他 |
| **全国总计** | **2137** | **378** | **62476** | **20012** | **5457** | **33837** | **2163** | **1007** |
| 北　京 | | | 4394 | 1534 | 1445 | 1059 | 356 | |
| 天　津 | 253 | | 2128 | 568 | 101 | 1256 | 89 | 114 |
| 河　北 | | | 2024 | 258 | 8 | 1698 | 60 | |
| 山　西 | | | 245 | 101 | | 144 | | |
| 内蒙古 | | | 161 | 98 | | 45 | | 18 |
| 辽　宁 | 152 | | 4352 | 1828 | 462 | 1990 | 72 | |
| 吉　林 | 25 | 22 | 382 | 354 | 28 | | | |
| 黑龙江 | 2 | | 163 | 48 | 11 | 104 | | |
| 上　海 | 45 | 17 | 5244 | 1441 | 244 | 3245 | 314 | |
| 江　苏 | 323 | | 7040 | 2196 | 223 | 4621 | | |
| 浙　江 | 75 | 21 | 3075 | 1149 | 29 | 1850 | 42 | 5 |
| 安　徽 | 110 | | 1166 | 146 | 40 | 722 | 40 | 218 |
| 福　建 | 107 | | 2350 | 458 | 2 | 1603 | 217 | 70 |
| 江　西 | | | 804 | 573 | | 201 | 30 | |
| 山　东 | 21 | | 2510 | 1202 | 520 | 772 | | 16 |
| 河　南 | 25 | 57 | 1401 | 536 | 25 | 727 | 49 | 64 |
| 湖　北 | 74 | 23 | 1343 | 718 | | 466 | 34 | 125 |
| 湖　南 | | 109 | 1151 | 372 | 15 | 739 | 25 | |
| 广　东 | 118 | | 13599 | 2925 | 1600 | 8615 | 296 | 163 |
| 广　西 | | | 1141 | 431 | | 296 | 281 | 133 |
| 海　南 | 706 | 114 | 735 | 204 | 201 | 330 | | |
| 重　庆 | | | 1638 | 533 | 178 | 745 | 101 | 81 |
| 四　川 | 101 | 15 | 3279 | 1308 | 126 | 1763 | 82 | |
| 贵　州 | | | 269 | 73 | 191 | 5 | | |
| 云　南 | | | 785 | 569 | | 213 | 3 | |
| 西　藏 | | | | | | | | |
| 陕　西 | | | 909 | 274 | 8 | 555 | 72 | |
| 甘　肃 | | | 114 | 78 | | 36 | | |
| 青　海 | | | 28 | 28 | | | | |
| 宁　夏 | | | 34 | 9 | | 25 | | |
| 新　疆 | | | 12 | | | 12 | | |

# 1-6 各地区按资质等级分的房地产开发企业从业人数

单位：人

| 地区 | 总计 | 一级 | 二级 | 三级 | 四级 | 暂定 | 其他 |
|---|---|---|---|---|---|---|---|
| **全国总计** | **2738454** | **133312** | **440770** | **588467** | **419243** | **1013283** | **143379** |
| 北京 | 90743 | 12703 | 12055 | 8283 | 32893 | 14861 | 9948 |
| 天津 | 37367 | 2121 | 5126 | 4707 | 17665 | 6463 | 1285 |
| 河北 | 107118 | 10875 | 16388 | 19144 | 29092 | 29606 | 2013 |
| 山西 | 58757 | 1371 | 9520 | 9779 | 25557 | 11896 | 634 |
| 内蒙古 | 44813 | 2511 | 4784 | 7198 | 21940 | 6992 | 1388 |
| 辽宁 | 79455 | 2946 | 9105 | 19030 | 876 | 42207 | 5291 |
| 吉林 | 41719 | 507 | 8392 | 8441 | 6990 | 16823 | 566 |
| 黑龙江 | 43608 | 1533 | 10205 | 21897 | 2448 | 6156 | 1369 |
| 上海 | 64598 | 3965 | 7333 | 7876 | 47 | 35984 | 9393 |
| 江苏 | 179649 | 7034 | 59743 | 15408 | 973 | 81568 | 14923 |
| 浙江 | 121738 | 6413 | 15503 | 27001 | 10164 | 50699 | 11958 |
| 安徽 | 110135 | 2193 | 14250 | 24087 | 5916 | 60396 | 3293 |
| 福建 | 95167 | 3355 | 8985 | 25780 | 13272 | 39550 | 4225 |
| 江西 | 69492 | 781 | 6871 | 17075 | 7470 | 35196 | 2099 |
| 山东 | 211284 | 9904 | 27983 | 34908 | 37797 | 90020 | 10672 |
| 河南 | 190755 | 7802 | 29990 | 27105 | 15889 | 95017 | 14952 |
| 湖北 | 132507 | 7024 | 22985 | 26634 | 26325 | 47539 | 2000 |
| 湖南 | 116069 | 2710 | 15708 | 49806 | 17282 | 28138 | 2425 |
| 广东 | 228918 | 14229 | 17347 | 51379 | 45075 | 84978 | 15910 |
| 广西 | 77776 | 1535 | 8531 | 16721 | 8467 | 38188 | 4334 |
| 海南 | 43268 | 125 | 2028 | 4597 | 4172 | 28015 | 4331 |
| 重庆 | 96420 | 7490 | 35793 | 18844 | 879 | 31711 | 1703 |
| 四川 | 140016 | 6018 | 29721 | 72759 | 2964 | 23423 | 5131 |
| 贵州 | 76812 | 642 | 10903 | 15120 | 12670 | 35065 | 2412 |
| 云南 | 79293 | 4443 | 11996 | 8649 | 23550 | 27490 | 3165 |
| 西藏 | 1865 |  | 244 | 737 | 76 | 728 | 80 |
| 陕西 | 84861 | 7749 | 16246 | 18805 | 26798 | 9793 | 5470 |
| 甘肃 | 43098 | 1275 | 7846 | 13702 | 10638 | 9234 | 403 |
| 青海 | 10427 | 198 | 4384 | 2410 | 1608 | 1630 | 197 |
| 宁夏 | 17941 | 1431 | 4955 | 3553 | 3100 | 4648 | 254 |
| 新疆 | 42785 | 2429 | 5850 | 7032 | 6650 | 19269 | 1555 |

# 1-7　各地区按隶属关系分的房地产开发企业从业人数

单位：人

| 地　区 | 合　计 | 中央属 | 地方属 | | | | |
|---|---|---|---|---|---|---|---|
| | | | | 省　属 | 地市属 | 县　属 | 其　他 |
| **全国总计** | **2738454** | **30806** | **2707648** | **67141** | **289580** | **272083** | **2078844** |
| 北　京 | 90743 | 4338 | 86405 | 11774 | 10593 | 2 | 64036 |
| 天　津 | 37367 | 1039 | 36328 | 4380 | 7780 | 2901 | 21267 |
| 河　北 | 107118 | 488 | 106630 | 720 | 9038 | 9874 | 86998 |
| 山　西 | 58757 | 703 | 58054 | 2065 | 3713 | 2271 | 50005 |
| 内蒙古 | 44813 | 752 | 44061 | 253 | 4247 | 5453 | 34108 |
| 辽　宁 | 79455 | 999 | 78456 | 777 | 6822 | 6353 | 64504 |
| 吉　林 | 41719 | 108 | 41611 | 394 | 3328 | 4574 | 33315 |
| 黑龙江 | 43608 | 755 | 42853 | 1603 | 7741 | 7137 | 26372 |
| 上　海 | 64598 | 1128 | 63470 | 4697 | 8080 | 1073 | 49620 |
| 江　苏 | 179649 | 683 | 178966 | 1172 | 8247 | 9860 | 159687 |
| 浙　江 | 121738 | 237 | 121501 | 1151 | 6211 | 5552 | 108587 |
| 安　徽 | 110135 | 851 | 109284 | 3382 | 17858 | 7965 | 80079 |
| 福　建 | 95167 | 239 | 94928 | 1333 | 10926 | 11419 | 71250 |
| 江　西 | 69492 | 774 | 68718 | 932 | 4695 | 9642 | 53449 |
| 山　东 | 211284 | 1667 | 209617 | 4683 | 18348 | 29215 | 157371 |
| 河　南 | 190755 | 823 | 189932 | 2165 | 21937 | 31309 | 134521 |
| 湖　北 | 132507 | 2597 | 129910 | 2527 | 19152 | 13624 | 94607 |
| 湖　南 | 116069 | 726 | 115343 | 1977 | 14064 | 12423 | 86879 |
| 广　东 | 228918 | 2162 | 226756 | 2540 | 27867 | 19504 | 176845 |
| 广　西 | 77776 | 329 | 77447 | 807 | 9075 | 5902 | 61663 |
| 海　南 | 43268 | 509 | 42759 | 3489 | 5900 | 7795 | 25575 |
| 重　庆 | 96420 | 1256 | 95164 | 3741 | 12799 | 4793 | 73831 |
| 四　川 | 140016 | 1983 | 138033 | 1482 | 10339 | 16309 | 109903 |
| 贵　州 | 76812 | 860 | 75952 | 913 | 2586 | 9051 | 63402 |
| 云　南 | 79293 | 858 | 78435 | 2423 | 4462 | 12004 | 59546 |
| 西　藏 | 1865 | | 1865 | 24 | 451 | 271 | 1119 |
| 陕　西 | 84861 | 1133 | 83728 | 2461 | 21601 | 13032 | 46634 |
| 甘　肃 | 43098 | 256 | 42842 | 1622 | 6321 | 5310 | 29589 |
| 青　海 | 10427 | 73 | 10354 | 578 | 1255 | 781 | 7740 |
| 宁　夏 | 17941 | 582 | 17359 | 702 | 748 | 316 | 15593 |
| 新　疆 | 42785 | 1898 | 40887 | 374 | 3396 | 6368 | 30749 |

# 第二章

# 房地产开发投资及企业到位资金情况

# 2-1　各地区房地产开发企业投资规模与完成情况

单位：万元

| 地　区 | 计划总投资 | 自开始建设至本年底累计完成投资 | 本年完成投资 |
|---|---|---|---|
| **全国总计** | **5368537518** | **3780894786** | **959788458** |
| 北　京 | 231922447 | 180365482 | 41770481 |
| 天　津 | 140946108 | 89578113 | 18715464 |
| 河　北 | 175785817 | 120019712 | 42852710 |
| 山　西 | 79027115 | 50758307 | 14948719 |
| 内蒙古 | 81471735 | 54492258 | 10810542 |
| 辽　宁 | 231204544 | 174022996 | 35586421 |
| 吉　林 | 67505799 | 45317003 | 9242409 |
| 黑龙江 | 60605240 | 42875259 | 9921453 |
| 上　海 | 232125607 | 171102125 | 34689415 |
| 江　苏 | 506134870 | 352536570 | 81536814 |
| 浙　江 | 332818513 | 262087734 | 71119284 |
| 安　徽 | 251053015 | 171677082 | 44248584 |
| 福　建 | 220172285 | 180317836 | 44696073 |
| 江　西 | 90965709 | 58110777 | 15200985 |
| 山　东 | 351911275 | 239077593 | 58921606 |
| 河　南 | 244508973 | 145305273 | 48189338 |
| 湖　北 | 199862394 | 140937046 | 42492298 |
| 湖　南 | 174743610 | 115527570 | 26137460 |
| 广　东 | 502936079 | 372187757 | 85384666 |
| 广　西 | 113800507 | 81017491 | 19090933 |
| 海　南 | 98340489 | 63636336 | 17039963 |
| 重　庆 | 213449344 | 154188977 | 37512812 |
| 四　川 | 215423104 | 157571200 | 48130252 |
| 贵　州 | 128552896 | 84514750 | 22050920 |
| 云　南 | 134811126 | 93571671 | 26690091 |
| 西　藏 | 1797299 | 1190780 | 500161 |
| 陕　西 | 146317950 | 89164840 | 24942850 |
| 甘　肃 | 38975332 | 26191601 | 7680627 |
| 青　海 | 14843199 | 10586194 | 3359998 |
| 宁　夏 | 36522391 | 23987113 | 6336378 |
| 新　疆 | 50002746 | 28977340 | 9988751 |

# 2-2 各地区按登记注册类型分的房地产开发企业计划总投资

单位：万元

| 地　区 | 总　计 | 内　资 | | | | | |
|---|---|---|---|---|---|---|---|
| | | | 国　有 | 集　体 | 股份合作 | 国有联营 | 集体联营 |
| **全国总计** | **5368537518** | **4811470617** | **73123125** | **9514691** | **2755533** | **739951** | **142764** |
| 北　京 | 231922447 | 216331650 | 5184803 | 1507820 | | | |
| 天　津 | 140946108 | 124681048 | 1918809 | 118000 | 166708 | 45000 | |
| 河　北 | 175785817 | 169285073 | 573205 | | | | |
| 山　西 | 79027115 | 77525971 | 1205255 | 57940 | | | |
| 内 蒙 古 | 81471735 | 81347068 | 528693 | | | | |
| 辽　宁 | 231204544 | 174344166 | 1948058 | 156768 | 649117 | | |
| 吉　林 | 67505799 | 62374971 | 76351 | | 9600 | | |
| 黑 龙 江 | 60605240 | 58795300 | 477225 | 4000 | 4874 | | |
| 上　海 | 232125607 | 189637707 | 1977826 | 639472 | | | 6000 |
| 江　苏 | 506134870 | 434374357 | 12111047 | 576197 | 162000 | | |
| 浙　江 | 332818513 | 298485579 | 1621239 | 199952 | 321422 | 694951 | |
| 安　徽 | 251053015 | 238753118 | 4238075 | 36440 | | | |
| 福　建 | 220172285 | 197153227 | 5960134 | 398039 | | | |
| 江　西 | 90965709 | 85083186 | 777483 | 10800 | | | |
| 山　东 | 351911275 | 330433659 | 7011288 | 1217261 | 369902 | | |
| 河　南 | 244508973 | 238340606 | 2735273 | 146842 | 84490 | | |
| 湖　北 | 199862394 | 182958773 | 1805390 | 310235 | | | |
| 湖　南 | 174743610 | 163745708 | 1318740 | 26568 | 58382 | | |
| 广　东 | 502936079 | 400710030 | 4678631 | 3487223 | 162720 | | 136764 |
| 广　西 | 113800507 | 102983286 | 2893708 | 45881 | 17000 | | |
| 海　南 | 98340489 | 83517630 | 1412704 | 25000 | 30000 | | |
| 重　庆 | 213449344 | 175080915 | 2093590 | | 22000 | | |
| 四　川 | 215423104 | 190908928 | 1343281 | 97000 | 197365 | | |
| 贵　州 | 128552896 | 124953420 | 1264558 | 45000 | 26000 | | |
| 云　南 | 134811126 | 129275494 | 1135816 | | | | |
| 西　藏 | 1797299 | 1797299 | 41500 | | | | |
| 陕　西 | 146317950 | 139989082 | 4225208 | 402003 | 450753 | | |
| 甘　肃 | 38975332 | 38632632 | 1553432 | 2500 | | | |
| 青　海 | 14843199 | 14843199 | 227387 | | 16200 | | |
| 宁　夏 | 36522391 | 35385154 | 289713 | | | | |
| 新　疆 | 50002746 | 49742381 | 494703 | 3750 | 7000 | | |

2-2 续表 1

单位：万元

| 地　区 | 内资 | | | | | | |
|---|---|---|---|---|---|---|---|
| | 国有与集体联营 | 其他联营 | 国有独资公司 | 其他有限责任公司 | 股份有限公司 | 私营独资 | 私营合伙 |
| **全国总计** | **25500** | **288519** | **192166415** | **2754313875** | **190573374** | **8935120** | **498322** |
| 北　京 | | | 8270351 | 183414475 | 5022424 | | |
| 天　津 | | | 8383482 | 79664134 | 10768611 | | |
| 河　北 | | | 1834830 | 94241798 | 6926672 | 1576104 | 34947 |
| 山　西 | | | 1371156 | 24343549 | 616971 | | |
| 内蒙古 | | | 3168432 | 34548764 | 2742698 | 159000 | 27346 |
| 辽　宁 | | | 3617260 | 93813092 | 11869495 | 296515 | |
| 吉　林 | | | 1102417 | 38734372 | 3704285 | 811343 | |
| 黑龙江 | | | 2360365 | 34207859 | 2448905 | 62235 | |
| 上　海 | | | 12873640 | 117800227 | 5578947 | 782604 | |
| 江　苏 | | | 19362068 | 197428642 | 15151767 | 1088350 | 45820 |
| 浙　江 | 5500 | | 11385566 | 166166672 | 3847454 | 75020 | 105398 |
| 安　徽 | | | 10100010 | 135937690 | 9132104 | 678626 | 50000 |
| 福　建 | | | 15763796 | 120292496 | 3964532 | 6000 | |
| 江　西 | | | 1626616 | 49321154 | 4589577 | 81187 | 18082 |
| 山　东 | | | 16733993 | 184554219 | 16865137 | 339896 | |
| 河　南 | | 102800 | 1646980 | 162388694 | 10777474 | 326020 | 8000 |
| 湖　北 | | | 6419844 | 102355211 | 16700636 | 111800 | 3587 |
| 湖　南 | | | 6158656 | 92474150 | 5362579 | 194127 | 91000 |
| 广　东 | | 53000 | 9751451 | 250732902 | 16885913 | 1176058 | 23318 |
| 广　西 | | | 4068964 | 45768661 | 4385205 | 309510 | 52258 |
| 海　南 | 20000 | | 5270799 | 58930415 | 3991478 | 58593 | 6000 |
| 重　庆 | | | 14276511 | 86177420 | 5529653 | 125850 | |
| 四　川 | | | 4387880 | 113987699 | 6548413 | 226200 | 18000 |
| 贵　州 | | | 2696444 | 79899054 | 3205322 | 27000 | 9766 |
| 云　南 | | | 3470414 | 72708585 | 6869127 | 238452 | |
| 西　藏 | | 132719 | 9736 | 607537 | | | |
| 陕　西 | | | 7587846 | 77758763 | 4555278 | 150000 | |
| 甘　肃 | | | 2066262 | 20159038 | 797442 | 19630 | |
| 青　海 | | | 1316103 | 5077680 | 253267 | | |
| 宁　夏 | | | 3249918 | 8713157 | 575251 | | |
| 新　疆 | | | 1834625 | 22105766 | 906757 | 15000 | 4800 |

2-2 续表 2

单位：万元

| 地区 | 内资 | | | 港澳台商投资 | | | |
|---|---|---|---|---|---|---|---|
| | 私营有限责任公司 | 私营股份有限公司 | 其他内资企业 | | 合资经营 | 合作经营 | 独资 |
| **全国总计** | **1484634543** | **86351356** | **7407529** | **391791179** | **130027693** | **24365195** | **227798494** |
| 北京 | 12750636 | 181141 | | 8868398 | 3218463 | 2228418 | 3421517 |
| 天津 | 19951248 | 3472627 | 192429 | 10498022 | 3289591 | | 6103683 |
| 河北 | 59493487 | 4202622 | 401408 | 2614450 | 861216 | | 1753234 |
| 山西 | 49108973 | 806864 | 15263 | 932956 | 596440 | | 336516 |
| 内蒙古 | 39307781 | 845354 | 19000 | | | | |
| 辽宁 | 58280485 | 3529516 | 183860 | 36718438 | 15188884 | 434607 | 20748519 |
| 吉林 | 16502083 | 1269900 | 164620 | 4079602 | 2607959 | | 1321643 |
| 黑龙江 | 18068313 | 1161524 | | 779940 | 239960 | 60000 | 479980 |
| 上海 | 48390170 | 1588821 | | 30396316 | 13423149 | 350000 | 16514167 |
| 江苏 | 179135129 | 9053027 | 260310 | 49083335 | 15875759 | 961577 | 31369521 |
| 浙江 | 111665891 | 2132765 | 263749 | 25356229 | 7824822 | 303560 | 16603894 |
| 安徽 | 72730815 | 4656584 | 1192774 | 8759535 | 3726626 | | 4675909 |
| 福建 | 47991719 | 2670739 | 105772 | 18454440 | 10042776 | 58750 | 7897914 |
| 江西 | 26429637 | 2065720 | 162930 | 4238228 | 1482299 | | 2755929 |
| 山东 | 95830067 | 7241291 | 270605 | 15327246 | 6299312 | 689480 | 8263495 |
| 河南 | 54187536 | 5248000 | 688497 | 3841353 | 690100 | 203856 | 2033732 |
| 湖北 | 52776390 | 2417119 | 58561 | 13093620 | 3477879 | 1212000 | 8185741 |
| 湖南 | 53324395 | 3540838 | 1196273 | 8756233 | 2574391 | 25000 | 5951842 |
| 广东 | 105876675 | 7361623 | 383752 | 72127225 | 18302498 | 16285541 | 36598386 |
| 广西 | 42959586 | 2400513 | 82000 | 8597781 | 2715495 | 36000 | 5846286 |
| 海南 | 12494676 | 961534 | 316431 | 12472849 | 3185175 | | 6364769 |
| 重庆 | 64502423 | 2329468 | 24000 | 29896919 | 8690656 | 1013520 | 20192743 |
| 四川 | 60771939 | 2854755 | 476396 | 14233452 | 2518467 | | 11413124 |
| 贵州 | 35116102 | 2631974 | 32200 | 3130231 | 92300 | 81700 | 2956231 |
| 云南 | 39897348 | 4483436 | 472316 | 4116138 | 1484976 | | 2631162 |
| 西藏 | 1005807 | | | | | | |
| 陕西 | 41379591 | 3193040 | 286600 | 4150578 | 480200 | 421186 | 3249192 |
| 甘肃 | 13516790 | 424538 | 93000 | 284300 | 234300 | | 50000 |
| 青海 | 7446113 | 506449 | | | | | |
| 宁夏 | 20415947 | 2141168 | | 735000 | 666000 | | 69000 |
| 新疆 | 23326791 | 978406 | 64783 | 248365 | 238000 | | 10365 |

2–2　续表 3　　　　单位：万元

| 地　区 | 港澳台商投资 |  | 外商投资 |  |  |  |  |  |
|---|---|---|---|---|---|---|---|---|
|  | 股份有限 | 其　他 |  | 合资经营 | 合作经营 | 独　资 | 股份有限 | 其　他 |
| **全国总计** | **8270130** | **1329667** | **165275722** | **56840792** | **15454377** | **83168285** | **6929606** | **2882662** |
|  |  |  |  |  |  |  |  |  |
| 北　京 |  |  | 6722399 | 3341513 | 1673320 | 1707566 |  |  |
| 天　津 | 1104748 |  | 5767038 | 1998768 |  | 2904170 | 492000 | 372100 |
| 河　北 |  |  | 3886294 | 149094 |  | 3680200 | 57000 |  |
| 山　西 |  |  | 568188 | 59879 |  | 508309 |  |  |
| 内蒙古 |  |  | 124667 | 72187 |  | 52480 |  |  |
|  |  |  |  |  |  |  |  |  |
| 辽　宁 | 346428 |  | 20141940 | 8992642 | 1847766 | 8650300 | 651232 |  |
| 吉　林 | 150000 |  | 1051226 | 1051226 |  |  |  |  |
| 黑龙江 |  |  | 1030000 |  |  | 1030000 |  |  |
|  |  |  |  |  |  |  |  |  |
| 上　海 |  | 109000 | 12091584 | 3547661 | 1834532 | 5973720 | 735671 |  |
| 江　苏 | 876478 |  | 22677178 | 8960707 | 1385680 | 12330791 |  |  |
| 浙　江 | 475296 | 148657 | 8976705 | 2586653 | 344936 | 5978116 | 67000 |  |
| 安　徽 | 357000 |  | 3540362 | 526000 | 255674 | 1808688 | 650000 | 300000 |
| 福　建 | 455000 |  | 4564618 | 486910 |  | 3303911 | 675797 | 98000 |
| 江　西 |  |  | 1644295 | 1196181 |  | 320114 | 128000 |  |
| 山　东 | 74959 |  | 6150370 | 2637935 | 926650 | 2539785 |  | 46000 |
|  |  |  |  |  |  |  |  |  |
| 河　南 | 238000 | 675665 | 2327014 | 656197 | 45500 | 1625317 |  |  |
| 湖　北 | 200000 | 18000 | 3810001 | 1347794 |  | 1655200 | 306045 | 500962 |
| 湖　南 |  | 205000 | 2241669 | 1348325 | 25000 | 858344 | 10000 |  |
| 广　东 | 940800 |  | 30098824 | 9820348 | 2481870 | 15711773 | 1145768 | 939065 |
| 广　西 |  |  | 2219440 | 839033 |  | 682475 | 180000 | 517932 |
| 海　南 | 2794560 | 128345 | 2350010 | 379735 | 461927 | 1508348 |  |  |
|  |  |  |  |  |  |  |  |  |
| 重　庆 |  |  | 8471510 | 2002793 | 2104517 | 3234504 | 1021093 | 108603 |
| 四　川 | 256861 | 45000 | 10280724 | 3496893 | 960000 | 5823831 |  |  |
| 贵　州 |  |  | 469245 | 62240 | 407005 |  |  |  |
| 云　南 |  |  | 1419494 | 319500 | 400000 | 59994 | 640000 |  |
| 西　藏 |  |  |  |  |  |  |  |  |
|  |  |  |  |  |  |  |  |  |
| 陕　西 |  |  | 2178290 | 777162 | 300000 | 931128 | 170000 |  |
| 甘　肃 |  |  | 58400 | 58400 |  |  |  |  |
| 青　海 |  |  |  |  |  |  |  |  |
| 宁　夏 |  |  | 402237 | 125016 |  | 277221 |  |  |
| 新　疆 |  |  | 12000 |  |  | 12000 |  |  |

# 2-3 各地区按资质等级分的房地产开发企业计划总投资

单位：万元

| 地区 | 总计 | 一级 | 二级 | 三级 | 四级 | 暂定 | 其他 |
|---|---|---|---|---|---|---|---|
| **全国总计** | **5368537518** | **269964442** | **907415624** | **910563410** | **604086921** | **2365178439** | **311328682** |
| 北京 | 231922447 | 27449343 | 27754501 | 18996803 | 75034348 | 70731494 | 11955958 |
| 天津 | 140946108 | 5997788 | 14840549 | 9435478 | 72528160 | 35045885 | 3098248 |
| 河北 | 175785817 | 14873894 | 23602280 | 27915680 | 41082407 | 64533586 | 3777970 |
| 山西 | 79027115 | 1847436 | 13745480 | 11140116 | 30301396 | 20997814 | 994873 |
| 内蒙古 | 81471735 | 5873713 | 12799813 | 11420130 | 36810021 | 12046090 | 2521968 |
| 辽宁 | 231204544 | 7154819 | 20876259 | 42200061 | 1347862 | 141423894 | 18201649 |
| 吉林 | 67505799 | 2050395 | 16863381 | 11307132 | 5959784 | 30910348 | 414759 |
| 黑龙江 | 60605240 | 2771784 | 15909590 | 27116841 | 1006861 | 12337315 | 1462849 |
| 上海 | 232125607 | 5818651 | 20346499 | 14468619 | 196167 | 170725916 | 20569755 |
| 江苏 | 506134870 | 26333210 | 175249073 | 24509816 | 490002 | 236904940 | 42647829 |
| 浙江 | 332818513 | 11377123 | 35045064 | 57806144 | 17000734 | 171792827 | 39796621 |
| 安徽 | 251053015 | 4858297 | 33733733 | 52307518 | 6949197 | 143036269 | 10168001 |
| 福建 | 220172285 | 11037617 | 24560883 | 53957171 | 25224004 | 98176361 | 7216249 |
| 江西 | 90965709 | 1786801 | 10970021 | 18015579 | 6734804 | 50306872 | 3151632 |
| 山东 | 351911275 | 19132735 | 39369241 | 48043127 | 37017557 | 185930687 | 22417928 |
| 河南 | 244508973 | 10787248 | 42777650 | 25127880 | 13136979 | 138805991 | 13873225 |
| 湖北 | 199862394 | 12556313 | 39774811 | 24478157 | 18219929 | 99652303 | 5180881 |
| 湖南 | 174743610 | 9102279 | 30002460 | 66800765 | 17983277 | 47886352 | 2968477 |
| 广东 | 502936079 | 31806724 | 37706087 | 117542997 | 83376685 | 193277556 | 39226030 |
| 广西 | 113800507 | 5565205 | 19048438 | 18798771 | 5689702 | 58291513 | 6406878 |
| 海南 | 98340489 | 125197 | 6808855 | 12750666 | 5928677 | 61794327 | 10932767 |
| 重庆 | 213449344 | 15114996 | 86024797 | 17810274 | 808133 | 91659072 | 2032072 |
| 四川 | 215423104 | 12065091 | 38058287 | 108771714 | 1655757 | 43285085 | 11587170 |
| 贵州 | 128552896 | 518277 | 34628602 | 20562913 | 12584426 | 56147003 | 4111675 |
| 云南 | 134811126 | 4416806 | 27104260 | 10765407 | 32708245 | 51869407 | 7947001 |
| 西藏 | 1797299 |  | 161597 | 1029583 | 84000 | 442119 | 80000 |
| 陕西 | 146317950 | 9184899 | 26977562 | 29191347 | 34948790 | 29614840 | 16400512 |
| 甘肃 | 38975332 | 1119285 | 7866962 | 13223275 | 5498366 | 11082630 | 184814 |
| 青海 | 14843199 | 829500 | 6691256 | 2891799 | 2291939 | 1979105 | 159600 |
| 宁夏 | 36522391 | 5824288 | 11692249 | 5728633 | 4489379 | 8255784 | 532058 |
| 新疆 | 50002746 | 2584728 | 6425384 | 6449014 | 6999333 | 26235054 | 1309233 |

# 2-4 各地区按登记注册类型分的房地产开发企业完成投资

单位：万元

| 地 区 | 总 计 | 内 资 | 国 有 | 集 体 | 股份合作 | 国有联营 | 集体联营 |
|---|---|---|---|---|---|---|---|
| **全国总计** | **959788458** | **878992776** | **12790641** | **1944484** | **583788** | **66176** | **52966** |
| 北 京 | 41770481 | 39611520 | 641716 | 243483 | | | |
| 天 津 | 18715464 | 16223790 | 265862 | 5533 | 80838 | 18514 | |
| 河 北 | 42852710 | 41840388 | 69070 | | | | |
| 山 西 | 14948719 | 14697976 | 216742 | 6173 | | | |
| 内蒙古 | 10810542 | 10799191 | 39754 | | | | |
| 辽 宁 | 35586421 | 28955971 | 303868 | 46169 | 4032 | | |
| 吉 林 | 9242409 | 8594715 | 10193 | | | | |
| 黑龙江 | 9921453 | 9683472 | 100953 | | 874 | | |
| 上 海 | 34689415 | 27976807 | 424646 | 143534 | | | 10 |
| 江 苏 | 81536814 | 71478290 | 2187546 | 94147 | 3800 | | |
| 浙 江 | 71119284 | 64169097 | 324977 | 29030 | 153444 | 47662 | |
| 安 徽 | 44248584 | 41860242 | 654496 | 4873 | | | |
| 福 建 | 44696073 | 40583773 | 1220811 | 168696 | | | |
| 江 西 | 15200985 | 14589992 | 215120 | | | | |
| 山 东 | 58921606 | 55895487 | 987946 | 190773 | 52821 | | |
| 河 南 | 48189338 | 47134360 | 724242 | 14375 | 32590 | | |
| 湖 北 | 42492298 | 39475770 | 439268 | 125780 | | | |
| 湖 南 | 26137460 | 24916640 | 269356 | 9037 | 3260 | | |
| 广 东 | 85384666 | 72350112 | 349888 | 658842 | 49746 | | 52956 |
| 广 西 | 19090933 | 17189791 | 356055 | 8710 | 20 | | |
| 海 南 | 17039963 | 15192200 | 228662 | 3294 | 6821 | | |
| 重 庆 | 37512812 | 31585616 | 771859 | | 911 | | |
| 四 川 | 48130252 | 45073016 | 421186 | 16622 | 41479 | | |
| 贵 州 | 22050920 | 21586689 | 136290 | 4435 | 955 | | |
| 云 南 | 26690091 | 26077113 | 232247 | | | | |
| 西 藏 | 500161 | 500161 | 4310 | | | | |
| 陕 西 | 24942850 | 23818175 | 750487 | 167828 | 150797 | | |
| 甘 肃 | 7680627 | 7643854 | 250241 | 2400 | | | |
| 青 海 | 3359998 | 3359998 | 27469 | | 400 | | |
| 宁 夏 | 6336378 | 6252161 | 46630 | | | | |
| 新 疆 | 9988751 | 9876409 | 118751 | 750 | 1000 | | |

2-4 续表 1 单位：万元

| 地区 | 内资 | | | | | | |
|---|---|---|---|---|---|---|---|
| | 国有与集体联营 | 其他联营 | 国有独资公司 | 其他有限责任公司 | 股份有限公司 | 私营独资 | 私营合伙 |
| **全国总计** | **3352** | **38170** | **34176544** | **507174377** | **31119360** | **1517480** | **89553** |
| 北京 | | | 1076855 | 33573899 | 626867 | | |
| 天津 | | | 1064277 | 10902591 | 496709 | | |
| 河北 | | | 275352 | 24046369 | 1696200 | 103870 | 4000 |
| 山西 | | | 186240 | 4255959 | 129862 | | |
| 内蒙古 | | | 632769 | 4674843 | 276335 | 4031 | 17346 |
| 辽宁 | | | 786619 | 15947959 | 1741341 | 118182 | |
| 吉林 | | | 361290 | 4957973 | 509980 | 277794 | |
| 黑龙江 | | | 415705 | 5858618 | 391451 | 9100 | |
| 上海 | | | 1956203 | 17350145 | 1304834 | 124212 | |
| 江苏 | | | 3987109 | 33280573 | 2423767 | 190136 | 2418 |
| 浙江 | 692 | | 2075540 | 35901340 | 523672 | 13434 | 982 |
| 安徽 | | | 1811296 | 24076147 | 1304283 | 76226 | 27517 |
| 福建 | | | 3129350 | 26343837 | 919541 | 894 | |
| 江西 | | | 329890 | 8494725 | 595860 | 5637 | 6000 |
| 山东 | | | 3372068 | 31570313 | 2548901 | 56856 | |
| 河南 | | 4191 | 316851 | 32574250 | 2303252 | 57594 | 1791 |
| 湖北 | | | 1374752 | 22897881 | 2729358 | 40598 | |
| 湖南 | | | 1058194 | 12819640 | 888269 | 30887 | 6380 |
| 广东 | | 5750 | 1152222 | 44838446 | 2823378 | 162636 | 7326 |
| 广西 | | | 700785 | 8315249 | 603710 | 71931 | 6603 |
| 海南 | 2660 | | 1091955 | 10705159 | 707208 | 19822 | 5200 |
| 重庆 | | | 1834372 | 15674337 | 1024910 | 6300 | |
| 四川 | | | 968264 | 26513452 | 1314788 | 46064 | 2150 |
| 贵州 | | | 490035 | 13969359 | 512655 | | |
| 云南 | | | 629658 | 14251467 | 1394507 | 80426 | |
| 西藏 | | 28229 | 6424 | 182688 | | | |
| 陕西 | | | 1243962 | 12705656 | 768250 | 8000 | |
| 甘肃 | | | 580069 | 3834292 | 150955 | 8950 | |
| 青海 | | | 332763 | 1094535 | 50277 | | |
| 宁夏 | | | 530974 | 1255519 | 201673 | | |
| 新疆 | | | 404701 | 4307156 | 156567 | 3900 | 1840 |

2-4 续表 2

单位：万元

| 地 区 | 内 资 | | | 港澳台商投资 | | | |
|---|---|---|---|---|---|---|---|
| | 私营有限责任公司 | 私营股份有限公司 | 其他内资企业 | | 合资经营 | 合作经营 | 独 资 |
| **全国总计** | **274844730** | **13231487** | **1359668** | **59953218** | **18913875** | **2503402** | **37198542** |
| 北 京 | 3435903 | 12797 | | 922717 | 363892 | 95295 | 463530 |
| 天 津 | 3235571 | 135225 | 18670 | 1911565 | 564303 | | 1230447 |
| 河 北 | 14680460 | 924889 | 40178 | 816220 | 332914 | | 483306 |
| 山 西 | 9791518 | 106792 | 4690 | 193597 | 184365 | | 9232 |
| 内 蒙 古 | 4981775 | 172254 | 84 | | | | |
| 辽 宁 | 9495576 | 451077 | 61148 | 4582596 | 1673729 | 17005 | 2884355 |
| 吉 林 | 2383594 | 87691 | 6200 | 574583 | 258004 | | 316579 |
| 黑 龙 江 | 2690870 | 215901 | | 204811 | 102854 | 61660 | 40297 |
| 上 海 | 6505158 | 168065 | | 5245310 | 2028541 | 43554 | 3163415 |
| 江 苏 | 28059265 | 1222189 | 27340 | 6881455 | 1864602 | 70337 | 4735543 |
| 浙 江 | 24771400 | 260015 | 66909 | 5384077 | 1734606 | 69357 | 3421405 |
| 安 徽 | 13138328 | 623324 | 143752 | 2003131 | 751386 | | 1171960 |
| 福 建 | 8101439 | 670145 | 29060 | 3382168 | 1814676 | 30462 | 1463612 |
| 江 西 | 4592070 | 311287 | 39403 | 535102 | 210399 | | 324703 |
| 山 东 | 16272308 | 727409 | 116092 | 2472267 | 967577 | 80188 | 1424442 |
| 河 南 | 10077695 | 900881 | 126648 | 791788 | 150038 | 5551 | 612291 |
| 湖 北 | 11502816 | 325311 | 40006 | 2424841 | 629746 | 45983 | 1742464 |
| 湖 南 | 8959426 | 693629 | 178562 | 1034515 | 226760 | 12697 | 746850 |
| 广 东 | 21308174 | 853746 | 87002 | 9360388 | 2388327 | 1651723 | 5113093 |
| 广 西 | 6634810 | 479958 | 11960 | 1436739 | 303142 | | 1133597 |
| 海 南 | 2216352 | 192758 | 12309 | 1405829 | 315056 | | 749480 |
| 重 庆 | 11850000 | 419527 | 3400 | 4794336 | 1039575 | 251449 | 3503312 |
| 四 川 | 14972840 | 669160 | 107011 | 1830508 | 524742 | | 1252736 |
| 贵 州 | 6002431 | 456645 | 13884 | 413409 | 15581 | 29851 | 367977 |
| 云 南 | 8556327 | 787565 | 144916 | 501518 | 175900 | | 325618 |
| 西 藏 | 278510 | | | | | | |
| 陕 西 | 7554978 | 430593 | 37624 | 629508 | 79203 | 38290 | 512015 |
| 甘 肃 | 2661626 | 128104 | 27217 | 27361 | 27361 | | |
| 青 海 | 1778883 | 75671 | | | | | |
| 宁 夏 | 3705529 | 511836 | | 80537 | 78255 | | 2282 |
| 新 疆 | 4649098 | 217043 | 15603 | 112342 | 108341 | | 4001 |

2-4 续表 3

单位：万元

| 地　区 | 港澳台商投资 | | 外商投资 | | | | | |
|---|---|---|---|---|---|---|---|---|
| | 股份有限 | 其　他 | | 合资经营 | 合作经营 | 独　资 | 股份有限 | 其　他 |
| **全国总计** | **1173415** | **163984** | **20842464** | **7303832** | **2030483** | **9943534** | **747576** | **817039** |
| 北　京 | | | 1236244 | 892765 | 190220 | 153259 | | |
| 天　津 | 116815 | | 580109 | 194776 | | 309802 | 27811 | 47720 |
| 河　北 | | | 196102 | 5793 | | 127900 | 62409 | |
| 山　西 | | | 57146 | | | 57146 | | |
| 内蒙古 | | | 11351 | 11351 | | | | |
| 辽　宁 | 7507 | | 2047854 | 1026504 | 301248 | 684872 | 35230 | |
| 吉　林 | | | 73111 | 73111 | | | | |
| 黑龙江 | | | 33170 | | | 33170 | | |
| 上　海 | | 9800 | 1467298 | 442065 | 485081 | 525652 | 14500 | |
| 江　苏 | 210973 | | 3177069 | 1127934 | 115376 | 1933759 | | |
| 浙　江 | 142265 | 16444 | 1566110 | 451646 | 28866 | 1069424 | 16174 | |
| 安　徽 | 79785 | | 385211 | 34650 | 27606 | 192354 | 17630 | 112971 |
| 福　建 | 73418 | | 730132 | 89446 | | 547662 | 81644 | 11380 |
| 江　西 | | | 75891 | 41728 | | 31763 | 2400 | |
| 山　东 | 60 | | 553852 | 233247 | 82558 | 220547 | | 17500 |
| 河　南 | 13798 | 10110 | 263190 | 84171 | 4035 | 174984 | | |
| 湖　北 | 120 | 6528 | 591687 | 137217 | | 228836 | 2920 | 222714 |
| 湖　南 | | 48208 | 186305 | 122624 | 6 | 63659 | 16 | |
| 广　东 | 207245 | | 3674166 | 1102381 | 394335 | 1664604 | 338810 | 174036 |
| 广　西 | | | 464403 | 114886 | | 119870 | 28929 | 200718 |
| 海　南 | 268399 | 72894 | 441934 | 50041 | 102298 | 289595 | | |
| 重　庆 | | | 1132860 | 236684 | 154627 | 689983 | 21566 | 30000 |
| 四　川 | 53030 | | 1226728 | 622636 | 67121 | 536971 | | |
| 贵　州 | | | 50822 | 4345 | 46477 | | | |
| 云　南 | | | 111460 | 24349 | | 3300 | 83811 | |
| 西　藏 | | | | | | | | |
| 陕　西 | | | 495167 | 166390 | 30629 | 284422 | 13726 | |
| 甘　肃 | | | 9412 | 9412 | | | | |
| 青　海 | | | | | | | | |
| 宁　夏 | | | 3680 | 3680 | | | | |
| 新　疆 | | | | | | | | |

# 2-5　各地区按资质等级分的房地产开发企业完成投资

单位：万元

| 地　　区 | 总　计 | 一　级 | 二　级 | 三　级 | 四　级 | 暂　定 | 其　他 |
|---|---|---|---|---|---|---|---|
| **全国总计** | **959788458** | **37551238** | **133113287** | **145894304** | **100127452** | **472785220** | **70316957** |
| 北　京 | 41770481 | 2893667 | 2734395 | 1635726 | 9360423 | 21074740 | 4071530 |
| 天　津 | 18715464 | 485731 | 1215409 | 1088921 | 10479212 | 4701563 | 744628 |
| 河　北 | 42852710 | 2384204 | 5119726 | 6774274 | 9097437 | 18423064 | 1054005 |
| 山　西 | 14948719 | 512394 | 1826716 | 1930091 | 5625887 | 4901674 | 151957 |
| 内蒙古 | 10810542 | 655131 | 961175 | 1609258 | 4741382 | 2230422 | 613174 |
| 辽　宁 | 35586421 | 788832 | 2782740 | 5702139 | 469720 | 21853977 | 3989013 |
| 吉　林 | 9242409 | 240547 | 1625149 | 1603107 | 945772 | 4789337 | 38497 |
| 黑龙江 | 9921453 | 133603 | 1838737 | 4696662 | 194156 | 2812181 | 246114 |
| 上　海 | 34689415 | 813471 | 3068760 | 1543450 | 55250 | 25165670 | 4042814 |
| 江　苏 | 81536814 | 3170454 | 23591944 | 3020142 | 63710 | 41669331 | 10021233 |
| 浙　江 | 71119284 | 2038686 | 5865435 | 10703939 | 2896037 | 38919832 | 10695355 |
| 安　徽 | 44248584 | 432977 | 4578035 | 7340363 | 852427 | 28534500 | 2510282 |
| 福　建 | 44696073 | 1513696 | 4116288 | 8481916 | 3681069 | 24695212 | 2207892 |
| 江　西 | 15200985 | 167348 | 1471191 | 2610777 | 1058812 | 9345614 | 547243 |
| 山　东 | 58921606 | 2919154 | 5870950 | 6789386 | 5381370 | 33468905 | 4491841 |
| 河　南 | 48189338 | 2162172 | 6144759 | 4552200 | 2464950 | 29941854 | 2923403 |
| 湖　北 | 42492298 | 1314162 | 7668518 | 4443496 | 3639641 | 24569432 | 857049 |
| 湖　南 | 26137460 | 908890 | 3663865 | 9187170 | 4029482 | 7723148 | 624905 |
| 广　东 | 85384666 | 4591080 | 4200238 | 14125397 | 13012431 | 41326071 | 8129449 |
| 广　西 | 19090933 | 798204 | 2550751 | 2721461 | 818212 | 11094929 | 1107376 |
| 海　南 | 17039963 | 2002 | 1016173 | 2478258 | 788168 | 11128827 | 1626535 |
| 重　庆 | 37512812 | 2352831 | 13339407 | 3183100 | 158668 | 17792670 | 686136 |
| 四　川 | 48130252 | 2026737 | 7336628 | 24698311 | 541950 | 10560486 | 2966140 |
| 贵　州 | 22050920 | 62602 | 6179009 | 3139997 | 1963682 | 9885766 | 819864 |
| 云　南 | 26690091 | 685169 | 4344527 | 2274045 | 7118243 | 10836544 | 1431563 |
| 西　藏 | 500161 |  | 26810 | 271205 | 6070 | 178856 | 17220 |
| 陕　西 | 24942850 | 1403919 | 4326045 | 4163924 | 6497355 | 5365523 | 3186084 |
| 甘　肃 | 7680627 | 220985 | 1306733 | 2265346 | 1368916 | 2444458 | 74189 |
| 青　海 | 3359998 | 209598 | 1125921 | 637759 | 676935 | 674619 | 35166 |
| 宁　夏 | 6336378 | 1091988 | 1928795 | 932615 | 797390 | 1482704 | 102886 |
| 新　疆 | 9988751 | 571004 | 1288458 | 1289869 | 1342695 | 5193311 | 303414 |

# 2-6 各地区按隶属关系分的房地产开发企业完成投资

单位：万元

| 地区 | 合计 | 中央属 | 地方属 | 省属 | 地市属 | 县属 | 其他 |
|---|---|---|---|---|---|---|---|
| **全国总计** | **959788458** | **20283467** | **939504991** | **29112985** | **108848660** | **81449701** | **720093645** |
| 北京 | 41770481 | 2529369 | 39241112 | 5461011 | 4682878 | | 29097223 |
| 天津 | 18715464 | 671575 | 18043889 | 2483640 | 3831869 | 2374112 | 9354268 |
| 河北 | 42852710 | 361861 | 42490849 | 630008 | 3826444 | 3823298 | 34211099 |
| 山西 | 14948719 | 642639 | 14306080 | 386092 | 1450805 | 595286 | 11873897 |
| 内蒙古 | 10810542 | 308613 | 10501929 | 6792 | 1209375 | 971024 | 8314738 |
| 辽宁 | 35586421 | 406688 | 35179733 | 195808 | 3536660 | 2137975 | 29309290 |
| 吉林 | 9242409 | 21970 | 9220439 | 19399 | 705031 | 567178 | 7928831 |
| 黑龙江 | 9921453 | 147210 | 9774243 | 543480 | 1525137 | 1162442 | 6543184 |
| 上海 | 34689415 | 918644 | 33770771 | 1975241 | 4177171 | 486082 | 27132277 |
| 江苏 | 81536814 | 1416185 | 80120629 | 667630 | 4839354 | 6986025 | 67627620 |
| 浙江 | 71119284 | 297064 | 70822220 | 452222 | 2159406 | 3127252 | 65083340 |
| 安徽 | 44248584 | 623610 | 43624974 | 2078583 | 6002644 | 3558203 | 31985544 |
| 福建 | 44696073 | 492745 | 44203328 | 577062 | 7878758 | 6200387 | 29547121 |
| 江西 | 15200985 | 221792 | 14979193 | 313476 | 1732861 | 1888272 | 11044584 |
| 山东 | 58921606 | 1561904 | 57359702 | 1738786 | 6488353 | 8035495 | 41097068 |
| 河南 | 48189338 | 166394 | 48022944 | 1193781 | 6644944 | 5450031 | 34734188 |
| 湖北 | 42492298 | 1435842 | 41056456 | 415822 | 6397874 | 2634157 | 31608603 |
| 湖南 | 26137460 | 379286 | 25758174 | 522147 | 2965947 | 1924374 | 20345706 |
| 广东 | 85384666 | 2203105 | 83181561 | 586873 | 12125496 | 5921335 | 64547857 |
| 广西 | 19090933 | 294032 | 18796901 | 473957 | 3118183 | 1119764 | 14084997 |
| 海南 | 17039963 | 383905 | 16656058 | 1122642 | 3820382 | 2856971 | 8856063 |
| 重庆 | 37512812 | 1152516 | 36360296 | 3404020 | 4772837 | 1292969 | 26890470 |
| 四川 | 48130252 | 1075315 | 47054937 | 411948 | 3632865 | 6412269 | 36597855 |
| 贵州 | 22050920 | 948454 | 21102466 | 238581 | 805915 | 2171701 | 17886269 |
| 云南 | 26690091 | 392798 | 26297293 | 1551591 | 1923130 | 4838856 | 17983716 |
| 西藏 | 500161 | | 500161 | 500 | 76493 | | 423168 |
| 陕西 | 24942850 | 550619 | 24392231 | 786521 | 5623856 | 2196014 | 15785840 |
| 甘肃 | 7680627 | 52865 | 7627762 | 304751 | 978035 | 1016478 | 5328498 |
| 青海 | 3359998 | 93000 | 3266998 | 210472 | 430583 | 256772 | 2369171 |
| 宁夏 | 6336378 | 66943 | 6269435 | 255606 | 288624 | 354747 | 5370458 |
| 新疆 | 9988751 | 466524 | 9522227 | 104543 | 1196750 | 1090232 | 7130702 |

# 2-7 各地区按构成分的房地产开发企业完成投资

单位：万元

| 地 区 | 本年完成投资 | 建筑工程 | 安装工程 | 设备工器具购置 | 其他费用 | #土地购置费 |
|---|---|---|---|---|---|---|
| **全国总计** | **959788458** | **631732775** | **80222946** | **12115201** | **235717536** | **176754358** |
| 北 京 | 41770481 | 12489633 | 489115 | 229668 | 28562065 | 20529172 |
| 天 津 | 18715464 | 12446471 | 836509 | 130354 | 5302130 | 3190222 |
| 河 北 | 42852710 | 31372352 | 4541192 | 915180 | 6023986 | 4059259 |
| 山 西 | 14948719 | 9601023 | 2168344 | 238025 | 2941327 | 1632686 |
| 内蒙古 | 10810542 | 8586439 | 1010585 | 87743 | 1125775 | 876202 |
| 辽 宁 | 35586421 | 27625346 | 3472568 | 441082 | 4047425 | 3081600 |
| 吉 林 | 9242409 | 6304069 | 866815 | 81093 | 1990432 | 1502936 |
| 黑龙江 | 9921453 | 7939047 | 630383 | 114075 | 1237948 | 994961 |
| 上 海 | 34689415 | 19968301 | 2152051 | 151547 | 12417516 | 10044051 |
| 江 苏 | 81536814 | 56260742 | 5602232 | 1189279 | 18484561 | 15051720 |
| 浙 江 | 71119284 | 34493398 | 4731936 | 623803 | 31270147 | 25104828 |
| 安 徽 | 44248584 | 30569270 | 5219369 | 584514 | 7875431 | 6419885 |
| 福 建 | 44696073 | 28692567 | 2987848 | 398670 | 12616988 | 10729330 |
| 江 西 | 15200985 | 10448626 | 1821665 | 231538 | 2699156 | 2105429 |
| 山 东 | 58921606 | 39178852 | 6898112 | 584545 | 12260097 | 10356711 |
| 河 南 | 48189338 | 40742550 | 515186 | 1172724 | 5758878 | 3626760 |
| 湖 北 | 42492298 | 28686884 | 3748125 | 680852 | 9376437 | 6653643 |
| 湖 南 | 26137460 | 18683894 | 2977652 | 401686 | 4074228 | 2434210 |
| 广 东 | 85384666 | 52369782 | 8114186 | 992061 | 23908637 | 17115257 |
| 广 西 | 19090933 | 13519783 | 1742517 | 232950 | 3595683 | 2820676 |
| 海 南 | 17039963 | 10436788 | 1396390 | 136090 | 5070695 | 3455040 |
| 重 庆 | 37512812 | 22401600 | 3922259 | 385906 | 10803047 | 7338061 |
| 四 川 | 48130252 | 32200652 | 4656970 | 848458 | 10424172 | 8469639 |
| 贵 州 | 22050920 | 17659758 | 1340314 | 246704 | 2804144 | 1181985 |
| 云 南 | 26690091 | 19901791 | 2008159 | 294561 | 4485580 | 3235059 |
| 西 藏 | 500161 | 439433 | 41052 | 7792 | 11884 | 3588 |
| 陕 西 | 24942850 | 18643826 | 2892740 | 245741 | 3160543 | 2267629 |
| 甘 肃 | 7680627 | 5782472 | 1002477 | 111713 | 783965 | 539452 |
| 青 海 | 3359998 | 2196218 | 465340 | 123379 | 575061 | 506445 |
| 宁 夏 | 6336378 | 4653763 | 878195 | 60159 | 744261 | 545839 |
| 新 疆 | 9988751 | 7437445 | 1092660 | 173309 | 1285337 | 882083 |

# 2-8 各地区按用途分的房地产开发企业完成投资

单位：万元

| 地区 | 本年完成投资 | 住宅 | #别墅、高档公寓 | 办公楼 | 商业营业用房 | 其他 |
|---|---|---|---|---|---|---|
| **全国总计** | **959788458** | **645952421** | **34813652** | **62097420** | **146074875** | **105663742** |
| 北京 | 41770481 | 18895385 | 2431243 | 8990697 | 4636694 | 9247705 |
| 天津 | 18715464 | 12515275 | 516114 | 1077004 | 2490076 | 2633109 |
| 河北 | 42852710 | 31625474 | 780043 | 1758739 | 5093980 | 4374517 |
| 山西 | 14948719 | 10983176 | 88850 | 855037 | 1712127 | 1398379 |
| 内蒙古 | 10810542 | 7585091 | 180848 | 396813 | 1874974 | 953664 |
| 辽宁 | 35586421 | 26033152 | 1156492 | 1166064 | 6086438 | 2300767 |
| 吉林 | 9242409 | 6488051 | 247426 | 386251 | 1627431 | 740676 |
| 黑龙江 | 9921453 | 6811541 | 173062 | 253191 | 2102305 | 754416 |
| 上海 | 34689415 | 18133187 | 3814826 | 6545385 | 4676654 | 5334189 |
| 江苏 | 81536814 | 60802054 | 4757189 | 3440658 | 11309074 | 5985028 |
| 浙江 | 71119284 | 44507263 | 3524421 | 5133148 | 10210933 | 11267940 |
| 安徽 | 44248584 | 28491942 | 668618 | 2042490 | 10258620 | 3455532 |
| 福建 | 44696073 | 28649524 | 1212736 | 3277625 | 6709732 | 6059192 |
| 江西 | 15200985 | 11130924 | 333958 | 521100 | 2393860 | 1155101 |
| 山东 | 58921606 | 43994427 | 1058414 | 3318794 | 7649604 | 3958781 |
| 河南 | 48189338 | 35291542 | 350748 | 2185442 | 6942326 | 3770028 |
| 湖北 | 42492298 | 30205401 | 689759 | 2157038 | 5938538 | 4191321 |
| 湖南 | 26137460 | 18029380 | 645496 | 1208014 | 4306297 | 2593769 |
| 广东 | 85384666 | 58905079 | 4408230 | 5639955 | 10857759 | 9981873 |
| 广西 | 19090933 | 14077508 | 343037 | 725811 | 2438328 | 1849286 |
| 海南 | 17039963 | 12467789 | 2342236 | 205425 | 1409893 | 2956856 |
| 重庆 | 37512812 | 23904910 | 1625386 | 2035649 | 6161906 | 5410347 |
| 四川 | 48130252 | 30487228 | 820766 | 2297857 | 9287621 | 6057546 |
| 贵州 | 22050920 | 13277676 | 247868 | 1640553 | 5067373 | 2065318 |
| 云南 | 26690091 | 16702652 | 1423615 | 1620395 | 5089088 | 3277956 |
| 西藏 | 500161 | 395958 | 11750 | 24906 | 44677 | 34620 |
| 陕西 | 24942850 | 18278046 | 288493 | 1609470 | 3467013 | 1588321 |
| 甘肃 | 7680627 | 5265600 | 33479 | 280120 | 1620452 | 514455 |
| 青海 | 3359998 | 2013766 | 64591 | 374264 | 646196 | 325772 |
| 宁夏 | 6336378 | 3966814 | 146443 | 342939 | 1295215 | 731410 |
| 新疆 | 9988751 | 6036606 | 427515 | 586586 | 2669691 | 695868 |

# 2-9　各地区按控股情况分的房地产开发企业完成投资

单位：万元

| 地　区 | 总　计 | 国有控股 | 集体控股 | 私人控股 | 港澳台控股 | 外商控股 | 其他 |
|---|---|---|---|---|---|---|---|
| **全国总计** | **959788458** | **149999054** | **21010262** | **571792098** | **56530201** | **19373360** | **141083483** |
| 北　京 | 41770481 | 17722156 | 2153199 | 16847659 | 928574 | 1193631 | 2925262 |
| 天　津 | 18715464 | 5541128 | 624937 | 6314543 | 1720230 | 649357 | 3865269 |
| 河　北 | 42852710 | 1851246 | 371869 | 32473638 | 584310 | 197574 | 7374073 |
| 山　西 | 14948719 | 2487721 | 114962 | 11636233 | 43232 | 57146 | 609425 |
| 内蒙古 | 10810542 | 1560104 | 243879 | 8127157 |  | 51697 | 827705 |
| 辽　宁 | 35586421 | 3837563 | 628984 | 19899502 | 4373658 | 1336860 | 5509854 |
| 吉　林 | 9242409 | 1441546 | 96835 | 6407212 | 578818 | 52309 | 665689 |
| 黑龙江 | 9921453 | 1429414 | 188394 | 6001521 | 266934 | 116459 | 1918731 |
| 上　海 | 34689415 | 12055238 | 1476822 | 10354651 | 4600877 | 1422964 | 4778863 |
| 江　苏 | 81536814 | 14428847 | 1852728 | 44767841 | 6694102 | 3101304 | 10691992 |
| 浙　江 | 71119284 | 7581253 | 1049691 | 47908176 | 4958470 | 1279363 | 8342331 |
| 安　徽 | 44248584 | 6129830 | 676943 | 28509852 | 1406547 | 598342 | 6927070 |
| 福　建 | 44696073 | 8309332 | 430697 | 23679549 | 3292418 | 989811 | 7994266 |
| 江　西 | 15200985 | 2008910 | 144645 | 10158848 | 485643 | 83281 | 2319658 |
| 山　东 | 58921606 | 8802552 | 2190786 | 33618613 | 2533284 | 370917 | 11405454 |
| 河　南 | 48189338 | 4047742 | 899261 | 33611932 | 817454 | 276802 | 8536147 |
| 湖　北 | 42492298 | 6636191 | 1239862 | 23470660 | 2402606 | 644316 | 8098663 |
| 湖　南 | 26137460 | 3497127 | 553629 | 17670466 | 940565 | 163116 | 3312557 |
| 广　东 | 85384666 | 9330147 | 2234525 | 43769301 | 9212557 | 3386195 | 17451941 |
| 广　西 | 19090933 | 2758983 | 32087 | 11977593 | 1442903 | 372106 | 2507261 |
| 海　南 | 17039963 | 2785108 | 748921 | 8685529 | 1198997 | 379011 | 3242397 |
| 重　庆 | 37512812 | 6250486 | 453295 | 20564042 | 4679174 | 995481 | 4570334 |
| 四　川 | 48130252 | 4393579 | 631540 | 32234097 | 1662822 | 1069199 | 8139015 |
| 贵　州 | 22050920 | 2605022 | 442753 | 17279617 | 420884 | 16620 | 1286024 |
| 云　南 | 26690091 | 4097481 | 367396 | 17935974 | 521278 | 97106 | 3670856 |
| 西　藏 | 500161 | 18206 | 28229 | 393026 |  |  | 60700 |
| 陕　西 | 24942850 | 4501089 | 722020 | 16700282 | 624748 | 468713 | 1925998 |
| 甘　肃 | 7680627 | 1216227 | 178806 | 5794400 | 54578 |  | 436616 |
| 青　海 | 3359998 | 586680 | 126659 | 2301877 |  |  | 344782 |
| 宁　夏 | 6336378 | 781604 | 15573 | 5420704 | 80537 | 3680 | 34280 |
| 新　疆 | 9988751 | 1306542 | 90335 | 7277603 | 4001 |  | 1310270 |

# 2-10 各地区按投资规模分房地产开发企业完成投资

单位：万元

| 地　　区 | 500万元以下 | 500-1000万元 | 1000-3000万元 | 3000-5000万元 | 5000万-1亿元 | 1-5亿元 | 5-10亿元 | 10亿元及以上 |
|---|---|---|---|---|---|---|---|---|
| **全国总计** | **11856** | **114432** | **1950928** | **4126776** | **18048695** | **193815699** | **205611417** | **536108655** |
| 北　京 | | 943 | 5437 | 19907 | 64336 | 1705778 | 3531078 | 36443002 |
| 天　津 | | | 2130 | 9565 | 36736 | 1876290 | 3836742 | 12954001 |
| 河　北 | 150 | 1079 | 75086 | 132173 | 764050 | 11567168 | 11792053 | 18520951 |
| 山　西 | | 4954 | 83090 | 135818 | 687643 | 4595824 | 3147820 | 6293570 |
| 内蒙古 | | 5593 | 88253 | 208877 | 432894 | 2264781 | 2437251 | 5372893 |
| 辽　宁 | 410 | 600 | 45249 | 92961 | 452296 | 7302983 | 8373684 | 19318238 |
| 吉　林 | 734 | 4536 | 39878 | 79021 | 299534 | 2382538 | 2052815 | 4383353 |
| 黑龙江 | | 3914 | 59616 | 171683 | 445009 | 2666430 | 1848624 | 4726177 |
| 上　海 | | 6 | 11409 | 14569 | 52076 | 1660849 | 4987655 | 27962851 |
| 江　苏 | 5 | 5 | 39016 | 132897 | 779538 | 12973964 | 20604574 | 47006815 |
| 浙　江 | 430 | 3460 | 63256 | 131487 | 736118 | 11600274 | 16633568 | 41950691 |
| 安　徽 | 556 | 1372 | 49928 | 105327 | 522474 | 8340011 | 11799446 | 23429470 |
| 福　建 | | 2249 | 40307 | 96155 | 469425 | 6403034 | 8125540 | 29559363 |
| 江　西 | | 893 | 41744 | 106843 | 503610 | 5128381 | 4252884 | 5166630 |
| 山　东 | 151 | 2912 | 126340 | 270936 | 1942638 | 14351497 | 12836009 | 29391123 |
| 河　南 | 300 | 2003 | 40247 | 148392 | 772992 | 12509918 | 12397741 | 22317745 |
| 湖　北 | 278 | 8600 | 99318 | 246676 | 865946 | 8373901 | 7307166 | 25590413 |
| 湖　南 | 2674 | 9995 | 149558 | 281595 | 1445858 | 8532452 | 5907095 | 9808233 |
| 广　东 | 1005 | 13908 | 190206 | 274840 | 1047943 | 14347012 | 15180487 | 54329265 |
| 广　西 | 68 | 6075 | 59152 | 158114 | 567469 | 5325251 | 4004943 | 8969861 |
| 海　南 | | | 4566 | 23084 | 210976 | 2643886 | 2990304 | 11167147 |
| 重　庆 | 186 | 2572 | 48403 | 129107 | 570143 | 5309922 | 6244963 | 25207516 |
| 四　川 | 493 | 8425 | 122084 | 141593 | 960202 | 13157954 | 16170973 | 17568528 |
| 贵　州 | 367 | 664 | 41945 | 132553 | 442899 | 6081631 | 4290562 | 11060299 |
| 云　南 | | 4845 | 72612 | 253114 | 696811 | 6452472 | 4414303 | 14795934 |
| 西　藏 | | 1161 | 2263 | 3000 | | 188645 | 198292 | 106800 |
| 陕　西 | 1027 | 3597 | 37395 | 77651 | 430634 | 4878375 | 4363345 | 15150826 |
| 甘　肃 | 1461 | 6218 | 107382 | 221133 | 664095 | 3178432 | 1492987 | 2008919 |
| 青　海 | | 20 | 5836 | 27675 | 91765 | 1045628 | 738799 | 1450275 |
| 宁　夏 | 440 | 1222 | 22335 | 49196 | 178404 | 2625513 | 1596952 | 1862316 |
| 新　疆 | 1121 | 12611 | 176887 | 250834 | 914181 | 4344905 | 2052762 | 2235450 |

# 2-11　各地区按登记注册类型分的房地产开发企业住宅完成投资

单位：万元

| 地　区 | 总　计 | 内　资 | | | | | |
|---|---|---|---|---|---|---|---|
| | | | 国　有 | 集　体 | 股份合作 | 国有联营 | 集体联营 |
| **全国总计** | **645952421** | **596335098** | **9217287** | **1433409** | **484774** | **55204** | **31780** |
| 北　京 | 18895385 | 18362483 | 281875 | 149283 | | | |
| 天　津 | 12515275 | 10766255 | 179283 | 4914 | 13738 | 8887 | |
| 河　北 | 31625474 | 30969006 | 56638 | | | | |
| 山　西 | 10983176 | 10904041 | 142936 | 5993 | | | |
| 内蒙古 | 7585091 | 7573740 | 29215 | | | | |
| 辽　宁 | 26033152 | 21284418 | 265018 | 33353 | 4032 | | |
| 吉　林 | 6488051 | 6106677 | 3802 | | | | |
| 黑龙江 | 6811541 | 6639190 | 56229 | | 575 | | |
| 上　海 | 18133187 | 15606204 | 218464 | 107384 | | | 5 |
| 江　苏 | 60802054 | 53525791 | 1952050 | 76077 | 3200 | | |
| 浙　江 | 44507263 | 40778612 | 208636 | 22515 | 148723 | 46317 | |
| 安　徽 | 28491942 | 26905991 | 359188 | 1653 | | | |
| 福　建 | 28649524 | 26084203 | 891528 | 95581 | | | |
| 江　西 | 11130924 | 10736444 | 174952 | | | | |
| 山　东 | 43994427 | 41737436 | 718649 | 146214 | 45481 | | |
| 河　南 | 35291542 | 34711054 | 605002 | 14096 | 31990 | | |
| 湖　北 | 30205401 | 28263515 | 384965 | 102200 | | | |
| 湖　南 | 18029380 | 17350997 | 218343 | 2414 | 2830 | | |
| 广　东 | 58905079 | 50333844 | 199428 | 494113 | 42596 | | 31775 |
| 广　西 | 14077508 | 12533101 | 293197 | 8560 | 16 | | |
| 海　南 | 12467789 | 11309485 | 94990 | | 6821 | | |
| 重　庆 | 23904910 | 20873754 | 405271 | | 566 | | |
| 四　川 | 30487228 | 28613895 | 291035 | 15548 | 32794 | | |
| 贵　州 | 13277676 | 13068532 | 80213 | 1340 | 585 | | |
| 云　南 | 16702652 | 16398991 | 206857 | | | | |
| 西　藏 | 395958 | 395958 | | | | | |
| 陕　西 | 18278046 | 17385302 | 609481 | 149968 | 149837 | | |
| 甘　肃 | 5265600 | 5244128 | 145103 | 1703 | | | |
| 青　海 | 2013766 | 2013766 | 18134 | | 390 | | |
| 宁　夏 | 3966814 | 3894103 | 36639 | | | | |
| 新　疆 | 6036606 | 5964182 | 90166 | 500 | 600 | | |

2-11 续表 1

单位：万元

| 地区 | 内资 | | | | | | |
|---|---|---|---|---|---|---|---|
| | 国有与集体联营 | 其他联营 | 国有独资公司 | 其他有限责任公司 | 股份有限公司 | 私营独资 | 私营合伙 |
| **全国总计** | **1770** | **31870** | **23869529** | **341339681** | **21541463** | **1136095** | **50429** |
| 北京 | | | 570843 | 15462616 | 360763 | | |
| 天津 | | | 684206 | 7526401 | 230884 | | |
| 河北 | | | 251948 | 17857575 | 1456552 | 100850 | 2180 |
| 山西 | | | 118643 | 3254334 | 117766 | | |
| 内蒙古 | | | 354051 | 3504106 | 207118 | 3302 | 5583 |
| 辽宁 | | | 662659 | 11540656 | 1492626 | 96583 | |
| 吉林 | | | 274493 | 3432744 | 346986 | 233971 | |
| 黑龙江 | | | 350314 | 3929324 | 251840 | 6100 | |
| 上海 | | | 1130684 | 9837187 | 583669 | 56419 | |
| 江苏 | | | 3041674 | 25015997 | 1859360 | 141001 | 2338 |
| 浙江 | | | 1340065 | 22128413 | 302714 | | |
| 安徽 | | | 1523215 | 15161283 | 576555 | 47367 | 9500 |
| 福建 | | | 2181440 | 16841483 | 497293 | 770 | |
| 江西 | | | 254389 | 6238271 | 466405 | 2006 | 4400 |
| 山东 | | | 2070728 | 24168813 | 1753038 | 53040 | |
| 河南 | | 4191 | 249684 | 24058422 | 1736217 | 51894 | 1766 |
| 湖北 | | | 1160762 | 16102151 | 1683884 | 37319 | |
| 湖南 | | | 743783 | 8814042 | 674186 | 17527 | 5250 |
| 广东 | | 3450 | 730562 | 31345426 | 2036457 | 131938 | 7121 |
| 广西 | | | 511884 | 6054467 | 463448 | 47180 | 5386 |
| 海南 | 1770 | | 791036 | 7979790 | 608288 | 15249 | 5135 |
| 重庆 | | | 1223504 | 10895115 | 694524 | 3100 | |
| 四川 | | | 681830 | 16681963 | 913904 | 31956 | 50 |
| 贵州 | | | 308971 | 8476767 | 325080 | | |
| 云南 | | | 416419 | 9064817 | 948276 | 42901 | |
| 西藏 | | 24229 | 4761 | 146886 | | | |
| 陕西 | | | 967467 | 9006498 | 630111 | 8000 | |
| 甘肃 | | | 386895 | 2628036 | 87939 | 7622 | |
| 青海 | | | 190094 | 739178 | 42138 | | |
| 宁夏 | | | 426535 | 819770 | 149499 | | |
| 新疆 | | | 265990 | 2627150 | 43943 | | 1720 |

2-11　续表 2　　　　单位：万元

| 地　　区 | 内资 | | | 港澳台商投资 | | | |
|---|---|---|---|---|---|---|---|
| | 私营有限责任公司 | 私营股份有限公司 | 其他内资企业 | | 合资经营 | 合作经营 | 独资 |
| **全国总计** | **187231749** | **9036533** | **873525** | **36803392** | **12005662** | **1743073** | **22286655** |
| 北　京 | 1529428 | 7675 | | 348665 | 154704 | 65968 | 127993 |
| 天　津 | 1992439 | 106833 | 18670 | 1355082 | 349990 | | 900748 |
| 河　北 | 10563386 | 645779 | 34098 | 526993 | 215666 | | 311327 |
| 山　西 | 7164549 | 96930 | 2890 | 31206 | 22719 | | 8487 |
| 内蒙古 | 3369796 | 100539 | 30 | | | | |
| 辽　宁 | 6810403 | 327084 | 52004 | 3395784 | 1359678 | 15325 | 2014279 |
| 吉　林 | 1766638 | 42617 | 5426 | 321067 | 210528 | | 110539 |
| 黑龙江 | 1884489 | 160319 | | 139181 | 54777 | 48347 | 36057 |
| 上　海 | 3575458 | 96934 | | 1843449 | 652686 | 8249 | 1173214 |
| 江　苏 | 20527164 | 880430 | 26500 | 4838754 | 1327100 | 60479 | 3319591 |
| 浙　江 | 16376073 | 138347 | 66809 | 2896237 | 1166852 | 45337 | 1580832 |
| 安　徽 | 8755019 | 377128 | 95083 | 1267931 | 418682 | | 789454 |
| 福　建 | 5016443 | 538336 | 21329 | 2099377 | 1193730 | 14600 | 819532 |
| 江　西 | 3358866 | 200600 | 36555 | 330831 | 132707 | | 198124 |
| 山　东 | 12220327 | 491949 | 69197 | 1834445 | 639068 | 60696 | 1134621 |
| 河　南 | 7135435 | 715825 | 106532 | 375633 | 107629 | 3120 | 257774 |
| 湖　北 | 8517581 | 235127 | 39526 | 1559767 | 595527 | 1080 | 956862 |
| 湖　南 | 6372826 | 463540 | 36256 | 515752 | 157788 | 12697 | 318359 |
| 广　东 | 14834298 | 439024 | 37656 | 6087027 | 1500632 | 1259987 | 3307785 |
| 广　西 | 4811062 | 325941 | 11960 | 1229460 | 256322 | | 973138 |
| 海　南 | 1634830 | 159916 | 11660 | 900165 | 293777 | | 431031 |
| 重　庆 | 7368979 | 279695 | 3000 | 2644204 | 535805 | 109154 | 1999245 |
| 四　川 | 9498084 | 424262 | 42469 | 1251704 | 364445 | | 839869 |
| 贵　州 | 3575427 | 290950 | 9199 | 177980 | 12350 | | 165630 |
| 云　南 | 5093339 | 532496 | 93886 | 216973 | 120440 | | 96533 |
| 西　藏 | 220082 | | | | | | |
| 陕　西 | 5454025 | 378409 | 31506 | 459968 | 9956 | 38034 | 411978 |
| 甘　肃 | 1879614 | 87630 | 19586 | 13882 | 13882 | | |
| 青　海 | 984317 | 39515 | | | | | |
| 宁　夏 | 2152874 | 308786 | | 69451 | 67169 | | 2282 |
| 新　疆 | 2788498 | 143917 | 1698 | 72424 | 71053 | | 1371 |

2-11 续表 3　　单位：万元

| 地　区 | 港澳台商投资 | | 外商投资 | | | | | |
|---|---|---|---|---|---|---|---|---|
| | 股份有限 | 其　他 | | 合资经营 | 合作经营 | 独　资 | 股份有限 | 其　他 |
| **全国总计** | **706741** | **61261** | **12813931** | **4154938** | **1135783** | **6621296** | **421020** | **480894** |
| 北　京 | | | 184237 | 51072 | 133165 | | | |
| 天　津 | 104344 | | 393938 | 116640 | | 220010 | 11811 | 45477 |
| 河　北 | | | 129475 | 4402 | | 78267 | 46806 | |
| 山　西 | | | 47929 | | | 47929 | | |
| 内蒙古 | | | 11351 | 11351 | | | | |
| 辽　宁 | 6502 | | 1352950 | 722574 | 91325 | 521518 | 17533 | |
| 吉　林 | | | 60307 | 60307 | | | | |
| 黑龙江 | | | 33170 | | | 33170 | | |
| 上　海 | | 9300 | 683534 | 219096 | 184462 | 272176 | 7800 | |
| 江　苏 | 131584 | | 2437509 | 793636 | 103522 | 1540351 | | |
| 浙　江 | 91451 | 11765 | 832414 | 247154 | 16302 | 555804 | 13154 | |
| 安　徽 | 59795 | | 318020 | 16785 | 27606 | 163498 | 13290 | 96841 |
| 福　建 | 71515 | | 465944 | 44718 | | 398067 | 20841 | 2318 |
| 江　西 | | | 63649 | 36671 | | 24578 | 2400 | |
| 山　东 | 60 | | 422546 | 181960 | 59855 | 163631 | | 17100 |
| 河　南 | | 7110 | 204855 | 60612 | | 144243 | | |
| 湖　北 | 120 | 6178 | 382119 | 91873 | | 148326 | 2920 | 139000 |
| 湖　南 | | 26908 | 162631 | 104849 | | 57782 | | |
| 广　东 | 18623 | | 2484208 | 667977 | 300850 | 1220475 | 205986 | 88920 |
| 广　西 | | | 314947 | 107877 | | 115832 | | 91238 |
| 海　南 | 175357 | | 258139 | 38155 | 66064 | 153920 | | |
| 重　庆 | | | 386952 | 120050 | 58111 | 200225 | 8566 | |
| 四　川 | 47390 | | 621629 | 270471 | 41692 | 309466 | | |
| 贵　州 | | | 31164 | 2128 | 29036 | | | |
| 云　南 | | | 86688 | 24349 | | 493 | 61846 | |
| 西　藏 | | | | | | | | |
| 陕　西 | | | 432776 | 149381 | 23793 | 251535 | 8067 | |
| 甘　肃 | | | 7590 | 7590 | | | | |
| 青　海 | | | | | | | | |
| 宁　夏 | | | 3260 | 3260 | | | | |
| 新　疆 | | | | | | | | |

# 2-12　各地区按资质等级分的房地产开发企业住宅完成投资

单位：万元

| 地　　区 | 总　计 | 一　级 | 二　级 | 三　级 | 四　级 | 暂　定 | 其　他 |
|---|---|---|---|---|---|---|---|
| **全国总计** | **645952421** | **26181345** | **94255346** | **101385096** | **68978993** | **311797630** | **43354011** |
| 北　　京 | 18895385 | 1628935 | 1259309 | 531680 | 5098259 | 8711771 | 1665431 |
| 天　　津 | 12515275 | 281869 | 742995 | 866538 | 6890338 | 3224723 | 508812 |
| 河　　北 | 31625474 | 1949964 | 3583962 | 5201557 | 6987044 | 13032370 | 870577 |
| 山　　西 | 10983176 | 413577 | 1358503 | 1463924 | 4113601 | 3535860 | 97711 |
| 内 蒙 古 | 7585091 | 468364 | 547122 | 1156192 | 3381555 | 1555675 | 476183 |
| 辽　　宁 | 26033152 | 549536 | 1928259 | 4276492 | 418315 | 16248428 | 2612122 |
| 吉　　林 | 6488051 | 200555 | 1174070 | 1094478 | 743151 | 3242517 | 33280 |
| 黑 龙 江 | 6811541 | 108542 | 1312614 | 3153394 | 139832 | 1905027 | 192132 |
| 上　　海 | 18133187 | 305630 | 2017170 | 907095 | 45373 | 12607728 | 2250191 |
| 江　　苏 | 60802054 | 2624396 | 17943394 | 2247823 | 55441 | 31189542 | 6741458 |
| 浙　　江 | 44507263 | 1471389 | 4159065 | 7314805 | 1874844 | 24161398 | 5525762 |
| 安　　徽 | 28491942 | 220177 | 3268602 | 5016226 | 641594 | 17897168 | 1448175 |
| 福　　建 | 28649524 | 1119112 | 2884988 | 5658168 | 2209329 | 15308272 | 1469655 |
| 江　　西 | 11130924 | 153209 | 1094442 | 1986954 | 760451 | 6702654 | 433214 |
| 山　　东 | 43994427 | 2191173 | 4674737 | 5218868 | 4260804 | 24474745 | 3174100 |
| 河　　南 | 35291542 | 1689745 | 4869052 | 3173469 | 1960848 | 21807466 | 1790962 |
| 湖　　北 | 30205401 | 923740 | 5673458 | 3244458 | 2775544 | 17097549 | 490652 |
| 湖　　南 | 18029380 | 673230 | 2541707 | 6618709 | 2680648 | 5004819 | 510267 |
| 广　　东 | 58905079 | 3091154 | 3329507 | 9993642 | 9602200 | 27528328 | 5360248 |
| 广　　西 | 14077508 | 604330 | 1915401 | 2164447 | 628840 | 8045553 | 718937 |
| 海　　南 | 12467789 | 1302 | 634815 | 2002911 | 657216 | 8052268 | 1119277 |
| 重　　庆 | 23904910 | 1223775 | 8383425 | 2088256 | 113146 | 11574562 | 521746 |
| 四　　川 | 30487228 | 1479272 | 5167367 | 15576056 | 213227 | 6409573 | 1641733 |
| 贵　　州 | 13277676 | 35805 | 3885362 | 2228490 | 1174313 | 5584407 | 369299 |
| 云　　南 | 16702652 | 453315 | 2917919 | 1377248 | 4259500 | 6952134 | 742536 |
| 西　　藏 | 395958 |  | 21300 | 227272 | 4460 | 132046 | 10880 |
| 陕　　西 | 18278046 | 1047531 | 3203449 | 3244907 | 4510406 | 3961569 | 2310184 |
| 甘　　肃 | 5265600 | 128809 | 876051 | 1520586 | 1011102 | 1675848 | 53204 |
| 青　　海 | 2013766 | 170296 | 662282 | 416803 | 437602 | 298217 | 28566 |
| 宁　　夏 | 3966814 | 604377 | 1318857 | 533982 | 565988 | 863418 | 80192 |
| 新　　疆 | 6036606 | 368236 | 906162 | 879666 | 764022 | 3011995 | 106525 |

# 2-13 各地区按资质等级分的房地产开发企业90平方米及以下住宅完成投资

单位：万元

| 地区 | 总计 | 一级 | 二级 | 三级 | 四级 | 暂定 | 其他 |
|---|---|---|---|---|---|---|---|
| **全国总计** | **246461229** | **9976143** | **35311008** | **38219245** | **23943710** | **120955576** | **18055547** |
| 北京 | 9960016 | 767209 | 685399 | 246270 | 2246638 | 5059533 | 954967 |
| 天津 | 6080366 | 189378 | 265685 | 451966 | 3076568 | 1796225 | 300544 |
| 河北 | 14283741 | 980038 | 1607793 | 2389536 | 2756538 | 5992829 | 557007 |
| 山西 | 3665128 | 164780 | 371752 | 505504 | 1056765 | 1538217 | 28110 |
| 内蒙古 | 2550398 | 55637 | 124449 | 538670 | 1271509 | 459312 | 100821 |
| 辽宁 | 15787253 | 367320 | 1022884 | 2665656 | 186450 | 9892695 | 1652248 |
| 吉林 | 3255421 | 111498 | 577320 | 551141 | 431342 | 1572335 | 11785 |
| 黑龙江 | 4220485 | 47619 | 773868 | 1900798 | 121780 | 1236346 | 140074 |
| 上海 | 7222868 | 173835 | 622773 | 338071 | | 5421121 | 667068 |
| 江苏 | 17734064 | 794573 | 5055463 | 711840 | 31527 | 8958596 | 2182065 |
| 浙江 | 13645535 | 482784 | 1104986 | 1578028 | 463815 | 8181854 | 1834068 |
| 安徽 | 10547222 | 106954 | 1464180 | 1938803 | 168285 | 6213753 | 655247 |
| 福建 | 9016489 | 491845 | 1502464 | 1560260 | 725970 | 4297989 | 437961 |
| 江西 | 2672260 | 86440 | 353805 | 359251 | 184716 | 1567214 | 120834 |
| 山东 | 12527417 | 493599 | 1417888 | 1298438 | 1204058 | 7194895 | 918539 |
| 河南 | 12722629 | 699001 | 1693109 | 983901 | 538249 | 8219314 | 589055 |
| 湖北 | 10553913 | 333914 | 2192734 | 1167569 | 546824 | 6191460 | 121412 |
| 湖南 | 4127704 | 131851 | 548093 | 1537782 | 587049 | 1186190 | 136739 |
| 广东 | 22390657 | 969528 | 957711 | 2968902 | 3679089 | 11088476 | 2726951 |
| 广西 | 4891652 | 252481 | 652863 | 688649 | 151202 | 2828953 | 317504 |
| 海南 | 7537049 | 1302 | 296800 | 992879 | 417948 | 4894552 | 933568 |
| 重庆 | 13520712 | 682090 | 4409136 | 1335231 | 44435 | 6809535 | 240285 |
| 四川 | 16164605 | 910490 | 2443103 | 8271801 | 122812 | 3573098 | 843301 |
| 贵州 | 4195149 | 10309 | 1545482 | 609677 | 286890 | 1610145 | 132646 |
| 云南 | 5146765 | 208427 | 1068472 | 270255 | 1247398 | 2081761 | 270452 |
| 西藏 | 133589 | | | 95900 | 1540 | 32626 | 3523 |
| 陕西 | 6487916 | 246797 | 1284138 | 1076530 | 1493972 | 1328319 | 1058160 |
| 甘肃 | 1948097 | 24308 | 358563 | 701638 | 350906 | 493022 | 19660 |
| 青海 | 494516 | 14237 | 218283 | 94343 | 94418 | 66535 | 6700 |
| 宁夏 | 982743 | 91555 | 334056 | 111195 | 210330 | 190330 | 45277 |
| 新疆 | 1994870 | 86344 | 357756 | 278761 | 244687 | 978346 | 48976 |

# 2-14　各地区按资质等级分的房地产开发企业144平方米以上住宅完成投资

单位：万元

| 地　区 | 总　计 | 一　级 | 二　级 | 三　级 | 四　级 | 暂　定 | 其　他 |
|---|---|---|---|---|---|---|---|
| **全国总计** | **110302322** | **5581655** | **16298157** | **16741504** | **12210497** | **52029793** | **7440716** |
| 北　京 | 5747675 | 565951 | 277732 | 137965 | 2097752 | 2307193 | 361082 |
| 天　津 | 2433087 | 28874 | 196513 | 225107 | 1200173 | 730605 | 51815 |
| 河　北 | 3609989 | 346265 | 379583 | 400481 | 839499 | 1627780 | 16381 |
| 山　西 | 1882778 | 85025 | 326439 | 179045 | 813985 | 459425 | 18859 |
| 内蒙古 | 1246306 | 222972 | 120373 | 218367 | 375616 | 293355 | 15623 |
| 辽　宁 | 3944021 | 39828 | 279174 | 523990 | 111270 | 2603213 | 386546 |
| 吉　林 | 1038555 | 9019 | 206742 | 183500 | 69213 | 569239 | 842 |
| 黑龙江 | 799052 | 20068 | 198949 | 415102 | 505 | 155673 | 8755 |
| 上　海 | 4807222 | 30882 | 406402 | 202190 | 24750 | 3289839 | 853159 |
| 江　苏 | 12483836 | 550663 | 3760760 | 415482 | 11731 | 6721111 | 1024089 |
| 浙　江 | 11396849 | 343863 | 1248188 | 2299554 | 429320 | 5426007 | 1649917 |
| 安　徽 | 2353790 | 27202 | 195903 | 504768 | 31699 | 1327246 | 266972 |
| 福　建 | 5544643 | 110636 | 471910 | 1340996 | 589954 | 2879697 | 151450 |
| 江　西 | 1333488 | 23053 | 133087 | 238782 | 58528 | 874034 | 6004 |
| 山　东 | 7459108 | 476734 | 751829 | 876562 | 584026 | 4199383 | 570574 |
| 河　南 | 4299790 | 177094 | 759931 | 370630 | 206216 | 2627748 | 158171 |
| 湖　北 | 3001776 | 198238 | 865803 | 208855 | 157967 | 1338897 | 232016 |
| 湖　南 | 3273291 | 172277 | 493962 | 1131266 | 453992 | 954111 | 67683 |
| 广　东 | 14018615 | 1466290 | 1016551 | 3331382 | 1910151 | 5537927 | 786314 |
| 广　西 | 1674770 | 46089 | 376035 | 284579 | 78355 | 810316 | 79396 |
| 海　南 | 1716149 |  | 180671 | 405157 | 37753 | 1004218 | 88350 |
| 重　庆 | 2577171 | 47879 | 1020894 | 126746 | 16504 | 1340136 | 25012 |
| 四　川 | 2669791 | 139680 | 440704 | 1361450 | 14885 | 521814 | 191258 |
| 贵　州 | 1830273 | 2870 | 764507 | 209609 | 97745 | 719816 | 35726 |
| 云　南 | 4456216 | 107226 | 636380 | 400826 | 1036871 | 2080812 | 194101 |
| 西　藏 | 80210 |  | 16960 | 35646 |  | 24093 | 3511 |
| 陕　西 | 2431319 | 109325 | 399614 | 350565 | 647929 | 736326 | 187560 |
| 甘　肃 | 459917 | 29622 | 60711 | 131737 | 64466 | 172386 | 995 |
| 青　海 | 246600 | 5917 | 62789 | 53738 | 33748 | 89528 | 880 |
| 宁　夏 | 519185 | 128904 | 142193 | 60875 | 66229 | 118784 | 2200 |
| 新　疆 | 936850 | 69209 | 106868 | 116552 | 149665 | 489081 | 5475 |

# 2-15 各地区按资质等级分的房地产开发企业别墅、高档公寓完成投资

单位：万元

| 地区 | 总计 | 一级 | 二级 | 三级 | 四级 | 暂定 | 其他 |
|---|---|---|---|---|---|---|---|
| **全国总计** | **34813652** | **1781216** | **3308894** | **5331193** | **3511918** | **18505983** | **2374448** |
| 北京 | 2431243 | 313139 | 33868 | 33034 | 933088 | 1092043 | 26071 |
| 天津 | 516114 | 16414 | 17675 | 111370 | 214511 | 129218 | 26926 |
| 河北 | 780043 | 46020 | 16600 | 77913 | 323463 | 316047 | |
| 山西 | 88850 | | 2763 | 650 | 22535 | 62902 | |
| 内蒙古 | 180848 | 7234 | 11121 | 6148 | 86211 | 64834 | 5300 |
| 辽宁 | 1156492 | 19052 | 14099 | 167579 | 27520 | 763062 | 165180 |
| 吉林 | 247426 | | 68415 | 52572 | 4389 | 122050 | |
| 黑龙江 | 173062 | 6612 | 10616 | 130634 | | 25200 | |
| 上海 | 3814826 | 27254 | 117045 | 232475 | | 2913419 | 524633 |
| 江苏 | 4757189 | 332834 | 917023 | 247260 | 20 | 2809659 | 450393 |
| 浙江 | 3524421 | 43740 | 199032 | 898220 | 193648 | 1763405 | 426376 |
| 安徽 | 668618 | 2260 | 28088 | 212344 | 6323 | 401955 | 17648 |
| 福建 | 1212736 | 15947 | 64635 | 168560 | 80783 | 857246 | 25565 |
| 江西 | 333958 | 20809 | 13574 | 71559 | 15379 | 199867 | 12770 |
| 山东 | 1058414 | 26657 | 33908 | 120924 | 83147 | 663796 | 129982 |
| 河南 | 350748 | 54144 | 79783 | 19022 | 20680 | 177119 | |
| 湖北 | 689759 | 8432 | 130734 | 51651 | 32524 | 422046 | 44372 |
| 湖南 | 645496 | 84910 | 82213 | 258739 | 138438 | 80024 | 1172 |
| 广东 | 4408230 | 569881 | 118406 | 834343 | 680171 | 1969971 | 235458 |
| 广西 | 343037 | 3932 | 57207 | 74147 | 6138 | 198470 | 3143 |
| 海南 | 2342236 | | 227874 | 877892 | 75175 | 1063838 | 97457 |
| 重庆 | 1625386 | 11016 | 499714 | 92720 | | 1020936 | 1000 |
| 四川 | 820766 | 42330 | 115203 | 375181 | 7998 | 150744 | 129310 |
| 贵州 | 247868 | 1180 | 83919 | 24905 | 5976 | 131483 | 405 |
| 云南 | 1423615 | 50545 | 215161 | 64022 | 328511 | 734542 | 30834 |
| 西藏 | 11750 | | | 5600 | | 500 | 5650 |
| 陕西 | 288493 | 5869 | 96229 | 41461 | 70159 | 64300 | 10475 |
| 甘肃 | 33479 | | 10 | 7303 | 1324 | 24842 | |
| 青海 | 64591 | | 1400 | 4873 | 9309 | 48631 | 378 |
| 宁夏 | 146443 | 53726 | 32632 | 20657 | 14353 | 24275 | 800 |
| 新疆 | 427515 | 17279 | 19947 | 47435 | 130145 | 209559 | 3150 |

# 2-16　各地区按登记注册类型分的房地产开发企业办公楼完成投资

单位：万元

| 地　区 | 总　计 | 内　资 | | | | | |
|---|---|---|---|---|---|---|---|
| | | | 国　有 | 集　体 | 股份合作 | 国有联营 | 集体联营 |
| **全国总计** | **62097420** | **53881282** | **619941** | **40394** | **5562** | **5839** | |
| 北　京 | 8990697 | 8328391 | 17330 | 23850 | | | |
| 天　津 | 1077004 | 839890 | | | | 5739 | |
| 河　北 | 1758739 | 1724089 | 5022 | | | | |
| 山　西 | 855037 | 717604 | 10 | | | | |
| 内蒙古 | 396813 | 396813 | | | | | |
| 辽　宁 | 1166064 | 937383 | | 3685 | | | |
| 吉　林 | 386251 | 333347 | | | | | |
| 黑龙江 | 253191 | 237191 | 5068 | | | | |
| 上　海 | 6545385 | 4418503 | 113141 | 443 | | | |
| 江　苏 | 3440658 | 3109036 | 15146 | 2650 | | | |
| 浙　江 | 5133148 | 4367661 | 31458 | | 2987 | 100 | |
| 安　徽 | 2042490 | 2002965 | 20672 | | | | |
| 福　建 | 3277625 | 2966890 | 65778 | | | | |
| 江　西 | 521100 | 478792 | 9005 | | | | |
| 山　东 | 3318794 | 3157139 | 58086 | 967 | 2424 | | |
| 河　南 | 2185442 | 2156314 | 19268 | 20 | | | |
| 湖　北 | 2157038 | 1940182 | 22254 | 1240 | | | |
| 湖　南 | 1208014 | 1093517 | 9279 | 60 | 3 | | |
| 广　东 | 5639955 | 4227911 | 86061 | 7219 | 31 | | |
| 广　西 | 725811 | 581430 | 683 | | 2 | | |
| 海　南 | 205425 | 192622 | 11530 | | | | |
| 重　庆 | 2035649 | 1329609 | 88792 | | | | |
| 四　川 | 2297857 | 2045619 | 80 | | | | |
| 贵　州 | 1640553 | 1583170 | 1364 | 260 | | | |
| 云　南 | 1620395 | 1547179 | 3513 | | | | |
| 西　藏 | 24906 | 24906 | | | | | |
| 陕　西 | 1609470 | 1562199 | 16058 | | 115 | | |
| 甘　肃 | 280120 | 277141 | 15828 | | | | |
| 青　海 | 374264 | 374264 | 4282 | | | | |
| 宁　夏 | 342939 | 342939 | | | | | |
| 新　疆 | 586586 | 586586 | 233 | | | | |

2-16 续表 1 单位：万元

| 地　　区 | 内　　资 | | | | | | |
|---|---|---|---|---|---|---|---|
| | 国有与集体联　　营 | 其他联营 | 国有独资公　　司 | 其他有限责任公司 | 股份有限公　　司 | 私营独资 | 私营合伙 |
| **全国总计** | | | **2743654** | **34057490** | **1744078** | **105246** | |
| 北　　京 | | | 63235 | 7593475 | 38488 | | |
| 天　　津 | | | 19883 | 650579 | 67576 | | |
| 河　　北 | | | 2476 | 1044484 | 28709 | | |
| 山　　西 | | | 5914 | 263854 | 1726 | | |
| 内 蒙 古 | | | 89402 | 122464 | 9872 | | |
| 辽　　宁 | | | 30077 | 534410 | 14445 | | |
| 吉　　林 | | | 50 | 260073 | 7131 | | |
| 黑 龙 江 | | | | 134260 | 3817 | | |
| 上　　海 | | | 277890 | 2601501 | 368229 | 42841 | |
| 江　　苏 | | | 139583 | 1535712 | 40452 | 15630 | |
| 浙　　江 | | | 102474 | 2820740 | 86180 | 2837 | |
| 安　　徽 | | | 14239 | 1158849 | 124461 | 8563 | |
| 福　　建 | | | 229854 | 1895809 | 19703 | | |
| 江　　西 | | | 17408 | 328578 | 42510 | | |
| 山　　东 | | | 941843 | 1206239 | 80609 | | |
| 河　　南 | | | 17268 | 1425612 | 34557 | 400 | |
| 湖　　北 | | | 61644 | 1075655 | 387794 | | |
| 湖　　南 | | | 87556 | 668004 | 11217 | 1600 | |
| 广　　东 | | | 241513 | 2521027 | 135287 | 146 | |
| 广　　西 | | | 24409 | 325885 | 17093 | 15500 | |
| 海　　南 | | | 9881 | 128344 | 9347 | 1416 | |
| 重　　庆 | | | 104749 | 660095 | 54981 | 1301 | |
| 四　　川 | | | 18462 | 1130784 | 50593 | 6120 | |
| 贵　　州 | | | 54139 | 1346159 | 6563 | | |
| 云　　南 | | | 1801 | 1064751 | 55130 | 6292 | |
| 西　　藏 | | | 600 | 2938 | | | |
| 陕　　西 | | | 70245 | 965419 | 31058 | | |
| 甘　　肃 | | | 41768 | 108398 | 8116 | | |
| 青　　海 | | | 27520 | 54779 | 950 | | |
| 宁　　夏 | | | 5485 | 80770 | 6165 | | |
| 新　　疆 | | | 42286 | 347843 | 1319 | 2600 | |

2-16　续表 2　　　　单位：万元

| 地　　区 | 内　　资 | | | 港澳台商投　　资 | | | |
|---|---|---|---|---|---|---|---|
| | 私营有限责任公司 | 私营股份有限公司 | 其他内资企　　业 | | 合资经营 | 合作经营 | 独　资 |
| **全国总计** | **14049421** | **422301** | **87356** | **6216393** | **2216387** | **232459** | **3645658** |
| 北　　京 | 592013 | | | 86010 | 42348 | 6744 | 36918 |
| 天　　津 | 95168 | 945 | | 165406 | 54412 | | 110984 |
| 河　　北 | 638531 | 2576 | 2291 | 34176 | 30 | | 34146 |
| 山　　西 | 446100 | | | 134933 | 134933 | | |
| 内 蒙 古 | 173026 | 2037 | 12 | | | | |
| 辽　　宁 | 348803 | 5963 | | 142329 | 40316 | | 102013 |
| 吉　　林 | 65193 | 900 | | 49600 | | | 49600 |
| 黑 龙 江 | 93317 | 729 | | 16000 | 16000 | | |
| 上　　海 | 1011727 | 2731 | | 1854993 | 790438 | | 1064555 |
| 江　　苏 | 1324986 | 34827 | 50 | 275374 | 83877 | | 180702 |
| 浙　　江 | 1314792 | 6093 | | 612749 | 100979 | | 511770 |
| 安　　徽 | 634795 | 6084 | 35302 | 28541 | 4247 | | 24294 |
| 福　　建 | 735649 | 19908 | 189 | 256508 | 134187 | 10862 | 110559 |
| 江　　西 | 75021 | 5280 | 990 | 41764 | 23772 | | 17992 |
| 山　　东 | 853973 | 12998 | | 92790 | 22705 | 2923 | 67162 |
| 河　　南 | 647576 | 11404 | 209 | 25808 | 103 | | 25705 |
| 湖　　北 | 379046 | 12069 | 480 | 188088 | 16995 | | 171093 |
| 湖　　南 | 279835 | 3455 | 32508 | 114356 | 44019 | | 70337 |
| 广　　东 | 1063566 | 169512 | 3549 | 1104537 | 479433 | 110520 | 410182 |
| 广　　西 | 195129 | 2729 | | 71852 | 5965 | | 65887 |
| 海　　南 | 32104 | | | 12803 | | | 7271 |
| 重　　庆 | 415945 | 3696 | 50 | 633815 | 165817 | 76309 | 391689 |
| 四　　川 | 801494 | 32446 | 5640 | 114062 | 52832 | | 60980 |
| 贵　　州 | 144000 | 30685 | | 49583 | | 25101 | 24482 |
| 云　　南 | 392456 | 21736 | 1500 | 73216 | | | 73216 |
| 西　　藏 | 21368 | | | | | | |
| 陕　　西 | 471964 | 7340 | | 34121 | | | 34121 |
| 甘　　肃 | 90883 | 7562 | 4586 | 2979 | 2979 | | |
| 青　　海 | 281545 | 5188 | | | | | |
| 宁　　夏 | 238371 | 12148 | | | | | |
| 新　　疆 | 191045 | 1260 | | | | | |

2-16 续表 3 单位：万元

| 地区 | 港澳台商投资 | | 外商投资 | | | | | |
|---|---|---|---|---|---|---|---|---|
| | 股份有限 | 其他 | | 合资经营 | 合作经营 | 独资 | 股份有限 | 其他 |
| **全国总计** | **121889** | | **1999745** | **950864** | **143593** | **779509** | **54455** | **71324** |
| 北京 | | | 576296 | 467962 | | 108334 | | |
| 天津 | 10 | | 71708 | 35201 | | 30387 | 6120 | |
| 河北 | | | 474 | 329 | | 145 | | |
| 山西 | | | 2500 | | | 2500 | | |
| 内蒙古 | | | | | | | | |
| 辽宁 | | | 86352 | 2524 | 51488 | 27926 | 4414 | |
| 吉林 | | | 3304 | 3304 | | | | |
| 黑龙江 | | | | | | | | |
| 上海 | | | 271889 | 95268 | 56099 | 120122 | 400 | |
| 江苏 | 10795 | | 56248 | 21457 | | 34791 | | |
| 浙江 | | | 152738 | 60243 | 1043 | 91452 | | |
| 安徽 | | | 10984 | 8150 | | 2834 | | |
| 福建 | 900 | | 54227 | | | 34972 | 12206 | 7049 |
| 江西 | | | 544 | 544 | | | | |
| 山东 | | | 68865 | 22392 | 2300 | 44173 | | |
| 河南 | | | 3320 | | | 3320 | | |
| 湖北 | | | 28768 | 5610 | | 18797 | | 4361 |
| 湖南 | | | 141 | 141 | | | | |
| 广东 | 104402 | | 307507 | 167039 | 17428 | 117340 | 5700 | |
| 广西 | | | 72529 | | | | 12615 | 59914 |
| 海南 | 5532 | | | | | | | |
| 重庆 | | | 72225 | 6535 | 605 | 52085 | 13000 | |
| 四川 | 250 | | 138176 | 40295 | 7550 | 90331 | | |
| 贵州 | | | 7800 | 720 | 7080 | | | |
| 云南 | | | | | | | | |
| 西藏 | | | | | | | | |
| 陕西 | | | 13150 | 13150 | | | | |
| 甘肃 | | | | | | | | |
| 青海 | | | | | | | | |
| 宁夏 | | | | | | | | |
| 新疆 | | | | | | | | |

# 2-17 各地区按资质等级分的房地产开发企业办公楼完成投资

单位：万元

| 地区 | 总计 | 一级 | 二级 | 三级 | 四级 | 暂定 | 其他 |
|---|---|---|---|---|---|---|---|
| **全国总计** | **62097420** | **2247936** | **6498054** | **6549139** | **5876734** | **34354016** | **6571541** |
| 北京 | 8990697 | 372605 | 265362 | 219132 | 1326650 | 5742700 | 1064248 |
| 天津 | 1077004 | 9459 | 149569 | 13312 | 450367 | 416050 | 38247 |
| 河北 | 1758739 | 19908 | 205638 | 195801 | 221952 | 1111545 | 3895 |
| 山西 | 855037 | 19547 | 84446 | 64689 | 313096 | 373259 | |
| 内蒙古 | 396813 | 45462 | 63476 | 41962 | 206271 | 37923 | 1719 |
| 辽宁 | 1166064 | 132115 | 135468 | 77553 | 509 | 706095 | 114324 |
| 吉林 | 386251 | 2000 | 28705 | 42064 | 6874 | 306608 | |
| 黑龙江 | 253191 | | 43522 | 109499 | 643 | 93955 | 5572 |
| 上海 | 6545385 | 268534 | 139584 | 191130 | | 5154191 | 791946 |
| 江苏 | 3440658 | 108789 | 804600 | 73533 | 5500 | 1764803 | 683433 |
| 浙江 | 5133148 | 63938 | 184769 | 531708 | 91587 | 2852732 | 1408414 |
| 安徽 | 2042490 | 73859 | 180202 | 316150 | 9530 | 1326675 | 136074 |
| 福建 | 3277625 | 48275 | 291166 | 543408 | 378607 | 1908822 | 107347 |
| 江西 | 521100 | 39 | 45479 | 26703 | 29494 | 395300 | 24085 |
| 山东 | 3318794 | 162632 | 255482 | 128638 | 202737 | 2194942 | 374363 |
| 河南 | 2185442 | 76211 | 228914 | 171245 | 20768 | 1473024 | 215280 |
| 湖北 | 2157038 | 42374 | 425508 | 166147 | 25839 | 1488388 | 8782 |
| 湖南 | 1208014 | 36730 | 207630 | 452604 | 248317 | 257502 | 5231 |
| 广东 | 5639955 | 288023 | 111095 | 957705 | 601315 | 2984883 | 696934 |
| 广西 | 725811 | 19311 | 19160 | 46976 | 8981 | 482336 | 149047 |
| 海南 | 205425 | | 106044 | 7444 | 2401 | 77865 | 11671 |
| 重庆 | 2035649 | 238073 | 776186 | 91328 | | 913712 | 16350 |
| 四川 | 2297857 | 30529 | 176745 | 1447947 | 56905 | 381773 | 203958 |
| 贵州 | 1640553 | 5167 | 592709 | 54943 | 260840 | 485456 | 241438 |
| 云南 | 1620395 | 24107 | 320298 | 166200 | 690332 | 320460 | 98998 |
| 西藏 | 24906 | | | 1150 | | 23756 | |
| 陕西 | 1609470 | 104668 | 339678 | 130193 | 581931 | 296335 | 156665 |
| 甘肃 | 280120 | 1007 | 48436 | 88926 | 22247 | 116699 | 2805 |
| 青海 | 374264 | 16 | 107249 | 74611 | 40214 | 152174 | |
| 宁夏 | 342939 | 37270 | 93364 | 62260 | 42031 | 108014 | |
| 新疆 | 586586 | 17288 | 67570 | 54178 | 30796 | 406039 | 10715 |

# 2-18 各地区按登记注册类型分的房地产开发企业商业营业用房完成投资

单位：万元

| 地　区 | 总　计 | 内　资 | | | | | |
|---|---|---|---|---|---|---|---|
| | | | 国　有 | 集　体 | 股份合作 | 国有联营 | 集体联营 |
| **全国总计** | **146074875** | **132845602** | **1164641** | **221466** | **78312** | **1702** | **15888** |
| 北　京 | 4636694 | 4068312 | 16564 | 37927 | | | |
| 天　津 | 2490076 | 2085434 | 17696 | 619 | 67100 | 1296 | |
| 河　北 | 5093980 | 4988011 | 7410 | | | | |
| 山　西 | 1712127 | 1684923 | 42804 | 156 | | | |
| 内蒙古 | 1874974 | 1874974 | 5518 | | | | |
| 辽　宁 | 6086438 | 4790369 | 18838 | 4740 | | | |
| 吉　林 | 1627431 | 1509520 | 3455 | | | | |
| 黑龙江 | 2102305 | 2081758 | 26566 | | 194 | | |
| 上　海 | 4676654 | 3506589 | 28834 | 7641 | | | 2 |
| 江　苏 | 11309074 | 9822588 | 113148 | 15227 | 600 | | |
| 浙　江 | 10210933 | 8864240 | 16150 | 1418 | 671 | 406 | |
| 安　徽 | 10258620 | 9563033 | 197101 | 3000 | | | |
| 福　建 | 6709732 | 6040107 | 92264 | 28665 | | | |
| 江　西 | 2393860 | 2280853 | 14312 | | | | |
| 山　东 | 7649604 | 7292526 | 48584 | 36829 | 1552 | | |
| 河　南 | 6942326 | 6710206 | 35468 | 205 | 600 | | |
| 湖　北 | 5938538 | 5594047 | 16246 | 2480 | | | |
| 湖　南 | 4306297 | 4031722 | 18077 | 6553 | 340 | | |
| 广　东 | 10857759 | 9181308 | 19019 | 56963 | 1525 | | 15886 |
| 广　西 | 2438328 | 2324873 | 39263 | 150 | 2 | | |
| 海　南 | 1409893 | 1171073 | 67075 | | | | |
| 重　庆 | 6161906 | 5188579 | 41487 | | 100 | | |
| 四　川 | 9287621 | 8813272 | 74309 | 586 | 4028 | | |
| 贵　州 | 5067373 | 4911269 | 22373 | | 345 | | |
| 云　南 | 5089088 | 4891698 | 7670 | | | | |
| 西　藏 | 44677 | 44677 | | | | | |
| 陕　西 | 3467013 | 3342038 | 86324 | 17360 | 845 | | |
| 甘　肃 | 1620452 | 1609472 | 70519 | 697 | | | |
| 青　海 | 646196 | 646196 | 120 | | 10 | | |
| 宁　夏 | 1295215 | 1289472 | 3049 | | | | |
| 新　疆 | 2669691 | 2642463 | 14398 | 250 | 400 | | |

2-18　续表 1　　　　单位：万元

| 地　　区 | 内资 | | | | | | |
|---|---|---|---|---|---|---|---|
| | 国有与集体联　　营 | 其他联营 | 国有独资公　　司 | 其他有限责任公司 | 股份有限公　　司 | 私营独资 | 私营合伙 |
| **全国总计** | **890** | **5300** | **3082152** | **73519916** | **4916494** | **191728** | **36798** |
| 北　京 | | | 92925 | 3223521 | 55872 | | |
| 天　津 | | | 107435 | 1169452 | 179369 | | |
| 河　北 | | | 6569 | 2760076 | 125924 | 2800 | 1820 |
| 山　西 | | | 45076 | 309631 | 2581 | | |
| 内蒙古 | | | 123327 | 632227 | 47357 | 719 | 11763 |
| 辽　宁 | | | 57940 | 2733348 | 128608 | 14500 | |
| 吉　林 | | | 35381 | 912597 | 80489 | 34808 | |
| 黑龙江 | | | 42967 | 1325547 | 103941 | 2000 | |
| 上　海 | | | 141891 | 2097431 | 133538 | 14614 | |
| 江　苏 | | | 515850 | 4384614 | 380151 | 23620 | 55 |
| 浙　江 | | | 193607 | 4848807 | 56009 | 7326 | |
| 安　徽 | | | 53086 | 5808100 | 408341 | 6488 | 18017 |
| 福　建 | | | 175701 | 4250948 | 237696 | | |
| 江　西 | | | 31528 | 1258908 | 62253 | 3628 | 1000 |
| 山　东 | | | 171805 | 4157436 | 476258 | 1163 | |
| 河　南 | | | 6237 | 4662425 | 402325 | 2000 | 25 |
| 湖　北 | | | 92257 | 3206748 | 455428 | 3279 | |
| 湖　南 | | | 139486 | 1907550 | 124318 | 11677 | 1025 |
| 广　东 | | 1300 | 78060 | 5320836 | 421383 | 29022 | 160 |
| 广　西 | | | 52797 | 1065038 | 62946 | 8616 | 713 |
| 海　南 | 890 | | 176976 | 685888 | 53219 | 670 | |
| 重　庆 | | | 147559 | 2225772 | 171384 | | |
| 四　川 | | | 73809 | 5132763 | 229413 | 6988 | 2100 |
| 贵　州 | | | 68463 | 2826235 | 145913 | | |
| 云　南 | | | 77892 | 2440189 | 133971 | 15682 | |
| 西　藏 | | 4000 | 953 | 17256 | | | |
| 陕　西 | | | 83323 | 1849684 | 77906 | | |
| 甘　肃 | | | 124548 | 801563 | 49102 | 1328 | |
| 青　海 | | | 80603 | 182809 | 5311 | | |
| 宁　夏 | | | 25467 | 277055 | 12730 | | |
| 新　疆 | | | 58634 | 1045462 | 92758 | 800 | 120 |

2-18 续表 2

单位：万元

| 地区 | 内资 | | | 港澳台商投资 | | | |
|---|---|---|---|---|---|---|---|
| | 私营有限责任公司 | 私营股份有限公司 | 其他内资企业 | | 合资经营 | 合作经营 | 独资 |
| **全国总计** | **46847141** | **2507846** | **255328** | **10408394** | **2838980** | **291175** | **7084729** |
| 北京 | 640157 | 1346 | | 337584 | 142746 | 17556 | 177282 |
| 天津 | 515020 | 27447 | | 323737 | 104241 | | 209432 |
| 河北 | 1957347 | 124700 | 1365 | 61905 | 37237 | | 24668 |
| 山西 | 1275706 | 8069 | 900 | 21352 | 20960 | | 392 |
| 内蒙古 | 997007 | 57030 | 26 | | | | |
| 辽宁 | 1746262 | 85562 | 571 | 917042 | 213744 | 180 | 702115 |
| 吉林 | 404530 | 37986 | 274 | 112411 | 24396 | | 88015 |
| 黑龙江 | 539857 | 40686 | | 20547 | 10687 | 6620 | 3240 |
| 上海 | 1049326 | 33312 | | 938877 | 294975 | 35269 | 608633 |
| 江苏 | 4134473 | 254170 | 680 | 1183574 | 308270 | 8450 | 848100 |
| 浙江 | 3646178 | 93568 | 100 | 1088760 | 208612 | 2666 | 857197 |
| 安徽 | 2863541 | 198469 | 6890 | 647183 | 277769 | | 353424 |
| 福建 | 1181447 | 70603 | 2783 | 550561 | 223345 | 4800 | 322043 |
| 江西 | 842618 | 66406 | 200 | 103563 | 37404 | | 66159 |
| 山东 | 2196456 | 172866 | 29577 | 333218 | 197594 | 14024 | 121600 |
| 河南 | 1485950 | 111785 | 3186 | 197931 | 42306 | 50 | 152575 |
| 湖北 | 1749579 | 68030 | | 277534 | 16996 | 620 | 259568 |
| 湖南 | 1538990 | 194031 | 89675 | 267645 | 16875 | | 250170 |
| 广东 | 3128582 | 67826 | 40746 | 1232043 | 233101 | 151930 | 797444 |
| 广西 | 997184 | 98164 | | 79645 | 17933 | | 61712 |
| 海南 | 173760 | 12428 | 167 | 165340 | 2751 | | 91216 |
| 重庆 | 2524313 | 77614 | 350 | 767483 | 199360 | 46233 | 521890 |
| 四川 | 3125211 | 122976 | 41089 | 296299 | 59892 | | 234257 |
| 贵州 | 1748292 | 97462 | 2186 | 148865 | 795 | 2750 | 145320 |
| 云南 | 2037409 | 166946 | 11939 | 177645 | 41053 | | 136592 |
| 西藏 | 22468 | | | | | | |
| 陕西 | 1185475 | 35003 | 6118 | 115429 | 65222 | 27 | 50180 |
| 甘肃 | 543586 | 15084 | 3045 | 9300 | 9300 | | |
| 青海 | 360394 | 16949 | | | | | |
| 宁夏 | 877149 | 94022 | | 5693 | 5693 | | |
| 新疆 | 1358874 | 57306 | 13461 | 27228 | 25723 | | 1505 |

2-18　续表 3　　　　单位：万元

| 地　区 | 港澳台商投资 | | 外商投资 | | | | | |
|---|---|---|---|---|---|---|---|---|
| | 股份有限 | 其　他 | | 合资经营 | 合作经营 | 独　资 | 股份有限 | 其　他 |
| **全国总计** | **189193** | **4317** | **2820879** | **1133127** | **337119** | **1060964** | **227680** | **61989** |
| 北　京 | | | 230798 | 192331 | 11887 | 26580 | | |
| 天　津 | 10064 | | 80905 | 37474 | | 35767 | 6688 | 976 |
| 河　北 | | | 44064 | 450 | | 34130 | 9484 | |
| 山　西 | | | 5852 | | | 5852 | | |
| 内 蒙 古 | | | | | | | | |
| 辽　宁 | 1003 | | 379027 | 238462 | 31433 | 101322 | 7810 | |
| 吉　林 | | | 5500 | 5500 | | | | |
| 黑 龙 江 | | | | | | | | |
| 上　海 | | | 231188 | 78285 | 91951 | 56402 | 4550 | |
| 江　苏 | 18754 | | 302912 | 107958 | 7925 | 187029 | | |
| 浙　江 | 19918 | 367 | 257933 | 88862 | 3105 | 165966 | | |
| 安　徽 | 15990 | | 48404 | 7345 | | 23058 | 3050 | 14951 |
| 福　建 | 373 | | 119064 | 23047 | | 56795 | 38873 | 349 |
| 江　西 | | | 9444 | 2449 | | 6995 | | |
| 山　东 | | | 23860 | 13843 | 5091 | 4526 | | 400 |
| 河　南 | | 3000 | 34189 | 12589 | 4035 | 17565 | | |
| 湖　北 | | 350 | 66957 | 24598 | | 38006 | | 4353 |
| 湖　南 | | 600 | 6930 | 5624 | | 1296 | 10 | |
| 广　东 | 49568 | | 444408 | 137443 | 57208 | 102155 | 117426 | 30176 |
| 广　西 | | | 33810 | 4564 | | 2148 | 16314 | 10784 |
| 海　南 | 71373 | | 73480 | 11786 | 36234 | 25460 | | |
| 重　庆 | | | 205844 | 35482 | 69015 | 101347 | | |
| 四　川 | 2150 | | 178050 | 98597 | 12694 | 66759 | | |
| 贵　州 | | | 7239 | 885 | 6354 | | | |
| 云　南 | | | 19745 | | | 1308 | 18437 | |
| 西　藏 | | | | | | | | |
| 陕　西 | | | 9546 | 3823 | 187 | 498 | 5038 | |
| 甘　肃 | | | 1680 | 1680 | | | | |
| 青　海 | | | | | | | | |
| 宁　夏 | | | 50 | 50 | | | | |
| 新　疆 | | | | | | | | |

# 2-19 各地区按资质等级分的房地产开发企业商业营业用房完成投资

单位：万元

| 地　区 | 总　计 | 一　级 | 二　级 | 三　级 | 四　级 | 暂　定 | 其　他 |
|---|---|---|---|---|---|---|---|
| **全国总计** | **146074875** | **3716442** | **18250471** | **22656142** | **14710080** | **75077619** | **11664121** |
| 北　京 | 4636694 | 148922 | 195914 | 339867 | 895896 | 2735945 | 320150 |
| 天　津 | 2490076 | 58879 | 195562 | 76327 | 1708037 | 446901 | 4370 |
| 河　北 | 5093980 | 164161 | 636921 | 814326 | 1119225 | 2260333 | 99014 |
| 山　西 | 1712127 | 49276 | 166170 | 208702 | 776789 | 484264 | 26926 |
| 内蒙古 | 1874974 | 118993 | 198224 | 251503 | 771008 | 479218 | 56028 |
| 辽　宁 | 6086438 | 54016 | 488049 | 797884 | 47482 | 3683640 | 1015367 |
| 吉　林 | 1627431 | 11030 | 264566 | 314261 | 139079 | 895038 | 3457 |
| 黑龙江 | 2102305 | 12772 | 317590 | 1093154 | 43299 | 594394 | 41096 |
| 上　海 | 4676654 | 74619 | 312675 | 202836 |  | 3578332 | 508192 |
| 江　苏 | 11309074 | 205007 | 3166538 | 483159 | 2446 | 5733280 | 1718644 |
| 浙　江 | 10210933 | 97986 | 563537 | 1012309 | 596423 | 5993133 | 1947545 |
| 安　徽 | 10258620 | 58255 | 769022 | 1554374 | 159868 | 6954413 | 762688 |
| 福　建 | 6709732 | 82778 | 321460 | 1220878 | 513872 | 4315608 | 255136 |
| 江　西 | 2393860 | 10963 | 201809 | 343256 | 212127 | 1567130 | 58575 |
| 山　东 | 7649604 | 303075 | 562804 | 948156 | 640919 | 4585791 | 608859 |
| 河　南 | 6942326 | 204524 | 597924 | 959850 | 317239 | 4230908 | 631881 |
| 湖　北 | 5938538 | 103022 | 977870 | 592353 | 628700 | 3447843 | 188750 |
| 湖　南 | 4306297 | 105155 | 528326 | 1384464 | 745044 | 1459777 | 83531 |
| 广　东 | 10857759 | 557181 | 357236 | 1463577 | 1459996 | 5848401 | 1171368 |
| 广　西 | 2438328 | 92017 | 277172 | 268071 | 96516 | 1505491 | 199061 |
| 海　南 | 1409893 |  | 38608 | 218441 | 60377 | 953415 | 139052 |
| 重　庆 | 6161906 | 359340 | 2459718 | 504686 | 33400 | 2731134 | 73628 |
| 四　川 | 9287621 | 238079 | 1130119 | 4943752 | 50291 | 2306272 | 619108 |
| 贵　州 | 5067373 | 8387 | 1257106 | 575917 | 340804 | 2726618 | 158541 |
| 云　南 | 5089088 | 60109 | 655237 | 433323 | 1364920 | 2210213 | 365286 |
| 西　藏 | 44677 |  | 1200 | 25053 | 1610 | 14234 | 2580 |
| 陕　西 | 3467013 | 159827 | 547365 | 512925 | 1109613 | 744766 | 392517 |
| 甘　肃 | 1620452 | 85296 | 264014 | 489121 | 253592 | 511874 | 16555 |
| 青　海 | 646196 | 25708 | 235339 | 117919 | 100673 | 163040 | 3517 |
| 宁　夏 | 1295215 | 150838 | 379984 | 253611 | 101589 | 396590 | 12603 |
| 新　疆 | 2669691 | 116227 | 182412 | 252087 | 419246 | 1519623 | 180096 |

# 2-20　各地区按资质等级分的房地产开发企业本年新增固定资产

单位：万元

| 地　区 | 总　计 | 一　级 | 二　级 | 三　级 | 四　级 | 暂　定 | 其　他 |
|---|---|---|---|---|---|---|---|
| **全国总计** | **409378073** | **22003381** | **87722823** | **83283204** | **49342585** | **151479755** | **15546325** |
| 北　京 | 16172142 | 2459356 | 1891035 | 1579998 | 6704526 | 3173483 | 363744 |
| 天　津 | 11673176 | 818244 | 2181483 | 1442780 | 4941039 | 1942768 | 346862 |
| 河　北 | 17886368 | 1969702 | 2442058 | 3305713 | 4000260 | 5819390 | 349245 |
| 山　西 | 6198568 | 301950 | 1329641 | 1152150 | 2576214 | 811431 | 27182 |
| 内蒙古 | 5454723 | 118810 | 711204 | 1050104 | 2014778 | 1299946 | 259881 |
| 辽　宁 | 13119328 | 173846 | 1707219 | 2559381 | 102986 | 7861627 | 714269 |
| 吉　林 | 4950857 | 173859 | 1465619 | 890646 | 809244 | 1601673 | 9816 |
| 黑龙江 | 11476701 | 30377 | 3137758 | 6327559 | 356312 | 1292997 | 331698 |
| 上　海 | 18906738 | 708417 | 2036410 | 1460888 | 79707 | 12199911 | 2421405 |
| 江　苏 | 47134690 | 3191433 | 18482299 | 2970455 | 29532 | 19994142 | 2466829 |
| 浙　江 | 31623890 | 1137093 | 5117976 | 7737899 | 1897296 | 13857390 | 1876236 |
| 安　徽 | 21065233 | 298651 | 2426857 | 4519545 | 931135 | 12288887 | 600158 |
| 福　建 | 12737679 | 749630 | 1842701 | 3762700 | 1672869 | 4598057 | 111722 |
| 江　西 | 6676396 | 175472 | 932228 | 2049860 | 616684 | 2774033 | 128119 |
| 山　东 | 25231433 | 1593929 | 4314323 | 3965889 | 3148193 | 11218316 | 990783 |
| 河　南 | 17172947 | 1138601 | 3372136 | 1742585 | 1463791 | 8821399 | 634435 |
| 湖　北 | 11823840 | 228468 | 1898459 | 1777812 | 1986797 | 5794626 | 137678 |
| 湖　南 | 14662441 | 989785 | 2885237 | 6376217 | 1716941 | 2494745 | 199516 |
| 广　东 | 29147874 | 1887795 | 2048038 | 8349305 | 6059538 | 9346953 | 1456245 |
| 广　西 | 5858064 | 275922 | 591013 | 1851423 | 377095 | 2567346 | 195265 |
| 海　南 | 6626423 |  | 339593 | 940305 | 607855 | 4350296 | 388374 |
| 重　庆 | 18421025 | 1237152 | 8551074 | 2492837 | 11122 | 5957813 | 171027 |
| 四　川 | 16868326 | 698819 | 4449184 | 7572173 | 226455 | 3312401 | 609294 |
| 贵　州 | 10763127 |  | 6305146 | 1404345 | 935517 | 1943645 | 174474 |
| 云　南 | 9532162 | 361000 | 2208751 | 1241748 | 2683407 | 2900698 | 136558 |
| 西　藏 | 328751 |  |  | 240624 |  | 45777 | 42350 |
| 陕　西 | 5283394 | 360774 | 1366402 | 1532609 | 1208907 | 593522 | 221180 |
| 甘　肃 | 3244590 | 7130 | 497849 | 1219489 | 806718 | 636528 | 76876 |
| 青　海 | 1462843 | 97370 | 758767 | 315799 | 162449 | 104458 | 24000 |
| 宁　夏 | 3648335 | 583713 | 1288806 | 898338 | 573342 | 267979 | 36157 |
| 新　疆 | 4226009 | 236083 | 1143557 | 552028 | 641876 | 1607518 | 44947 |

# 2-21 各地区房地产开发企业实际到位资金情况

单位：万元

| 地区 | 本年实际到位资金合计 | 上年末结余资金 | 本年实际到位资金小计 | 国内贷款 | #银行贷款 |
|---|---|---|---|---|---|
| **全国总计** | **1623985920** | **371955277** | **1252030643** | **202143822** | **174154621** |
| 北　京 | 104837525 | 32016408 | 72821117 | 19709744 | 16106703 |
| 天　津 | 42343758 | 10257178 | 32086580 | 9540037 | 7858616 |
| 河　北 | 55029312 | 8362568 | 46666744 | 4566951 | 4328794 |
| 山　西 | 18150728 | 3724059 | 14426669 | 1088204 | 926466 |
| 内蒙古 | 13720257 | 1759592 | 11960665 | 975050 | 859255 |
| 辽　宁 | 54956326 | 12638496 | 42317830 | 5514326 | 4123241 |
| 吉　林 | 14118530 | 2001106 | 12117424 | 1808207 | 1467731 |
| 黑龙江 | 14903067 | 2693467 | 12209600 | 1264556 | 1012243 |
| 上　海 | 74837158 | 19518544 | 55318614 | 15165884 | 13920259 |
| 江　苏 | 162686542 | 42286615 | 120399927 | 18779329 | 16593674 |
| 浙　江 | 124523532 | 37767705 | 86755827 | 12747932 | 9846885 |
| 安　徽 | 64989108 | 15081301 | 49907807 | 5642296 | 4565530 |
| 福　建 | 72451836 | 16058512 | 56393324 | 8467253 | 6801513 |
| 江　西 | 28781844 | 7768546 | 21013298 | 2308154 | 2063823 |
| 山　东 | 91559999 | 18130956 | 73429043 | 9524964 | 8368848 |
| 河　南 | 61875998 | 11106749 | 50769249 | 4756882 | 4445508 |
| 湖　北 | 60501955 | 11697743 | 48804212 | 7778915 | 6495468 |
| 湖　南 | 45405755 | 9540885 | 35864870 | 4818331 | 4208158 |
| 广　东 | 187232693 | 45589723 | 141642970 | 25778079 | 23795348 |
| 广　西 | 29502250 | 6109380 | 23392870 | 3320395 | 2985393 |
| 海　南 | 26542175 | 5147063 | 21395112 | 3398263 | 2819780 |
| 重　庆 | 66028296 | 15782496 | 50245800 | 10330727 | 8769278 |
| 四　川 | 75440582 | 14650543 | 60790039 | 9162079 | 7891981 |
| 贵　州 | 26556259 | 4073539 | 22482720 | 2202975 | 2040257 |
| 云　南 | 33331404 | 4830474 | 28500930 | 5283993 | 4718918 |
| 西　藏 | 570838 | 131557 | 439281 | 12000 | 12000 |
| 陕　西 | 35969522 | 7819433 | 28150089 | 3728170 | 3029736 |
| 甘　肃 | 10987251 | 1590770 | 9396481 | 1530211 | 1368075 |
| 青　海 | 4422499 | 812117 | 3610382 | 729430 | 711316 |
| 宁　夏 | 8589182 | 1215259 | 7373923 | 965925 | 920163 |
| 新　疆 | 13139739 | 1792493 | 11347246 | 1244560 | 1099661 |

2-21　续表 1　　　　单位：万元

| 地　区 | #非银行金融机构贷款 | 利用外资 | #外商直接投资 | 自筹资金 | #自有资金 |
|---|---|---|---|---|---|
| **全国总计** | **27989201** | **2965297** | **2860790** | **490375550** | **203187083** |
| 北　京 | 3603041 | 57463 | 57463 | 22772038 | 5156674 |
| 天　津 | 1681421 | 65427 | 48427 | 9323899 | 3451101 |
| 河　北 | 238157 | 23138 | 23138 | 30991139 | 13823124 |
| 山　西 | 161738 | | | 8093145 | 4196914 |
| 内蒙古 | 115795 | | | 8384682 | 4566478 |
| 辽　宁 | 1391085 | 376069 | 373192 | 22693216 | 11128691 |
| 吉　林 | 340476 | 200 | | 5577164 | 2770892 |
| 黑龙江 | 252313 | 13228 | 13228 | 7306680 | 3079035 |
| 上　海 | 1245625 | 339167 | 323607 | 15199865 | 7281540 |
| 江　苏 | 2185655 | 449090 | 412565 | 34167951 | 11439753 |
| 浙　江 | 2901047 | 156492 | 156492 | 26594409 | 7697455 |
| 安　徽 | 1076766 | 10186 | 9006 | 18601276 | 6164918 |
| 福　建 | 1665740 | 79774 | 79773 | 23005769 | 10758346 |
| 江　西 | 244331 | 61412 | 61412 | 7307833 | 2639608 |
| 山　东 | 1156116 | 152542 | 152472 | 33289585 | 15094119 |
| 河　南 | 311374 | 32235 | 19235 | 29561966 | 12166475 |
| 湖　北 | 1283447 | 9000 | 7000 | 23576651 | 9409450 |
| 湖　南 | 610173 | 7100 | 6000 | 12460461 | 4811332 |
| 广　东 | 1982731 | 266452 | 263758 | 39334021 | 17230809 |
| 广　西 | 335002 | 15667 | 15467 | 8237208 | 3584030 |
| 海　南 | 578483 | 13450 | 13450 | 10079825 | 4953647 |
| 重　庆 | 1561449 | 659044 | 648544 | 16665327 | 6265345 |
| 四　川 | 1270098 | 9715 | 9615 | 26458305 | 13856930 |
| 贵　州 | 162718 | 8500 | 8000 | 8983536 | 3334939 |
| 云　南 | 565075 | 96746 | 95746 | 13375412 | 4848648 |
| 西　藏 | | | | 286959 | 207030 |
| 陕　西 | 698434 | 63200 | 63200 | 14050584 | 5848118 |
| 甘　肃 | 162136 | | | 4299285 | 2255292 |
| 青　海 | 18114 | | | 1537963 | 981309 |
| 宁　夏 | 45762 | | | 3236750 | 1851403 |
| 新　疆 | 144899 | | | 4922646 | 2333678 |

2-21 续表 2

单位：万元

| 地区 | 其他资金来源 | #定金及预收款 | #个人按揭贷款 | 本年各项应付款合计 | #工程款 |
|---|---|---|---|---|---|
| **全国总计** | **556545974** | **325203445** | **166616466** | **289926320** | **151830421** |
| 北京 | 30281872 | 17648866 | 8656985 | 6010618 | 2950049 |
| 天津 | 13157217 | 10109900 | 965982 | 9227901 | 3242848 |
| 河北 | 11085516 | 6439205 | 3037532 | 9868134 | 3969223 |
| 山西 | 5245320 | 3635191 | 1168717 | 4059169 | 2219633 |
| 内蒙古 | 2600933 | 1654071 | 600951 | 2904337 | 1678312 |
| 辽宁 | 13734219 | 9089005 | 3310318 | 13550130 | 6642195 |
| 吉林 | 4731853 | 2759093 | 1318519 | 1988964 | 1130007 |
| 黑龙江 | 3625136 | 2347593 | 958497 | 1888650 | 1055871 |
| 上海 | 24613698 | 17063893 | 4301217 | 11819229 | 6268784 |
| 江苏 | 67003557 | 38995824 | 22730350 | 30337503 | 17387437 |
| 浙江 | 47256994 | 27346494 | 16019642 | 15854235 | 8909101 |
| 安徽 | 25654049 | 13574157 | 9267167 | 14915267 | 7727866 |
| 福建 | 24840528 | 12114461 | 8328159 | 7727851 | 3898516 |
| 江西 | 11335899 | 5852983 | 4479961 | 5098336 | 3129208 |
| 山东 | 30461952 | 18295731 | 7962628 | 16445641 | 8871022 |
| 河南 | 16418166 | 8813429 | 5719288 | 12536073 | 5962300 |
| 湖北 | 17439646 | 8989221 | 5554305 | 10287642 | 6042143 |
| 湖南 | 18578978 | 10369232 | 5889090 | 9739061 | 5345093 |
| 广东 | 76264418 | 46566637 | 23226054 | 30079959 | 14997449 |
| 广西 | 11819600 | 6273062 | 4506240 | 6129108 | 3957945 |
| 海南 | 7903574 | 4742559 | 472243 | 6555062 | 2639425 |
| 重庆 | 22590702 | 13061374 | 6831978 | 14355744 | 6539609 |
| 四川 | 25159940 | 14526442 | 8297414 | 14102476 | 7520955 |
| 贵州 | 11287709 | 5899039 | 3513266 | 6481945 | 3597220 |
| 云南 | 9744779 | 5313125 | 2926201 | 11855677 | 6659059 |
| 西藏 | 140322 | 60850 | 21698 | 108851 | 89903 |
| 陕西 | 10308135 | 5486161 | 2994479 | 7479469 | 4233314 |
| 甘肃 | 3566985 | 2293908 | 1055412 | 2840034 | 1846172 |
| 青海 | 1342989 | 903944 | 286468 | 1134452 | 603074 |
| 宁夏 | 3171248 | 1894142 | 711114 | 1717261 | 1049835 |
| 新疆 | 5180040 | 3083853 | 1504591 | 2827541 | 1666853 |

# 2-22　各地区按登记注册类型分的房地产开发企业本年实际到位资金小计

单位：万元

| 地　区 | 总　计 | 内　资 | 国　有 | 集　体 | 股份合作 | 国有联营 | 集体联营 |
|---|---|---|---|---|---|---|---|
| **全国总计** | **1252030643** | **1130390514** | **17428711** | **1975440** | **734224** | **94434** | **87427** |
| 北　京 | 72821117 | 66975453 | 3473820 | 152267 | | | |
| 天　津 | 32086580 | 28770738 | 458497 | 49864 | 150664 | 28267 | |
| 河　北 | 46666744 | 45567820 | 60582 | | | | |
| 山　西 | 14426669 | 14085395 | 217487 | 7179 | | | |
| 内蒙古 | 11960665 | 11944912 | 47897 | | | | |
| 辽　宁 | 42317830 | 33309376 | 276391 | 47036 | 24540 | | |
| 吉　林 | 12117424 | 11333276 | 56580 | | 6771 | | |
| 黑龙江 | 12209600 | 11947989 | 130839 | | 874 | | |
| 上　海 | 55318614 | 44670078 | 704001 | 118648 | | | 10 |
| 江　苏 | 120399927 | 103199492 | 2185998 | 110418 | 24904 | | |
| 浙　江 | 86755827 | 78650932 | 274805 | 9494 | 116468 | 66080 | |
| 安　徽 | 49907807 | 47368660 | 1033704 | 2580 | | | |
| 福　建 | 56393324 | 50333187 | 1124252 | 142119 | | | |
| 江　西 | 21013298 | 19783654 | 230142 | 215 | | | |
| 山　东 | 73429043 | 69164627 | 1487580 | 200001 | 100690 | | |
| 河　南 | 50769249 | 50003387 | 541261 | 18849 | 29690 | | |
| 湖　北 | 48804212 | 46026545 | 487643 | 129911 | | | |
| 湖　南 | 35864870 | 33818410 | 370035 | 11672 | 3260 | | |
| 广　东 | 141642970 | 116023215 | 404796 | 795160 | 53739 | | 87417 |
| 广　西 | 23392870 | 20952782 | 356318 | 2868 | 269 | | |
| 海　南 | 21395112 | 18682153 | 361610 | 3372 | | | |
| 重　庆 | 50245800 | 42208517 | 742899 | | 4709 | | |
| 四　川 | 60790039 | 57109023 | 507082 | 16622 | 50972 | | |
| 贵　州 | 22482720 | 22061219 | 285945 | 4435 | 1000 | | |
| 云　南 | 28500930 | 27863507 | 295106 | | | | |
| 西　藏 | 439281 | 439281 | 6500 | | | | |
| 陕　西 | 28150089 | 26625245 | 785120 | 149580 | 158336 | | |
| 甘　肃 | 9396481 | 9366440 | 340371 | 2400 | | | |
| 青　海 | 3610382 | 3610382 | 4753 | | 4598 | 87 | |
| 宁　夏 | 7373923 | 7260316 | 44556 | | | | |
| 新　疆 | 11347246 | 11234503 | 132141 | 750 | 2740 | | |

2–22 续表 1 单位：万元

| 地 区 | 内 | | 资 | | | | |
|---|---|---|---|---|---|---|---|
| | 国有与集体联营 | 其他联营 | 国有独资公司 | 其他有限责任公司 | 股份有限公司 | 私营独资 | 私营合伙 |
| **全国总计** | **3196** | **17350** | **47423856** | **662221051** | **42578967** | **1718257** | **156794** |
| 北 京 | | | 1456812 | 54918269 | 2788229 | | |
| 天 津 | | | 2655495 | 19085823 | 1071435 | | |
| 河 北 | | | 197616 | 26498420 | 1799550 | 104881 | 17430 |
| 山 西 | | | 289582 | 3737732 | 44688 | | |
| 内蒙古 | | | 701948 | 5210406 | 416845 | 5419 | 17346 |
| 辽 宁 | | | 1340890 | 19092282 | 1369057 | 115868 | |
| 吉 林 | | | 374324 | 6775605 | 808602 | 258166 | |
| 黑龙江 | | | 779673 | 7198534 | 516676 | 14500 | |
| 上 海 | | | 2851839 | 26775525 | 1246445 | 152367 | |
| 江 苏 | | | 5583820 | 49534969 | 3338069 | 241005 | 21362 |
| 浙 江 | 692 | | 2326953 | 45308676 | 859453 | 14948 | |
| 安 徽 | | | 2199969 | 26971757 | 1652424 | 69159 | 30457 |
| 福 建 | | | 4954159 | 31313105 | 1817580 | 894 | |
| 江 西 | | | 393119 | 11788206 | 810797 | 8717 | 6000 |
| 山 东 | | | 4401280 | 39150560 | 3046399 | 69310 | |
| 河 南 | | 4200 | 294281 | 35127034 | 2263534 | 76859 | 1382 |
| 湖 北 | | | 1636235 | 27043047 | 3230926 | 58846 | 400 |
| 湖 南 | | | 1123208 | 18770573 | 1088215 | 34530 | 33000 |
| 广 东 | | 4150 | 2992667 | 70909049 | 6104418 | 169246 | 7994 |
| 广 西 | | | 1095223 | 9613771 | 906316 | 66949 | 6353 |
| 海 南 | 2504 | | 1298115 | 13505985 | 711030 | 66683 | 5000 |
| 重 庆 | | | 2611263 | 21339384 | 1414681 | 7100 | |
| 四 川 | | | 1446513 | 35291234 | 2004276 | 36933 | 2150 |
| 贵 州 | | | 533184 | 13857772 | 559168 | | 5520 |
| 云 南 | | | 638882 | 16579504 | 1133213 | 55689 | |
| 西 藏 | | 9000 | 8276 | 172801 | | | |
| 陕 西 | | | 1439520 | 14178496 | 887105 | 74080 | |
| 甘 肃 | | | 566791 | 4819559 | 184249 | 12425 | |
| 青 海 | | | 241561 | 1119596 | 81178 | | |
| 宁 夏 | | | 442595 | 1625276 | 207537 | | |
| 新 疆 | | | 548063 | 4908101 | 216872 | 3683 | 2400 |

2-22　续表 2

单位：万元

| 地　　区 | 内资 | | | 港澳台商投资 | | | |
|---|---|---|---|---|---|---|---|
| | 私营有限责任公司 | 私营股份有限公司 | 其他内资企　业 | | 合资经营 | 合作经营 | 独　资 |
| **全国总计** | **337756557** | **16368112** | **1826138** | **85346509** | **27952906** | **3392698** | **51993650** |
| 北　　京 | 4149604 | 36452 | | 2548494 | 911681 | 228458 | 1408355 |
| 天　　津 | 5029629 | 227958 | 13106 | 2707314 | 828030 | | 1601815 |
| 河　　北 | 15927511 | 801223 | 160607 | 865648 | 384743 | | 480905 |
| 山　　西 | 9697288 | 90959 | 480 | 255801 | 246001 | | 9800 |
| 内 蒙 古 | 5338918 | 205968 | 165 | | | | |
| 辽　　宁 | 10418898 | 589426 | 34988 | 6036850 | 2205642 | 56424 | 3758606 |
| 吉　　林 | 2870642 | 172586 | 10000 | 698207 | 413039 | | 285168 |
| 黑 龙 江 | 3058457 | 248436 | | 191532 | 90691 | 63675 | 37166 |
| 上　　海 | 12596799 | 224444 | | 7694981 | 3135955 | 84011 | 4440672 |
| 江　　苏 | 40103117 | 2035351 | 20479 | 11212446 | 3610364 | 65176 | 7337985 |
| 浙　　江 | 29187018 | 381549 | 104796 | 6198712 | 2205786 | 267653 | 3571211 |
| 安　　徽 | 14431234 | 748090 | 229286 | 2094497 | 819792 | | 1161843 |
| 福　　建 | 10021362 | 944100 | 15616 | 4971162 | 2572836 | 24514 | 2294204 |
| 江　　西 | 6106555 | 382386 | 57517 | 1050687 | 554065 | | 496622 |
| 山　　东 | 19172187 | 1396217 | 140403 | 3260021 | 1363831 | 185330 | 1709153 |
| 河　　南 | 10597822 | 926208 | 122267 | 494913 | 137462 | 18252 | 327958 |
| 湖　　北 | 13025318 | 374244 | 39975 | 2274060 | 659879 | 30133 | 1576297 |
| 湖　　南 | 11179551 | 952473 | 251893 | 1569809 | 283301 | 11817 | 1215176 |
| 广　　东 | 33281658 | 1079739 | 133182 | 16745459 | 3340494 | 2032525 | 10787415 |
| 广　　西 | 8459461 | 430551 | 14703 | 1937657 | 404137 | 1588 | 1531932 |
| 海　　南 | 2504777 | 171411 | 51666 | 2193251 | 1087165 | | 709029 |
| 重　　庆 | 15418180 | 667101 | 3200 | 6303337 | 1566263 | 253005 | 4484069 |
| 四　　川 | 16975886 | 614142 | 163213 | 2112540 | 615764 | | 1425260 |
| 贵　　州 | 6387201 | 412668 | 14326 | 353542 | 4391 | 20975 | 328176 |
| 云　　南 | 8065468 | 907258 | 188387 | 369797 | 184556 | | 185241 |
| 西　　藏 | 242704 | | | | | | |
| 陕　　西 | 8454614 | 466376 | 32018 | 961006 | 93722 | 49162 | 818122 |
| 甘　　肃 | 3273512 | 159395 | 7738 | 20450 | 14278 | | 6172 |
| 青　　海 | 2060793 | 97816 | | | | | |
| 宁　　夏 | 4509861 | 430491 | | 111593 | 109488 | | 2105 |
| 新　　疆 | 5210532 | 193094 | 16127 | 112743 | 109550 | | 3193 |

2-22 续表 3

单位：万元

| 地区 | 港澳台商投资 | | 外商投资 | | | | | |
|---|---|---|---|---|---|---|---|---|
| | 股份有限 | 其他 | | 合资经营 | 合作经营 | 独资 | 股份有限 | 其他 |
| **全国总计** | **1805528** | **201727** | **36293620** | **12506224** | **3888148** | **17664755** | **1505090** | **729403** |
| 北京 | | | 3297170 | 790859 | 498466 | 2007845 | | |
| 天津 | 277469 | | 608528 | 144492 | | 350441 | 41831 | 71764 |
| 河北 | | | 233276 | 11676 | | 159191 | 62409 | |
| 山西 | | | 85473 | | | 85473 | | |
| 内蒙古 | | | 15753 | 15753 | | | | |
| 辽宁 | 16178 | | 2971604 | 1316914 | 281361 | 1320992 | 52337 | |
| 吉林 | | | 85941 | 85941 | | | | |
| 黑龙江 | | | 70079 | 51292 | | 18787 | | |
| 上海 | | 34343 | 2953555 | 1037407 | 646284 | 980969 | 288895 | |
| 江苏 | 198921 | | 5987989 | 2233712 | 216018 | 3538259 | | |
| 浙江 | 137737 | 16325 | 1906183 | 612855 | 321671 | 931657 | 40000 | |
| 安徽 | 112862 | | 444650 | 46273 | 68162 | 218006 | 23920 | 88289 |
| 福建 | 79608 | | 1088975 | 125150 | | 681201 | 257781 | 24843 |
| 江西 | | | 178957 | 117256 | | 61701 | | |
| 山东 | 1707 | | 1004395 | 369606 | 86064 | 531225 | | 17500 |
| 河南 | | 11241 | 270949 | 92443 | 4035 | 174471 | | |
| 湖北 | 575 | 7176 | 503607 | 128766 | | 195708 | 7438 | 171695 |
| 湖南 | | 59515 | 476651 | 224674 | 612 | 251270 | 95 | |
| 广东 | 585025 | | 8874296 | 3376673 | 1016125 | 3847059 | 492534 | 141905 |
| 广西 | | | 502431 | 168770 | | 118567 | 19032 | 196062 |
| 海南 | 327316 | 69741 | 519708 | 121499 | 115727 | 282482 | | |
| 重庆 | | | 1733946 | 375026 | 433618 | 857654 | 50303 | 17345 |
| 四川 | 68130 | 3386 | 1568476 | 772696 | 75607 | 720173 | | |
| 贵州 | | | 67959 | 5378 | 62581 | | | |
| 云南 | | | 267626 | 100595 | 53649 | 6446 | 106936 | |
| 西藏 | | | | | | | | |
| 陕西 | | | 563838 | 169974 | 8168 | 324117 | 61579 | |
| 甘肃 | | | 9591 | 9591 | | | | |
| 青海 | | | | | | | | |
| 宁夏 | | | 2014 | 953 | | 1061 | | |
| 新疆 | | | | | | | | |

# 2-23　各地区按资质等级分的房地产开发企业本年实际到位资金小计

单位：万元

| 地　区 | 总　计 | 一　级 | 二　级 | 三　级 | 四　级 | 暂　定 | 其　他 |
|---|---|---|---|---|---|---|---|
| **全国总计** | **1252030643** | **62653673** | **187845377** | **192294694** | **135063382** | **590050282** | **84123235** |
| 北　京 | 72821117 | 9362333 | 8859486 | 4374869 | 17867521 | 27289211 | 5067697 |
| 天　津 | 32086580 | 1632247 | 2227202 | 1607488 | 16743323 | 8870348 | 1005972 |
| 河　北 | 46666744 | 2881102 | 5638496 | 7338566 | 10401275 | 19438735 | 968570 |
| 山　西 | 14426669 | 569257 | 2058273 | 1797061 | 5805342 | 4080072 | 116664 |
| 内蒙古 | 11960665 | 619279 | 1160670 | 1785410 | 5415142 | 2389176 | 590988 |
| 辽　宁 | 42317830 | 876856 | 3407805 | 7495669 | 756321 | 25626719 | 4154460 |
| 吉　林 | 12117424 | 466227 | 2191926 | 2144677 | 1036453 | 6249236 | 28905 |
| 黑龙江 | 12209600 | 425517 | 2126151 | 5688873 | 205284 | 3540452 | 223323 |
| 上　海 | 55318614 | 955983 | 5938204 | 2877591 | 69213 | 39776283 | 5701340 |
| 江　苏 | 120399927 | 6628300 | 35761936 | 4731189 | 181029 | 60008691 | 13088782 |
| 浙　江 | 86755827 | 2912422 | 6953320 | 13763117 | 3744979 | 48610283 | 10771706 |
| 安　徽 | 49907807 | 797201 | 5234382 | 9139473 | 1031352 | 30479159 | 3226240 |
| 福　建 | 56393324 | 3074062 | 5048726 | 11573874 | 5593414 | 28559010 | 2544238 |
| 江　西 | 21013298 | 237736 | 2311606 | 3851534 | 1279283 | 12610688 | 722451 |
| 山　东 | 73429043 | 4692606 | 8267097 | 8648152 | 6033076 | 41157180 | 4630932 |
| 河　南 | 50769249 | 2441914 | 6750006 | 4733289 | 2513962 | 31233810 | 3096268 |
| 湖　北 | 48804212 | 2001263 | 9076225 | 4963855 | 4398340 | 27571876 | 792653 |
| 湖　南 | 35864870 | 1694566 | 5723739 | 12823879 | 4689550 | 10157657 | 775479 |
| 广　东 | 141642970 | 8489606 | 8171783 | 27050149 | 23648827 | 61316121 | 12966484 |
| 广　西 | 23392870 | 820448 | 2939673 | 3870736 | 1183183 | 13286668 | 1292162 |
| 海　南 | 21395112 | 3278 | 3070942 | 2544905 | 1094386 | 12600590 | 2081011 |
| 重　庆 | 50245800 | 3153986 | 19591495 | 3648942 | 122384 | 23061236 | 667757 |
| 四　川 | 60790039 | 2593606 | 10802735 | 29186613 | 609171 | 13694287 | 3903627 |
| 贵　州 | 22482720 | 69365 | 5973943 | 3709642 | 1972163 | 9970064 | 787543 |
| 云　南 | 28500930 | 1164145 | 6370986 | 2226459 | 6849082 | 10732094 | 1158164 |
| 西　藏 | 439281 |  | 27271 | 234170 | 10400 | 151102 | 16338 |
| 陕　西 | 28150089 | 1675076 | 5106289 | 4532731 | 7297442 | 6404934 | 3133617 |
| 甘　肃 | 9396481 | 389083 | 1583463 | 2669225 | 1531749 | 3144793 | 78168 |
| 青　海 | 3610382 | 245061 | 1295243 | 716530 | 659044 | 656314 | 38190 |
| 宁　夏 | 7373923 | 1081105 | 2484781 | 1076407 | 879969 | 1712976 | 138685 |
| 新　疆 | 11347246 | 700043 | 1691523 | 1489619 | 1440723 | 5670517 | 354821 |

# 2–24 各地区按登记注册类型分的房地产开发企业国内贷款

单位：万元

| 地区 | 总计 | 内资 | | | | | |
|---|---|---|---|---|---|---|---|
| | | | 国有 | 集体 | 股份合作 | 国有联营 | 集体联营 |
| **全国总计** | **202143822** | **179420097** | **4548124** | **70498** | **85407** | **6600** | |
| 北京 | 19709744 | 18035403 | 1758599 | | | | |
| 天津 | 9540037 | 9229767 | 118010 | | | 6600 | |
| 河北 | 4566951 | 4375460 | 7000 | | | | |
| 山西 | 1088204 | 1058754 | | | | | |
| 内蒙古 | 975050 | 975050 | 25600 | | | | |
| 辽宁 | 5514326 | 4325741 | 62000 | 800 | 17070 | | |
| 吉林 | 1808207 | 1726149 | 35000 | | 1895 | | |
| 黑龙江 | 1264556 | 1224056 | 71937 | | | | |
| 上海 | 15165884 | 11604117 | 126575 | | | | |
| 江苏 | 18779329 | 16688383 | 503950 | | 13025 | | |
| 浙江 | 12747932 | 11381437 | 105470 | | 1055 | | |
| 安徽 | 5642296 | 5384488 | 202587 | | | | |
| 福建 | 8467253 | 7008083 | 102717 | 614 | | | |
| 江西 | 2308154 | 2246554 | 67297 | | | | |
| 山东 | 9524964 | 8891614 | 740016 | 7360 | 3642 | | |
| 河南 | 4756882 | 4695330 | 55284 | | 4500 | | |
| 湖北 | 7778915 | 7456765 | 98479 | 12000 | | | |
| 湖南 | 4818331 | 4582724 | 105085 | 3900 | | | |
| 广东 | 25778079 | 20674575 | 12547 | 43824 | 14300 | | |
| 广西 | 3320395 | 3111545 | 91617 | | | | |
| 海南 | 3398263 | 2814753 | 7553 | | | | |
| 重庆 | 10330727 | 8496508 | 30600 | | | | |
| 四川 | 9162079 | 8161137 | 22810 | | | | |
| 贵州 | 2202975 | 2171585 | 17123 | | | | |
| 云南 | 5283993 | 5111973 | 17300 | | | | |
| 西藏 | 12000 | 12000 | | | | | |
| 陕西 | 3728170 | 3584570 | 79023 | 2000 | 27350 | | |
| 甘肃 | 1530211 | 1530211 | 42945 | | | | |
| 青海 | 729430 | 729430 | | | 2570 | | |
| 宁夏 | 965925 | 956925 | 41000 | | | | |
| 新疆 | 1244560 | 1175010 | | | | | |

2-24　续表 1

单位：万元

| 地　区 | 内资 国有与集体联营 | 其他联营 | 国有独资公司 | 其他有限责任公司 | 股份有限公司 | 私营独资 | 私营合伙 |
|---|---|---|---|---|---|---|---|
| **全国总计** | | **9000** | **14184338** | **108013884** | **9569250** | **254977** | **13700** |
| 北　京 | | | 354563 | 13601436 | 1773045 | | |
| 天　津 | | | 1753224 | 5760652 | 206095 | | |
| 河　北 | | | 40759 | 2647239 | 110364 | 75820 | 3000 |
| 山　西 | | | 139000 | 414798 | 11900 | | |
| 内蒙古 | | | 105892 | 579910 | 24863 | | |
| 辽　宁 | | | 763450 | 2242413 | 255476 | | |
| 吉　林 | | | 38500 | 1160914 | 249444 | 10968 | |
| 黑龙江 | | | 32200 | 861007 | 1320 | | |
| 上　海 | | | 1009252 | 6632080 | 455671 | 62689 | |
| 江　苏 | | | 1626963 | 8798023 | 463018 | 58260 | |
| 浙　江 | | | 950621 | 7141795 | 86075 | 2800 | |
| 安　徽 | | | 398516 | 3049439 | 95033 | | |
| 福　建 | | | 853530 | 4092793 | 503800 | | |
| 江　西 | | | 91732 | 1411953 | 57029 | | |
| 山　东 | | | 1212475 | 4737103 | 185867 | | |
| 河　南 | | | 181692 | 3328814 | 181460 | 3900 | |
| 湖　北 | | | 433467 | 4979853 | 240465 | 2900 | |
| 湖　南 | | | 288229 | 2432782 | 152375 | 4500 | 9500 |
| 广　东 | | | 692959 | 11209391 | 3222548 | 4500 | |
| 广　西 | | | 678880 | 1452823 | 38594 | 5000 | |
| 海　南 | | | 472458 | 1604801 | 78728 | 18000 | 1200 |
| 重　庆 | | | 582790 | 4933247 | 487184 | | |
| 四　川 | | | 378088 | 5185600 | 342695 | 2000 | |
| 贵　州 | | | 97346 | 1462933 | 21000 | | |
| 云　南 | | | 45510 | 4297751 | 125600 | 2440 | |
| 西　藏 | | 9000 | | | | | |
| 陕　西 | | | 310309 | 2197987 | 78258 | | |
| 甘　肃 | | | 192300 | 974181 | 15850 | 1200 | |
| 青　海 | | | 98952 | 215862 | 8980 | | |
| 宁　夏 | | | 52416 | 191300 | 60629 | | |
| 新　疆 | | | 308265 | 415004 | 35884 | | |

2-24 续表 2

单位：万元

| 地区 | 内资 | | | 港澳台商投资 | | | |
|---|---|---|---|---|---|---|---|
| | 私营有限责任公司 | 私营股份有限公司 | 其他内资企业 | | 合资经营 | 合作经营 | 独资 |
| **全国总计** | **40586094** | **1876951** | **201274** | **15810753** | **5852652** | **577292** | **8944469** |
| 北京 | 542760 | 5000 | | 1089121 | 438297 | 106500 | 544324 |
| 天津 | 1385186 | | | 222984 | 90288 | | 86996 |
| 河北 | 1321487 | 169791 | | 140626 | 81577 | | 59049 |
| 山西 | 491576 | 1000 | 480 | 24450 | 24450 | | |
| 内蒙古 | 233576 | 5209 | | | | | |
| 辽宁 | 933409 | 36973 | 14150 | 640871 | 105863 | | 535008 |
| 吉林 | 224060 | 5368 | | 70000 | | | 70000 |
| 黑龙江 | 251941 | 5651 | | 11000 | 2000 | 9000 | |
| 上海 | 3260631 | 57219 | | 2540660 | 997928 | 37000 | 1505732 |
| 江苏 | 5060516 | 164222 | 406 | 1420849 | 610817 | | 764032 |
| 浙江 | 3046552 | 47069 | | 1263310 | 520904 | 2300 | 670606 |
| 安徽 | 1515007 | 68906 | 55000 | 210648 | 26915 | | 183733 |
| 福建 | 1249965 | 204664 | | 1201103 | 718647 | 4450 | 473006 |
| 江西 | 578462 | 31281 | 8800 | 60600 | 9500 | | 51100 |
| 山东 | 1698571 | 305780 | 800 | 473940 | 385800 | 30800 | 57340 |
| 河南 | 863711 | 70969 | 5000 | 37900 | | 3200 | 34700 |
| 湖北 | 1638600 | 51001 | | 262350 | 200 | 2000 | 260150 |
| 湖南 | 1457812 | 75541 | 53000 | 174620 | 44900 | 4000 | 125720 |
| 广东 | 5436837 | 37669 | | 3262725 | 724518 | 369042 | 1939165 |
| 广西 | 785704 | 58927 | | 158850 | 5350 | | 153500 |
| 海南 | 609956 | 8919 | 13138 | 502348 | 394408 | | 67800 |
| 重庆 | 2404959 | 57728 | | 1306619 | 478620 | | 827999 |
| 四川 | 2163984 | 60960 | 5000 | 480909 | 93700 | | 387209 |
| 贵州 | 528422 | 42761 | 2000 | 22000 | | 9000 | 13000 |
| 云南 | 453256 | 126616 | 43500 | 51420 | 19420 | | 32000 |
| 西藏 | 3000 | | | | | | |
| 陕西 | 863473 | 26170 | | 102300 | | | 102300 |
| 甘肃 | 265739 | 37996 | | | | | |
| 青海 | 401866 | 1200 | | | | | |
| 宁夏 | 515019 | 96561 | | 9000 | 9000 | | |
| 新疆 | 400057 | 15800 | | 69550 | 69550 | | |

2-24　续表 3　　　　单位：万元

| 地　区 | 港澳台商投资 | | 外商投资 | | | | | |
|---|---|---|---|---|---|---|---|---|
| | 股份有限 | 其　他 | | 合资经营 | 合作经营 | 独　资 | 股份有限 | 其　他 |
| **全国总计** | **436340** | | **6912972** | **2523438** | **1036380** | **2894910** | **357269** | **100975** |
| 北　京 | | | 585220 | 332170 | 134828 | 118222 | | |
| 天　津 | 45700 | | 87286 | 9511 | | 64000 | | 13775 |
| 河　北 | | | 50865 | | | 50865 | | |
| 山　西 | | | 5000 | | | 5000 | | |
| 内蒙古 | | | | | | | | |
| 辽　宁 | | | 547714 | 128614 | | 419100 | | |
| 吉　林 | | | 12058 | 12058 | | | | |
| 黑龙江 | | | 29500 | 29500 | | | | |
| 上　海 | | | 1021107 | 293965 | 490469 | 205286 | 31387 | |
| 江　苏 | 46000 | | 670097 | 243119 | | 426978 | | |
| 浙　江 | 69500 | | 103185 | 3500 | | 99685 | | |
| 安　徽 | | | 47160 | 16400 | | 23560 | | 7200 |
| 福　建 | 5000 | | 258067 | 90980 | | 53909 | 113178 | |
| 江　西 | | | 1000 | 1000 | | | | |
| 山　东 | | | 159410 | | 12710 | 146700 | | |
| 河　南 | | | 23652 | 12700 | | 10952 | | |
| 湖　北 | | | 59800 | 41000 | | 18800 | | |
| 湖　南 | | | 60987 | 23987 | | 37000 | | |
| 广　东 | 230000 | | 1840779 | 722625 | 256833 | 628117 | 153204 | 80000 |
| 广　西 | | | 50000 | 24000 | | 26000 | | |
| 海　南 | 40140 | | 81162 | 29512 | 12150 | 39500 | | |
| 重　庆 | | | 527600 | 119600 | 120000 | 276000 | 12000 | |
| 四　川 | | | 520033 | 277797 | | 242236 | | |
| 贵　州 | | | 9390 | | 9390 | | | |
| 云　南 | | | 120600 | 90600 | | | 30000 | |
| 西　藏 | | | | | | | | |
| 陕　西 | | | 41300 | 20800 | | 3000 | 17500 | |
| 甘　肃 | | | | | | | | |
| 青　海 | | | | | | | | |
| 宁　夏 | | | | | | | | |
| 新　疆 | | | | | | | | |

# 2-25 各地区按资质等级分的房地产开发企业国内贷款

单位：万元

| 地区 | 总计 | 一级 | 二级 | 三级 | 四级 | 暂定 | 其他 |
|---|---|---|---|---|---|---|---|
| **全国总计** | **202143822** | **15921006** | **35428688** | **25927822** | **22465960** | **87943818** | **14456528** |
| 北京 | 19709744 | 3229344 | 3973429 | 1063593 | 4706117 | 6310783 | 426478 |
| 天津 | 9540037 | 1103830 | 650909 | 227891 | 5040775 | 2215747 | 300885 |
| 河北 | 4566951 | 544245 | 773032 | 779421 | 940760 | 1513413 | 16080 |
| 山西 | 1088204 | 37000 | 191627 | 122240 | 302586 | 430375 | 4376 |
| 内蒙古 | 975050 | 43639 | 129470 | 151676 | 532596 | 51067 | 66602 |
| 辽宁 | 5514326 | 154456 | 463027 | 853477 | 580176 | 2906175 | 557015 |
| 吉林 | 1808207 | 142570 | 382176 | 194860 | 172897 | 915704 | |
| 黑龙江 | 1264556 | 200 | 262336 | 658656 | 70 | 333584 | 9710 |
| 上海 | 15165884 | 340745 | 2234696 | 515344 | | 10036095 | 2039004 |
| 江苏 | 18779329 | 874603 | 5380282 | 331677 | 2550 | 10022230 | 2167987 |
| 浙江 | 12747932 | 320700 | 964246 | 2388384 | 389443 | 6310491 | 2374668 |
| 安徽 | 5642296 | 86190 | 889185 | 1097554 | 47289 | 2965775 | 556303 |
| 福建 | 8467253 | 1006655 | 962047 | 1541727 | 475701 | 4016929 | 464194 |
| 江西 | 2308154 | 36400 | 308771 | 363864 | 87273 | 1395945 | 115901 |
| 山东 | 9524964 | 800614 | 1647038 | 1176716 | 549893 | 4953928 | 396775 |
| 河南 | 4756882 | 356909 | 693609 | 529210 | 202395 | 2731755 | 243004 |
| 湖北 | 7778915 | 985147 | 1159707 | 665860 | 524394 | 4392468 | 51339 |
| 湖南 | 4818331 | 256435 | 800313 | 1528430 | 663719 | 1470104 | 99330 |
| 广东 | 25778079 | 2964202 | 1593252 | 3808664 | 4647329 | 9652058 | 3112574 |
| 广西 | 3320395 | 85054 | 499476 | 699361 | 185614 | 1655856 | 195034 |
| 海南 | 3398263 | | 557788 | 679159 | 181180 | 1842111 | 138025 |
| 重庆 | 10330727 | 502302 | 3948992 | 398009 | 1200 | 5345080 | 135144 |
| 四川 | 9162079 | 577756 | 1520961 | 4347022 | 83800 | 2213683 | 418857 |
| 贵州 | 2202975 | 3000 | 827439 | 327459 | 106622 | 823595 | 114860 |
| 云南 | 5283993 | 464100 | 2357048 | 283762 | 805830 | 1247499 | 125754 |
| 西藏 | 12000 | | | 9000 | | 3000 | |
| 陕西 | 3728170 | 389146 | 814262 | 525156 | 851931 | 894406 | 253269 |
| 甘肃 | 1530211 | 162765 | 300571 | 374826 | 205125 | 474114 | 12810 |
| 青海 | 729430 | 62000 | 390891 | 89500 | 56000 | 130039 | 1000 |
| 宁夏 | 965925 | 235029 | 270848 | 101338 | 69499 | 234911 | 54300 |
| 新疆 | 1244560 | 155970 | 481260 | 93986 | 53196 | 454898 | 5250 |

# 2-26　各地区按登记注册类型分的房地产开发企业利用外资

单位：万元

| 地　区 | 总　计 | 内　资 | 国　有 | 集　体 | 股份合作 | 国有联营 | 集体联营 |
|---|---|---|---|---|---|---|---|
| **全国总计** | **2965297** | **111237** | | | | | |
| 北　京 | 57463 | 1050 | | | | | |
| 天　津 | 65427 | 17000 | | | | | |
| 河　北 | 23138 | | | | | | |
| 山　西 | | | | | | | |
| 内蒙古 | | | | | | | |
| 辽　宁 | 376069 | | | | | | |
| 吉　林 | 200 | 200 | | | | | |
| 黑龙江 | 13228 | | | | | | |
| 上　海 | 339167 | 560 | | | | | |
| 江　苏 | 449090 | 63182 | | | | | |
| 浙　江 | 156492 | | | | | | |
| 安　徽 | 10186 | 1180 | | | | | |
| 福　建 | 79774 | | | | | | |
| 江　西 | 61412 | | | | | | |
| 山　东 | 152542 | | | | | | |
| 河　南 | 32235 | 13000 | | | | | |
| 湖　北 | 9000 | 4000 | | | | | |
| 湖　南 | 7100 | 7100 | | | | | |
| 广　东 | 266452 | 2165 | | | | | |
| 广　西 | 15667 | 200 | | | | | |
| 海　南 | 13450 | | | | | | |
| 重　庆 | 659044 | 500 | | | | | |
| 四　川 | 9715 | 100 | | | | | |
| 贵　州 | 8500 | | | | | | |
| 云　南 | 96746 | 1000 | | | | | |
| 西　藏 | | | | | | | |
| 陕　西 | 63200 | | | | | | |
| 甘　肃 | | | | | | | |
| 青　海 | | | | | | | |
| 宁　夏 | | | | | | | |
| 新　疆 | | | | | | | |

2-26 续表 1　　单位：万元

| 地　区 | 内　资 | | | | | | |
|---|---|---|---|---|---|---|---|
| | 国有与集体联　营 | 其他联营 | 国有独资公　司 | 其他有限责任公司 | 股份有限公　司 | 私营独资 | 私营合伙 |
| **全国总计** | | | **88** | **28388** | **16950** | | |
| 北　京 | | | | | 1050 | | |
| 天　津 | | | | | 15000 | | |
| 河　北 | | | | | | | |
| 山　西 | | | | | | | |
| 内蒙古 | | | | | | | |
| 辽　宁 | | | | | | | |
| 吉　林 | | | | 200 | | | |
| 黑龙江 | | | | | | | |
| 上　海 | | | | 560 | | | |
| 江　苏 | | | 88 | 8444 | 900 | | |
| 浙　江 | | | | | | | |
| 安　徽 | | | | 50 | | | |
| 福　建 | | | | | | | |
| 江　西 | | | | | | | |
| 山　东 | | | | | | | |
| 河　南 | | | | 13000 | | | |
| 湖　北 | | | | 2000 | | | |
| 湖　南 | | | | 800 | | | |
| 广　东 | | | | 1734 | | | |
| 广　西 | | | | | | | |
| 海　南 | | | | | | | |
| 重　庆 | | | | 500 | | | |
| 四　川 | | | | 100 | | | |
| 贵　州 | | | | | | | |
| 云　南 | | | | 1000 | | | |
| 西　藏 | | | | | | | |
| 陕　西 | | | | | | | |
| 甘　肃 | | | | | | | |
| 青　海 | | | | | | | |
| 宁　夏 | | | | | | | |
| 新　疆 | | | | | | | |

2-26　续表 2　　　　单位：万元

| 地　　区 | 内　资 | | | 港澳台商投资 | | | |
|---|---|---|---|---|---|---|---|
| | 私营有限责任公司 | 私营股份有限公司 | 其他内资企业 | | 合资经营 | 合作经营 | 独　资 |
| **全国总计** | **65311** | **500** | | **2311888** | **238260** | **180422** | **1893206** |
| 北　　京 | | | | 56413 | | | 56413 |
| 天　　津 | 2000 | | | 1388 | | | 1388 |
| 河　　北 | | | | 23138 | | | 23138 |
| 山　　西 | | | | | | | |
| 内 蒙 古 | | | | | | | |
| 辽　　宁 | | | | 273665 | 2000 | | 271665 |
| 吉　　林 | | | | | | | |
| 黑 龙 江 | | | | 13228 | | | 13228 |
| 上　　海 | | | | 320607 | 52000 | | 268607 |
| 江　　苏 | 53750 | | | 258632 | 11074 | | 247558 |
| 浙　　江 | | | | 93314 | 68728 | | 24586 |
| 安　　徽 | 1130 | | | 9006 | 9006 | | |
| 福　　建 | | | | 54526 | | | 54526 |
| 江　　西 | | | | 61412 | | | 61412 |
| 山　　东 | | | | 146345 | 2000 | | 144345 |
| 河　　南 | | | | 14635 | 14635 | | |
| 湖　　北 | 2000 | | | 5000 | | | 5000 |
| 湖　　南 | 6000 | 300 | | | | | |
| 广　　东 | 431 | | | 264287 | 15617 | 63976 | 184694 |
| 广　　西 | | 200 | | 15467 | | | 15467 |
| 海　　南 | | | | 13450 | | | 13450 |
| 重　　庆 | | | | 531875 | | 116446 | 415429 |
| 四　　川 | | | | | | | |
| 贵　　州 | | | | | | | |
| 云　　南 | | | | 92300 | | | 92300 |
| 西　　藏 | | | | | | | |
| 陕　　西 | | | | 63200 | 63200 | | |
| 甘　　肃 | | | | | | | |
| 青　　海 | | | | | | | |
| 宁　　夏 | | | | | | | |
| 新　　疆 | | | | | | | |

2-26 续表 3

单位：万元

| 地 区 | 港澳台商投资 | | 外商投资 | | | | | |
|---|---|---|---|---|---|---|---|---|
| | 股份有限 | 其 他 | | 合资经营 | 合作经营 | 独 资 | 股份有限 | 其 他 |
| **全国总计** | | | **542172** | **31834** | **8000** | **502338** | | |
| 北 京 | | | | | | | | |
| 天 津 | | | 47039 | | | 47039 | | |
| 河 北 | | | | | | | | |
| 山 西 | | | | | | | | |
| 内蒙古 | | | | | | | | |
| 辽 宁 | | | 102404 | 2877 | | 99527 | | |
| 吉 林 | | | | | | | | |
| 黑龙江 | | | | | | | | |
| 上 海 | | | 18000 | | | 18000 | | |
| 江 苏 | | | 127276 | 5170 | | 122106 | | |
| 浙 江 | | | 63178 | 19287 | | 43891 | | |
| 安 徽 | | | | | | | | |
| 福 建 | | | 25248 | | | 25248 | | |
| 江 西 | | | | | | | | |
| 山 东 | | | 6197 | | | 6197 | | |
| 河 南 | | | 4600 | 4000 | | 600 | | |
| 湖 北 | | | | | | | | |
| 湖 南 | | | | | | | | |
| 广 东 | | | | | | | | |
| 广 西 | | | | | | | | |
| 海 南 | | | | | | | | |
| 重 庆 | | | 126669 | | | 126669 | | |
| 四 川 | | | 9615 | | | 9615 | | |
| 贵 州 | | | 8500 | 500 | 8000 | | | |
| 云 南 | | | 3446 | | | 3446 | | |
| 西 藏 | | | | | | | | |
| 陕 西 | | | | | | | | |
| 甘 肃 | | | | | | | | |
| 青 海 | | | | | | | | |
| 宁 夏 | | | | | | | | |
| 新 疆 | | | | | | | | |

# 2-27　各地区按资质等级分的房地产开发企业利用外资

单位：万元

| 地　区 | 总　计 | 一　级 | 二　级 | 三　级 | 四　级 | 暂　定 | 其　他 |
|---|---|---|---|---|---|---|---|
| **全国总计** | **2965297** | **29050** | **336579** | **282220** | **168765** | **1639888** | **508795** |
| 北　京 | 57463 | 1050 | 56413 | | | | |
| 天　津 | 65427 | | | | 65427 | | |
| 河　北 | 23138 | | | | 22000 | 1138 | |
| 山　西 | | | | | | | |
| 内蒙古 | | | | | | | |
| 辽　宁 | 376069 | | | | | 376069 | |
| 吉　林 | 200 | | | | | 200 | |
| 黑龙江 | 13228 | | | | | 13228 | |
| 上　海 | 339167 | | | | | 79167 | 260000 |
| 江　苏 | 449090 | | 26947 | 15153 | | 315640 | 91350 |
| 浙　江 | 156492 | | | 44500 | 2493 | 67141 | 42358 |
| 安　徽 | 10186 | | | | | 10186 | |
| 福　建 | 79774 | | | 12356 | 14764 | 52654 | |
| 江　西 | 61412 | | | | | 61412 | |
| 山　东 | 152542 | | | 123595 | | 8127 | 20820 |
| 河　南 | 32235 | | 600 | | | 27635 | 4000 |
| 湖　北 | 9000 | | | 2000 | | 7000 | |
| 湖　南 | 7100 | | | | | 6800 | 300 |
| 广　东 | 266452 | 28000 | 1100 | 65438 | 64081 | 79333 | 28500 |
| 广　西 | 15667 | | | 200 | | 5000 | 10467 |
| 海　南 | 13450 | | | | | 13450 | |
| 重　庆 | 659044 | | 251519 | 1263 | | 406262 | |
| 四　川 | 9715 | | | 9715 | | | |
| 贵　州 | 8500 | | | 8000 | | 500 | |
| 云　南 | 96746 | | | | | 45746 | 51000 |
| 西　藏 | | | | | | | |
| 陕　西 | 63200 | | | | | 63200 | |
| 甘　肃 | | | | | | | |
| 青　海 | | | | | | | |
| 宁　夏 | | | | | | | |
| 新　疆 | | | | | | | |

# 2-28 各地区按资质等级分的房地产开发企业自筹资金

单位：万元

| 地 区 | 总 计 | 一 级 | 二 级 | 三 级 | 四 级 | 暂 定 | 其 他 |
|---|---|---|---|---|---|---|---|
| **全国总计** | **490375550** | **15323244** | **54713532** | **71485337** | **53275339** | **255267729** | **40310369** |
| 北 京 | 22772038 | 1838420 | 1262059 | 1343488 | 4535759 | 10535507 | 3256805 |
| 天 津 | 9323899 | 191811 | 715705 | 335397 | 4615538 | 3244122 | 221326 |
| 河 北 | 30991139 | 1582315 | 3250938 | 4518051 | 6086664 | 14740084 | 813087 |
| 山 西 | 8093145 | 71231 | 709353 | 828359 | 3386993 | 3002557 | 94652 |
| 内蒙古 | 8384682 | 348790 | 612555 | 1322448 | 3794394 | 1819581 | 486914 |
| 辽 宁 | 22693216 | 314898 | 1353249 | 3356683 | 165168 | 14548215 | 2955003 |
| 吉 林 | 5577164 | 6525 | 749296 | 1218816 | 663814 | 2928809 | 9904 |
| 黑龙江 | 7306680 | 306314 | 960378 | 3522588 | 162666 | 2194207 | 160527 |
| 上 海 | 15199865 | 611896 | 1045702 | 1033415 | | 11401633 | 1107219 |
| 江 苏 | 34167951 | 1065202 | 8738027 | 1462912 | 136836 | 17318749 | 5446225 |
| 浙 江 | 26594409 | 548391 | 2002239 | 3624133 | 1123658 | 15163624 | 4132364 |
| 安 徽 | 18601276 | 137828 | 1299840 | 2711794 | 430595 | 12922892 | 1098327 |
| 福 建 | 23005769 | 635657 | 1800402 | 3183134 | 1683561 | 14138064 | 1564951 |
| 江 西 | 7307833 | 63938 | 552521 | 1188424 | 473096 | 4690837 | 339017 |
| 山 东 | 33289585 | 1344288 | 2134378 | 3582713 | 2692854 | 20894921 | 2640431 |
| 河 南 | 29561966 | 875433 | 2823215 | 3013736 | 1596812 | 18904854 | 2347916 |
| 湖 北 | 23576651 | 344471 | 3738031 | 1962259 | 2404224 | 14806345 | 321321 |
| 湖 南 | 12460461 | 305760 | 1222905 | 3935943 | 2129231 | 4525597 | 341025 |
| 广 东 | 39334021 | 2432065 | 1808903 | 5100563 | 5169452 | 19986553 | 4836485 |
| 广 西 | 8237208 | 124368 | 480616 | 1134093 | 462922 | 5591705 | 443504 |
| 海 南 | 10079825 | 50 | 319533 | 1096478 | 374782 | 6804446 | 1484536 |
| 重 庆 | 16665327 | 547318 | 5800616 | 1466498 | 16283 | 8549732 | 284880 |
| 四 川 | 26458305 | 411448 | 4662434 | 12915701 | 316787 | 5569670 | 2582265 |
| 贵 州 | 8983536 | 13390 | 728322 | 1333096 | 818965 | 5781276 | 308487 |
| 云 南 | 13375412 | 281766 | 1705714 | 974701 | 3454442 | 6388574 | 570215 |
| 西 藏 | 286959 | | 17000 | 120316 | 4527 | 139370 | 5746 |
| 陕 西 | 14050584 | 469697 | 1830632 | 2332299 | 4106042 | 3134320 | 2177594 |
| 甘 肃 | 4299285 | 27254 | 560572 | 1270828 | 896403 | 1489980 | 54248 |
| 青 海 | 1537963 | 91471 | 323351 | 317697 | 380875 | 389029 | 35540 |
| 宁 夏 | 3236750 | 182310 | 1066834 | 555554 | 442564 | 949112 | 40376 |
| 新 疆 | 4922646 | 148939 | 438212 | 723220 | 749432 | 2713364 | 149479 |

# 2-29　各地区按资质等级分的房地产开发企业定金及预收款

单位：万元

| 地　区 | 总　计 | 一　级 | 二　级 | 三　级 | 四　级 | 暂　定 | 其　他 |
|---|---|---|---|---|---|---|---|
| **全国总计** | **325203445** | **18788113** | **53525268** | **55331989** | **34152920** | **147110325** | **16294830** |
| 北　京 | 17648866 | 2857020 | 1358722 | 818482 | 4808622 | 7068987 | 737033 |
| 天　津 | 10109900 | 216419 | 519392 | 897346 | 5225609 | 2796290 | 454844 |
| 河　北 | 6439205 | 388105 | 1062267 | 1069826 | 1930392 | 1922621 | 65994 |
| 山　西 | 3635191 | 413123 | 848846 | 587014 | 1293085 | 475487 | 17636 |
| 内蒙古 | 1654071 | 122771 | 255515 | 202826 | 744464 | 306187 | 22308 |
| 辽　宁 | 9089005 | 331535 | 1176035 | 2116688 | 4705 | 5070551 | 389491 |
| 吉　林 | 2759093 | 212131 | 546537 | 588033 | 133284 | 1269354 | 9754 |
| 黑龙江 | 2347593 | 65561 | 648037 | 954060 | 30791 | 619844 | 29300 |
| 上　海 | 17063893 | 3342 | 1844021 | 836745 | 26054 | 12455537 | 1898194 |
| 江　苏 | 38995824 | 2916878 | 12457548 | 1490613 | 18508 | 18851039 | 3261238 |
| 浙　江 | 27346494 | 1302868 | 2121522 | 4461656 | 1421975 | 15659712 | 2378761 |
| 安　徽 | 13574157 | 332064 | 1451751 | 2852467 | 267120 | 7845261 | 825494 |
| 福　建 | 12114461 | 548097 | 826115 | 3202438 | 1702480 | 5682355 | 152976 |
| 江　西 | 5852983 | 105608 | 837723 | 1049679 | 334188 | 3385634 | 140151 |
| 山　东 | 18295731 | 1255841 | 2834688 | 2425994 | 1451869 | 9397050 | 930289 |
| 河　南 | 8813429 | 754883 | 1830377 | 694852 | 379334 | 4938306 | 215677 |
| 湖　北 | 8989221 | 481284 | 2059247 | 1082583 | 702114 | 4509889 | 154104 |
| 湖　南 | 10369232 | 765226 | 1819355 | 4321907 | 1038620 | 2270384 | 153740 |
| 广　东 | 46566637 | 1594916 | 2584877 | 12187310 | 7471061 | 20567197 | 2161276 |
| 广　西 | 6273062 | 373721 | 1079515 | 975476 | 237730 | 3253611 | 353009 |
| 海　南 | 4742559 | 2720 | 178630 | 538960 | 412295 | 3233949 | 376005 |
| 重　庆 | 13061374 | 1361553 | 5532754 | 989665 | 84163 | 4936495 | 156744 |
| 四　川 | 14526442 | 921938 | 2767986 | 6653362 | 118891 | 3483494 | 580771 |
| 贵　州 | 5899039 | 28179 | 2362030 | 996430 | 654392 | 1707497 | 150511 |
| 云　南 | 5313125 | 201380 | 1312665 | 564472 | 1384092 | 1568225 | 282291 |
| 西　藏 | 60850 |  | 4567 | 39570 | 5873 | 8560 | 2280 |
| 陕　西 | 5486161 | 500897 | 1126705 | 1068961 | 1331655 | 1164583 | 293360 |
| 甘　肃 | 2293908 | 119288 | 543141 | 692591 | 227650 | 705706 | 5532 |
| 青　海 | 903944 | 37269 | 402680 | 231395 | 160696 | 71603 | 301 |
| 宁　夏 | 1894142 | 366633 | 618628 | 328389 | 199794 | 356408 | 24290 |
| 新　疆 | 3083853 | 206863 | 513392 | 412199 | 351414 | 1528509 | 71476 |

# 2-30 各地区按资质等级分的房地产开发企业个人按揭贷款

单位：万元

| 地区 | 总计 | 一级 | 二级 | 三级 | 四级 | 暂定 | 其他 |
|---|---|---|---|---|---|---|---|
| **全国总计** | **166616466** | **9493267** | **28352121** | **29701649** | **17806307** | **72758109** | **8505013** |
| 北京 | 8656985 | 1318735 | 717960 | 259876 | 2611280 | 3181669 | 567465 |
| 天津 | 965982 | 49311 | 76984 | 61431 | 535324 | 214362 | 28570 |
| 河北 | 3037532 | 253399 | 394064 | 553863 | 973040 | 807532 | 55634 |
| 山西 | 1168717 | 29491 | 249337 | 233037 | 525138 | 131714 | |
| 内蒙古 | 600951 | 104079 | 65996 | 72994 | 290807 | 63316 | 3759 |
| 辽宁 | 3310318 | 56026 | 317169 | 819099 | 4017 | 1936519 | 177488 |
| 吉林 | 1318519 | 100391 | 295603 | 76639 | 59456 | 777183 | 9247 |
| 黑龙江 | 958497 | 53442 | 208965 | 354655 | 4016 | 334948 | 2471 |
| 上海 | 4301217 | | 556211 | 205892 | 43159 | 3176709 | 319246 |
| 江苏 | 22730350 | 1492059 | 7303765 | 1077160 | 12302 | 11059041 | 1786023 |
| 浙江 | 16019642 | 683141 | 1236356 | 2752392 | 686555 | 9301422 | 1359776 |
| 安徽 | 9267167 | 223608 | 1009934 | 2040565 | 258781 | 5313852 | 420427 |
| 福建 | 8328159 | 429686 | 606354 | 2488872 | 1115226 | 3561919 | 126102 |
| 江西 | 4479961 | 31228 | 450414 | 999810 | 315368 | 2569322 | 113819 |
| 山东 | 7962628 | 560351 | 909800 | 969713 | 920823 | 4218991 | 382950 |
| 河南 | 5719288 | 442105 | 1146950 | 333887 | 178240 | 3363061 | 255045 |
| 湖北 | 5554305 | 146224 | 1392709 | 838856 | 550689 | 2406015 | 219812 |
| 湖南 | 5889090 | 311368 | 1081099 | 2403571 | 670091 | 1265968 | 156993 |
| 广东 | 23226054 | 1184895 | 1955944 | 5191048 | 5260142 | 8240768 | 1393257 |
| 广西 | 4506240 | 210665 | 810394 | 789552 | 240172 | 2222794 | 232663 |
| 海南 | 472243 | | 51956 | 9144 | 62396 | 310392 | 38355 |
| 重庆 | 6831978 | 497409 | 2920656 | 642971 | 20218 | 2681187 | 69537 |
| 四川 | 8297414 | 513207 | 1432961 | 4162565 | 83836 | 1834994 | 269851 |
| 贵州 | 3513266 | 24796 | 1007690 | 902556 | 306941 | 1175942 | 95341 |
| 云南 | 2926201 | 114241 | 708211 | 337207 | 866306 | 815763 | 84473 |
| 西藏 | 21698 | | 5704 | 13260 | | 172 | 2562 |
| 陕西 | 2994479 | 293691 | 641309 | 509522 | 720181 | 608085 | 221691 |
| 甘肃 | 1055412 | 79755 | 169041 | 269559 | 128231 | 403748 | 5078 |
| 青海 | 286468 | 54321 | 103453 | 39957 | 57802 | 30516 | 419 |
| 宁夏 | 711114 | 47442 | 306514 | 83760 | 124125 | 131154 | 18119 |
| 新疆 | 1504591 | 188201 | 218618 | 208236 | 181645 | 619051 | 88840 |

# 2-31 各地区按资质等级分的房地产开发企业各项应付款合计

单位：万元

| 地区 | 总计 | 一级 | 二级 | 三级 | 四级 | 暂定 | 其他 |
|---|---|---|---|---|---|---|---|
| **全国总计** | **289926320** | **7705169** | **44151193** | **47147490** | **36185205** | **134752570** | **19984693** |
| 北京 | 6010618 | 254958 | 1910160 | 235493 | 1419505 | 2047554 | 142948 |
| 天津 | 9227901 | 342854 | 453824 | 360108 | 5591463 | 2253370 | 226282 |
| 河北 | 9868134 | 600753 | 1218180 | 1475357 | 2833128 | 3530225 | 210491 |
| 山西 | 4059169 | 126437 | 444552 | 399550 | 1303100 | 1756059 | 29471 |
| 内蒙古 | 2904337 | 28847 | 337857 | 619006 | 1370202 | 502735 | 45690 |
| 辽宁 | 13550130 | 371093 | 1082226 | 2193195 | 143781 | 7849070 | 1910765 |
| 吉林 | 1988964 | 66250 | 465697 | 425949 | 197699 | 822918 | 10451 |
| 黑龙江 | 1888650 | 9635 | 399474 | 816879 | 26805 | 503180 | 132677 |
| 上海 | 11819229 | 255952 | 1255343 | 763810 | 31262 | 8328698 | 1184164 |
| 江苏 | 30337503 | 754550 | 9378689 | 1732367 | 40807 | 15256486 | 3174604 |
| 浙江 | 15854235 | 218884 | 1419974 | 3102658 | 1156057 | 7833576 | 2123086 |
| 安徽 | 14915267 | 137843 | 1764051 | 2957310 | 364198 | 9036026 | 655839 |
| 福建 | 7727851 | 65719 | 463888 | 1649993 | 645120 | 4122399 | 780732 |
| 江西 | 5098336 | 12814 | 512632 | 1014148 | 326219 | 3089127 | 143396 |
| 山东 | 16445641 | 645716 | 1781759 | 2247554 | 1801258 | 8998558 | 970796 |
| 河南 | 12536073 | 250598 | 1338979 | 1419894 | 676775 | 8317626 | 532201 |
| 湖北 | 10287642 | 321967 | 1936673 | 1070873 | 1309389 | 5407276 | 241464 |
| 湖南 | 9739061 | 222421 | 1510697 | 3639627 | 1277586 | 2823114 | 265616 |
| 广东 | 30079959 | 642679 | 934213 | 4728595 | 6007189 | 13916396 | 3850887 |
| 广西 | 6129108 | 206547 | 851844 | 878565 | 277164 | 3500349 | 414639 |
| 海南 | 6555062 | 6767 | 1188566 | 1282935 | 395945 | 3362986 | 317863 |
| 重庆 | 14355744 | 870823 | 5124982 | 1489344 | 103165 | 6571789 | 195641 |
| 四川 | 14102476 | 413888 | 2204550 | 7489336 | 264219 | 3053026 | 677457 |
| 贵州 | 6481945 | 12248 | 1141915 | 995574 | 890979 | 3112717 | 328512 |
| 云南 | 11855677 | 232939 | 2147524 | 858033 | 4053578 | 4138814 | 424789 |
| 西藏 | 108851 | | 14805 | 68294 | | 21756 | 3996 |
| 陕西 | 7479469 | 355983 | 1248670 | 1379994 | 2157986 | 1445864 | 890972 |
| 甘肃 | 2840034 | 3249 | 486732 | 857065 | 504575 | 977105 | 11308 |
| 青海 | 1134452 | 29022 | 329492 | 279815 | 269459 | 211864 | 14800 |
| 宁夏 | 1717261 | 87500 | 496945 | 259647 | 396428 | 461052 | 15689 |
| 新疆 | 2827541 | 156233 | 306300 | 456522 | 350164 | 1500855 | 57467 |

# 第三章

# 房屋开竣工面积、
# 商品房销售及土地情况

# 3-1　各地区按用途分的房地产开发企业房屋施工面积

单位：平方米

| 地区 | 房屋施工面积 | 住宅 | #别墅、高档公寓 | 办公楼 | 商业营业用房 | 其他 |
|---|---|---|---|---|---|---|
| **全国总计** | **7356933687** | **5115695176** | **209876380** | **330443704** | **1001113784** | **909681023** |
| 北京 | 129930815 | 62612115 | 5084602 | 24096320 | 13262406 | 29959974 |
| 天津 | 102302165 | 69687469 | 2752883 | 8724054 | 11631110 | 12259532 |
| 河北 | 304347560 | 236743802 | 5304533 | 6414525 | 31830239 | 29358994 |
| 山西 | 157344838 | 114499658 | 1337441 | 5021953 | 19150722 | 18672505 |
| 内蒙古 | 176412842 | 115542269 | 2824410 | 6245508 | 35220266 | 19404799 |
| 辽宁 | 292831818 | 214067630 | 6470377 | 6487844 | 47670749 | 24605595 |
| 吉林 | 115664727 | 82826622 | 3685348 | 4232641 | 17541676 | 11063788 |
| 黑龙江 | 124103540 | 87849756 | 1403080 | 2491408 | 21131449 | 12630927 |
| 上海 | 150953336 | 83721237 | 16476881 | 19784895 | 19440150 | 28007054 |
| 江苏 | 581184419 | 423159769 | 27260045 | 23428726 | 75693851 | 58902073 |
| 浙江 | 416873315 | 251171519 | 18894750 | 29639596 | 51989282 | 84072918 |
| 安徽 | 342446664 | 232333783 | 4393169 | 11845929 | 63641142 | 34625810 |
| 福建 | 308911382 | 195589242 | 7146314 | 21508759 | 38750056 | 53063325 |
| 江西 | 152936025 | 111577446 | 3261000 | 5337082 | 21938201 | 14083296 |
| 山东 | 572064425 | 422765066 | 10229472 | 23647073 | 71216505 | 54435781 |
| 河南 | 409944033 | 312105627 | 3317762 | 15680178 | 48317395 | 33840833 |
| 湖北 | 282962833 | 209066497 | 4929639 | 9210459 | 37477528 | 27208349 |
| 湖南 | 283221312 | 208079023 | 5432584 | 7463932 | 35003163 | 32675194 |
| 广东 | 579418591 | 403888190 | 29374649 | 26078066 | 62085423 | 87366912 |
| 广西 | 186083598 | 137505230 | 2819703 | 5364484 | 21126577 | 22087307 |
| 海南 | 83169751 | 64630714 | 7455462 | 1603502 | 7832217 | 9103318 |
| 重庆 | 289856716 | 193903150 | 8594912 | 11452869 | 41114964 | 43385733 |
| 四川 | 389813585 | 253004543 | 8671292 | 14895148 | 56640298 | 65273596 |
| 贵州 | 208776688 | 135926486 | 1997420 | 8503492 | 36440399 | 27906311 |
| 云南 | 207221977 | 138670146 | 10466171 | 7708031 | 32081397 | 28762403 |
| 西藏 | 3806219 | 2599382 | 198378 | 208115 | 581463 | 417259 |
| 陕西 | 207521601 | 155580622 | 3141767 | 10334420 | 25561794 | 16044765 |
| 甘肃 | 85861783 | 60877018 | 422864 | 2416013 | 13951725 | 8617027 |
| 青海 | 25855947 | 16503114 | 422734 | 1517202 | 4726501 | 3109130 |
| 宁夏 | 70456802 | 45503807 | 1448917 | 3338315 | 12898959 | 8715721 |
| 新疆 | 114654380 | 73704244 | 4657821 | 5763165 | 25166177 | 10020794 |

# 3-2 各地区按资质等级分的房地产开发企业房屋施工面积

单位：平方米

| 地 区 | 总 计 | 一 级 | 二 级 | 三 级 | 四 级 | 暂 定 | 其 他 |
|---|---|---|---|---|---|---|---|
| **全国总计** | **7356933687** | **314136392** | **1281318192** | **1453456613** | **916669481** | **3037267079** | **354085930** |
| 北 京 | 129930815 | 13892715 | 13108629 | 8182429 | 44283659 | 43438625 | 7024758 |
| 天 津 | 102302165 | 4749300 | 10125037 | 8142296 | 54463995 | 21749179 | 3072358 |
| 河 北 | 304347560 | 22364808 | 46537774 | 59471704 | 78870206 | 90907584 | 6195484 |
| 山 西 | 157344838 | 4550888 | 26513441 | 28555054 | 66528095 | 29657659 | 1539701 |
| 内蒙古 | 176412842 | 10944428 | 27145094 | 24907418 | 83413199 | 25194660 | 4808043 |
| 辽 宁 | 292831818 | 7569332 | 31753341 | 59448573 | 2110773 | 170702838 | 21246961 |
| 吉 林 | 115664727 | 4049245 | 30314352 | 19190028 | 13160420 | 48466213 | 484469 |
| 黑龙江 | 124103540 | 5064773 | 28596800 | 58920137 | 3937004 | 24074086 | 3510740 |
| 上 海 | 150953336 | 5685649 | 15297324 | 10366183 | 99447 | 107044609 | 12460124 |
| 江 苏 | 581184419 | 25625020 | 201007423 | 34154756 | 961746 | 273487510 | 45947964 |
| 浙 江 | 416873315 | 12025743 | 49703622 | 81762814 | 24421426 | 202856135 | 46103575 |
| 安 徽 | 342446664 | 6347571 | 44510125 | 69984846 | 10412152 | 197687544 | 13504426 |
| 福 建 | 308911382 | 11567340 | 32604774 | 84447301 | 32594078 | 138877333 | 8820556 |
| 江 西 | 152936025 | 1556339 | 15286101 | 35549771 | 13069302 | 82338883 | 5135629 |
| 山 东 | 572064425 | 30149858 | 72572972 | 84213293 | 76976529 | 276802061 | 31349712 |
| 河 南 | 409944033 | 18255298 | 80647416 | 50264566 | 27968352 | 212050874 | 20757527 |
| 湖 北 | 282962833 | 11890149 | 47057071 | 45444749 | 40790495 | 131403020 | 6377349 |
| 湖 南 | 283221312 | 9504927 | 46308313 | 120430597 | 35216300 | 66596640 | 5164535 |
| 广 东 | 579418591 | 23968067 | 36114420 | 118252607 | 111100809 | 254862073 | 35120615 |
| 广 西 | 186083598 | 6645523 | 27304680 | 37193060 | 11875658 | 93302187 | 9762490 |
| 海 南 | 83169751 | 176370 | 4981040 | 9642564 | 5533943 | 54440958 | 8394876 |
| 重 庆 | 289856716 | 19476497 | 111015317 | 31496386 | 1055750 | 123631806 | 3180960 |
| 四 川 | 389813585 | 18994082 | 77930702 | 198616547 | 5240984 | 74295808 | 14735462 |
| 贵 州 | 208776688 | 862052 | 49997459 | 41434381 | 24656425 | 85563479 | 6262892 |
| 云 南 | 207221977 | 8714546 | 42463460 | 21511076 | 53469940 | 72627929 | 8435026 |
| 西 藏 | 3806219 | | 274781 | 2271433 | 60650 | 1057618 | 141737 |
| 陕 西 | 207521601 | 12442984 | 45102846 | 45997132 | 49996872 | 35026550 | 18955217 |
| 甘 肃 | 85861783 | 2053890 | 17154874 | 27904195 | 14537581 | 23649617 | 561626 |
| 青 海 | 25855947 | 1042639 | 10209999 | 6065443 | 4633441 | 3587943 | 316482 |
| 宁 夏 | 70456802 | 8582746 | 23788340 | 12798767 | 9309742 | 14723937 | 1253270 |
| 新 疆 | 114654380 | 5383613 | 15890665 | 16836507 | 15920508 | 57161721 | 3461366 |

# 3-3 各地区按资质等级分的房地产开发企业住宅施工面积

单位：平方米

| 地 区 | 总 计 | 一 级 | 二 级 | 三 级 | 四 级 | 暂 定 | 其 他 |
|---|---|---|---|---|---|---|---|
| **全国总计** | **5115695176** | **223366419** | **920636753** | **1046081250** | **646211579** | **2051132482** | **228266693** |
| 北 京 | 62612115 | 8196319 | 7035459 | 4204244 | 22875071 | 17419902 | 2881120 |
| 天 津 | 69687469 | 4281210 | 6457726 | 6096707 | 35014935 | 15212435 | 2624456 |
| 河 北 | 236743802 | 17889361 | 35855004 | 48509491 | 62049756 | 67141819 | 5298371 |
| 山 西 | 114499658 | 3710393 | 18916415 | 21304060 | 48394516 | 20903697 | 1270577 |
| 内 蒙 古 | 115542269 | 6214172 | 17193352 | 16968933 | 54981584 | 16742293 | 3441935 |
| 辽 宁 | 214067630 | 5568220 | 23401468 | 46335016 | 1673027 | 122818558 | 14271341 |
| 吉 林 | 82826622 | 3047529 | 21395337 | 14058283 | 10702827 | 33270377 | 352269 |
| 黑 龙 江 | 87849756 | 4073657 | 20780643 | 40919052 | 3002963 | 16473660 | 2599781 |
| 上 海 | 83721237 | 2968644 | 9682946 | 5548235 | 56801 | 58804534 | 6660077 |
| 江 苏 | 423159769 | 20574845 | 148455935 | 26981184 | 809297 | 194237697 | 32100811 |
| 浙 江 | 251171519 | 8251368 | 33452366 | 53201801 | 16138949 | 116649993 | 23477042 |
| 安 徽 | 232333783 | 3308318 | 33356169 | 48511450 | 7840380 | 130688031 | 8629435 |
| 福 建 | 195589242 | 7955111 | 21808618 | 57269372 | 19934904 | 83645737 | 4975500 |
| 江 西 | 111577446 | 1293886 | 11619535 | 28420324 | 9272406 | 57205316 | 3765979 |
| 山 东 | 422765066 | 22276749 | 56327678 | 64722254 | 58639494 | 198870342 | 21928549 |
| 河 南 | 312105627 | 13827703 | 63007433 | 40073229 | 22107692 | 159335626 | 13753944 |
| 湖 北 | 209066497 | 9730456 | 33900814 | 35318082 | 30635773 | 95953258 | 3528114 |
| 湖 南 | 208079023 | 6851768 | 33855193 | 91026896 | 25585996 | 46761259 | 3997911 |
| 广 东 | 403888190 | 16538243 | 27374007 | 84923276 | 79471465 | 173268030 | 22313169 |
| 广 西 | 137505230 | 5104419 | 20857156 | 28766001 | 9194208 | 66605616 | 6977530 |
| 海 南 | 64630714 | 142957 | 3261648 | 8125785 | 4771981 | 41695217 | 6633126 |
| 重 庆 | 193903150 | 11604664 | 74690925 | 21951208 | 752952 | 82584629 | 2318772 |
| 四 川 | 253004543 | 12908264 | 54139213 | 127242064 | 4058612 | 46380225 | 8276165 |
| 贵 州 | 135926486 | 422267 | 33478518 | 29272512 | 16497949 | 52782625 | 3472615 |
| 云 南 | 138670146 | 6561386 | 28762044 | 14908677 | 34758598 | 48957492 | 4721949 |
| 西 藏 | 2599382 |  | 149977 | 1719789 | 44700 | 586454 | 98462 |
| 陕 西 | 155580622 | 8676592 | 34244894 | 35519770 | 36966908 | 25496072 | 14676386 |
| 甘 肃 | 60877018 | 1627314 | 12424317 | 20157573 | 10508522 | 15800852 | 358440 |
| 青 海 | 16503114 | 783370 | 6359808 | 3706870 | 3281615 | 2094361 | 277090 |
| 宁 夏 | 45503807 | 4997435 | 16708560 | 8488723 | 6055694 | 8199698 | 1053697 |
| 新 疆 | 73704244 | 3979799 | 11683295 | 11830389 | 10132004 | 34546677 | 1532080 |

# 3-4 各地区按用途分的房地产开发企业房屋新开工面积

单位：平方米

| 地　区 | 房屋新开工面积 | 住　宅 | #别墅、高档公寓 | 办公楼 | 商业营业用房 | 其　他 |
|---|---|---|---|---|---|---|
| **全国总计** | **1544536757** | **1066512980** | **33184108** | **65691214** | **225302918** | **187029645** |
| 北　京 | 27069100 | 11581726 | 658532 | 5855577 | 3436166 | 6195631 |
| 天　津 | 28171912 | 19668542 | 744677 | 2106342 | 2923786 | 3473242 |
| 河　北 | 72198078 | 55429800 | 585098 | 1863999 | 7646475 | 7257804 |
| 山　西 | 37006361 | 26246379 | 461774 | 940358 | 4849090 | 4970534 |
| 内蒙古 | 23416651 | 16832878 | 260692 | 298528 | 3590889 | 2694356 |
| 辽　宁 | 46994182 | 36047141 | 844043 | 550260 | 6931465 | 3465316 |
| 吉　林 | 20636601 | 14579843 | 356653 | 813954 | 3493841 | 1748963 |
| 黑龙江 | 21817937 | 14759193 | 247838 | 640000 | 4619699 | 1799045 |
| 上　海 | 26050785 | 15602831 | 2085485 | 3048677 | 3075727 | 4323550 |
| 江　苏 | 115425590 | 88199754 | 4303670 | 3987088 | 12788026 | 10450722 |
| 浙　江 | 65337733 | 37463088 | 3014605 | 4490205 | 10044582 | 13339858 |
| 安　徽 | 77593473 | 52546783 | 797107 | 2853921 | 14575801 | 7616968 |
| 福　建 | 52448531 | 31855748 | 757445 | 3456846 | 6846812 | 10289125 |
| 江　西 | 37048704 | 26032558 | 481275 | 988897 | 6632695 | 3394554 |
| 山　东 | 120433798 | 89842089 | 1366408 | 4965969 | 13578642 | 12047098 |
| 河　南 | 109741249 | 83752630 | 1076196 | 3297291 | 14523897 | 8167431 |
| 湖　北 | 67346651 | 51203663 | 1279005 | 1789295 | 8923684 | 5430009 |
| 湖　南 | 63945825 | 47471963 | 1104715 | 1397031 | 8917681 | 6159150 |
| 广　东 | 126767427 | 86817585 | 4192934 | 5668258 | 15733061 | 18548523 |
| 广　西 | 38500698 | 27935717 | 393628 | 1413657 | 4552985 | 4598339 |
| 海　南 | 16447244 | 12815528 | 1037189 | 125770 | 1548740 | 1957206 |
| 重　庆 | 58108462 | 36689204 | 2043711 | 1574348 | 10377230 | 9467680 |
| 四　川 | 95872120 | 60263216 | 874295 | 3378760 | 15375998 | 16854146 |
| 贵　州 | 42061164 | 23812045 | 539526 | 2067741 | 10207608 | 5973770 |
| 云　南 | 38412850 | 25172839 | 1634941 | 864456 | 7584476 | 4791079 |
| 西　藏 | 1198701 | 808750 | 2156 | 48116 | 161798 | 180037 |
| 陕　西 | 39644431 | 25267283 | 578767 | 3756053 | 6859677 | 3761418 |
| 甘　肃 | 23126552 | 15471330 | 12264 | 887593 | 4432502 | 2335127 |
| 青　海 | 7855226 | 4935084 | 202202 | 472911 | 1303339 | 1143892 |
| 宁　夏 | 13911180 | 8637004 | 359600 | 842415 | 2542473 | 1889288 |
| 新　疆 | 29947541 | 18770786 | 887677 | 1246898 | 7224073 | 2705784 |

# 3−5　各地区按资质等级分的房地产开发企业房屋新开工面积

单位：平方米

| 地　区 | 总　计 | 一　级 | 二　级 | 三　级 | 四　级 | 暂　定 | 其　他 |
|---|---|---|---|---|---|---|---|
| **全国总计** | **1544536757** | **46622277** | **202008164** | **259575378** | **188696161** | **743568147** | **104066630** |
| 北　京 | 27069100 | 1791929 | 1549160 | 1158989 | 5697499 | 13809480 | 3062043 |
| 天　津 | 28171912 | 1758964 | 2060405 | 884313 | 15960598 | 6076670 | 1430962 |
| 河　北 | 72198078 | 3201793 | 8295837 | 14784610 | 17724782 | 25891010 | 2300046 |
| 山　西 | 37006361 | 1808220 | 5692741 | 5039379 | 13917676 | 10407492 | 140853 |
| 内蒙古 | 23416651 | 840485 | 1562572 | 2615183 | 12941260 | 5016242 | 440909 |
| 辽　宁 | 46994182 | 708221 | 4037355 | 9426694 | 1301400 | 25779350 | 5741162 |
| 吉　林 | 20636601 | 299286 | 3397770 | 3721114 | 2634807 | 10400906 | 182718 |
| 黑龙江 | 21817937 | 143133 | 2689743 | 10333931 | 868790 | 6564451 | 1217889 |
| 上　海 | 26050785 | 815495 | 2500582 | 1453799 | | 19014333 | 2266576 |
| 江　苏 | 115425590 | 2496394 | 32814932 | 4992558 | 218520 | 60169424 | 14733762 |
| 浙　江 | 65337733 | 1073466 | 3534661 | 7938788 | 2485910 | 37295066 | 13009842 |
| 安　徽 | 77593473 | 764947 | 7091134 | 10375556 | 1956711 | 53242611 | 4162514 |
| 福　建 | 52448531 | 1254251 | 3122881 | 8133678 | 4860075 | 32337967 | 2739679 |
| 江　西 | 37048704 | 359315 | 2356795 | 6971305 | 2261665 | 23683144 | 1416480 |
| 山　东 | 120433798 | 6524137 | 12462909 | 15115531 | 14001455 | 63354419 | 8975347 |
| 河　南 | 109741249 | 2381601 | 13028599 | 13300853 | 7559599 | 64707870 | 8762727 |
| 湖　北 | 67346651 | 2254427 | 7701024 | 9343546 | 10171749 | 36377729 | 1498176 |
| 湖　南 | 63945825 | 985128 | 9217126 | 21621382 | 10707413 | 19312927 | 2101849 |
| 广　东 | 126767427 | 3279444 | 4609717 | 20926025 | 20908868 | 68117212 | 8926161 |
| 广　西 | 38500698 | 1218467 | 4405020 | 5046134 | 2496508 | 23205877 | 2128692 |
| 海　南 | 16447244 | 200 | 493921 | 1479060 | 1378728 | 11539623 | 1555712 |
| 重　庆 | 58108462 | 4048770 | 19595146 | 5926952 | 221872 | 27412674 | 903048 |
| 四　川 | 95872120 | 3680012 | 17879808 | 47788525 | 1208767 | 18871145 | 6443863 |
| 贵　州 | 42061164 | | 6634141 | 6144417 | 4159654 | 23520558 | 1602394 |
| 云　南 | 38412850 | 374631 | 4058899 | 4596865 | 10559396 | 17380479 | 1442580 |
| 西　藏 | 1198701 | | 109163 | 572785 | 43950 | 461374 | 11429 |
| 陕　西 | 39644431 | 871167 | 7634349 | 6563252 | 9676893 | 9945055 | 4953715 |
| 甘　肃 | 23126552 | 59354 | 3489965 | 6845199 | 4682319 | 7703176 | 346539 |
| 青　海 | 7855226 | 389989 | 2736524 | 954040 | 2316686 | 1260632 | 197355 |
| 宁　夏 | 13911180 | 1905649 | 3883602 | 2058747 | 2686480 | 3085835 | 290867 |
| 新　疆 | 29947541 | 1333402 | 3361683 | 3462168 | 3086131 | 17623416 | 1080741 |

# 3-6 各地区按资质等级分的房地产开发企业住宅新开工面积

单位：平方米

| 地　区 | 总 计 | 一 级 | 二 级 | 三 级 | 四 级 | 暂 定 | 其 他 |
|---|---|---|---|---|---|---|---|
| **全国总计** | **1066512980** | **32208655** | **141961988** | **186096287** | **134398439** | **505010414** | **66837197** |
| 北　京 | 11581726 | 1130292 | 501643 | 577180 | 3086065 | 4866389 | 1420157 |
| 天　津 | 19668542 | 1693698 | 1485733 | 713819 | 10609182 | 3901928 | 1264182 |
| 河　北 | 55429800 | 2436032 | 6185843 | 11885428 | 14044604 | 18933862 | 1944031 |
| 山　西 | 26246379 | 1477950 | 3637837 | 3706195 | 10162860 | 7189269 | 72268 |
| 内蒙古 | 16832878 | 345988 | 1247232 | 2019927 | 9691179 | 3211674 | 316878 |
| 辽　宁 | 36047141 | 601378 | 3063962 | 7415783 | 1188362 | 19225677 | 4551979 |
| 吉　林 | 14579843 | 225185 | 2348649 | 2749354 | 2217601 | 6883677 | 155377 |
| 黑龙江 | 14759193 | 59268 | 1991105 | 6577068 | 658984 | 4493212 | 979556 |
| 上　海 | 15602831 | 321458 | 1407999 | 1071177 | | 11646560 | 1155637 |
| 江　苏 | 88199754 | 2012003 | 26100865 | 4101183 | 198731 | 45222314 | 10564658 |
| 浙　江 | 37463088 | 768277 | 2450333 | 5271549 | 1484680 | 21947237 | 5541012 |
| 安　徽 | 52546783 | 312902 | 5162905 | 7907514 | 1529390 | 34935886 | 2698186 |
| 福　建 | 31855748 | 1015624 | 1756912 | 5262289 | 2499159 | 19494247 | 1827517 |
| 江　西 | 26032558 | 285354 | 1647624 | 5529821 | 1596105 | 15853103 | 1120551 |
| 山　东 | 89842089 | 5089263 | 9612117 | 11772662 | 10897551 | 46752769 | 5717727 |
| 河　南 | 83752630 | 1822097 | 10680457 | 10436126 | 5865475 | 49082815 | 5865660 |
| 湖　北 | 51203663 | 1628719 | 6092827 | 7591240 | 7405473 | 27102834 | 1382570 |
| 湖　南 | 47471963 | 438797 | 6751609 | 16475070 | 8050170 | 14014045 | 1742272 |
| 广　东 | 86817585 | 2336230 | 3707141 | 14804332 | 14875567 | 45718836 | 5375479 |
| 广　西 | 27935717 | 919104 | 2963965 | 3915743 | 2047439 | 16625507 | 1463959 |
| 海　南 | 12815528 | 200 | 443899 | 1166127 | 1137121 | 8869264 | 1198917 |
| 重　庆 | 36689204 | 2018207 | 12131737 | 4263338 | 117105 | 17516518 | 642299 |
| 四　川 | 60263216 | 2246956 | 11771867 | 29774375 | 649099 | 12244446 | 3576473 |
| 贵　州 | 23812045 | | 2928991 | 4259748 | 2710456 | 13012939 | 899911 |
| 云　南 | 25172839 | 258271 | 2227417 | 2842234 | 7538668 | 11432670 | 873579 |
| 西　藏 | 808750 | | 40000 | 476982 | 33300 | 256312 | 2156 |
| 陕　西 | 25267283 | 335591 | 4729494 | 4579682 | 5457397 | 6537860 | 3627259 |
| 甘　肃 | 15471330 | 41000 | 2427877 | 4697006 | 3364957 | 4776790 | 163700 |
| 青　海 | 4935084 | 235033 | 1577279 | 612563 | 1625031 | 714003 | 171175 |
| 宁　夏 | 8637004 | 1187586 | 2473951 | 1217309 | 1823361 | 1723017 | 211780 |
| 新　疆 | 18770786 | 966192 | 2412718 | 2423463 | 1833367 | 10824754 | 310292 |

# 3-7　各地区按用途分的房地产开发企业房屋竣工面积

单位：平方米

| 地区 | 房屋竣工面积 | 住宅 | #别墅、高档公寓 | 办公楼 | 商业营业用房 | 其他 |
|---|---|---|---|---|---|---|
| **全国总计** | **1000391003** | **737773596** | **26340418** | **34194869** | **120266673** | **108155865** |
| 北京 | 26314518 | 13782203 | 925465 | 3853781 | 2599215 | 6079319 |
| 天津 | 29035719 | 21829862 | 953074 | 1711832 | 2477811 | 3016214 |
| 河北 | 40393067 | 32269125 | 584809 | 900019 | 3606447 | 3617476 |
| 山西 | 21144870 | 15746777 | 49115 | 521580 | 2422952 | 2453561 |
| 内蒙古 | 16971617 | 12814462 | 271849 | 334378 | 2542729 | 1280048 |
| 辽宁 | 32375321 | 25292903 | 662932 | 224408 | 4833892 | 2024118 |
| 吉林 | 12873999 | 10007531 | 201113 | 345720 | 1530929 | 989819 |
| 黑龙江 | 29242070 | 21268196 | 201577 | 262082 | 5327396 | 2384396 |
| 上海 | 26471760 | 15889521 | 3406516 | 2192296 | 3064459 | 5325484 |
| 江苏 | 102969592 | 79302123 | 4928335 | 3244638 | 11413939 | 9008892 |
| 浙江 | 58928554 | 39380276 | 2628879 | 2959525 | 5662719 | 10926034 |
| 安徽 | 55377383 | 40992142 | 539606 | 1552351 | 8568001 | 4264889 |
| 福建 | 34365611 | 23989878 | 302374 | 1427784 | 3411566 | 5536383 |
| 江西 | 19078851 | 15313553 | 392070 | 283871 | 2396953 | 1084474 |
| 山东 | 82777598 | 61855645 | 1352463 | 3554944 | 9812109 | 7554900 |
| 河南 | 53903183 | 42379199 | 534025 | 1433490 | 6888711 | 3201783 |
| 湖北 | 27851703 | 21934408 | 531261 | 271627 | 3870727 | 1774941 |
| 湖南 | 39699606 | 30874198 | 277151 | 721357 | 4088192 | 4015859 |
| 广东 | 60444277 | 44354030 | 2403110 | 2371808 | 5045412 | 8673027 |
| 广西 | 16751780 | 13105193 | 155586 | 326080 | 1451570 | 1868937 |
| 海南 | 10685921 | 9188665 | 887209 | 117364 | 707921 | 671971 |
| 重庆 | 46302877 | 31858974 | 939461 | 1957151 | 6060673 | 6426079 |
| 四川 | 45457055 | 31492481 | 604607 | 1090479 | 6469187 | 6404908 |
| 贵州 | 25826826 | 19273713 | 103422 | 818644 | 4096929 | 1637540 |
| 云南 | 25467425 | 18965580 | 1451069 | 477124 | 3176390 | 2848331 |
| 西藏 | 922714 | 705406 | 129758 | 40561 | 109425 | 67322 |
| 陕西 | 16815037 | 13515686 | 73783 | 359784 | 1589080 | 1350487 |
| 甘肃 | 9622385 | 7651232 | | 144851 | 1315066 | 511236 |
| 青海 | 4544097 | 3208422 | 88430 | 215572 | 700961 | 419142 |
| 宁夏 | 11689759 | 7467808 | 80049 | 265290 | 2306711 | 1649950 |
| 新疆 | 16085828 | 12064404 | 681320 | 214478 | 2718601 | 1088345 |

# 3–8 各地区按资质等级分的房地产开发企业房屋竣工面积

单位：平方米

| 地　区 | 总　计 | 一　级 | 二　级 | 三　级 | 四　级 | 暂　定 | 其　他 |
|---|---|---|---|---|---|---|---|
| **全国总计** | **1000391003** | **55360848** | **213366921** | **227112075** | **124872697** | **345520147** | **34158315** |
| 北　京 | 26314518 | 4137363 | 3858273 | 2647133 | 9942392 | 4912202 | 817155 |
| 天　津 | 29035719 | 2947847 | 4492803 | 4034517 | 11383699 | 5467312 | 709541 |
| 河　北 | 40393067 | 6039970 | 5213817 | 8695222 | 9166923 | 10157679 | 1119456 |
| 山　西 | 21144870 | 1079576 | 4876107 | 3959272 | 8842067 | 2269248 | 118600 |
| 内蒙古 | 16971617 | 453650 | 2678903 | 3077574 | 7031187 | 3068941 | 661362 |
| 辽　宁 | 32375321 | 516958 | 5455347 | 7092880 | 511877 | 17319755 | 1478504 |
| 吉　林 | 12873999 | 508776 | 4078290 | 2547190 | 2028588 | 3664668 | 46487 |
| 黑龙江 | 29242070 | 138011 | 7600415 | 16220355 | 887216 | 3433841 | 962232 |
| 上　海 | 26471760 | 1132693 | 3197155 | 1816675 | 99447 | 17240925 | 2984865 |
| 江　苏 | 102969592 | 6642228 | 40939810 | 7678137 | 116303 | 42346730 | 5246384 |
| 浙　江 | 58928554 | 1835386 | 9505292 | 14399255 | 4304667 | 25475143 | 3408811 |
| 安　徽 | 55377383 | 1051493 | 7616414 | 14758415 | 2358249 | 27397074 | 2195738 |
| 福　建 | 34365611 | 2266830 | 2981924 | 11745732 | 4286309 | 12689136 | 395680 |
| 江　西 | 19078851 | 508435 | 2585688 | 6971148 | 1746732 | 6919847 | 347001 |
| 山　东 | 82777598 | 5095483 | 14272585 | 14047388 | 12604454 | 34282703 | 2474985 |
| 河　南 | 53903183 | 3530477 | 10561776 | 6382597 | 4401787 | 26443454 | 2583092 |
| 湖　北 | 27851703 | 496364 | 4083284 | 4793343 | 5752698 | 12421481 | 304533 |
| 湖　南 | 39699606 | 1913425 | 6182957 | 18960469 | 4098779 | 7834825 | 709151 |
| 广　东 | 60444277 | 3409970 | 4277820 | 17368452 | 12529730 | 20421714 | 2436591 |
| 广　西 | 16751780 | 619349 | 1874057 | 4916150 | 1071914 | 7665445 | 604865 |
| 海　南 | 10685921 |  | 319369 | 1158329 | 867709 | 7638319 | 702195 |
| 重　庆 | 46302877 | 3462027 | 19812128 | 7529450 | 16474 | 14902082 | 580716 |
| 四　川 | 45457055 | 2030891 | 12374486 | 22538296 | 460340 | 7266634 | 786408 |
| 贵　州 | 25826826 |  | 12520441 | 4595449 | 2886778 | 5233322 | 590836 |
| 云　南 | 25467425 | 1163816 | 5178914 | 3509929 | 7494431 | 7747551 | 372784 |
| 西　藏 | 922714 |  |  | 621661 |  | 159316 | 141737 |
| 陕　西 | 16815037 | 1267393 | 4276517 | 5323014 | 3301416 | 1852179 | 794518 |
| 甘　肃 | 9622385 | 38198 | 1466273 | 3637750 | 2400162 | 1936199 | 143803 |
| 青　海 | 4544097 | 217086 | 2282815 | 1153105 | 515002 | 278020 | 98069 |
| 宁　夏 | 11689759 | 1978476 | 4413380 | 2611749 | 1399546 | 1141983 | 144625 |
| 新　疆 | 16085828 | 878677 | 4389881 | 2321439 | 2365821 | 5932419 | 197591 |

# 3-9　各地区按资质等级分的房地产开发企业住宅竣工面积

单位：平方米

| 地　区 | 总　计 | 一　级 | 二　级 | 三　级 | 四　级 | 暂　定 | 其　他 |
|---|---|---|---|---|---|---|---|
| **全国总计** | **737773596** | **40698450** | **161173910** | **169761104** | **91541952** | **249733791** | **24864389** |
| 北　京 | 13782203 | 2095373 | 2403796 | 1275558 | 5092124 | 2519466 | 395886 |
| 天　津 | 21829862 | 2719135 | 2932203 | 2774820 | 8411954 | 4308723 | 683027 |
| 河　北 | 32269125 | 4993364 | 4374392 | 7308207 | 6948453 | 7568030 | 1076679 |
| 山　西 | 15746777 | 926024 | 3630212 | 2993473 | 6502319 | 1608249 | 86500 |
| 内蒙古 | 12814462 | 366450 | 2004395 | 2499348 | 5465562 | 2074443 | 404264 |
| 辽　宁 | 25292903 | 455809 | 4126867 | 5764784 | 449181 | 13527303 | 968959 |
| 吉　林 | 10007531 | 434326 | 3331274 | 1962555 | 1609585 | 2623304 | 46487 |
| 黑龙江 | 21268196 | 60808 | 5653872 | 11440109 | 626712 | 2680435 | 806260 |
| 上　海 | 15889521 | 815230 | 2092257 | 842622 | 56801 | 10505809 | 1576802 |
| 江　苏 | 79302123 | 5591876 | 32053875 | 6081473 | 93185 | 31220129 | 4261585 |
| 浙　江 | 39380276 | 1235563 | 6651136 | 9662225 | 2823581 | 16667672 | 2340099 |
| 安　徽 | 40992142 | 636135 | 6136105 | 10938023 | 1817718 | 19835788 | 1628373 |
| 福　建 | 23989878 | 1600373 | 1509954 | 8715491 | 2834599 | 9007463 | 321998 |
| 江　西 | 15313553 | 495879 | 1704165 | 6202715 | 1415143 | 5179923 | 315728 |
| 山　东 | 61855645 | 3622306 | 11538503 | 11022255 | 9310607 | 24359550 | 2002424 |
| 河　南 | 42379199 | 2585060 | 8877921 | 5524164 | 3394246 | 20155620 | 1842188 |
| 湖　北 | 21934408 | 357717 | 3322465 | 3892947 | 4431928 | 9682429 | 246922 |
| 湖　南 | 30874198 | 1249561 | 4806488 | 14861088 | 3339333 | 6056591 | 561137 |
| 广　东 | 44354030 | 2216887 | 3281912 | 12376410 | 9690952 | 15183185 | 1604684 |
| 广　西 | 13105193 | 472017 | 1529838 | 3985539 | 879103 | 5873366 | 365330 |
| 海　南 | 9188665 |  | 263387 | 915548 | 748213 | 6594715 | 666802 |
| 重　庆 | 31858974 | 2324635 | 13271482 | 5438994 | 10933 | 10391809 | 421121 |
| 四　川 | 31492481 | 1624531 | 9167919 | 15003427 | 314872 | 4916351 | 465381 |
| 贵　州 | 19273713 |  | 10298697 | 3479981 | 2146375 | 2983417 | 365243 |
| 云　南 | 18965580 | 1037580 | 3289229 | 2930842 | 5745953 | 5656369 | 305607 |
| 西　藏 | 705406 |  |  | 557722 |  | 49222 | 98462 |
| 陕　西 | 13515686 | 1120112 | 3525834 | 4211884 | 2713912 | 1433450 | 510494 |
| 甘　肃 | 7651232 | 31507 | 1174700 | 2923764 | 1778428 | 1607000 | 135833 |
| 青　海 | 3208422 | 143800 | 1574289 | 849410 | 342000 | 214346 | 84577 |
| 宁　夏 | 7467808 | 938554 | 3033711 | 1571746 | 1071973 | 717719 | 134105 |
| 新　疆 | 12064404 | 547838 | 3613032 | 1753980 | 1476207 | 4531915 | 141432 |

# 3-10 各地区按资质等级分的房地产开发企业90平方米及以下住宅竣工面积

单位：平方米

| 地 区 | 总 计 | 一 级 | 二 级 | 三 级 | 四 级 | 暂 定 | 其 他 |
|---|---|---|---|---|---|---|---|
| **全国总计** | **233057063** | **14332129** | **55439566** | **50247719** | **25522618** | **77648569** | **9866462** |
| 北 京 | 6288382 | 928947 | 1057583 | 654060 | 2239478 | 1231914 | 176400 |
| 天 津 | 12243813 | 2394921 | 1527957 | 1410994 | 4001773 | 2515335 | 392833 |
| 河 北 | 12267662 | 2300708 | 1372011 | 2499557 | 2268951 | 3363068 | 463367 |
| 山 西 | 3807437 | 527086 | 967815 | 821457 | 1038684 | 452395 | |
| 内蒙古 | 3891400 | 22000 | 377805 | 848700 | 1976477 | 528573 | 137845 |
| 辽 宁 | 13316462 | 305991 | 1717903 | 3209084 | 260510 | 7216679 | 606295 |
| 吉 林 | 5896897 | 347484 | 1619331 | 1179709 | 1040253 | 1690120 | 20000 |
| 黑龙江 | 12152284 | 58855 | 2745856 | 6461984 | 528734 | 1671792 | 685063 |
| 上 海 | 6653340 | 378973 | 739914 | 300317 | | 4511529 | 722607 |
| 江 苏 | 17644169 | 1201997 | 8235225 | 1244902 | 22874 | 5593142 | 1346029 |
| 浙 江 | 10699720 | 286101 | 2134899 | 2354730 | 614346 | 4517716 | 791928 |
| 安 徽 | 13552178 | 178404 | 2914070 | 2950902 | 359412 | 5910963 | 1238427 |
| 福 建 | 5671478 | 245046 | 432587 | 2327193 | 679979 | 1864361 | 122312 |
| 江 西 | 2706441 | 80488 | 428759 | 1123076 | 372295 | 670287 | 31536 |
| 山 东 | 15985961 | 653893 | 3271833 | 2931485 | 2306464 | 6388659 | 433627 |
| 河 南 | 11135525 | 1086318 | 2494481 | 1372626 | 619307 | 5118497 | 444296 |
| 湖 北 | 3926734 | 172126 | 712107 | 549612 | 461527 | 1922064 | 109298 |
| 湖 南 | 4440551 | 262112 | 671351 | 1949723 | 612449 | 807010 | 137906 |
| 广 东 | 9808175 | 124675 | 701326 | 2393160 | 1834171 | 4318628 | 436215 |
| 广 西 | 3864382 | 157624 | 497251 | 1301668 | 162018 | 1704803 | 41018 |
| 海 南 | 5166737 | | 170995 | 254108 | 434474 | 3892395 | 414765 |
| 重 庆 | 17409829 | 798713 | 7452451 | 2735783 | 7467 | 6237743 | 177672 |
| 四 川 | 13143079 | 780243 | 4135928 | 5548491 | 196024 | 2256519 | 225874 |
| 贵 州 | 6435119 | | 4443213 | 697871 | 446491 | 675000 | 172544 |
| 云 南 | 3485513 | 273195 | 859960 | 403883 | 861415 | 1029358 | 57702 |
| 西 藏 | 136959 | | | 74014 | | 49222 | 13723 |
| 陕 西 | 3775867 | 564966 | 973542 | 580036 | 991451 | 322464 | 343408 |
| 甘 肃 | 2175412 | 17542 | 297188 | 941732 | 507876 | 346793 | 64281 |
| 青 海 | 916550 | 14000 | 562442 | 261139 | 44629 | 28180 | 6160 |
| 宁 夏 | 1659183 | 51910 | 942315 | 330207 | 253451 | 81300 | |
| 新 疆 | 2799824 | 117811 | 981468 | 535516 | 379638 | 732060 | 53331 |

# 3-11　各地区按资质等级分的房地产开发企业别墅、高档公寓竣工面积

单位：平方米

| 地　区 | 总　计 | 一　级 | 二　级 | 三　级 | 四　级 | 暂　定 | 其　他 |
|---|---|---|---|---|---|---|---|
| **全国总计** | **26340418** | **1548609** | **3623732** | **5560159** | **2967536** | **11721082** | **919300** |
| 北　京 | 925465 | 240361 | | | 589162 | 95942 | |
| 天　津 | 953074 | | 14377 | 161516 | 399286 | 299126 | 78769 |
| 河　北 | 584809 | | 7239 | 382808 | 139832 | 54930 | |
| 山　西 | 49115 | | 29307 | | 19808 | | |
| 内蒙古 | 271849 | | 36948 | 8767 | 141025 | 85109 | |
| 辽　宁 | 662932 | | 5706 | 369258 | | 213015 | 74953 |
| 吉　林 | 201113 | | 24730 | 80379 | | 96004 | |
| 黑龙江 | 201577 | | 30057 | 169884 | | 1636 | |
| 上　海 | 3406516 | 195946 | 183207 | 375119 | | 2201785 | 450459 |
| 江　苏 | 4928335 | 195205 | 1636363 | 460232 | 1082 | 2615553 | 19900 |
| 浙　江 | 2628879 | 70627 | 190128 | 929016 | 296932 | 1033802 | 108374 |
| 安　徽 | 539606 | 8440 | 35062 | 214578 | 46742 | 227946 | 6838 |
| 福　建 | 302374 | 6883 | 45372 | 133333 | 81860 | 34926 | |
| 江　西 | 392070 | | 46773 | 160129 | 16339 | 159298 | 9531 |
| 山　东 | 1352463 | 119677 | 107817 | 102383 | 223385 | 770978 | 28223 |
| 河　南 | 534025 | 79251 | 153189 | 12850 | | 288735 | |
| 湖　北 | 531261 | 10008 | 119179 | 106551 | 24978 | 270545 | |
| 湖　南 | 277151 | | 30224 | 105058 | | 141869 | |
| 广　东 | 2403110 | 281141 | 52992 | 636320 | 395173 | 1024814 | 12670 |
| 广　西 | 155586 | | | 93205 | | 52381 | 10000 |
| 海　南 | 887209 | | | 78315 | 95679 | 705417 | 7798 |
| 重　庆 | 939461 | 11978 | 164524 | 284795 | | 478164 | |
| 四　川 | 604607 | | 249750 | 260984 | | 93873 | |
| 贵　州 | 103422 | | | 43270 | 17249 | 35897 | 7006 |
| 云　南 | 1451069 | 289892 | 202567 | 208842 | 408596 | 334855 | 6317 |
| 西　藏 | 129758 | | | 31296 | | | 98462 |
| 陕　西 | 73783 | | | | 6800 | 66983 | |
| 甘　肃 | | | | | | | |
| 青　海 | 88430 | | | 74250 | 14180 | | |
| 宁　夏 | 80049 | 4523 | 43764 | 7688 | 20418 | 3656 | |
| 新　疆 | 681320 | 34677 | 214457 | 69333 | 29010 | 333843 | |

# 3-12 各地区按用途分的房地产开发企业不可销售面积

单位：平方米

| 地区 | 不可销售面积 | 住宅 | #别墅、高档公寓 | 办公楼 | 商业营业用房 | 其他 |
|---|---|---|---|---|---|---|
| **全国总计** | **67002832** | **27056999** | **642334** | **2874235** | **9168783** | **27902815** |
| 北京 | 4668329 | 1470597 | 807 | 196530 | 312775 | 2688427 |
| 天津 | 2290835 | 1371696 | 26203 | 425637 | 52793 | 440709 |
| 河北 | 2605983 | 1092250 | 15187 | 26906 | 401716 | 1085111 |
| 山西 | 1611581 | 741803 | | 66290 | 239362 | 564126 |
| 内蒙古 | 893175 | 440840 | 4690 | 19920 | 233222 | 199193 |
| 辽宁 | 1925254 | 588178 | | 58589 | 511983 | 766504 |
| 吉林 | 1350774 | 1116406 | | 6221 | 95998 | 132149 |
| 黑龙江 | 4494451 | 2507751 | 29000 | 47101 | 1386877 | 552722 |
| 上海 | 2658522 | 494940 | 230529 | 73258 | 347691 | 1742633 |
| 江苏 | 7084768 | 2948614 | 130057 | 347761 | 718375 | 3070018 |
| 浙江 | 7864642 | 2623647 | 15783 | 297203 | 683251 | 4260541 |
| 安徽 | 4202907 | 2086541 | 400 | 91962 | 897693 | 1126711 |
| 福建 | 2034341 | 505681 | 2911 | 74106 | 174210 | 1280344 |
| 江西 | 487347 | 121861 | 208 | 11628 | 105905 | 247953 |
| 山东 | 1770991 | 528948 | | 182064 | 186296 | 873683 |
| 河南 | 2792534 | 1450262 | 300 | 66995 | 262028 | 1013249 |
| 湖北 | 1216814 | 434082 | 6500 | 91370 | 174288 | 517074 |
| 湖南 | 1215090 | 169770 | 401 | 119213 | 198420 | 727687 |
| 广东 | 2690930 | 287274 | 15011 | 180504 | 493188 | 1729964 |
| 广西 | 551359 | 104529 | 7546 | 14843 | 50458 | 381529 |
| 海南 | 775152 | 329854 | | 61894 | 90342 | 293062 |
| 重庆 | 1443982 | 748245 | 52 | 109843 | 79921 | 505973 |
| 四川 | 2087633 | 710666 | 22701 | 33437 | 437053 | 906477 |
| 贵州 | 1236724 | 599734 | 14000 | 26507 | 117964 | 492519 |
| 云南 | 1347470 | 524649 | 109915 | 19690 | 397646 | 405485 |
| 西藏 | 20551 | | | | 1266 | 19285 |
| 陕西 | 1840884 | 1177624 | 10133 | 82836 | 158102 | 422322 |
| 甘肃 | 470917 | 229783 | | 32132 | 55990 | 153012 |
| 青海 | 309477 | 164594 | | 600 | 30119 | 114164 |
| 宁夏 | 2144614 | 1019445 | | 67555 | 135715 | 921899 |
| 新疆 | 914801 | 466735 | | 41640 | 138136 | 268290 |

# 3-13　各地区按资质等级分的房地产开发企业不可销售面积

单位：平方米

| 地　区 | 总　计 | 一　级 | 二　级 | 三　级 | 四　级 | 暂　定 | 其　他 |
|---|---|---|---|---|---|---|---|
| **全国总计** | **67002832** | **4856707** | **16332106** | **15419991** | **7855689** | **19874604** | **2663735** |
| 北　京 | 4668329 | 1231188 | 402748 | 564370 | 1855891 | 590032 | 24100 |
| 天　津 | 2290835 | 19250 | 993908 | 11960 | 981037 | 284680 | |
| 河　北 | 2605983 | 741209 | 255644 | 379953 | 584171 | 625806 | 19200 |
| 山　西 | 1611581 | 13801 | 245014 | 545308 | 467460 | 307898 | 32100 |
| 内蒙古 | 893175 | | 226131 | 289254 | 231707 | 146083 | |
| 辽　宁 | 1925254 | 20005 | 318912 | 220746 | 1499 | 1084646 | 279446 |
| 吉　林 | 1350774 | | 791104 | 81997 | 141735 | 335938 | |
| 黑龙江 | 4494451 | 8655 | 969870 | 2661415 | 107908 | 468330 | 278273 |
| 上　海 | 2658522 | 200561 | 81017 | 271552 | 16179 | 1909574 | 179639 |
| 江　苏 | 7084768 | 401949 | 2765881 | 547182 | 5635 | 3020978 | 343143 |
| 浙　江 | 7864642 | 90948 | 2499310 | 2550890 | 332198 | 2113303 | 277993 |
| 安　徽 | 4202907 | | 423380 | 1334968 | 56979 | 1753823 | 633757 |
| 福　建 | 2034341 | 130694 | 174422 | 538233 | 472316 | 718133 | 543 |
| 江　西 | 487347 | | 110831 | 109060 | 95610 | 163304 | 8542 |
| 山　东 | 1770991 | 30073 | 423068 | 249029 | 340292 | 685196 | 43333 |
| 河　南 | 2792534 | 519024 | 663292 | 84973 | 191448 | 1216527 | 117270 |
| 湖　北 | 1216814 | 96546 | 113135 | 329346 | 207183 | 448227 | 22377 |
| 湖　南 | 1215090 | | 39521 | 673562 | 155247 | 307677 | 39083 |
| 广　东 | 2690930 | 144710 | 61241 | 794196 | 478799 | 1153254 | 58730 |
| 广　西 | 551359 | 98 | 17023 | 220082 | 28058 | 278942 | 7156 |
| 海　南 | 775152 | | 54859 | 226576 | 80119 | 413189 | 409 |
| 重　庆 | 1443982 | 16222 | 665940 | 197087 | | 558247 | 6486 |
| 四　川 | 2087633 | 68164 | 814977 | 807002 | 2330 | 391611 | 3549 |
| 贵　州 | 1236724 | | 746775 | 206851 | 114921 | 168177 | |
| 云　南 | 1347470 | 204104 | 501677 | 79509 | 222288 | 325781 | 14111 |
| 西　藏 | 20551 | | | 19285 | | 1266 | |
| 陕　西 | 1840884 | 299237 | 447960 | 596804 | 233578 | 29143 | 234162 |
| 甘　肃 | 470917 | | 34433 | 157017 | 167030 | 112437 | |
| 青　海 | 309477 | 16600 | 221015 | 3854 | 51491 | 7056 | 9461 |
| 宁　夏 | 2144614 | 555880 | 896470 | 548310 | 99067 | 35844 | 9043 |
| 新　疆 | 914801 | 47789 | 372548 | 119620 | 133513 | 219502 | 21829 |

# 3-14 各地区按用途分的房地产开发企业住宅竣工套数

单位：套

| 地 区 | 住 宅 | #90平方米及以下住宅 | #别墅、高档公寓 |
|---|---|---|---|
| **全国总计** | **7050109** | **3111871** | **126972** |
| 北 京 | 137357 | 86559 | 2547 |
| 天 津 | 251813 | 173644 | 5114 |
| 河 北 | 311110 | 153218 | 2377 |
| 山 西 | 140003 | 46365 | 258 |
| 内蒙古 | 138048 | 67761 | 862 |
| 辽 宁 | 276272 | 174678 | 4521 |
| 吉 林 | 114188 | 80910 | 1115 |
| 黑龙江 | 244367 | 166062 | 2309 |
| 上 海 | 153148 | 90256 | 16876 |
| 江 苏 | 682532 | 221008 | 19576 |
| 浙 江 | 333583 | 136474 | 8790 |
| 安 徽 | 406780 | 170085 | 2981 |
| 福 建 | 215517 | 77578 | 1176 |
| 江 西 | 137670 | 34991 | 2235 |
| 山 东 | 553856 | 201153 | 8553 |
| 河 南 | 376630 | 135700 | 3034 |
| 湖 北 | 217150 | 49136 | 3228 |
| 湖 南 | 264008 | 61144 | 1973 |
| 广 东 | 383408 | 129082 | 10232 |
| 广 西 | 119886 | 50315 | 544 |
| 海 南 | 102640 | 71249 | 8654 |
| 重 庆 | 374295 | 252660 | 5154 |
| 四 川 | 333274 | 171284 | 2800 |
| 贵 州 | 209059 | 111356 | 574 |
| 云 南 | 151062 | 49834 | 5676 |
| 西 藏 | 6763 | 2219 | 918 |
| 陕 西 | 128574 | 49712 | 239 |
| 甘 肃 | 73502 | 27283 | |
| 青 海 | 31847 | 13112 | 303 |
| 宁 夏 | 68980 | 20229 | 351 |
| 新 疆 | 112787 | 36814 | 4002 |

# 3-15　各地区按资质等级分的房地产开发企业住宅竣工套数

单位：套

| 地　区 | 总　计 | 一　级 | 二　级 | 三　级 | 四　级 | 暂　定 | 其　他 |
|---|---|---|---|---|---|---|---|
| **全国总计** | **7050109** | **374100** | **1614410** | **1614292** | **850944** | **2356840** | **239523** |
| 北　京 | 137357 | 20773 | 23689 | 13293 | 49898 | 26396 | 3308 |
| 天　津 | 251813 | 31274 | 41917 | 30157 | 98069 | 44657 | 5739 |
| 河　北 | 311110 | 46855 | 41995 | 69700 | 67843 | 74378 | 10339 |
| 山　西 | 140003 | 9342 | 32405 | 27110 | 56739 | 13934 | 473 |
| 内蒙古 | 138048 | 2487 | 17433 | 43841 | 51088 | 19956 | 3243 |
| 辽　宁 | 276272 | 4821 | 43754 | 64144 | 4574 | 149123 | 9856 |
| 吉　林 | 114188 | 4839 | 38619 | 21031 | 18296 | 30828 | 575 |
| 黑龙江 | 244367 | 865 | 63938 | 130157 | 8249 | 29982 | 11176 |
| 上　海 | 153148 | 8306 | 21308 | 6435 | 489 | 101708 | 14902 |
| 江　苏 | 682532 | 49847 | 282410 | 52865 | 796 | 258358 | 38256 |
| 浙　江 | 333583 | 10649 | 59992 | 78457 | 22801 | 139415 | 22269 |
| 安　徽 | 406780 | 5650 | 63829 | 103552 | 15732 | 197312 | 20705 |
| 福　建 | 215517 | 13158 | 13764 | 81649 | 25727 | 77816 | 3403 |
| 江　西 | 137670 | 5161 | 16558 | 53296 | 13254 | 46877 | 2524 |
| 山　东 | 553856 | 29292 | 104829 | 101175 | 82135 | 218977 | 17448 |
| 河　南 | 376630 | 23365 | 82286 | 48995 | 29478 | 175857 | 16649 |
| 湖　北 | 217150 | 3643 | 30932 | 35557 | 38470 | 106288 | 2260 |
| 湖　南 | 264008 | 10191 | 42339 | 126009 | 29636 | 50580 | 5253 |
| 广　东 | 383408 | 16560 | 31814 | 102820 | 80192 | 137968 | 14054 |
| 广　西 | 119886 | 4305 | 14818 | 36964 | 7110 | 53587 | 3102 |
| 海　南 | 102640 |  | 2925 | 10008 | 9244 | 74186 | 6277 |
| 重　庆 | 374295 | 23330 | 167571 | 60663 | 138 | 118274 | 4319 |
| 四　川 | 333274 | 17165 | 99265 | 152973 | 3650 | 55954 | 4267 |
| 贵　州 | 209059 |  | 121416 | 32374 | 20633 | 29228 | 5408 |
| 云　南 | 151062 | 6615 | 28462 | 21019 | 46047 | 45997 | 2922 |
| 西　藏 | 6763 |  |  | 4827 |  | 1156 | 780 |
| 陕　西 | 128574 | 10753 | 33330 | 38163 | 26526 | 14609 | 5193 |
| 甘　肃 | 73502 | 306 | 11324 | 28385 | 16940 | 15154 | 1393 |
| 青　海 | 31847 | 1362 | 16441 | 7925 | 3228 | 2024 | 867 |
| 宁　夏 | 68980 | 8091 | 29376 | 14740 | 9690 | 6137 | 946 |
| 新　疆 | 112787 | 5095 | 35671 | 16008 | 14272 | 40124 | 1617 |

# 3-16 各地区按资质等级分的房地产开发企业90平方米及以下住宅竣工套数

单位：套

| 地区 | 总计 | 一级 | 二级 | 三级 | 四级 | 暂定 | 其他 |
|---|---|---|---|---|---|---|---|
| **全国总计** | **3111871** | **178921** | **782023** | **675516** | **339227** | **1009476** | **126708** |
| 北京 | 86559 | 13250 | 14885 | 8343 | 30112 | 17647 | 2322 |
| 天津 | 173644 | 28755 | 29335 | 20879 | 60811 | 29373 | 4491 |
| 河北 | 153218 | 27273 | 18592 | 32260 | 28227 | 41558 | 5308 |
| 山西 | 46365 | 6312 | 11354 | 9828 | 13459 | 5412 | |
| 内蒙古 | 67761 | 250 | 4702 | 30525 | 23709 | 7024 | 1551 |
| 辽宁 | 174678 | 3537 | 22933 | 41788 | 3244 | 95868 | 7308 |
| 吉林 | 80910 | 3960 | 24282 | 14617 | 13864 | 23842 | 345 |
| 黑龙江 | 166062 | 847 | 38516 | 87887 | 7285 | 21604 | 9923 |
| 上海 | 90256 | 5297 | 10574 | 3796 | | 61145 | 9444 |
| 江苏 | 221008 | 14453 | 104726 | 15898 | 264 | 69062 | 16605 |
| 浙江 | 136474 | 3684 | 27905 | 30630 | 7972 | 56167 | 10116 |
| 安徽 | 170085 | 2210 | 34192 | 37155 | 4457 | 75956 | 16115 |
| 福建 | 77578 | 2931 | 5934 | 31366 | 9748 | 25680 | 1919 |
| 江西 | 34991 | 919 | 5185 | 14129 | 5258 | 9083 | 417 |
| 山东 | 201153 | 7837 | 39937 | 38730 | 28320 | 80783 | 5546 |
| 河南 | 135700 | 13055 | 32183 | 17513 | 7607 | 60005 | 5337 |
| 湖北 | 49136 | 2069 | 9048 | 6962 | 5888 | 23912 | 1257 |
| 湖南 | 61144 | 4267 | 9555 | 26206 | 8442 | 10669 | 2005 |
| 广东 | 129082 | 1541 | 9708 | 31184 | 23308 | 57588 | 5753 |
| 广西 | 50315 | 1829 | 7031 | 16584 | 2003 | 22255 | 613 |
| 海南 | 71249 | | 2243 | 4243 | 6987 | 52903 | 4873 |
| 重庆 | 252660 | 11535 | 117789 | 37038 | 104 | 83863 | 2331 |
| 四川 | 171284 | 10072 | 55443 | 69450 | 2872 | 30615 | 2832 |
| 贵州 | 111356 | | 82559 | 9272 | 5890 | 10052 | 3583 |
| 云南 | 49834 | 3788 | 12574 | 5370 | 12060 | 15042 | 1000 |
| 西藏 | 2219 | | | 903 | | 1156 | 160 |
| 陕西 | 49712 | 6711 | 13754 | 7797 | 12090 | 5525 | 3835 |
| 甘肃 | 27283 | 196 | 4128 | 11652 | 6425 | 4096 | 786 |
| 青海 | 13112 | 270 | 7967 | 3261 | 913 | 397 | 304 |
| 宁夏 | 20229 | 619 | 11502 | 3967 | 3152 | 989 | |
| 新疆 | 36814 | 1454 | 13487 | 6283 | 4756 | 10205 | 629 |

# 3-17　各地区按资质等级分的房地产开发企业别墅、高档公寓竣工套数

单位：套

| 地　区 | 总　计 | 一　级 | 二　级 | 三　级 | 四　级 | 暂　定 | 其　他 |
|---|---|---|---|---|---|---|---|
| **全国总计** | **126972** | **6605** | **16562** | **25745** | **13020** | **59556** | **5484** |
| 北　京 | 2547 | 447 | | | 1749 | 351 | |
| 天　津 | 5114 | | 78 | 624 | 2606 | 1491 | 315 |
| 河　北 | 2377 | | 117 | 1066 | 780 | 414 | |
| 山　西 | 258 | | 210 | | 48 | | |
| 内蒙古 | 862 | | 121 | 64 | 392 | 285 | |
| 辽　宁 | 4521 | | 16 | 3138 | | 1130 | 237 |
| 吉　林 | 1115 | | 70 | 687 | | 358 | |
| 黑龙江 | 2309 | | 603 | 1670 | | 36 | |
| 上　海 | 16876 | 1122 | 732 | 1741 | | 10370 | 2911 |
| 江　苏 | 19576 | 650 | 6951 | 1524 | 3 | 10277 | 171 |
| 浙　江 | 8790 | 290 | 486 | 3238 | 987 | 3478 | 311 |
| 安　徽 | 2981 | 21 | 238 | 1346 | 163 | 1185 | 28 |
| 福　建 | 1176 | 25 | 138 | 744 | 159 | 110 | |
| 江　西 | 2235 | | 421 | 465 | 64 | 1261 | 24 |
| 山　东 | 8553 | 863 | 384 | 327 | 1539 | 4981 | 459 |
| 河　南 | 3034 | 208 | 587 | 99 | | 2140 | |
| 湖　北 | 3228 | 58 | 627 | 909 | 99 | 1535 | |
| 湖　南 | 1973 | | 105 | 575 | | 1293 | |
| 广　东 | 10232 | 1632 | 182 | 2777 | 1854 | 3653 | 134 |
| 广　西 | 544 | | | 327 | | 197 | 20 |
| 海　南 | 8654 | | | 788 | 416 | 7406 | 44 |
| 重　庆 | 5154 | 58 | 645 | 1157 | | 3294 | |
| 四　川 | 2800 | | 1271 | 995 | | 534 | |
| 贵　州 | 574 | | | 124 | 60 | 359 | 31 |
| 云　南 | 5676 | 889 | 633 | 677 | 1734 | 1724 | 19 |
| 西　藏 | 918 | | | 138 | | | 780 |
| 陕　西 | 239 | | | | 12 | 227 | |
| 甘　肃 | | | | | | | |
| 青　海 | 303 | | | 247 | 56 | | |
| 宁　夏 | 351 | 12 | 202 | 35 | 78 | 24 | |
| 新　疆 | 4002 | 330 | 1745 | 263 | 221 | 1443 | |

# 3-18 各地区按用途分的房地产开发企业房屋竣工价值

单位：万元

| 地区 | 房屋竣工价值 | 住宅 | #别墅、高档公寓 | 办公楼 | 商业营业用房 | 其他 |
|---|---|---|---|---|---|---|
| **全国总计** | **305523769** | **215691268** | **13416486** | **15541035** | **44141635** | **30149831** |
| 北京 | 9655470 | 4585482 | 414010 | 2158590 | 881220 | 2030178 |
| 天津 | 8858261 | 6323559 | 243600 | 648137 | 982993 | 903572 |
| 河北 | 12538694 | 9671506 | 166467 | 473217 | 1441920 | 952051 |
| 山西 | 5713194 | 4210615 | 10022 | 150779 | 712054 | 639746 |
| 内蒙古 | 4598212 | 3433978 | 96196 | 116425 | 724498 | 323311 |
| 辽宁 | 9101806 | 7072002 | 307094 | 52625 | 1504145 | 473034 |
| 吉林 | 3078451 | 2324464 | 45574 | 72667 | 448578 | 232742 |
| 黑龙江 | 6753274 | 4797329 | 68521 | 75997 | 1267158 | 612790 |
| 上海 | 14883185 | 8811708 | 2853924 | 1748958 | 1765765 | 2556754 |
| 江苏 | 35029989 | 26989721 | 2592691 | 1323872 | 4389792 | 2326604 |
| 浙江 | 23016405 | 15581369 | 1224111 | 1565735 | 2512495 | 3356806 |
| 安徽 | 14992915 | 10386864 | 150342 | 712594 | 2888260 | 1005197 |
| 福建 | 9386979 | 6292344 | 122793 | 521924 | 1046167 | 1526544 |
| 江西 | 5058966 | 3938707 | 193381 | 94391 | 779344 | 246524 |
| 山东 | 19093419 | 13825539 | 365050 | 1111588 | 2459495 | 1696797 |
| 河南 | 10797519 | 8125949 | 118136 | 459827 | 1499737 | 712006 |
| 湖北 | 7985732 | 6224521 | 286051 | 82651 | 1159460 | 519100 |
| 湖南 | 12213778 | 8454695 | 73739 | 558852 | 2268905 | 931326 |
| 广东 | 22566918 | 16394456 | 1154035 | 1142887 | 2347146 | 2682429 |
| 广西 | 4704296 | 3589766 | 58356 | 78373 | 523538 | 512619 |
| 海南 | 5141576 | 4377106 | 928920 | 147656 | 258786 | 358028 |
| 重庆 | 15953984 | 10371405 | 538023 | 1059601 | 2690260 | 1832718 |
| 四川 | 12890926 | 8720654 | 452770 | 346418 | 2313119 | 1510735 |
| 贵州 | 8908673 | 5022041 | 29110 | 254917 | 3281030 | 350685 |
| 云南 | 7394989 | 5155288 | 547994 | 207210 | 1385335 | 647156 |
| 西藏 | 306751 | 241958 | 40704 | 9000 | 34270 | 21523 |
| 陕西 | 4636460 | 3593484 | 61844 | 109960 | 571056 | 361960 |
| 甘肃 | 2443378 | 1930344 |  | 37831 | 351297 | 123906 |
| 青海 | 1203598 | 816321 | 22746 | 61051 | 220346 | 105880 |
| 宁夏 | 2915993 | 1695246 | 23094 | 99303 | 776565 | 344879 |
| 新疆 | 3699978 | 2732847 | 227188 | 57999 | 656901 | 252231 |

# 3-19　各地区按资质等级分的房地产开发企业房屋竣工价值

单位：万元

| 地　区 | 总　计 | 一　级 | 二　级 | 三　级 | 四　级 | 暂　定 | 其　他 |
|---|---|---|---|---|---|---|---|
| **全国总计** | **305523769** | **17921381** | **68120942** | **64112920** | **36607549** | **108019610** | **10741367** |
| 北　京 | 9655470 | 1695376 | 1283897 | 971409 | 4052041 | 1530114 | 122633 |
| 天　津 | 8858261 | 772121 | 1776384 | 1256870 | 3309048 | 1517197 | 226641 |
| 河　北 | 12538694 | 1701916 | 1888751 | 2422117 | 2704611 | 3487044 | 334255 |
| 山　西 | 5713194 | 283478 | 1309409 | 1041854 | 2416934 | 634337 | 27182 |
| 内蒙古 | 4598212 | 102410 | 643225 | 783167 | 1638366 | 1187648 | 243396 |
| 辽　宁 | 9101806 | 148847 | 1181291 | 1887403 | 102959 | 5424120 | 357186 |
| 吉　林 | 3078451 | 66236 | 928800 | 575512 | 466779 | 1031308 | 9816 |
| 黑龙江 | 6753274 | 27031 | 1707010 | 3910613 | 169280 | 715699 | 223641 |
| 上　海 | 14883185 | 661299 | 1678925 | 1093535 | 49099 | 9566007 | 1834320 |
| 江　苏 | 35029989 | 2567359 | 14266625 | 2230538 | 29469 | 14322762 | 1613236 |
| 浙　江 | 23016405 | 915245 | 3618939 | 5658953 | 1483746 | 9858242 | 1481280 |
| 安　徽 | 14992915 | 264813 | 1908386 | 3696547 | 571962 | 8069011 | 482196 |
| 福　建 | 9386979 | 662732 | 929910 | 2879412 | 1426027 | 3391582 | 97316 |
| 江　西 | 5058966 | 124676 | 647310 | 1679913 | 416857 | 2072031 | 118179 |
| 山　东 | 19093419 | 1245283 | 3331694 | 3161266 | 2612313 | 8209913 | 532950 |
| 河　南 | 10797519 | 818532 | 2325399 | 1139401 | 840448 | 5250650 | 423089 |
| 湖　北 | 7985732 | 190592 | 1383695 | 1239951 | 1280881 | 3766113 | 124500 |
| 湖　南 | 12213778 | 901633 | 2156394 | 5665845 | 1384212 | 1945376 | 160318 |
| 广　东 | 22566918 | 1304502 | 1637064 | 6361221 | 5096118 | 7122168 | 1045845 |
| 广　西 | 4704296 | 198647 | 491524 | 1429702 | 290802 | 2163462 | 130159 |
| 海　南 | 5141576 |  | 209830 | 821177 | 569908 | 3380184 | 160477 |
| 重　庆 | 15953984 | 1157582 | 7449593 | 2108944 | 4616 | 5117741 | 115508 |
| 四　川 | 12890926 | 657990 | 3365406 | 6222826 | 132315 | 2262231 | 250158 |
| 贵　州 | 8908673 |  | 5924846 | 984466 | 723653 | 1153450 | 122258 |
| 云　南 | 7394989 | 308933 | 1584230 | 913882 | 2314117 | 2162133 | 111694 |
| 西　藏 | 306751 |  |  | 218624 |  | 45777 | 42350 |
| 陕　西 | 4636460 | 331253 | 1233012 | 1344415 | 974706 | 537180 | 215894 |
| 甘　肃 | 2443378 | 7130 | 395195 | 985399 | 549990 | 468780 | 36884 |
| 青　海 | 1203598 | 91610 | 652967 | 274116 | 97090 | 70315 | 17500 |
| 宁　夏 | 2915993 | 479462 | 1101692 | 657660 | 392348 | 248674 | 36157 |
| 新　疆 | 3699978 | 234693 | 1109539 | 496182 | 506854 | 1308361 | 44349 |

# 3-20 各地区按资质等级分的房地产开发企业住宅竣工价值

单位：万元

| 地 区 | 总 计 | 一 级 | 二 级 | 三 级 | 四 级 | 暂 定 | 其 他 |
|---|---|---|---|---|---|---|---|
| **全国总计** | **215691268** | **12702431** | **48479170** | **46754179** | **25197620** | **74977261** | **7580607** |
| 北 京 | 4585482 | 647804 | 838407 | 451779 | 1804935 | 737419 | 105138 |
| 天 津 | 6323559 | 700806 | 1079412 | 868791 | 2342920 | 1110291 | 221339 |
| 河 北 | 9671506 | 1406497 | 1577960 | 2038046 | 1959929 | 2365119 | 323955 |
| 山 西 | 4210615 | 228232 | 1077362 | 681964 | 1761702 | 440325 | 21030 |
| 内蒙古 | 3433978 | 79256 | 473042 | 640342 | 1237968 | 880481 | 122889 |
| 辽 宁 | 7072002 | 130473 | 913263 | 1570853 | 88200 | 4134256 | 234957 |
| 吉 林 | 2324464 | 54131 | 739436 | 444443 | 358464 | 718174 | 9816 |
| 黑龙江 | 4797329 | 8550 | 1248704 | 2686269 | 115575 | 554451 | 183780 |
| 上 海 | 8811708 | 493796 | 1081420 | 577168 | 39222 | 5600516 | 1019586 |
| 江 苏 | 26989721 | 2238400 | 11196533 | 1798602 | 24899 | 10553101 | 1178186 |
| 浙 江 | 15581369 | 681282 | 2565206 | 3869487 | 974822 | 6331471 | 1159101 |
| 安 徽 | 10386864 | 162431 | 1478272 | 2663404 | 417749 | 5322727 | 342281 |
| 福 建 | 6292344 | 497770 | 407692 | 2154669 | 955642 | 2198160 | 78411 |
| 江 西 | 3938707 | 121329 | 402540 | 1477003 | 312195 | 1518802 | 106838 |
| 山 东 | 13825539 | 856808 | 2642158 | 2489882 | 1873045 | 5539012 | 424634 |
| 河 南 | 8125949 | 584128 | 1949253 | 969675 | 599081 | 3730508 | 293304 |
| 湖 北 | 6224521 | 127289 | 1044128 | 1032446 | 949236 | 2969186 | 102236 |
| 湖 南 | 8454695 | 619244 | 1563145 | 4098226 | 789415 | 1268571 | 116094 |
| 广 东 | 16394456 | 796111 | 1269110 | 4582089 | 3860386 | 5223135 | 663625 |
| 广 西 | 3589766 | 147348 | 401626 | 1135111 | 230244 | 1610915 | 64522 |
| 海 南 | 4377106 |  | 131806 | 619175 | 468941 | 3005959 | 151225 |
| 重 庆 | 10371405 | 744910 | 4562421 | 1510947 | 3061 | 3463284 | 86782 |
| 四 川 | 8720654 | 451081 | 2400711 | 4055821 | 93372 | 1594786 | 124883 |
| 贵 州 | 5022041 |  | 3093472 | 726607 | 473946 | 647222 | 80794 |
| 云 南 | 5155288 | 255567 | 1029587 | 734292 | 1625884 | 1421970 | 87988 |
| 西 藏 | 241958 |  |  | 195326 |  | 17212 | 29420 |
| 陕 西 | 3593484 | 296950 | 1001213 | 976159 | 792347 | 392911 | 133904 |
| 甘 肃 | 1930344 | 5600 | 319287 | 792190 | 404335 | 373666 | 35266 |
| 青 海 | 816321 | 62224 | 440260 | 175703 | 68502 | 54572 | 15060 |
| 宁 夏 | 1695246 | 173353 | 654654 | 366024 | 286941 | 180747 | 33527 |
| 新 疆 | 2732847 | 131061 | 897090 | 371686 | 284662 | 1018312 | 30036 |

# 3-21　各地区房地产开发企业建造的房屋面积和造价

| 地　区 | 房屋施工面积(平方米) | 房屋竣工面积(平方米) | 房屋建筑面积竣工率(%) | 房屋竣工价值(万元) | 房屋竣工造价(元/平方米) |
|---|---|---|---|---|---|
| **全国总计** | **7356933687** | **1000391003** | **13.6** | **305523769** | **3054** |
| 北　京 | 129930815 | 26314518 | 20.3 | 9655470 | 3669 |
| 天　津 | 102302165 | 29035719 | 28.4 | 8858261 | 3051 |
| 河　北 | 304347560 | 40393067 | 13.3 | 12538694 | 3104 |
| 山　西 | 157344838 | 21144870 | 13.4 | 5713194 | 2702 |
| 内蒙古 | 176412842 | 16971617 | 9.6 | 4598212 | 2709 |
| 辽　宁 | 292831818 | 32375321 | 11.1 | 9101806 | 2811 |
| 吉　林 | 115664727 | 12873999 | 11.1 | 3078451 | 2391 |
| 黑龙江 | 124103540 | 29242070 | 23.6 | 6753274 | 2309 |
| 上　海 | 150953336 | 26471760 | 17.5 | 14883185 | 5622 |
| 江　苏 | 581184419 | 102969592 | 17.7 | 35029989 | 3402 |
| 浙　江 | 416873315 | 58928554 | 14.1 | 23016405 | 3906 |
| 安　徽 | 342446664 | 55377383 | 16.2 | 14992915 | 2707 |
| 福　建 | 308911382 | 34365611 | 11.1 | 9386979 | 2732 |
| 江　西 | 152936025 | 19078851 | 12.5 | 5058966 | 2652 |
| 山　东 | 572064425 | 82777598 | 14.5 | 19093419 | 2307 |
| 河　南 | 409944033 | 53903183 | 13.1 | 10797519 | 2003 |
| 湖　北 | 282962833 | 27851703 | 9.8 | 7985732 | 2867 |
| 湖　南 | 283221312 | 39699606 | 14.0 | 12213778 | 3077 |
| 广　东 | 579418591 | 60444277 | 10.4 | 22566918 | 3734 |
| 广　西 | 186083598 | 16751780 | 9.0 | 4704296 | 2808 |
| 海　南 | 83169751 | 10685921 | 12.8 | 5141576 | 4812 |
| 重　庆 | 289856716 | 46302877 | 16.0 | 15953984 | 3446 |
| 四　川 | 389813585 | 45457055 | 11.7 | 12890926 | 2836 |
| 贵　州 | 208776688 | 25826826 | 12.4 | 8908673 | 3449 |
| 云　南 | 207221977 | 25467425 | 12.3 | 7394989 | 2904 |
| 西　藏 | 3806219 | 922714 | 24.2 | 306751 | 3324 |
| 陕　西 | 207521601 | 16815037 | 8.1 | 4636460 | 2757 |
| 甘　肃 | 85861783 | 9622385 | 11.2 | 2443378 | 2539 |
| 青　海 | 25855947 | 4544097 | 17.6 | 1203598 | 2649 |
| 宁　夏 | 70456802 | 11689759 | 16.6 | 2915993 | 2494 |
| 新　疆 | 114654380 | 16085828 | 14.0 | 3699978 | 2300 |

# 3-22 各地区房地产开发企业建造的住宅面积和造价

| 地　区 | 住宅施工面积（平方米） | 住宅竣工面积（平方米） | 住宅建筑面积竣工率（%） | 住宅竣工价值（万元） | 住宅竣工造价（元/平方米） |
|---|---|---|---|---|---|
| **全国总计** | **5115695176** | **737773596** | **14.4** | **215691268** | **2924** |
| 北　京 | 62612115 | 13782203 | 22.0 | 4585482 | 3327 |
| 天　津 | 69687469 | 21829862 | 31.3 | 6323559 | 2897 |
| 河　北 | 236743802 | 32269125 | 13.6 | 9671506 | 2997 |
| 山　西 | 114499658 | 15746777 | 13.8 | 4210615 | 2674 |
| 内蒙古 | 115542269 | 12814462 | 11.1 | 3433978 | 2680 |
| 辽　宁 | 214067630 | 25292903 | 11.8 | 7072002 | 2796 |
| 吉　林 | 82826622 | 10007531 | 12.1 | 2324464 | 2323 |
| 黑龙江 | 87849756 | 21268196 | 24.2 | 4797329 | 2256 |
| 上　海 | 83721237 | 15889521 | 19.0 | 8811708 | 5546 |
| 江　苏 | 423159769 | 79302123 | 18.7 | 26989721 | 3403 |
| 浙　江 | 251171519 | 39380276 | 15.7 | 15581369 | 3957 |
| 安　徽 | 232333783 | 40992142 | 17.6 | 10386864 | 2534 |
| 福　建 | 195589242 | 23989878 | 12.3 | 6292344 | 2623 |
| 江　西 | 111577446 | 15313553 | 13.7 | 3938707 | 2572 |
| 山　东 | 422765066 | 61855645 | 14.6 | 13825539 | 2235 |
| 河　南 | 312105627 | 42379199 | 13.6 | 8125949 | 1917 |
| 湖　北 | 209066497 | 21934408 | 10.5 | 6224521 | 2838 |
| 湖　南 | 208079023 | 30874198 | 14.8 | 8454695 | 2738 |
| 广　东 | 403888190 | 44354030 | 11.0 | 16394456 | 3696 |
| 广　西 | 137505230 | 13105193 | 9.5 | 3589766 | 2739 |
| 海　南 | 64630714 | 9188665 | 14.2 | 4377106 | 4764 |
| 重　庆 | 193903150 | 31858974 | 16.4 | 10371405 | 3255 |
| 四　川 | 253004543 | 31492481 | 12.4 | 8720654 | 2769 |
| 贵　州 | 135926486 | 19273713 | 14.2 | 5022041 | 2606 |
| 云　南 | 138670146 | 18965580 | 13.7 | 5155288 | 2718 |
| 西　藏 | 2599382 | 705406 | 27.1 | 241958 | 3430 |
| 陕　西 | 155580622 | 13515686 | 8.7 | 3593484 | 2659 |
| 甘　肃 | 60877018 | 7651232 | 12.6 | 1930344 | 2523 |
| 青　海 | 16503114 | 3208422 | 19.4 | 816321 | 2544 |
| 宁　夏 | 45503807 | 7467808 | 16.4 | 1695246 | 2270 |
| 新　疆 | 73704244 | 12064404 | 16.4 | 2732847 | 2265 |

# 3-23　各地区按用途分的房地产开发企业房屋出租面积

单位：平方米

| 地　区 | 房　屋出租面积 | 住宅 | #别　墅、高档公寓 | 办公楼 | 商业营业用房 | 其　他 |
|---|---|---|---|---|---|---|
| **全国总计** | **29754631** | **2578050** | **841631** | **9561022** | **13147545** | **4468014** |
| 北　京 | 4806072 | 190367 | 139509 | 1922667 | 1810670 | 882368 |
| 天　津 | 1081641 | 51432 | 3256 | 1006702 | | 23507 |
| 河　北 | 175388 | | | 80200 | 68004 | 27184 |
| 山　西 | 77716 | | | 200 | 72921 | 4595 |
| 内蒙古 | 7610 | 5000 | | | 2610 | |
| 辽　宁 | 434437 | 75840 | 12000 | 34600 | 289774 | 34223 |
| 吉　林 | 340944 | 404 | | 30111 | 307658 | 2771 |
| 黑龙江 | 31998 | 482 | | | 27880 | 3636 |
| 上　海 | 12024182 | 1205864 | 662583 | 5018599 | 3670216 | 2129503 |
| 江　苏 | 1040688 | 63271 | 364 | 131429 | 820146 | 25842 |
| 浙　江 | 965666 | 62887 | | 242371 | 586028 | 74380 |
| 安　徽 | 339556 | 5689 | 530 | 7662 | 324805 | 1400 |
| 福　建 | 1016664 | 86386 | | 31345 | 706196 | 192737 |
| 江　西 | 59626 | | | 4875 | 54751 | |
| 山　东 | 1091609 | 66089 | | 214635 | 729016 | 81869 |
| 河　南 | 285879 | 15139 | | 37443 | 155217 | 78080 |
| 湖　北 | 129611 | | | 9601 | 100594 | 19416 |
| 湖　南 | 246951 | 15136 | | 23920 | 131306 | 76589 |
| 广　东 | 2207238 | 96629 | 23003 | 420184 | 1176213 | 514212 |
| 广　西 | 311461 | 14300 | | 27549 | 260796 | 8816 |
| 海　南 | 46310 | 386 | 386 | 1746 | 44178 | |
| 重　庆 | 967676 | 8404 | | 180103 | 603277 | 175892 |
| 四　川 | 217064 | 10128 | | 56889 | 135301 | 14746 |
| 贵　州 | 123466 | | | 2833 | 85590 | 35043 |
| 云　南 | 556095 | 423734 | | 14090 | 118174 | 97 |
| 西　藏 | | | | | | |
| 陕　西 | 198745 | 14652 | | 37215 | 146712 | 166 |
| 甘　肃 | 68763 | 1927 | | | 66836 | |
| 青　海 | 35188 | | | | 35188 | |
| 宁　夏 | 281011 | 19573 | | 7800 | 253050 | 588 |
| 新　疆 | 585376 | 144331 | | 16253 | 364438 | 60354 |

# 3-24 各地区按资质等级分的房地产开发企业房屋出租面积

单位：平方米

| 地 区 | 总 计 | 一 级 | 二 级 | 三 级 | 四 级 | 暂 定 | 其 他 |
|---|---|---|---|---|---|---|---|
| **全国总计** | **29754631** | **3000693** | **6239282** | **4134420** | **3908132** | **9400328** | **3071776** |
| 北 京 | 4806072 | 598592 | 601089 | 318258 | 2177383 | 432134 | 678616 |
| 天 津 | 1081641 | | 1030209 | | 48176 | 3256 | |
| 河 北 | 175388 | | 4200 | | 11724 | 159464 | |
| 山 西 | 77716 | | 25000 | 9639 | 36834 | 6243 | |
| 内蒙古 | 7610 | | | | 5000 | 2610 | |
| 辽 宁 | 434437 | | 19532 | 213119 | | 201786 | |
| 吉 林 | 340944 | | 172620 | 96391 | 9010 | 62923 | |
| 黑龙江 | 31998 | | 15693 | 482 | | 15823 | |
| 上 海 | 12024182 | 1850827 | 1790742 | 865101 | 6955 | 5602852 | 1907705 |
| 江 苏 | 1040688 | 53176 | 371337 | 99970 | | 510105 | 6100 |
| 浙 江 | 965666 | 143841 | 216019 | 153105 | 65651 | 355992 | 31058 |
| 安 徽 | 339556 | | 72107 | 175620 | 942 | 90887 | |
| 福 建 | 1016664 | 47811 | 53004 | 609665 | 212985 | 93199 | |
| 江 西 | 59626 | | 2504 | 12540 | 990 | 43592 | |
| 山 东 | 1091609 | 63500 | 186706 | 144055 | 134644 | 560888 | 1816 |
| 河 南 | 285879 | | 24017 | 7955 | 99372 | 95200 | 59335 |
| 湖 北 | 129611 | | 38846 | 35842 | 44205 | 10718 | |
| 湖 南 | 246951 | | 6670 | 133082 | 64151 | 43048 | |
| 广 东 | 2207238 | 99679 | 298572 | 677715 | 508318 | 311138 | 311816 |
| 广 西 | 311461 | | 31515 | 36275 | 1528 | 218575 | 23568 |
| 海 南 | 46310 | | | 3932 | 386 | 37161 | 4831 |
| 重 庆 | 967676 | 102914 | 589811 | 206319 | | 58664 | 9968 |
| 四 川 | 217064 | 8709 | 64760 | 104207 | | 24077 | 15311 |
| 贵 州 | 123466 | | 4616 | 49056 | 20024 | 42770 | 7000 |
| 云 南 | 556095 | | 327163 | | 206440 | 22492 | |
| 西 藏 | | | | | | | |
| 陕 西 | 198745 | | 12785 | 8003 | 137811 | 25494 | 14652 |
| 甘 肃 | 68763 | | | 3184 | 42005 | 23574 | |
| 青 海 | 35188 | | 25000 | | 10188 | | |
| 宁 夏 | 281011 | 7348 | 200325 | 5393 | 52764 | 15181 | |
| 新 疆 | 585376 | 24296 | 54440 | 165512 | 10646 | 330482 | |

# 3-25　各地区按资质等级分的房地产开发企业住宅出租面积

单位：平方米

| 地　区 | 总　计 | 一　级 | 二　级 | 三　级 | 四　级 | 暂　定 | 其　他 |
|---|---|---|---|---|---|---|---|
| **全国总计** | **2578050** | **677957** | **409089** | **216280** | **385795** | **676160** | **212769** |
| 北　京 | 190367 | 16015 | 18011 | 283 | 15398 | 74987 | 65673 |
| 天　津 | 51432 | | | | 48176 | 3256 | |
| 河　北 | | | | | | | |
| 山　西 | | | | | | | |
| 内蒙古 | 5000 | | | | 5000 | | |
| 辽　宁 | 75840 | | 16284 | 19300 | | 40256 | |
| 吉　林 | 404 | | | | | 404 | |
| 黑龙江 | 482 | | | 482 | | | |
| 上　海 | 1205864 | 654544 | 44128 | 39833 | 5596 | 363693 | 98070 |
| 江　苏 | 63271 | 7398 | 3889 | 33592 | | 18392 | |
| 浙　江 | 62887 | | | 3 | 1846 | 32938 | 28100 |
| 安　徽 | 5689 | | 4221 | 1468 | | | |
| 福　建 | 86386 | | | 39664 | 46722 | | |
| 江　西 | | | | | | | |
| 山　东 | 66089 | | 63200 | | | 2889 | |
| 河　南 | 15139 | | | 3139 | 12000 | | |
| 湖　北 | | | | | | | |
| 湖　南 | 15136 | | | 7038 | 7597 | 501 | |
| 广　东 | 96629 | | 3549 | 30061 | 52461 | 4284 | 6274 |
| 广　西 | 14300 | | | 14300 | | | |
| 海　南 | 386 | | | | 386 | | |
| 重　庆 | 8404 | | | 8404 | | | |
| 四　川 | 10128 | | | 10128 | | | |
| 贵　州 | | | | | | | |
| 云　南 | 423734 | | 236234 | | 187500 | | |
| 西　藏 | | | | | | | |
| 陕　西 | 14652 | | | | | | 14652 |
| 甘　肃 | 1927 | | | | 1927 | | |
| 青　海 | | | | | | | |
| 宁　夏 | 19573 | | 19573 | | | | |
| 新　疆 | 144331 | | | 8585 | 1186 | 134560 | |

# 3-26 各地区房地产开发企业90平方米及以下住房开发规模及竣工情况

| 地　区 | 施工面积（平方米） | 新开工面积（平方米） | 竣工面积（平方米） | 不可销售面积（平方米） | 竣工套数（套） | 出租面积（平方米） |
|---|---|---|---|---|---|---|
| **全国总计** | **1617655340** | **327865316** | **233057063** | **13900911** | **3111871** | **1567525** |
| 北　京 | 34805184 | 7133269 | 6288382 | 1345215 | 86559 | 29976 |
| 天　津 | 37131164 | 9046692 | 12243813 | 763413 | 173644 | 48176 |
| 河　北 | 86940272 | 20439223 | 12267662 | 463119 | 153218 | |
| 山　西 | 26968117 | 6034346 | 3807437 | 401562 | 46365 | |
| 内蒙古 | 32618547 | 5522090 | 3891400 | 112431 | 67761 | |
| 辽　宁 | 109684145 | 20906512 | 13316462 | 502103 | 174678 | 15457 |
| 吉　林 | 39619064 | 8115687 | 5896897 | 788095 | 80910 | 404 |
| 黑龙江 | 48729572 | 10428490 | 12152284 | 1834765 | 166062 | 482 |
| 上　海 | 37216275 | 6948550 | 6653340 | 112660 | 90256 | 568158 |
| 江　苏 | 99678394 | 21382454 | 17644169 | 519052 | 221008 | 35064 |
| 浙　江 | 64428287 | 9514791 | 10699720 | 981370 | 136474 | 61154 |
| 安　徽 | 75943704 | 13729317 | 13552178 | 858277 | 170085 | |
| 福　建 | 53475909 | 7689161 | 5671478 | 117322 | 77578 | 71144 |
| 江　西 | 20297672 | 4497374 | 2706441 | 39125 | 34991 | |
| 山　东 | 108410748 | 18886059 | 15985961 | 256133 | 201153 | 66089 |
| 河　南 | 83512988 | 22555207 | 11135525 | 1046952 | 135700 | |
| 湖　北 | 54047162 | 13892910 | 3926734 | 120870 | 49136 | |
| 湖　南 | 34140898 | 7218833 | 4440551 | 42739 | 61144 | 8884 |
| 广　东 | 113734800 | 23685251 | 9808175 | 113695 | 129082 | 27524 |
| 广　西 | 40738133 | 6715383 | 3864382 | 54107 | 50315 | 14300 |
| 海　南 | 37439595 | 8219215 | 5166737 | 74710 | 71249 | |
| 重　庆 | 95720121 | 18485273 | 17409829 | 641573 | 252660 | 8404 |
| 四　川 | 109864410 | 26708166 | 13143079 | 518241 | 171284 | 10128 |
| 贵　州 | 33658314 | 4634717 | 6435119 | 316584 | 111356 | |
| 云　南 | 33056787 | 4822175 | 3485513 | 176973 | 49834 | 423734 |
| 西　藏 | 412198 | 101888 | 136959 | | 2219 | |
| 陕　西 | 49308262 | 7492656 | 3775867 | 638325 | 49712 | 14652 |
| 甘　肃 | 21080653 | 4578523 | 2175412 | 79007 | 27283 | 1077 |
| 青　海 | 4489978 | 1324374 | 916550 | 145434 | 13112 | |
| 宁　夏 | 11154158 | 2251894 | 1659183 | 425259 | 20229 | 19573 |
| 新　疆 | 19349829 | 4904836 | 2799824 | 411800 | 36814 | 143145 |

# 3-27　各地区按用途分的房地产开发企业商品房销售面积

单位：平方米

| 地　区 | 商品房销售面积 | 住　宅 | #别　墅、高档公寓 | 办公楼 | 商业营业用房 | 其　他 |
|---|---|---|---|---|---|---|
| **全国总计** | **1284949660** | **1124122855** | **34874002** | **29125947** | **92547923** | **39152935** |
| 北　京 | 15542463 | 11268399 | 719769 | 2430166 | 848055 | 995843 |
| 天　津 | 17710706 | 16747843 | 694501 | 162564 | 591925 | 208374 |
| 河　北 | 58546525 | 51616510 | 627624 | 900968 | 3853441 | 2175606 |
| 山　西 | 15925530 | 14811355 | 187436 | 214899 | 598507 | 300769 |
| 内蒙古 | 23693739 | 19449240 | 179588 | 432536 | 2583267 | 1228696 |
| 辽　宁 | 39161899 | 34772627 | 654355 | 374819 | 3116087 | 898366 |
| 吉　林 | 14918487 | 13048225 | 383461 | 178741 | 1292251 | 399270 |
| 黑龙江 | 19966142 | 17106037 | 150395 | 181983 | 1982818 | 695304 |
| 上　海 | 24313599 | 20091663 | 3909749 | 1974144 | 1136990 | 1110802 |
| 江　苏 | 114140486 | 102759451 | 5394388 | 2383017 | 7280213 | 1717805 |
| 浙　江 | 59853024 | 51318786 | 3061057 | 2050471 | 3845725 | 2638042 |
| 安　徽 | 61740927 | 53568083 | 776416 | 1094040 | 6273977 | 804827 |
| 福　建 | 40377616 | 33156860 | 915088 | 1554211 | 2962516 | 2704029 |
| 江　西 | 34782264 | 31458323 | 427795 | 506063 | 2204318 | 613560 |
| 山　东 | 97270416 | 85268531 | 1689742 | 3000395 | 6359158 | 2642332 |
| 河　南 | 85563441 | 76458386 | 586436 | 1495033 | 6391790 | 1218232 |
| 湖　北 | 62445468 | 56477240 | 1131053 | 614198 | 4080673 | 1273357 |
| 湖　南 | 63630113 | 56711922 | 961109 | 604115 | 4689362 | 1624714 |
| 广　东 | 116810096 | 104976231 | 5361191 | 3111228 | 4792097 | 3930540 |
| 广　西 | 35234063 | 31815134 | 360415 | 388307 | 1977237 | 1053385 |
| 海　南 | 10522832 | 9847851 | 838451 | 90483 | 382441 | 202057 |
| 重　庆 | 53813726 | 44777122 | 1548683 | 1158377 | 4630451 | 3247776 |
| 四　川 | 76711984 | 64954292 | 1088346 | 1237186 | 6720026 | 3800480 |
| 贵　州 | 35598107 | 29433734 | 341907 | 784222 | 4524335 | 855816 |
| 云　南 | 31451267 | 25768001 | 1632154 | 593173 | 3543348 | 1546745 |
| 西　藏 | 512681 | 463182 | 31737 | 27916 | 21509 | 74 |
| 陕　西 | 29789405 | 27179825 | 452623 | 605000 | 1490216 | 514364 |
| 甘　肃 | 14349578 | 13074796 | 77018 | 132380 | 969496 | 172906 |
| 青　海 | 3929635 | 3297109 | 1290 | 237449 | 322653 | 72424 |
| 宁　夏 | 8391617 | 7081180 | 97434 | 130456 | 1022002 | 157979 |
| 新　疆 | 18251824 | 15364917 | 592791 | 477407 | 2061039 | 348461 |

# 3-28 各地区按资质等级分的房地产开发企业商品房销售面积

单位：平方米

| 地 区 | 总 计 | 一 级 | 二 级 | 三 级 | 四 级 | 暂 定 | 其 他 |
|---|---|---|---|---|---|---|---|
| **全国总计** | **1284949660** | **55976878** | **218114299** | **259099450** | **156063414** | **539270445** | **56425174** |
| 北 京 | 15542463 | 2216355 | 1452575 | 821598 | 4691716 | 5513933 | 846286 |
| 天 津 | 17710706 | 1953495 | 1541269 | 1468161 | 8110377 | 4003416 | 633988 |
| 河 北 | 58546525 | 3507998 | 8050832 | 11350653 | 15347367 | 18870251 | 1419424 |
| 山 西 | 15925530 | 936570 | 2463094 | 2925544 | 7042835 | 2299984 | 257503 |
| 内蒙古 | 23693739 | 811083 | 2248755 | 4175208 | 11286712 | 4671693 | 500288 |
| 辽 宁 | 39161899 | 865145 | 4963634 | 9625037 | 491349 | 21092706 | 2124028 |
| 吉 林 | 14918487 | 465563 | 2905847 | 3002007 | 1808740 | 6672643 | 63687 |
| 黑龙江 | 19966142 | 614819 | 4792357 | 9983526 | 596204 | 3649436 | 329800 |
| 上 海 | 24313599 | 720692 | 2865715 | 1496926 | 14824 | 16470439 | 2745003 |
| 江 苏 | 114140486 | 6269499 | 39043864 | 5569139 | 234550 | 54053763 | 8969671 |
| 浙 江 | 59853024 | 2529078 | 6004914 | 11551242 | 3843886 | 30745345 | 5178559 |
| 安 徽 | 61740927 | 695139 | 8694307 | 12397940 | 2094757 | 35477651 | 2381133 |
| 福 建 | 40377616 | 1579816 | 2340347 | 10358826 | 4305601 | 20725312 | 1067714 |
| 江 西 | 34782264 | 324764 | 3822547 | 8140140 | 2972617 | 18693127 | 829069 |
| 山 东 | 97270416 | 5995480 | 11937811 | 13901632 | 13649406 | 46647343 | 5138744 |
| 河 南 | 85563441 | 3760219 | 15216516 | 9484216 | 6115625 | 46770231 | 4216634 |
| 湖 北 | 62445468 | 2428464 | 10792274 | 10573438 | 8882477 | 28554308 | 1214507 |
| 湖 南 | 63630113 | 1899783 | 9293650 | 25639937 | 8039249 | 17274488 | 1483006 |
| 广 东 | 116810096 | 5002831 | 6826606 | 22783111 | 23932414 | 52693203 | 5571931 |
| 广 西 | 35234063 | 1687399 | 4892812 | 6402698 | 2247776 | 17912790 | 2090588 |
| 海 南 | 10522832 | 22514 | 464334 | 1398945 | 727702 | 7113650 | 795687 |
| 重 庆 | 53813726 | 3516030 | 20764426 | 7250035 | 241283 | 21339642 | 702310 |
| 四 川 | 76711984 | 3155634 | 15793833 | 38812095 | 749281 | 15604206 | 2596935 |
| 贵 州 | 35598107 | 95392 | 7588850 | 7771230 | 5138732 | 13960154 | 1043749 |
| 云 南 | 31451267 | 766710 | 7107711 | 4546131 | 9142470 | 9036654 | 851591 |
| 西 藏 | 512681 |  | 14970 | 385383 | 17845 | 65885 | 28598 |
| 陕 西 | 29789405 | 1352828 | 6125865 | 6410479 | 8032932 | 5502223 | 2365078 |
| 甘 肃 | 14349578 | 289525 | 2870789 | 5111156 | 2180134 | 3780842 | 117132 |
| 青 海 | 3929635 | 169500 | 1460940 | 924875 | 1020802 | 334651 | 18867 |
| 宁 夏 | 8391617 | 1331800 | 3058937 | 1626474 | 809285 | 1460227 | 104894 |
| 新 疆 | 18251824 | 1012753 | 2713918 | 3211668 | 2294466 | 8280249 | 738770 |

# 3-29　各地区按用途分的房地产开发企业商品房现房销售面积

单位：平方米

| 地　区 | 现房销售面　积 | 住　宅 | #别　墅、高档公寓 | 办公楼 | 商业营业用房 | 其　他 |
|---|---|---|---|---|---|---|
| **全国总计** | **317026099** | **259062942** | **9700672** | **8451222** | **32405844** | **17106091** |
| 北　京 | 5100369 | 3311714 | 261924 | 781400 | 405045 | 602210 |
| 天　津 | 5777208 | 5243615 | 198427 | 93725 | 301097 | 138771 |
| 河　北 | 16327345 | 13615348 | 216416 | 512232 | 1416079 | 783686 |
| 山　西 | 4779794 | 4073128 | 21038 | 101856 | 419341 | 185469 |
| 内蒙古 | 9595148 | 7817977 | 150069 | 156036 | 1198088 | 423047 |
| 辽　宁 | 13265462 | 11157779 | 292434 | 195836 | 1432519 | 479328 |
| 吉　林 | 4245951 | 3485370 | 90255 | 72532 | 531734 | 156315 |
| 黑龙江 | 9042030 | 7452402 | 48157 | 87149 | 1147392 | 355087 |
| 上　海 | 9446253 | 7224289 | 1193308 | 761321 | 596663 | 863980 |
| 江　苏 | 26204298 | 21976113 | 1606166 | 885149 | 2532150 | 810886 |
| 浙　江 | 12459550 | 9647851 | 812792 | 800585 | 1286888 | 724226 |
| 安　徽 | 11781538 | 9605941 | 221563 | 338818 | 1560210 | 276569 |
| 福　建 | 5604127 | 4160036 | 141264 | 208614 | 542712 | 692765 |
| 江　西 | 6907877 | 5966916 | 160072 | 119319 | 695253 | 126389 |
| 山　东 | 22973862 | 18950625 | 525202 | 636105 | 2550665 | 836467 |
| 河　南 | 28119750 | 23853431 | 149521 | 329571 | 3324427 | 612321 |
| 湖　北 | 17246173 | 14291531 | 317277 | 231603 | 1858344 | 864695 |
| 湖　南 | 17660334 | 15292735 | 456160 | 158253 | 1464272 | 745074 |
| 广　东 | 26274869 | 21964941 | 1444772 | 695920 | 1446927 | 2167081 |
| 广　西 | 5355316 | 4720351 | 41827 | 75746 | 335269 | 223950 |
| 海　南 | 2849319 | 2719494 | 157727 | 5663 | 67387 | 56775 |
| 重　庆 | 10157704 | 6550791 | 155417 | 343793 | 1381069 | 1882051 |
| 四　川 | 13507305 | 9991307 | 242812 | 285313 | 1549107 | 1681578 |
| 贵　州 | 5612795 | 4184306 | 35500 | 171393 | 884495 | 372601 |
| 云　南 | 8248461 | 6045304 | 493908 | 141130 | 1458045 | 603982 |
| 西　藏 | 239919 | 205867 | 27025 | 25145 | 8907 | |
| 陕　西 | 4861180 | 4216963 | 3889 | 75078 | 470737 | 98402 |
| 甘　肃 | 4960253 | 4312723 | 8750 | 43657 | 518047 | 85826 |
| 青　海 | 792671 | 721836 | | 13856 | 49160 | 7819 |
| 宁　夏 | 2774010 | 2198792 | 51969 | 32289 | 462977 | 79952 |
| 新　疆 | 4855228 | 4103466 | 175031 | 72135 | 510838 | 168789 |

# 3-30 各地区按资质等级分的房地产开发企业商品房现房销售面积

单位：平方米

| 地　区 | 总　计 | 一　级 | 二　级 | 三　级 | 四　级 | 暂　定 | 其　他 |
|---|---|---|---|---|---|---|---|
| **全国总计** | **317026099** | **13503490** | **62654498** | **69606114** | **48815832** | **109681816** | **12764349** |
| 北　京 | 5100369 | 1074325 | 627289 | 319533 | 2175532 | 764711 | 138979 |
| 天　津 | 5777208 | 242387 | 527685 | 559294 | 2685455 | 1614617 | 147770 |
| 河　北 | 16327345 | 372262 | 3241795 | 2495784 | 4486368 | 5310457 | 420679 |
| 山　西 | 4779794 | 290257 | 845437 | 957151 | 2255448 | 345001 | 86500 |
| 内蒙古 | 9595148 | 295566 | 920880 | 1600584 | 4352715 | 2139540 | 285863 |
| 辽　宁 | 13265462 | 196464 | 1904614 | 3767472 | 368696 | 6405346 | 622870 |
| 吉　林 | 4245951 | 35987 | 902514 | 652036 | 1042383 | 1611742 | 1289 |
| 黑龙江 | 9042030 | 362501 | 2638861 | 4587854 | 341512 | 974611 | 136691 |
| 上　海 | 9446253 | 317960 | 1594501 | 1015347 | 14824 | 5295085 | 1208536 |
| 江　苏 | 26204298 | 2338560 | 10871203 | 1960388 | 94634 | 9513401 | 1426112 |
| 浙　江 | 12459550 | 768889 | 1825175 | 3338852 | 1021989 | 4621488 | 883157 |
| 安　徽 | 11781538 | 171240 | 2652178 | 3264398 | 818677 | 4510962 | 364083 |
| 福　建 | 5604127 | 491784 | 307702 | 1535852 | 628089 | 2473204 | 167496 |
| 江　西 | 6907877 | 76610 | 937754 | 2047983 | 619484 | 3035280 | 190766 |
| 山　东 | 22973862 | 1003732 | 3021833 | 3790446 | 4596336 | 9359293 | 1202222 |
| 河　南 | 28119750 | 872515 | 4366253 | 3757097 | 2738319 | 14839540 | 1546026 |
| 湖　北 | 17246173 | 531705 | 3783256 | 3626897 | 3339471 | 5825295 | 139549 |
| 湖　南 | 17660334 | 249712 | 2286025 | 7031273 | 2073522 | 5579001 | 440801 |
| 广　东 | 26274869 | 1133756 | 2295827 | 5978836 | 6600539 | 9159720 | 1106191 |
| 广　西 | 5355316 | 267725 | 520723 | 1464202 | 578798 | 2191937 | 331931 |
| 海　南 | 2849319 | 21903 | 63700 | 263719 | 273898 | 1967960 | 258139 |
| 重　庆 | 10157704 | 834504 | 4812491 | 1705005 | 22530 | 2638954 | 144220 |
| 四　川 | 13507305 | 598646 | 3669571 | 6012703 | 221195 | 2482140 | 523050 |
| 贵　州 | 5612795 | 582 | 787813 | 1176808 | 1478900 | 1801082 | 367610 |
| 云　南 | 8248461 | 88998 | 2380477 | 947414 | 2679237 | 2005588 | 146747 |
| 西　藏 | 239919 | | | 172586 | | 38735 | 28598 |
| 陕　西 | 4861180 | 168889 | 1259184 | 1465639 | 1331803 | 404874 | 230791 |
| 甘　肃 | 4960253 | 18106 | 1072633 | 2094041 | 942510 | 769588 | 63375 |
| 青　海 | 792671 | 60638 | 266722 | 327590 | 90003 | 29571 | 18147 |
| 宁　夏 | 2774010 | 475218 | 1186454 | 731985 | 221522 | 158831 | |
| 新　疆 | 4855228 | 142069 | 1083948 | 957345 | 721443 | 1814262 | 136161 |

# 3-31　各地区按用途分的房地产开发企业商品房期房销售面积

单位：平方米

| 地　区 | 期房销售面积 | 住　宅 | #别　墅、高档公寓 | 办公楼 | 商业营业用房 | 其　他 |
|---|---|---|---|---|---|---|
| **全国总计** | **967923561** | **865059913** | **25173330** | **20674725** | **60142079** | **22046844** |
| 北　京 | 10442094 | 7956685 | 457845 | 1648766 | 443010 | 393633 |
| 天　津 | 11933498 | 11504228 | 496074 | 68839 | 290828 | 69603 |
| 河　北 | 42219180 | 38001162 | 411208 | 388736 | 2437362 | 1391920 |
| 山　西 | 11145736 | 10738227 | 166398 | 113043 | 179166 | 115300 |
| 内蒙古 | 14098591 | 11631263 | 29519 | 276500 | 1385179 | 805649 |
| 辽　宁 | 25896437 | 23614848 | 361921 | 178983 | 1683568 | 419038 |
| 吉　林 | 10672536 | 9562855 | 293206 | 106209 | 760517 | 242955 |
| 黑龙江 | 10924112 | 9653635 | 102238 | 94834 | 835426 | 340217 |
| 上　海 | 14867346 | 12867374 | 2716441 | 1212823 | 540327 | 246822 |
| 江　苏 | 87936188 | 80783338 | 3788222 | 1497868 | 4748063 | 906919 |
| 浙　江 | 47393474 | 41670935 | 2248265 | 1249886 | 2558837 | 1913816 |
| 安　徽 | 49959389 | 43962142 | 554853 | 755222 | 4713767 | 528258 |
| 福　建 | 34773489 | 28996824 | 773824 | 1345597 | 2419804 | 2011264 |
| 江　西 | 27874387 | 25491407 | 267723 | 386744 | 1509065 | 487171 |
| 山　东 | 74296554 | 66317906 | 1164540 | 2364290 | 3808493 | 1805865 |
| 河　南 | 57443691 | 52604955 | 436915 | 1165462 | 3067363 | 605911 |
| 湖　北 | 45199295 | 42185709 | 813776 | 382595 | 2222329 | 408662 |
| 湖　南 | 45969779 | 41419187 | 504949 | 445862 | 3225090 | 879640 |
| 广　东 | 90535227 | 83011290 | 3916419 | 2415308 | 3345170 | 1763459 |
| 广　西 | 29878747 | 27094783 | 318588 | 312561 | 1641968 | 829435 |
| 海　南 | 7673513 | 7128357 | 680724 | 84820 | 315054 | 145282 |
| 重　庆 | 43656022 | 38226331 | 1393266 | 814584 | 3249382 | 1365725 |
| 四　川 | 63204679 | 54962985 | 845534 | 951873 | 5170919 | 2118902 |
| 贵　州 | 29985312 | 25249428 | 306407 | 612829 | 3639840 | 483215 |
| 云　南 | 23202806 | 19722697 | 1138246 | 452043 | 2085303 | 942763 |
| 西　藏 | 272762 | 257315 | 4712 | 2771 | 12602 | 74 |
| 陕　西 | 24928225 | 22962862 | 448734 | 529922 | 1019479 | 415962 |
| 甘　肃 | 9389325 | 8762073 | 68268 | 88723 | 451449 | 87080 |
| 青　海 | 3136964 | 2575273 | 1290 | 223593 | 273493 | 64605 |
| 宁　夏 | 5617607 | 4882388 | 45465 | 98167 | 559025 | 78027 |
| 新　疆 | 13396596 | 11261451 | 417760 | 405272 | 1550201 | 179672 |

# 3−32 各地区按资质等级分的房地产开发企业商品房期房销售面积

单位：平方米

| 地　区 | 总 计 | 一 级 | 二 级 | 三 级 | 四 级 | 暂 定 | 其 他 |
|---|---|---|---|---|---|---|---|
| **全国总计** | **967923561** | **42473388** | **155459801** | **189493336** | **107247582** | **429588629** | **43660825** |
| 北　京 | 10442094 | 1142030 | 825286 | 502065 | 2516184 | 4749222 | 707307 |
| 天　津 | 11933498 | 1711108 | 1013584 | 908867 | 5424922 | 2388799 | 486218 |
| 河　北 | 42219180 | 3135736 | 4809037 | 8854869 | 10860999 | 13559794 | 998745 |
| 山　西 | 11145736 | 646313 | 1617657 | 1968393 | 4787387 | 1954983 | 171003 |
| 内 蒙 古 | 14098591 | 515517 | 1327875 | 2574624 | 6933997 | 2532153 | 214425 |
| 辽　宁 | 25896437 | 668681 | 3059020 | 5857565 | 122653 | 14687360 | 1501158 |
| 吉　林 | 10672536 | 429576 | 2003333 | 2349971 | 766357 | 5060901 | 62398 |
| 黑 龙 江 | 10924112 | 252318 | 2153496 | 5395672 | 254692 | 2674825 | 193109 |
| 上　海 | 14867346 | 402732 | 1271214 | 481579 |  | 11175354 | 1536467 |
| 江　苏 | 87936188 | 3930939 | 28172661 | 3608751 | 139916 | 44540362 | 7543559 |
| 浙　江 | 47393474 | 1760189 | 4179739 | 8212390 | 2821897 | 26123857 | 4295402 |
| 安　徽 | 49959389 | 523899 | 6042129 | 9133542 | 1276080 | 30966689 | 2017050 |
| 福　建 | 34773489 | 1088032 | 2032645 | 8822974 | 3677512 | 18252108 | 900218 |
| 江　西 | 27874387 | 248154 | 2884793 | 6092157 | 2353133 | 15657847 | 638303 |
| 山　东 | 74296554 | 4991748 | 8915978 | 10111186 | 9053070 | 37288050 | 3936522 |
| 河　南 | 57443691 | 2887704 | 10850263 | 5727119 | 3377306 | 31930691 | 2670608 |
| 湖　北 | 45199295 | 1896759 | 7009018 | 6946541 | 5543006 | 22729013 | 1074958 |
| 湖　南 | 45969779 | 1650071 | 7007625 | 18608664 | 5965727 | 11695487 | 1042205 |
| 广　东 | 90535227 | 3869075 | 4530779 | 16804275 | 17331875 | 43533483 | 4465740 |
| 广　西 | 29878747 | 1419674 | 4372089 | 4938496 | 1668978 | 15720853 | 1758657 |
| 海　南 | 7673513 | 611 | 400634 | 1135226 | 453804 | 5145690 | 537548 |
| 重　庆 | 43656022 | 2681526 | 15951935 | 5545030 | 218753 | 18700688 | 558090 |
| 四　川 | 63204679 | 2556988 | 12124262 | 32799392 | 528086 | 13122066 | 2073885 |
| 贵　州 | 29985312 | 94810 | 6801037 | 6594422 | 3659832 | 12159072 | 676139 |
| 云　南 | 23202806 | 677712 | 4727234 | 3598717 | 6463233 | 7031066 | 704844 |
| 西　藏 | 272762 |  | 14970 | 212797 | 17845 | 27150 |  |
| 陕　西 | 24928225 | 1183939 | 4866681 | 4944840 | 6701129 | 5097349 | 2134287 |
| 甘　肃 | 9389325 | 271419 | 1798156 | 3017115 | 1237624 | 3011254 | 53757 |
| 青　海 | 3136964 | 108862 | 1194218 | 597285 | 930799 | 305080 | 720 |
| 宁　夏 | 5617607 | 856582 | 1872483 | 894489 | 587763 | 1301396 | 104894 |
| 新　疆 | 13396596 | 870684 | 1629970 | 2254323 | 1573023 | 6465987 | 602609 |

# 3-33　各地区按资质等级分的房地产开发企业商品住宅销售面积

单位：平方米

| 地　区 | 总　计 | 一　级 | 二　级 | 三　级 | 四　级 | 暂　定 | 其　他 |
|---|---|---|---|---|---|---|---|
| **全国总计** | **1124122855** | **49405288** | **192524045** | **227978502** | **135975846** | **468723408** | **49515766** |
| 北　京 | 11268399 | 1478028 | 1213611 | 612761 | 3312908 | 3909829 | 741262 |
| 天　津 | 16747843 | 1929784 | 1484736 | 1444827 | 7528181 | 3738305 | 622010 |
| 河　北 | 51616510 | 3261395 | 7140077 | 10342615 | 13471485 | 16133441 | 1267497 |
| 山　西 | 14811355 | 863534 | 2341248 | 2706906 | 6496004 | 2149441 | 254222 |
| 内蒙古 | 19449240 | 757321 | 1836523 | 3476249 | 9077445 | 3883057 | 418645 |
| 辽　宁 | 34772627 | 826881 | 4362303 | 8607390 | 416371 | 18614565 | 1945117 |
| 吉　林 | 13048225 | 433547 | 2442953 | 2555202 | 1662462 | 5892264 | 61797 |
| 黑龙江 | 17106037 | 559006 | 4180118 | 8553157 | 447595 | 3137798 | 228363 |
| 上　海 | 20091663 | 587461 | 2634459 | 1137502 | 14824 | 13453611 | 2263806 |
| 江　苏 | 102759451 | 5930154 | 35254073 | 4840142 | 218508 | 48501840 | 8014734 |
| 浙　江 | 51318786 | 2190717 | 4986351 | 10058920 | 3344972 | 26411075 | 4326751 |
| 安　徽 | 53568083 | 495122 | 8023342 | 10803350 | 1772505 | 30312250 | 2161514 |
| 福　建 | 33156860 | 1058593 | 1854768 | 8815931 | 3011590 | 17484292 | 931686 |
| 江　西 | 31458323 | 315832 | 3390988 | 7541971 | 2744168 | 16701900 | 763464 |
| 山　东 | 85268531 | 5312208 | 10752039 | 12556529 | 12049406 | 40179347 | 4419002 |
| 河　南 | 76458386 | 3518372 | 14361512 | 8657014 | 5330568 | 40984239 | 3606681 |
| 湖　北 | 56477240 | 2295956 | 9818726 | 9627471 | 8065731 | 25525701 | 1143655 |
| 湖　南 | 56711922 | 1605474 | 8397261 | 23168501 | 7082326 | 15036397 | 1421963 |
| 广　东 | 104976231 | 4444150 | 6111296 | 20145826 | 21709696 | 47619647 | 4945616 |
| 广　西 | 31815134 | 1538327 | 4250207 | 6009785 | 2102402 | 16009632 | 1904781 |
| 海　南 | 9847851 | 22514 | 446136 | 1370905 | 700755 | 6528042 | 779499 |
| 重　庆 | 44777122 | 2708609 | 17194904 | 5858689 | 216216 | 18222672 | 576032 |
| 四　川 | 64954292 | 2773915 | 13646043 | 32718595 | 670714 | 12876349 | 2268676 |
| 贵　州 | 29433734 | 60353 | 6289671 | 6913014 | 4092585 | 11382942 | 695169 |
| 云　南 | 25768001 | 698193 | 5709814 | 3542457 | 7755219 | 7348922 | 713396 |
| 西　藏 | 463182 |  | 14446 | 374008 | 17845 | 28285 | 28598 |
| 陕　西 | 27179825 | 1294616 | 5442857 | 6037970 | 7204367 | 4950490 | 2249525 |
| 甘　肃 | 13074796 | 274684 | 2656260 | 4668558 | 1889561 | 3477356 | 108377 |
| 青　海 | 3297109 | 156203 | 1227126 | 654502 | 931473 | 310849 | 16956 |
| 宁　夏 | 7081180 | 1115398 | 2616087 | 1377902 | 690470 | 1176429 | 104894 |
| 新　疆 | 15364917 | 898941 | 2444110 | 2799853 | 1947494 | 6742441 | 532078 |

# 3-34 各地区按资质等级分的房地产开发企业90平方米及以下住宅销售面积

单位：平方米

| 地　区 | 总　计 | 一　级 | 二　级 | 三　级 | 四　级 | 暂　定 | 其　他 |
|---|---|---|---|---|---|---|---|
| **全国总计** | **307921484** | **12636671** | **55860240** | **60911847** | **33237310** | **130131113** | **15144303** |
| 北　京 | 5458619 | 570983 | 521690 | 216842 | 1355025 | 2286317 | 507762 |
| 天　津 | 6202694 | 34516 | 646283 | 579122 | 2907876 | 1838259 | 196638 |
| 河　北 | 18733875 | 1436131 | 2717686 | 3212149 | 3657392 | 7068850 | 641667 |
| 山　西 | 2274920 | 69622 | 375356 | 479505 | 854298 | 488527 | 7612 |
| 内蒙古 | 6659477 | 94593 | 418488 | 1272955 | 3671643 | 1014131 | 187667 |
| 辽　宁 | 18392901 | 376561 | 2357131 | 4139351 | 82839 | 10369519 | 1067500 |
| 吉　林 | 6267756 | 142462 | 1050400 | 1178731 | 1087553 | 2760165 | 48445 |
| 黑龙江 | 9200241 | 51469 | 1821780 | 4995558 | 355830 | 1813082 | 162522 |
| 上　海 | 7436742 | 340097 | 782070 | 289138 | | 4929445 | 1095992 |
| 江　苏 | 18967616 | 963546 | 7400636 | 1014571 | 20698 | 8150534 | 1417631 |
| 浙　江 | 11738593 | 458931 | 1088202 | 1743643 | 764702 | 6643130 | 1039985 |
| 安　徽 | 12497037 | 89303 | 2842940 | 2358676 | 306697 | 6181911 | 717510 |
| 福　建 | 5863731 | 218710 | 255434 | 1291472 | 722722 | 3155546 | 219847 |
| 江　西 | 4549858 | 73003 | 542684 | 937535 | 352429 | 2529540 | 114667 |
| 山　东 | 19979850 | 621222 | 3067323 | 2545782 | 2371672 | 10313104 | 1060747 |
| 河　南 | 18114194 | 1136846 | 3210072 | 1819720 | 1113546 | 10180301 | 653709 |
| 湖　北 | 11963867 | 1236885 | 2280489 | 1728679 | 909163 | 5437683 | 370968 |
| 湖　南 | 6655787 | 165301 | 1105098 | 2517712 | 993771 | 1709176 | 164729 |
| 广　东 | 24515920 | 918236 | 1173177 | 3632395 | 4804247 | 12442028 | 1545837 |
| 广　西 | 7635396 | 245757 | 989377 | 1470106 | 455526 | 4076248 | 398382 |
| 海　南 | 5751262 | 22514 | 146300 | 564487 | 450361 | 4004874 | 562726 |
| 重　庆 | 23289872 | 1158936 | 9321776 | 3097754 | 88927 | 9343994 | 278485 |
| 四　川 | 28205503 | 1473410 | 5106617 | 14677573 | 355250 | 5468748 | 1123905 |
| 贵　州 | 6469718 | 4919 | 1966057 | 1153646 | 660520 | 2439949 | 244627 |
| 云　南 | 5215119 | 158940 | 1428598 | 448828 | 1784498 | 1256730 | 137525 |
| 西　藏 | 53081 | | 1300 | 19797 | 5582 | 13948 | 12454 |
| 陕　西 | 6876813 | 159996 | 1274972 | 1278458 | 1733923 | 1496780 | 932684 |
| 甘　肃 | 3584087 | 48364 | 780833 | 1352029 | 550854 | 819866 | 32141 |
| 青　海 | 692526 | 17754 | 265741 | 67432 | 298450 | 40729 | 2420 |
| 宁　夏 | 1053069 | 240019 | 358918 | 214468 | 124318 | 115346 | |
| 新　疆 | 3621360 | 107645 | 562812 | 613733 | 396998 | 1742653 | 197519 |

# 3-35　各地区按资质等级分的房地产开发企业144平方米以上住宅销售面积

单位：平方米

| 地　区 | 总　计 | 一　级 | 二　级 | 三　级 | 四　级 | 暂　定 | 其　他 |
|---|---|---|---|---|---|---|---|
| **全国总计** | **156539382** | **8620482** | **26886953** | **32399662** | **20028514** | **61990467** | **6613304** |
| 北　京 | 2643935 | 471990 | 233522 | 93329 | 1130443 | 641175 | 73476 |
| 天　津 | 2078679 | 55576 | 365340 | 257060 | 855849 | 458156 | 86698 |
| 河　北 | 4571330 | 316240 | 575447 | 769498 | 1209366 | 1670959 | 29820 |
| 山　西 | 2662641 | 96206 | 396715 | 332815 | 1501042 | 266009 | 69854 |
| 内蒙古 | 3552730 | 415613 | 332832 | 773233 | 1275254 | 628645 | 127153 |
| 辽　宁 | 3435194 | 127127 | 372839 | 1049652 | 14880 | 1549979 | 320717 |
| 吉　林 | 1530512 | 23152 | 333203 | 311036 | 96833 | 765992 | 296 |
| 黑龙江 | 2074416 | 137086 | 692844 | 856088 | 2323 | 381560 | 4515 |
| 上　海 | 4055603 | 38502 | 442167 | 426895 | 6008 | 2870445 | 271586 |
| 江　苏 | 15339819 | 728436 | 5581686 | 801405 | 20066 | 7428626 | 779600 |
| 浙　江 | 12242885 | 642585 | 1315075 | 2829724 | 828992 | 5765332 | 861177 |
| 安　徽 | 3238662 | 52366 | 391095 | 716877 | 71306 | 1811144 | 195874 |
| 福　建 | 5306976 | 207903 | 465920 | 1698992 | 577517 | 2303605 | 53039 |
| 江　西 | 2414196 | 24472 | 226159 | 544671 | 190099 | 1397885 | 30910 |
| 山　东 | 13338624 | 1253622 | 1640515 | 1846538 | 1817515 | 5883299 | 897135 |
| 河　南 | 10845459 | 358332 | 2374774 | 1315457 | 525621 | 6044533 | 226742 |
| 湖　北 | 3989402 | 109448 | 659355 | 735338 | 349349 | 1755278 | 380634 |
| 湖　南 | 10123700 | 276993 | 1479139 | 3779197 | 972431 | 3366906 | 249034 |
| 广　东 | 22422601 | 1964688 | 1831558 | 5837806 | 4458138 | 7496897 | 833514 |
| 广　西 | 3789767 | 138898 | 787053 | 691990 | 290897 | 1528621 | 352308 |
| 海　南 | 885370 |  | 46966 | 130938 | 61013 | 599717 | 46736 |
| 重　庆 | 3118719 | 133203 | 1385046 | 196112 | 44251 | 1341570 | 18537 |
| 四　川 | 4171453 | 121312 | 797597 | 1975753 | 64729 | 955874 | 256188 |
| 贵　州 | 2820292 | 8763 | 735118 | 833217 | 261012 | 949166 | 33016 |
| 云　南 | 8257714 | 247021 | 1813997 | 1541608 | 2335918 | 2051388 | 267782 |
| 西　藏 | 73573 |  | 11228 | 40324 |  | 14337 | 7684 |
| 陕　西 | 3089945 | 174872 | 626585 | 909178 | 663208 | 586133 | 129969 |
| 甘　肃 | 1209831 |  | 298493 | 414094 | 115879 | 381365 |  |
| 青　海 | 442666 | 44454 | 112602 | 183386 | 71164 | 31060 |  |
| 宁　夏 | 1086149 | 296016 | 322716 | 244708 | 70486 | 152223 |  |
| 新　疆 | 1726539 | 155606 | 239367 | 262743 | 146925 | 912588 | 9310 |

# 3-36 各地区按资质等级分的房地产开发企业别墅、高档公寓销售面积

单位：平方米

| 地区 | 总计 | 一级 | 二级 | 三级 | 四级 | 暂定 | 其他 |
|---|---|---|---|---|---|---|---|
| **全国总计** | **34874002** | **1644112** | **4937455** | **6876059** | **3974563** | **15684516** | **1757297** |
| 北京 | 719769 | 77404 | 8470 | 21620 | 465874 | 145424 | 977 |
| 天津 | 694501 | 24567 | 23863 | 84243 | 316902 | 154811 | 90115 |
| 河北 | 627624 | 19981 | 29416 | 158853 | 328986 | 90388 | |
| 山西 | 187436 | 1492 | 4848 | 170 | 49315 | 131611 | |
| 内蒙古 | 179588 | | 3727 | 11007 | 76856 | 87998 | |
| 辽宁 | 654355 | 55416 | 81845 | 130001 | | 244883 | 142210 |
| 吉林 | 383461 | 4021 | 84097 | 77643 | 19860 | 197840 | |
| 黑龙江 | 150395 | | 24237 | 85049 | | 41109 | |
| 上海 | 3909749 | 6121 | 354340 | 423696 | | 2692577 | 433015 |
| 江苏 | 5394388 | 258911 | 1382300 | 388417 | | 3100305 | 264455 |
| 浙江 | 3061057 | 102715 | 236481 | 851410 | 307711 | 1387656 | 175084 |
| 安徽 | 776416 | 12308 | 79889 | 253241 | 17538 | 402791 | 10649 |
| 福建 | 915088 | 19426 | 118662 | 218762 | 88488 | 447707 | 22043 |
| 江西 | 427795 | 10712 | 17016 | 83654 | 52889 | 247824 | 15700 |
| 山东 | 1689742 | 186851 | 63416 | 160653 | 297332 | 936780 | 44710 |
| 河南 | 586436 | 20953 | 183375 | 78081 | 30751 | 273276 | |
| 湖北 | 1131053 | 44168 | 233101 | 226275 | 133274 | 465661 | 28574 |
| 湖南 | 961109 | 11005 | 84066 | 559168 | 84228 | 216429 | 6213 |
| 广东 | 5361191 | 483093 | 95417 | 1621520 | 980358 | 1990877 | 189926 |
| 广西 | 360415 | 26991 | 39868 | 93928 | 13313 | 180218 | 6097 |
| 海南 | 838451 | | 71766 | 91531 | 58563 | 568920 | 47671 |
| 重庆 | 1548683 | 65543 | 652058 | 223338 | 17115 | 590629 | |
| 四川 | 1088346 | 24818 | 132627 | 509147 | 73568 | 198870 | 149316 |
| 贵州 | 341907 | 5565 | 71880 | 57435 | 15019 | 182163 | 9845 |
| 云南 | 1632154 | 122987 | 380514 | 324800 | 458950 | 308331 | 36572 |
| 西藏 | 31737 | | | 5239 | | | 26498 |
| 陕西 | 452623 | 3521 | 336834 | 21976 | 34333 | 5239 | 50720 |
| 甘肃 | 77018 | 8750 | 922 | 5100 | 538 | 61708 | |
| 青海 | 1290 | | 1290 | | | | |
| 宁夏 | 97434 | 3732 | 33007 | 23830 | 19459 | 17406 | |
| 新疆 | 592791 | 43061 | 108123 | 86272 | 33343 | 315085 | 6907 |

# 3-37 各地区按资质等级分的房地产开发企业办公楼销售面积

单位：平方米

| 地　区 | 总　计 | 一　级 | 二　级 | 三　级 | 四　级 | 暂　定 | 其　他 |
|---|---|---|---|---|---|---|---|
| **全国总计** | **29125947** | **1210281** | **3985604** | **4139501** | **2887594** | **15310018** | **1592949** |
| 北　京 | 2430166 | 379869 | 119175 | 101159 | 768890 | 991824 | 69249 |
| 天　津 | 162564 | 20973 | 8708 | 1382 | 39501 | 80172 | 11828 |
| 河　北 | 900968 | 3445 | 103467 | 1700 | 125398 | 666958 | |
| 山　西 | 214899 | 12968 | 5899 | 28911 | 100134 | 66987 | |
| 内蒙古 | 432536 | 21000 | 80729 | 36658 | 210019 | 84130 | |
| 辽　宁 | 374819 | 3544 | 22808 | 54827 | 350 | 249879 | 43411 |
| 吉　林 | 178741 | 1669 | 18337 | 53199 | 7768 | 97768 | |
| 黑龙江 | 181983 | 11733 | 2238 | 131034 | 6400 | 22740 | 7838 |
| 上　海 | 1974144 | 25674 | 38372 | 160364 | | 1487325 | 262409 |
| 江　苏 | 2383017 | 44726 | 836071 | 80890 | | 1048794 | 372536 |
| 浙　江 | 2050471 | 30731 | 156755 | 305458 | 89086 | 1247417 | 221024 |
| 安　徽 | 1094040 | 62950 | 36218 | 291840 | 2682 | 654124 | 46226 |
| 福　建 | 1554211 | 20368 | 93681 | 306016 | 380005 | 734693 | 19448 |
| 江　西 | 506063 | | 60186 | 26155 | 26635 | 390921 | 2166 |
| 山　东 | 3000395 | 43074 | 155380 | 263196 | 170888 | 2219088 | 148769 |
| 河　南 | 1495033 | 27879 | 242761 | 30318 | 31322 | 1106481 | 56272 |
| 湖　北 | 614198 | | 79001 | 81574 | 19293 | 422372 | 11958 |
| 湖　南 | 604115 | 96887 | 169436 | 171038 | 64264 | 102490 | |
| 广　东 | 3111228 | 212870 | 184836 | 657183 | 346320 | 1605445 | 104574 |
| 广　西 | 388307 | 15810 | 173 | 50322 | 12036 | 260507 | 49459 |
| 海　南 | 90483 | | | 2633 | | 87850 | |
| 重　庆 | 1158377 | 79815 | 579481 | 69470 | | 429082 | 529 |
| 四　川 | 1237186 | 6703 | 204065 | 723711 | | 270673 | 32034 |
| 贵　州 | 784222 | | 151905 | 97808 | 138754 | 287380 | 108375 |
| 云　南 | 593173 | 9012 | 246270 | 87681 | 140855 | 94965 | 14390 |
| 西　藏 | 27916 | | | | | 27916 | |
| 陕　西 | 605000 | 19802 | 192946 | 21618 | 169040 | 191140 | 10454 |
| 甘　肃 | 132380 | | 9211 | 83538 | 3284 | 36347 | |
| 青　海 | 237449 | 9800 | 99748 | 106350 | 6046 | 15505 | |
| 宁　夏 | 130456 | 38858 | 40169 | 31892 | 2337 | 17200 | |
| 新　疆 | 477407 | 10121 | 47578 | 81576 | 26287 | 311845 | |

# 3-38 各地区按资质等级分的房地产开发企业商业营业用房销售面积

单位：平方米

| 地　区 | 总　计 | 一　级 | 二　级 | 三　级 | 四　级 | 暂　定 | 其　他 |
|---|---|---|---|---|---|---|---|
| **全国总计** | **92547923** | **2647001** | **14289784** | **18592923** | **11721491** | **41359287** | **3937437** |
| 北　京 | 848055 | 167659 | 42717 | 42775 | 222093 | 356801 | 16010 |
| 天　津 | 591925 | 1799 | 21713 | 9405 | 426541 | 132317 | 150 |
| 河　北 | 3853441 | 72666 | 531744 | 648613 | 1192296 | 1371135 | 36987 |
| 山　西 | 598507 | 38237 | 92816 | 132827 | 255130 | 76216 | 3281 |
| 内蒙古 | 2583267 | 20285 | 199632 | 394164 | 1485915 | 402143 | 81128 |
| 辽　宁 | 3116087 | 31074 | 464746 | 743097 | 74117 | 1692599 | 110454 |
| 吉　林 | 1292251 | 7882 | 309939 | 290137 | 106256 | 576877 | 1160 |
| 黑龙江 | 1982818 | 41132 | 438370 | 952382 | 107379 | 369226 | 74329 |
| 上　海 | 1136990 | 10017 | 39800 | 128277 |  | 863336 | 95560 |
| 江　苏 | 7280213 | 195085 | 2328111 | 564192 | 3969 | 3677745 | 511111 |
| 浙　江 | 3845725 | 137821 | 385619 | 680672 | 252098 | 1908975 | 480540 |
| 安　徽 | 6273977 | 84233 | 544553 | 1213962 | 279243 | 3994330 | 157656 |
| 福　建 | 2962516 | 108512 | 164554 | 676550 | 350634 | 1574680 | 87586 |
| 江　西 | 2204318 | 8932 | 247647 | 426017 | 170014 | 1306960 | 44748 |
| 山　东 | 6359158 | 352565 | 756810 | 723361 | 1015470 | 3031613 | 479339 |
| 河　南 | 6391790 | 122911 | 504413 | 571540 | 591308 | 4164433 | 437185 |
| 湖　北 | 4080673 | 125057 | 599294 | 683465 | 759080 | 1898791 | 14986 |
| 湖　南 | 4689362 | 118809 | 312211 | 1780695 | 714351 | 1709630 | 53666 |
| 广　东 | 4792097 | 185237 | 165959 | 865912 | 970004 | 2340580 | 264405 |
| 广　西 | 1977237 | 63121 | 483246 | 220067 | 56204 | 1095052 | 59547 |
| 海　南 | 382441 |  | 11837 | 4968 | 22074 | 334952 | 8610 |
| 重　庆 | 4630451 | 332206 | 1785521 | 674644 | 16959 | 1711803 | 109318 |
| 四　川 | 6720026 | 112022 | 1099983 | 3546406 | 24692 | 1729995 | 206928 |
| 贵　州 | 4524335 | 30347 | 942650 | 634676 | 681784 | 2032540 | 202338 |
| 云　南 | 3543348 | 14614 | 647679 | 784549 | 783114 | 1208118 | 105274 |
| 西　藏 | 21509 |  | 524 | 11301 |  | 9684 |  |
| 陕　西 | 1490216 | 32161 | 422821 | 274922 | 445293 | 233512 | 81507 |
| 甘　肃 | 969496 | 14841 | 168035 | 304263 | 243929 | 229673 | 8755 |
| 青　海 | 322653 | 3497 | 88146 | 141799 | 79003 | 8297 | 1911 |
| 宁　夏 | 1022002 | 131338 | 336280 | 196188 | 109723 | 248473 |  |
| 新　疆 | 2061039 | 82941 | 152414 | 271097 | 282818 | 1068801 | 202968 |

# 3-39　各地区按用途分的房地产开发企业商品房销售额

单位：万元

| 地　区 | 商品房销售额 | 住　宅 | #别　墅、高档公寓 | 办公楼 | 商业营业用房 | 其　他 |
|---|---|---|---|---|---|---|
| **全国总计** | **872808375** | **727698199** | **52859973** | **37614233** | **88527842** | **18968101** |
| 北　京 | 35176499 | 25128856 | 2793901 | 7027359 | 2316230 | 704054 |
| 天　津 | 17900112 | 16632526 | 936468 | 252050 | 811242 | 204294 |
| 河　北 | 33715889 | 28542101 | 625565 | 843304 | 3240309 | 1090175 |
| 山　西 | 7756381 | 7022858 | 183304 | 194240 | 457477 | 81806 |
| 内蒙古 | 10521821 | 7660638 | 105119 | 267359 | 1947366 | 646458 |
| 辽　宁 | 22549726 | 19076264 | 620216 | 334753 | 2656383 | 482326 |
| 吉　林 | 8168691 | 6802577 | 423361 | 128338 | 1048370 | 189406 |
| 黑龙江 | 10271369 | 8242147 | 121055 | 134932 | 1529970 | 364320 |
| 上　海 | 50935488 | 43199280 | 14628131 | 4886787 | 2278884 | 570537 |
| 江　苏 | 83962012 | 73748655 | 7071973 | 2224731 | 7263037 | 725589 |
| 浙　江 | 62994582 | 55192684 | 3943458 | 2163479 | 4471151 | 1167268 |
| 安　徽 | 33694228 | 27143273 | 598882 | 802889 | 5392945 | 355121 |
| 福　建 | 35858122 | 28397610 | 1339016 | 1950660 | 3748579 | 1761273 |
| 江　西 | 18636712 | 16066662 | 332295 | 343340 | 1913901 | 312809 |
| 山　东 | 54080063 | 45107586 | 1698285 | 2787432 | 5071704 | 1113341 |
| 河　南 | 39455522 | 33003306 | 454799 | 1231786 | 4577997 | 642433 |
| 湖　北 | 36613659 | 31985295 | 928375 | 483180 | 3536524 | 608660 |
| 湖　南 | 27389200 | 22538479 | 703336 | 497395 | 3787044 | 566282 |
| 广　东 | 114428014 | 99673248 | 9231766 | 5838716 | 6247329 | 2668721 |
| 广　西 | 17477650 | 14594268 | 305820 | 405647 | 1845928 | 631807 |
| 海　南 | 9827541 | 9085984 | 1359594 | 122288 | 398618 | 220651 |
| 重　庆 | 29522124 | 22444311 | 1392366 | 1180176 | 4834820 | 1062817 |
| 四　川 | 41998448 | 32695173 | 1122099 | 887320 | 7119212 | 1296743 |
| 贵　州 | 15716767 | 10681420 | 241688 | 519169 | 4228995 | 287183 |
| 云　南 | 16668542 | 12368124 | 833857 | 673411 | 2971317 | 655690 |
| 西　藏 | 210756 | 166997 | 23139 | 14796 | 28941 | 22 |
| 陕　西 | 15974351 | 13812698 | 320917 | 537651 | 1372329 | 251673 |
| 甘　肃 | 7049335 | 6030795 | 95473 | 148556 | 779044 | 90940 |
| 青　海 | 2059969 | 1398329 | 1320 | 228392 | 413459 | 19789 |
| 宁　夏 | 3702955 | 2839806 | 53760 | 101788 | 701738 | 59623 |
| 新　疆 | 8491847 | 6416249 | 370635 | 402309 | 1536999 | 136290 |

# 3-40 各地区按资质等级分的房地产开发企业商品房销售额

单位：万元

| 地 区 | 总 计 | 一 级 | 二 级 | 三 级 | 四 级 | 暂 定 | 其 他 |
|---|---|---|---|---|---|---|---|
| **全国总计** | **872808375** | **47455437** | **135679427** | **153746297** | **95462031** | **392550720** | **47914463** |
| 北 京 | 35176499 | 5284097 | 3016136 | 1855073 | 10560501 | 12645664 | 1815028 |
| 天 津 | 17900112 | 1317148 | 1474308 | 1373672 | 8586483 | 4504366 | 644135 |
| 河 北 | 33715889 | 2293638 | 4182935 | 5513414 | 7590709 | 13282331 | 852862 |
| 山 西 | 7756381 | 357248 | 1323027 | 1199790 | 3202426 | 1567704 | 106186 |
| 内蒙古 | 10521821 | 407025 | 1046966 | 1798935 | 4842614 | 2193546 | 232735 |
| 辽 宁 | 22549726 | 452007 | 2599034 | 5225562 | 184680 | 12858441 | 1230002 |
| 吉 林 | 8168691 | 305802 | 1743216 | 1586757 | 730474 | 3778160 | 24282 |
| 黑龙江 | 10271369 | 443744 | 2578827 | 4925475 | 187053 | 1946882 | 189388 |
| 上 海 | 50935488 | 1175648 | 4843189 | 3603313 | 31305 | 35700279 | 5581754 |
| 江 苏 | 83962012 | 4483424 | 26373208 | 3525922 | 106988 | 41603237 | 7869233 |
| 浙 江 | 62994582 | 2885064 | 5444092 | 11392483 | 2816039 | 34350731 | 6106173 |
| 安 徽 | 33694228 | 429434 | 4333015 | 6587948 | 859355 | 19829754 | 1654722 |
| 福 建 | 35858122 | 2041642 | 2375275 | 8377355 | 5486697 | 16494084 | 1083069 |
| 江 西 | 18636712 | 189685 | 2020945 | 3936057 | 1338527 | 10746056 | 405442 |
| 山 东 | 54080063 | 3371011 | 6471545 | 6635232 | 5828811 | 28916367 | 2857097 |
| 河 南 | 39455522 | 2045519 | 6838990 | 3554828 | 2230042 | 22834835 | 1951308 |
| 湖 北 | 36613659 | 1692757 | 8090206 | 4932925 | 3132931 | 17331799 | 1433041 |
| 湖 南 | 27389200 | 1217827 | 4467805 | 10752913 | 3283794 | 7195774 | 471087 |
| 广 东 | 114428014 | 9681330 | 7010464 | 24959818 | 19689184 | 46374034 | 6713184 |
| 广 西 | 17477650 | 836358 | 2599553 | 2817739 | 862881 | 9392461 | 968658 |
| 海 南 | 9827541 | 12411 | 464073 | 1230332 | 560335 | 6816031 | 744359 |
| 重 庆 | 29522124 | 2008795 | 11737547 | 3217059 | 146844 | 11985333 | 426546 |
| 四 川 | 41998448 | 1703944 | 8023720 | 21294483 | 367041 | 8759384 | 1849876 |
| 贵 州 | 15716767 | 130014 | 4122916 | 3132368 | 1916209 | 5948525 | 466735 |
| 云 南 | 16668542 | 389672 | 4576896 | 1992023 | 4425327 | 4854598 | 430026 |
| 西 藏 | 210756 |  | 10256 | 125010 | 7553 | 47387 | 20550 |
| 陕 西 | 15974351 | 789051 | 3156684 | 3112803 | 4052900 | 3473120 | 1389793 |
| 甘 肃 | 7049335 | 213803 | 1491666 | 2374558 | 816072 | 2104696 | 48540 |
| 青 海 | 2059969 | 107444 | 725075 | 649862 | 439404 | 133537 | 4647 |
| 宁 夏 | 3702955 | 677506 | 1308447 | 617095 | 350135 | 706603 | 43169 |
| 新 疆 | 8491847 | 512389 | 1229411 | 1445493 | 828717 | 4175001 | 300836 |

# 3-41　各地区按用途分的房地产开发企业商品房现房销售额

单位：万元

| 地　区 | 现房销售额 | 住　宅 | #别墅、高档公寓 | 办公楼 | 商业营业用房 | 其　他 |
|---|---|---|---|---|---|---|
| **全国总计** | **192283409** | **146905748** | **13700109** | **10454324** | **27176133** | **7747204** |
| 北　京 | 10255572 | 6693537 | 1124004 | 2226869 | 909585 | 425581 |
| 天　津 | 5204649 | 4496491 | 258820 | 165764 | 385597 | 156797 |
| 河　北 | 9248951 | 7143595 | 215770 | 400673 | 1212351 | 492332 |
| 山　西 | 1837519 | 1463438 | 25631 | 64468 | 254412 | 55201 |
| 内蒙古 | 3933485 | 2925695 | 83169 | 87959 | 741423 | 178408 |
| 辽　宁 | 7108901 | 5708131 | 237647 | 189437 | 1010447 | 200886 |
| 吉　林 | 1893617 | 1454391 | 139498 | 37680 | 332782 | 68764 |
| 黑龙江 | 4174486 | 3156050 | 28549 | 64495 | 778963 | 174978 |
| 上　海 | 15139244 | 11821002 | 4339643 | 1918640 | 1002403 | 397199 |
| 江　苏 | 15742643 | 12362708 | 2090588 | 735719 | 2318206 | 326010 |
| 浙　江 | 11849345 | 9446869 | 891543 | 831525 | 1268675 | 302276 |
| 安　徽 | 5414758 | 3888273 | 141873 | 204503 | 1233926 | 88056 |
| 福　建 | 3926454 | 2696293 | 282120 | 198868 | 668531 | 362762 |
| 江　西 | 3391870 | 2700365 | 105574 | 81395 | 555610 | 54500 |
| 山　东 | 11333747 | 8776805 | 432773 | 385577 | 1784499 | 386866 |
| 河　南 | 10388788 | 7936842 | 85658 | 218772 | 1969315 | 263859 |
| 湖　北 | 8862066 | 6848561 | 260819 | 176231 | 1493520 | 343754 |
| 湖　南 | 6869501 | 5512895 | 313461 | 137076 | 987801 | 231729 |
| 广　东 | 23460178 | 19277268 | 1562509 | 1197526 | 1618056 | 1367328 |
| 广　西 | 2253914 | 1822775 | 39101 | 40466 | 273812 | 116861 |
| 海　南 | 2446369 | 2324132 | 260309 | 11866 | 80961 | 29410 |
| 重　庆 | 5428856 | 3148917 | 146885 | 325999 | 1335181 | 618759 |
| 四　川 | 7081696 | 4875071 | 231734 | 256236 | 1433131 | 517258 |
| 贵　州 | 2273619 | 1302011 | 16981 | 98640 | 757081 | 115887 |
| 云　南 | 4717047 | 2914737 | 250431 | 199994 | 1319695 | 282621 |
| 西　藏 | 94473 | 70860 | 19384 | 13327 | 10286 | |
| 陕　西 | 2408029 | 1872324 | 3312 | 58521 | 431933 | 45251 |
| 甘　肃 | 2111789 | 1701701 | 2800 | 26376 | 321105 | 62607 |
| 青　海 | 335920 | 281186 | | 5232 | 46162 | 3340 |
| 宁　夏 | 1193132 | 849610 | 26025 | 26459 | 292446 | 24617 |
| 新　疆 | 1902791 | 1433215 | 83498 | 68031 | 348238 | 53307 |

# 3-42 各地区按资质等级分的房地产开发企业商品房现房销售额

单位：万元

| 地 区 | 总 计 | 一 级 | 二 级 | 三 级 | 四 级 | 暂 定 | 其 他 |
|---|---|---|---|---|---|---|---|
| **全国总计** | **192283409** | **11734918** | **36355965** | **39395713** | **26661977** | **69339494** | **8795342** |
| 北 京 | 10255572 | 2433527 | 1084318 | 718341 | 4248267 | 1509850 | 261269 |
| 天 津 | 5204649 | 271614 | 513351 | 473596 | 2380162 | 1428723 | 137203 |
| 河 北 | 9248951 | 177005 | 1492121 | 1171058 | 2310791 | 3840011 | 257965 |
| 山 西 | 1837519 | 134473 | 373184 | 337006 | 852039 | 116779 | 24038 |
| 内蒙古 | 3933485 | 178455 | 391728 | 642897 | 1588457 | 978298 | 153650 |
| 辽 宁 | 7108901 | 93534 | 987042 | 1988744 | 119093 | 3576485 | 344003 |
| 吉 林 | 1893617 | 15308 | 462125 | 273015 | 372710 | 770198 | 261 |
| 黑龙江 | 4174486 | 283276 | 1383513 | 1960132 | 111680 | 356725 | 79160 |
| 上 海 | 15139244 | 480967 | 1553562 | 2130410 | 31305 | 9160402 | 1782598 |
| 江 苏 | 15742643 | 1276912 | 5889255 | 1227287 | 30505 | 6578000 | 740684 |
| 浙 江 | 11849345 | 852421 | 1695194 | 2975781 | 682626 | 4820478 | 822845 |
| 安 徽 | 5414758 | 103155 | 1142679 | 1442831 | 314462 | 2242362 | 169269 |
| 福 建 | 3926454 | 523092 | 333393 | 1125898 | 545036 | 1339242 | 59793 |
| 江 西 | 3391870 | 41857 | 526733 | 812467 | 260595 | 1668052 | 82166 |
| 山 东 | 11333747 | 596551 | 1549285 | 1675481 | 1923809 | 4941387 | 647234 |
| 河 南 | 10388788 | 355100 | 1695418 | 1297789 | 954737 | 5501239 | 584505 |
| 湖 北 | 8862066 | 360810 | 2738226 | 1569787 | 1096306 | 3013587 | 83350 |
| 湖 南 | 6869501 | 113816 | 1098038 | 2808231 | 709880 | 2000359 | 139177 |
| 广 东 | 23460178 | 1916746 | 2095473 | 6658774 | 4239548 | 7307047 | 1242590 |
| 广 西 | 2253914 | 149970 | 233664 | 582840 | 240846 | 909881 | 136713 |
| 海 南 | 2446369 | 12191 | 105745 | 271387 | 219261 | 1617999 | 219786 |
| 重 庆 | 5428856 | 551737 | 2675872 | 727424 | 12490 | 1362582 | 98751 |
| 四 川 | 7081696 | 301931 | 1786922 | 3213539 | 113435 | 1302485 | 363384 |
| 贵 州 | 2273619 | 284 | 376809 | 476030 | 573314 | 723362 | 123820 |
| 云 南 | 4717047 | 40944 | 1845398 | 473798 | 1369726 | 935037 | 52144 |
| 西 藏 | 94473 |  |  | 51070 |  | 22853 | 20550 |
| 陕 西 | 2408029 | 102097 | 646567 | 719119 | 635561 | 197794 | 106891 |
| 甘 肃 | 2111789 | 7215 | 553943 | 863530 | 379702 | 288640 | 18759 |
| 青 海 | 335920 | 40646 | 118535 | 135212 | 27398 | 9758 | 4371 |
| 宁 夏 | 1193132 | 227142 | 554098 | 249824 | 90725 | 71343 |  |
| 新 疆 | 1902791 | 92142 | 453774 | 342415 | 227511 | 748536 | 38413 |

# 3-43　各地区按用途分的房地产开发企业商品房期房销售额

单位：万元

| 地　区 | 期　房销售额 | 住　宅 | #别　墅、高档公寓 | 办公楼 | 商业营业用房 | 其　他 |
|---|---|---|---|---|---|---|
| **全国总计** | **680524966** | **580792451** | **39159864** | **27159909** | **61351709** | **11220897** |
| 北　京 | 24920927 | 18435319 | 1669897 | 4800490 | 1406645 | 278473 |
| 天　津 | 12695463 | 12136035 | 677648 | 86286 | 425645 | 47497 |
| 河　北 | 24466938 | 21398506 | 409795 | 442631 | 2027958 | 597843 |
| 山　西 | 5918862 | 5559420 | 157673 | 129772 | 203065 | 26605 |
| 内蒙古 | 6588336 | 4734943 | 21950 | 179400 | 1205943 | 468050 |
| 辽　宁 | 15440825 | 13368133 | 382569 | 145316 | 1645936 | 281440 |
| 吉　林 | 6275074 | 5348186 | 283863 | 90658 | 715588 | 120642 |
| 黑龙江 | 6096883 | 5086097 | 92506 | 70437 | 751007 | 189342 |
| 上　海 | 35796244 | 31378278 | 10288488 | 2968147 | 1276481 | 173338 |
| 江　苏 | 68219369 | 61385947 | 4981385 | 1489012 | 4944831 | 399579 |
| 浙　江 | 51145237 | 45745815 | 3051915 | 1331954 | 3202476 | 864992 |
| 安　徽 | 28279470 | 23255000 | 457009 | 598386 | 4159019 | 267065 |
| 福　建 | 31931668 | 25701317 | 1056896 | 1751792 | 3080048 | 1398511 |
| 江　西 | 15244842 | 13366297 | 226721 | 261945 | 1358291 | 258309 |
| 山　东 | 42716316 | 36330781 | 1265512 | 2401855 | 3287205 | 726475 |
| 河　南 | 29066734 | 25066464 | 369141 | 1013014 | 2608682 | 378574 |
| 湖　北 | 27751593 | 25136734 | 667556 | 306949 | 2043004 | 264906 |
| 湖　南 | 20519699 | 17025584 | 389875 | 360319 | 2799243 | 334553 |
| 广　东 | 90967836 | 80395980 | 7669257 | 4641190 | 4629273 | 1301393 |
| 广　西 | 15223736 | 12771493 | 266719 | 365181 | 1572116 | 514946 |
| 海　南 | 7381172 | 6761852 | 1099285 | 110422 | 317657 | 191241 |
| 重　庆 | 24093268 | 19295394 | 1245481 | 854177 | 3499639 | 444058 |
| 四　川 | 34916752 | 27820102 | 890365 | 631084 | 5686081 | 779485 |
| 贵　州 | 13443148 | 9379409 | 224707 | 420529 | 3471914 | 171296 |
| 云　南 | 11951495 | 9453387 | 583426 | 473417 | 1651622 | 373069 |
| 西　藏 | 116283 | 96137 | 3755 | 1469 | 18655 | 22 |
| 陕　西 | 13566322 | 11940374 | 317605 | 479130 | 940396 | 206422 |
| 甘　肃 | 4937546 | 4329094 | 92673 | 122180 | 457939 | 28333 |
| 青　海 | 1724049 | 1117143 | 1320 | 223160 | 367297 | 16449 |
| 宁　夏 | 2509823 | 1990196 | 27735 | 75329 | 409292 | 35006 |
| 新　疆 | 6589056 | 4983034 | 287137 | 334278 | 1188761 | 82983 |

# 3-44 各地区按资质等级分的房地产开发企业商品房期房销售额

单位：万元

| 地 区 | 总 计 | 一 级 | 二 级 | 三 级 | 四 级 | 暂 定 | 其 他 |
|---|---|---|---|---|---|---|---|
| **全国总计** | **680524966** | **35720519** | **99323462** | **114350584** | **68800054** | **323211226** | **39119121** |
| 北 京 | 24920927 | 2850570 | 1931818 | 1136732 | 6312234 | 11135814 | 1553759 |
| 天 津 | 12695463 | 1045534 | 960957 | 900076 | 6206321 | 3075643 | 506932 |
| 河 北 | 24466938 | 2116633 | 2690814 | 4342356 | 5279918 | 9442320 | 594897 |
| 山 西 | 5918862 | 222775 | 949843 | 862784 | 2350387 | 1450925 | 82148 |
| 内蒙古 | 6588336 | 228570 | 655238 | 1156038 | 3254157 | 1215248 | 79085 |
| 辽 宁 | 15440825 | 358473 | 1611992 | 3236818 | 65587 | 9281956 | 885999 |
| 吉 林 | 6275074 | 290494 | 1281091 | 1313742 | 357764 | 3007962 | 24021 |
| 黑龙江 | 6096883 | 160468 | 1195314 | 2965343 | 75373 | 1590157 | 110228 |
| 上 海 | 35796244 | 694681 | 3289627 | 1472903 |  | 26539877 | 3799156 |
| 江 苏 | 68219369 | 3206512 | 20483953 | 2298635 | 76483 | 35025237 | 7128549 |
| 浙 江 | 51145237 | 2032643 | 3748898 | 8416702 | 2133413 | 29530253 | 5283328 |
| 安 徽 | 28279470 | 326279 | 3190336 | 5145117 | 544893 | 17587392 | 1485453 |
| 福 建 | 31931668 | 1518550 | 2041882 | 7251457 | 4941661 | 15154842 | 1023276 |
| 江 西 | 15244842 | 147828 | 1494212 | 3123590 | 1077932 | 9078004 | 323276 |
| 山 东 | 42746316 | 2774460 | 4922260 | 4959751 | 3905002 | 23974980 | 2209863 |
| 河 南 | 29066734 | 1690419 | 5143572 | 2257039 | 1275305 | 17333596 | 1366803 |
| 湖 北 | 27751593 | 1331947 | 5351980 | 3363138 | 2036625 | 14318212 | 1349691 |
| 湖 南 | 20519699 | 1104011 | 3369767 | 7944682 | 2573914 | 5195415 | 331910 |
| 广 东 | 90967836 | 7764584 | 4914991 | 18301044 | 15449636 | 39066987 | 5470594 |
| 广 西 | 15223736 | 686388 | 2365889 | 2234899 | 622035 | 8482580 | 831945 |
| 海 南 | 7381172 | 220 | 358328 | 958945 | 341074 | 5198032 | 524573 |
| 重 庆 | 24093268 | 1457058 | 9061675 | 2489635 | 134354 | 10622751 | 327795 |
| 四 川 | 34916752 | 1402013 | 6236798 | 18080944 | 253606 | 7456899 | 1486492 |
| 贵 州 | 13443148 | 129730 | 3746107 | 2656338 | 1342895 | 5225163 | 342915 |
| 云 南 | 11951495 | 348728 | 2731498 | 1518225 | 3055601 | 3919561 | 377882 |
| 西 藏 | 116283 |  | 10256 | 73940 | 7553 | 24534 |  |
| 陕 西 | 13566322 | 686954 | 2510117 | 2393684 | 3417339 | 3275326 | 1282902 |
| 甘 肃 | 4937546 | 206588 | 937723 | 1511028 | 436370 | 1816056 | 29781 |
| 青 海 | 1724049 | 66798 | 606540 | 514650 | 412006 | 123779 | 276 |
| 宁 夏 | 2509823 | 450364 | 754349 | 367271 | 259410 | 635260 | 43169 |
| 新 疆 | 6589056 | 420247 | 775637 | 1103078 | 601206 | 3426465 | 262423 |

# 3-45　各地区按资质等级分的房地产开发企业商品住宅销售额

单位：万元

| 地区 | 总计 | 一级 | 二级 | 三级 | 四级 | 暂定 | 其他 |
|---|---|---|---|---|---|---|---|
| **全国总计** | **727698199** | **40018666** | **114078178** | **128172445** | **78992027** | **325721037** | **40715846** |
| 北京 | 25128856 | 3606570 | 2442396 | 1393403 | 7554657 | 8612012 | 1519818 |
| 天津 | 16632526 | 1276913 | 1421387 | 1337753 | 7921504 | 4046227 | 628742 |
| 河北 | 28542101 | 2165787 | 3468951 | 4998898 | 6445103 | 10714421 | 748941 |
| 山西 | 7022858 | 312491 | 1217398 | 1087986 | 2868176 | 1433291 | 103516 |
| 内蒙古 | 7660638 | 363032 | 789032 | 1322594 | 3324984 | 1678684 | 182312 |
| 辽宁 | 19076264 | 415733 | 2231406 | 4504792 | 149957 | 10680267 | 1094109 |
| 吉林 | 6802577 | 281027 | 1426633 | 1246633 | 649633 | 3175848 | 22803 |
| 黑龙江 | 8242147 | 363326 | 2125166 | 3952067 | 123206 | 1572911 | 105471 |
| 上海 | 43199280 | 1049319 | 4648148 | 2987005 | 31305 | 29888150 | 4595353 |
| 江苏 | 73748655 | 4115630 | 22953638 | 2987617 | 103887 | 36801824 | 6786059 |
| 浙江 | 55192684 | 2558156 | 4588389 | 10239503 | 2459663 | 30074163 | 5272810 |
| 安徽 | 27143273 | 280150 | 3793946 | 5231062 | 709980 | 15637794 | 1490341 |
| 福建 | 28397610 | 1497139 | 1890844 | 6842781 | 4064473 | 13168786 | 933587 |
| 江西 | 16066662 | 176453 | 1721904 | 3497561 | 1179690 | 9136004 | 355050 |
| 山东 | 45107586 | 2962870 | 5679585 | 5830663 | 4977441 | 23438858 | 2218169 |
| 河南 | 33003306 | 1867161 | 6180775 | 3088579 | 1845837 | 18575926 | 1445028 |
| 湖北 | 31985295 | 1520997 | 7174797 | 4208124 | 2635704 | 15083884 | 1361789 |
| 湖南 | 22538479 | 903376 | 3768490 | 8951611 | 2706134 | 5779608 | 429260 |
| 广东 | 99673248 | 8359948 | 6085576 | 21465235 | 17651687 | 40184404 | 5926398 |
| 广西 | 14594268 | 723164 | 2193520 | 2533707 | 776586 | 7532062 | 835229 |
| 海南 | 9085984 | 12411 | 450143 | 1208524 | 531319 | 6156995 | 726592 |
| 重庆 | 22444311 | 1394445 | 8809493 | 2389876 | 124248 | 9449954 | 276295 |
| 四川 | 32695173 | 1468194 | 6455605 | 16266337 | 304467 | 6667894 | 1532676 |
| 贵州 | 10681420 | 36738 | 2677687 | 2498539 | 1215300 | 4036133 | 217023 |
| 云南 | 12368124 | 359790 | 3349011 | 1265933 | 3328129 | 3713869 | 351392 |
| 西藏 | 166997 |  | 9459 | 114239 | 7553 | 15196 | 20550 |
| 陕西 | 13812698 | 725553 | 2584950 | 2803726 | 3398388 | 3013845 | 1286236 |
| 甘肃 | 6030795 | 201565 | 1332125 | 2021180 | 637751 | 1802747 | 35427 |
| 青海 | 1398329 | 97005 | 549476 | 279357 | 354728 | 113971 | 3792 |
| 宁夏 | 2839806 | 510403 | 1006874 | 491950 | 275758 | 511652 | 43169 |
| 新疆 | 6416249 | 413320 | 1051374 | 1125210 | 634779 | 3023657 | 167909 |

# 3-46 各地区按资质等级分的房地产开发企业90平方米及以下住宅销售额

单位：万元

| 地　区 | 总　计 | 一　级 | 二　级 | 三　级 | 四　级 | 暂　定 | 其　他 |
|---|---|---|---|---|---|---|---|
| **全国总计** | **193548915** | **9489877** | **29064072** | **32842007** | **19505387** | **89401918** | **13245654** |
| 北　京 | 8309013 | 1042369 | 694694 | 399596 | 1722572 | 3579550 | 870232 |
| 天　津 | 4831843 | 30998 | 421910 | 440982 | 2354484 | 1392449 | 191020 |
| 河　北 | 11656690 | 1133007 | 1394311 | 1672376 | 1793133 | 5241307 | 422556 |
| 山　西 | 1064065 | 23081 | 192520 | 169705 | 396025 | 278583 | 4151 |
| 内蒙古 | 2353378 | 48211 | 171496 | 458769 | 1218262 | 374412 | 82228 |
| 辽　宁 | 9157321 | 177848 | 1062593 | 2062940 | 28970 | 5305965 | 519005 |
| 吉　林 | 2736241 | 92405 | 552393 | 454071 | 369903 | 1250298 | 17171 |
| 黑龙江 | 3703998 | 20196 | 762445 | 1943979 | 96423 | 809661 | 71294 |
| 上　海 | 9696152 | 477356 | 837928 | 444423 | | 6614364 | 1322081 |
| 江　苏 | 11895998 | 717915 | 3192877 | 491910 | 6123 | 6129281 | 1357892 |
| 浙　江 | 12592786 | 539177 | 918805 | 1564017 | 466805 | 7749184 | 1354798 |
| 安　徽 | 6166470 | 46625 | 1261009 | 1077849 | 122081 | 3133013 | 525893 |
| 福　建 | 4452497 | 246374 | 203181 | 815018 | 701663 | 2353966 | 132295 |
| 江　西 | 2450615 | 43277 | 358971 | 452291 | 156984 | 1390571 | 48521 |
| 山　东 | 10864285 | 317002 | 1694870 | 1154955 | 1008096 | 6125779 | 563583 |
| 河　南 | 8507276 | 618962 | 1471292 | 652652 | 355730 | 5143383 | 265257 |
| 湖　北 | 7358256 | 722164 | 1684168 | 866122 | 309362 | 3482532 | 293908 |
| 湖　南 | 2896151 | 106436 | 510429 | 1105836 | 418382 | 701016 | 54052 |
| 广　东 | 27025334 | 1339301 | 1327621 | 4912463 | 4850444 | 11895462 | 2700043 |
| 广　西 | 3761590 | 127154 | 495528 | 661789 | 189801 | 2094616 | 192702 |
| 海　南 | 4827952 | 12411 | 125555 | 473935 | 288363 | 3409660 | 518028 |
| 重　庆 | 10666821 | 522975 | 4286557 | 1259997 | 47966 | 4397807 | 151519 |
| 四　川 | 13779059 | 750378 | 2263111 | 7159962 | 165931 | 2660608 | 779069 |
| 贵　州 | 2381921 | 2002 | 801831 | 409082 | 199271 | 884998 | 84737 |
| 云　南 | 2985137 | 79152 | 860062 | 208392 | 828546 | 911465 | 97520 |
| 西　藏 | 28714 | | 400 | 10111 | 2364 | 7008 | 8831 |
| 陕　西 | 3759029 | 90620 | 672825 | 653387 | 921821 | 882575 | 537801 |
| 甘　肃 | 1529940 | 14480 | 333925 | 556710 | 196172 | 417853 | 10800 |
| 青　海 | 298969 | 10557 | 116313 | 36017 | 121343 | 13967 | 772 |
| 宁　夏 | 367779 | 77125 | 136308 | 61555 | 43731 | 49060 | |
| 新　疆 | 1443635 | 60319 | 258144 | 211116 | 124636 | 721525 | 67895 |

# 3-47　各地区按资质等级分的房地产开发企业144平方米以上住宅销售额

单位：万元

| 地　区 | 总　计 | 一　级 | 二　级 | 三　级 | 四　级 | 暂　定 | 其　他 |
|---|---|---|---|---|---|---|---|
| **全国总计** | **152881576** | **11699581** | **23206308** | **27328751** | **18166379** | **64573393** | **7907164** |
| 北　京 | 9798870 | 1510954 | 782382 | 353848 | 4172753 | 2616926 | 362007 |
| 天　津 | 3067130 | 93375 | 288321 | 398538 | 1438111 | 738363 | 110422 |
| 河　北 | 3231058 | 261256 | 387444 | 467614 | 873473 | 1216569 | 24702 |
| 山　西 | 1397789 | 49169 | 225303 | 154312 | 768331 | 174431 | 26243 |
| 内蒙古 | 1582781 | 190641 | 148825 | 306188 | 512726 | 355458 | 68943 |
| 辽　宁 | 2725990 | 60933 | 288278 | 739789 | 11175 | 1341787 | 284028 |
| 吉　林 | 1253679 | 15873 | 291913 | 246431 | 63189 | 636176 | 97 |
| 黑龙江 | 1352859 | 95541 | 423386 | 589704 | 711 | 242302 | 1215 |
| 上　海 | 16433684 | 160495 | 2052694 | 1555261 | 12894 | 11301450 | 1350890 |
| 江　苏 | 16228491 | 853840 | 5446643 | 899929 | 30675 | 8121460 | 875944 |
| 浙　江 | 16708867 | 897450 | 1529025 | 3595967 | 718440 | 8692905 | 1275080 |
| 安　徽 | 2282236 | 50535 | 224485 | 486346 | 29241 | 1289951 | 201678 |
| 福　建 | 6566741 | 401372 | 844751 | 1611801 | 1297473 | 2299289 | 112055 |
| 江　西 | 1555439 | 17209 | 172741 | 300701 | 99215 | 952048 | 13525 |
| 山　东 | 8465545 | 823469 | 1037395 | 996772 | 911304 | 4249480 | 447125 |
| 河　南 | 5513948 | 272360 | 1171255 | 521814 | 192834 | 3253519 | 102166 |
| 湖　北 | 3501863 | 132358 | 780766 | 428596 | 118314 | 1223280 | 818549 |
| 湖　南 | 4222923 | 195460 | 708912 | 1567059 | 423195 | 1260777 | 67520 |
| 广　东 | 28092496 | 4762717 | 1938382 | 7760926 | 4656581 | 7910486 | 1063404 |
| 广　西 | 1939798 | 85639 | 449612 | 337836 | 109129 | 834531 | 123051 |
| 海　南 | 1596965 |  | 63612 | 317168 | 86700 | 1055734 | 73751 |
| 重　庆 | 2564072 | 82237 | 1185508 | 130181 | 25761 | 1131645 | 8740 |
| 四　川 | 3437435 | 119857 | 601049 | 1601421 | 33045 | 867397 | 214666 |
| 贵　州 | 1319022 | 7202 | 364051 | 383960 | 81820 | 470886 | 11103 |
| 云　南 | 3513084 | 126764 | 906836 | 482413 | 860416 | 973161 | 163494 |
| 西　藏 | 29950 |  | 7719 | 8308 |  | 8188 | 5735 |
| 陕　西 | 2152472 | 133067 | 422761 | 550227 | 472188 | 476507 | 97722 |
| 甘　肃 | 687340 |  | 169127 | 190675 | 35235 | 292303 |  |
| 青　海 | 214278 | 30698 | 54465 | 81525 | 37437 | 10153 |  |
| 宁　夏 | 544795 | 187424 | 137764 | 108077 | 38036 | 73494 |  |
| 新　疆 | 899976 | 81686 | 100903 | 155364 | 55977 | 502737 | 3309 |

# 3-48 各地区按资质等级分的房地产开发企业别墅、高档公寓销售额

单位：万元

| 地　区 | 总　计 | 一　级 | 二　级 | 三　级 | 四　级 | 暂　定 | 其　他 |
|---|---|---|---|---|---|---|---|
| **全国总计** | **52859973** | **3295017** | **6253123** | **9507933** | **5273911** | **25507580** | **3022409** |
| 北　京 | 2793901 | 511199 | 25579 | 113060 | 1562530 | 578710 | 2823 |
| 天　津 | 936468 | 39830 | 32535 | 159822 | 386785 | 195070 | 122426 |
| 河　北 | 625565 | 28375 | 42359 | 152152 | 336293 | 66386 | |
| 山　西 | 183304 | 1306 | 7102 | 89 | 39716 | 135091 | |
| 内蒙古 | 105119 | | 2366 | 4735 | 47631 | 50387 | |
| 辽　宁 | 620216 | 19225 | 79075 | 143478 | | 220144 | 158294 |
| 吉　林 | 423361 | 2049 | 102315 | 71551 | 15030 | 232416 | |
| 黑龙江 | 121055 | | 25200 | 61939 | | 33916 | |
| 上　海 | 14628131 | 13239 | 1707534 | 1681559 | | 9761853 | 1463946 |
| 江　苏 | 7071973 | 385847 | 1664103 | 501676 | | 4160407 | 359940 |
| 浙　江 | 3943458 | 122452 | 268415 | 1096203 | 295489 | 1922460 | 238439 |
| 安　徽 | 598882 | 7344 | 57827 | 157755 | 8586 | 356654 | 10716 |
| 福　建 | 1339016 | 51590 | 203133 | 264624 | 222889 | 580670 | 16110 |
| 江　西 | 332295 | 10605 | 18393 | 72354 | 35581 | 192058 | 3304 |
| 山　东 | 1698285 | 223301 | 61795 | 165587 | 224883 | 990729 | 31990 |
| 河　南 | 454799 | 39141 | 130918 | 32975 | 17662 | 234103 | |
| 湖　北 | 928375 | 65146 | 191857 | 197029 | 51293 | 393474 | 29576 |
| 湖　南 | 703336 | 10348 | 67495 | 410890 | 74177 | 136768 | 3658 |
| 广　东 | 9231766 | 1554732 | 127083 | 3026524 | 1429333 | 2824992 | 269102 |
| 广　西 | 305820 | 26576 | 50265 | 53802 | 8833 | 163666 | 2678 |
| 海　南 | 1359594 | | 59698 | 209724 | 104034 | 905115 | 81023 |
| 重　庆 | 1392366 | 47021 | 697834 | 106885 | 16110 | 524516 | |
| 四　川 | 1122099 | 32847 | 146763 | 544124 | 40352 | 217916 | 140097 |
| 贵　州 | 241688 | 4850 | 41073 | 60527 | 8975 | 119730 | 6533 |
| 云　南 | 833857 | 66019 | 162634 | 96112 | 289295 | 200474 | 19323 |
| 西　藏 | 23139 | | | 4081 | | | 19058 |
| 陕　西 | 320917 | 5432 | 216629 | 16809 | 31169 | 10108 | 40770 |
| 甘　肃 | 95473 | 2800 | 542 | 5359 | 250 | 86522 | |
| 青　海 | 1320 | | 1320 | | | | |
| 宁　夏 | 53760 | 2438 | 15878 | 16023 | 10466 | 8955 | |
| 新　疆 | 370635 | 21305 | 45403 | 80485 | 16549 | 204290 | 2603 |

# 3-49　各地区按资质等级分的房地产开发企业办公楼销售额

单位：万元

| 地　区 | 总　计 | 一　级 | 二　级 | 三　级 | 四　级 | 暂　定 | 其　他 |
|---|---|---|---|---|---|---|---|
| **全国总计** | **37614233** | **2532645** | **4195542** | **5042747** | **4143130** | **19545967** | **2154202** |
| 北　京 | 7027359 | 1205298 | 387975 | 290177 | 2161088 | 2770903 | 211918 |
| 天　津 | 252050 | 38083 | 11829 | 1949 | 50135 | 135025 | 15029 |
| 河　北 | 843304 | 2407 | 86540 | 820 | 84419 | 669118 | |
| 山　西 | 194240 | 8533 | 4867 | 16343 | 102985 | 61512 | |
| 内蒙古 | 267359 | 12180 | 46200 | 19997 | 143798 | 45184 | |
| 辽　宁 | 334753 | 5510 | 20004 | 35595 | 70 | 235886 | 37688 |
| 吉　林 | 128338 | 1549 | 15403 | 47438 | 6526 | 57422 | |
| 黑龙江 | 134932 | 7978 | 1964 | 94924 | 2245 | 19993 | 7828 |
| 上　海 | 4886787 | 35593 | 52602 | 358258 | | 3764223 | 676111 |
| 江　苏 | 2224731 | 39128 | 765051 | 56970 | | 953494 | 410088 |
| 浙　江 | 2163479 | 34774 | 176315 | 316324 | 59720 | 1344068 | 232278 |
| 安　徽 | 802889 | 48525 | 18370 | 180841 | 1121 | 528468 | 25564 |
| 福　建 | 1950660 | 20347 | 123794 | 397611 | 445500 | 953247 | 10161 |
| 江　西 | 343340 | | 27400 | 16923 | 19751 | 277368 | 1898 |
| 山　东 | 2787432 | 29647 | 114007 | 236760 | 103421 | 2212753 | 90844 |
| 河　南 | 1231786 | 26268 | 208776 | 22910 | 16934 | 931348 | 25550 |
| 湖　北 | 483180 | | 71084 | 61289 | 8929 | 334038 | 7840 |
| 湖　南 | 497395 | 76710 | 156668 | 144597 | 44614 | 74806 | |
| 广　东 | 5838716 | 732661 | 371290 | 1578701 | 482358 | 2421444 | 252262 |
| 广　西 | 405647 | 12246 | 127 | 39146 | 7401 | 313740 | 32987 |
| 海　南 | 122288 | | | 7257 | | 115031 | |
| 重　庆 | 1180176 | 106533 | 657380 | 51100 | | 364899 | 264 |
| 四　川 | 887320 | 4777 | 145188 | 528445 | | 188058 | 20852 |
| 贵　州 | 519169 | | 98020 | 60792 | 99376 | 183467 | 77514 |
| 云　南 | 673411 | 5024 | 332002 | 124499 | 129347 | 75474 | 7065 |
| 西　藏 | 14796 | | | | | 14796 | |
| 陕　西 | 537651 | 24610 | 174357 | 17521 | 152255 | 158447 | 10461 |
| 甘　肃 | 148556 | | 8699 | 96365 | 1062 | 42430 | |
| 青　海 | 228392 | 3600 | 55437 | 151727 | 4264 | 13364 | |
| 宁　夏 | 101788 | 31586 | 33246 | 25209 | 507 | 11240 | |
| 新　疆 | 402309 | 19078 | 30947 | 62259 | 15304 | 274721 | |

# 3-50 各地区按资质等级分的房地产开发企业商业营业用房销售额

单位：万元

| 地　区 | 总　计 | 一　级 | 二　级 | 三　级 | 四　级 | 暂　定 | 其　他 |
|---|---|---|---|---|---|---|---|
| **全国总计** | **88527842** | **3705637** | **14273243** | **16754587** | **9701306** | **39969576** | **4123493** |
| 北　京 | 2316230 | 339412 | 134669 | 108538 | 570339 | 1092535 | 70737 |
| 天　津 | 811242 | 1855 | 26961 | 23174 | 513557 | 245331 | 364 |
| 河　北 | 3240309 | 73507 | 504824 | 384174 | 903981 | 1342589 | 31234 |
| 山　西 | 457477 | 30985 | 91840 | 82609 | 177322 | 72051 | 2670 |
| 内蒙古 | 1947366 | 26554 | 155638 | 314925 | 1105036 | 294937 | 50276 |
| 辽　宁 | 2656383 | 28649 | 295675 | 587159 | 34516 | 1623676 | 86708 |
| 吉　林 | 1048370 | 11654 | 244068 | 247407 | 61681 | 482513 | 1047 |
| 黑龙江 | 1529970 | 71156 | 376670 | 694768 | 50242 | 269317 | 67817 |
| 上　海 | 2278884 | 16027 | 68992 | 214685 | | 1788826 | 190354 |
| 江　苏 | 7263037 | 278590 | 2399453 | 447889 | 1404 | 3500402 | 635299 |
| 浙　江 | 4471151 | 205205 | 463076 | 651011 | 242247 | 2400900 | 508712 |
| 安　徽 | 5392945 | 81280 | 485211 | 1130307 | 135825 | 3426628 | 133694 |
| 福　建 | 3748579 | 293134 | 208999 | 765346 | 536134 | 1822921 | 122045 |
| 江　西 | 1913901 | 13232 | 226384 | 317300 | 126627 | 1190809 | 39549 |
| 山　东 | 5071704 | 283974 | 595318 | 446615 | 599781 | 2650929 | 495087 |
| 河　南 | 4577997 | 114485 | 408299 | 372190 | 320816 | 3017818 | 344389 |
| 湖　北 | 3536524 | 169804 | 686337 | 555274 | 473303 | 1611041 | 40765 |
| 湖　南 | 3787044 | 214994 | 394549 | 1459371 | 473030 | 1205302 | 39798 |
| 广　东 | 6247329 | 481607 | 231565 | 1195859 | 1078197 | 2928254 | 331847 |
| 广　西 | 1845928 | 78477 | 320083 | 196626 | 52319 | 1137947 | 60476 |
| 海　南 | 398618 | | 11140 | 6135 | 24435 | 348738 | 8170 |
| 重　庆 | 4834820 | 382383 | 1842331 | 590529 | 17602 | 1859950 | 142025 |
| 四　川 | 7119212 | 164122 | 1139488 | 3844058 | 31686 | 1676250 | 263608 |
| 贵　州 | 4228995 | 90168 | 1277107 | 528641 | 536854 | 1637282 | 158943 |
| 云　南 | 2971317 | 12283 | 683126 | 551216 | 763773 | 894226 | 66693 |
| 西　藏 | 28941 | | 797 | 10749 | | 17395 | |
| 陕　西 | 1372329 | 34066 | 367215 | 256031 | 404028 | 225516 | 85473 |
| 甘　肃 | 779044 | 12238 | 141449 | 232731 | 150244 | 229269 | 13113 |
| 青　海 | 413459 | 6839 | 116202 | 205047 | 78314 | 6202 | 855 |
| 宁　夏 | 701738 | 117565 | 247647 | 92361 | 70881 | 173284 | |
| 新　疆 | 1536999 | 71392 | 128130 | 241862 | 167132 | 796738 | 131745 |

# 3-51　各地区按用途分的房地产开发企业商品住宅销售套数

单位：套

| 地　区 | 住　宅 | #90平方米及以下住宅 | #144平方米以上住宅 | #别墅、高档公寓 |
|---|---|---|---|---|
| **全国总计** | **10578898** | **3972289** | **830082** | **191594** |
| 北　京 | 113181 | 73044 | 11501 | 2536 |
| 天　津 | 167083 | 77337 | 11249 | 4420 |
| 河　北 | 501954 | 229255 | 24193 | 3050 |
| 山　西 | 130673 | 28675 | 15285 | 1522 |
| 内蒙古 | 185031 | 84069 | 20133 | 789 |
| 辽　宁 | 375240 | 237058 | 19246 | 3139 |
| 吉　林 | 138747 | 82320 | 8374 | 1815 |
| 黑龙江 | 189258 | 125076 | 12234 | 873 |
| 上　海 | 198077 | 100233 | 19167 | 25700 |
| 江　苏 | 913062 | 242433 | 75046 | 24466 |
| 浙　江 | 430145 | 144452 | 57636 | 11582 |
| 安　徽 | 517542 | 154806 | 17366 | 4727 |
| 福　建 | 296405 | 77991 | 25928 | 4766 |
| 江　西 | 287453 | 61683 | 13440 | 2650 |
| 山　东 | 775586 | 249580 | 76073 | 10844 |
| 河　南 | 693734 | 226963 | 64447 | 3688 |
| 湖　北 | 525927 | 150987 | 21506 | 7275 |
| 湖　南 | 483857 | 91712 | 59728 | 5494 |
| 广　东 | 943194 | 320063 | 114747 | 30598 |
| 广　西 | 294588 | 97768 | 20420 | 1638 |
| 海　南 | 119393 | 85307 | 4728 | 7321 |
| 重　庆 | 496914 | 311549 | 16175 | 9754 |
| 四　川 | 685981 | 361599 | 22244 | 5677 |
| 贵　州 | 276382 | 86524 | 16560 | 1875 |
| 云　南 | 214233 | 69412 | 40038 | 7410 |
| 西　藏 | 3691 | 672 | 411 | 278 |
| 陕　西 | 256955 | 87541 | 17439 | 3265 |
| 甘　肃 | 127254 | 44995 | 7149 | 355 |
| 青　海 | 31205 | 9191 | 2732 | 3 |
| 宁　夏 | 62953 | 13494 | 6358 | 833 |
| 新　疆 | 143200 | 46500 | 8529 | 3251 |

# 3–52 各地区按资质等级分的房地产开发企业商品住宅销售套数

单位：套

| 地 区 | 总 计 | 一 级 | 二 级 | 三 级 | 四 级 | 暂 定 | 其 他 |
|---|---|---|---|---|---|---|---|
| **全国总计** | **10578898** | **450908** | **1824807** | **2138763** | **1253203** | **4439729** | **471488** |
| 北 京 | 113181 | 13131 | 12140 | 5846 | 30775 | 42990 | 8299 |
| 天 津 | 167083 | 17536 | 14768 | 13817 | 76410 | 36898 | 7654 |
| 河 北 | 501954 | 31118 | 68788 | 101838 | 126799 | 160333 | 13078 |
| 山 西 | 130673 | 7282 | 20752 | 24614 | 56305 | 19996 | 1724 |
| 内蒙古 | 185031 | 5256 | 17317 | 33757 | 89193 | 35745 | 3763 |
| 辽 宁 | 375240 | 8035 | 47097 | 92093 | 4396 | 203986 | 19633 |
| 吉 林 | 138747 | 4336 | 26420 | 27475 | 19951 | 59742 | 823 |
| 黑龙江 | 189258 | 4718 | 43548 | 97145 | 6244 | 34426 | 3177 |
| 上 海 | 198077 | 6951 | 24745 | 9202 | 124 | 133136 | 23919 |
| 江 苏 | 913062 | 54154 | 315864 | 42833 | 2057 | 424427 | 73727 |
| 浙 江 | 430145 | 17786 | 41562 | 80013 | 28166 | 225458 | 37160 |
| 安 徽 | 517542 | 4591 | 79001 | 101882 | 16660 | 294511 | 20897 |
| 福 建 | 296405 | 9560 | 15246 | 77309 | 27924 | 156983 | 9383 |
| 江 西 | 287453 | 3034 | 30368 | 65615 | 24158 | 157031 | 7247 |
| 山 东 | 775586 | 43858 | 97777 | 112383 | 107051 | 374324 | 40193 |
| 河 南 | 693734 | 33169 | 129125 | 76975 | 47911 | 374785 | 31769 |
| 湖 北 | 525927 | 25263 | 92857 | 86818 | 72900 | 238731 | 9358 |
| 湖 南 | 483857 | 14006 | 73234 | 196579 | 61588 | 126075 | 12375 |
| 广 东 | 943194 | 33314 | 50958 | 169142 | 195186 | 447929 | 46665 |
| 广 西 | 294588 | 13338 | 38575 | 55579 | 18879 | 151631 | 16586 |
| 海 南 | 119393 | 294 | 4685 | 14286 | 9156 | 80885 | 10087 |
| 重 庆 | 496914 | 30222 | 192696 | 66249 | 2384 | 199042 | 6321 |
| 四 川 | 685981 | 30375 | 138992 | 348163 | 7105 | 137324 | 24022 |
| 贵 州 | 276382 | 513 | 62887 | 62089 | 37507 | 105977 | 7409 |
| 云 南 | 214233 | 5883 | 49243 | 27073 | 64764 | 61496 | 5774 |
| 西 藏 | 3691 |  | 87 | 2908 | 168 | 272 | 256 |
| 陕 西 | 256955 | 11518 | 51628 | 56433 | 67239 | 47545 | 22592 |
| 甘 肃 | 127254 | 2678 | 25516 | 46047 | 18861 | 33104 | 1048 |
| 青 海 | 31205 | 1460 | 12308 | 5539 | 8916 | 2842 | 140 |
| 宁 夏 | 62953 | 9804 | 23043 | 12321 | 6310 | 10625 | 850 |
| 新 疆 | 143200 | 7725 | 23580 | 26740 | 18116 | 61480 | 5559 |

# 3-53 各地区按用途分的房地产开发企业商品住宅现房销售套数

单位：套

| 地区 | 住宅 | #90平方米及以下住宅 | #144平方米以上住宅 | #别墅、高档公寓 |
|---|---|---|---|---|
| **全国总计** | **2409571** | **999606** | **254613** | **45087** |
| 北京 | 31750 | 19174 | 4267 | 755 |
| 天津 | 53742 | 36489 | 3111 | 1242 |
| 河北 | 129242 | 54552 | 7441 | 1031 |
| 山西 | 35201 | 7888 | 4931 | 81 |
| 内蒙古 | 75022 | 34373 | 9226 | 609 |
| 辽宁 | 121110 | 81682 | 6980 | 1406 |
| 吉林 | 39850 | 29641 | 1644 | 359 |
| 黑龙江 | 85832 | 60382 | 5008 | 458 |
| 上海 | 71331 | 40779 | 7513 | 5927 |
| 江苏 | 192858 | 63635 | 21365 | 6178 |
| 浙江 | 74125 | 24347 | 17950 | 3083 |
| 安徽 | 93286 | 41477 | 4472 | 1136 |
| 福建 | 36161 | 11784 | 4014 | 440 |
| 江西 | 57317 | 15257 | 2860 | 999 |
| 山东 | 171064 | 61165 | 20236 | 2736 |
| 河南 | 211004 | 63907 | 22835 | 673 |
| 湖北 | 134107 | 44409 | 6887 | 1674 |
| 湖南 | 125753 | 23723 | 25412 | 2302 |
| 广东 | 187387 | 69078 | 36056 | 6868 |
| 广西 | 42696 | 17300 | 4292 | 152 |
| 海南 | 34609 | 27892 | 1200 | 1308 |
| 重庆 | 72977 | 51456 | 3998 | 830 |
| 四川 | 98964 | 46022 | 6479 | 1030 |
| 贵州 | 39461 | 12583 | 3193 | 187 |
| 云南 | 48770 | 12562 | 11014 | 1971 |
| 西藏 | 1702 | 287 | 102 | 259 |
| 陕西 | 39354 | 12635 | 2460 | 15 |
| 甘肃 | 41535 | 14949 | 3084 | 80 |
| 青海 | 6228 | 1077 | 1402 | |
| 宁夏 | 19773 | 4989 | 1794 | 333 |
| 新疆 | 37360 | 14112 | 3387 | 965 |

# 3-54 各地区按用途分的房地产开发企业商品住宅期房销售套数

单位：套

| 地区 | 住宅 | #90平方米及以下住宅 | #144平方米以上住宅 | #别墅、高档公寓 |
|---|---|---|---|---|
| **全国总计** | **8169327** | **2972683** | **575469** | **146507** |
| 北京 | 81431 | 53870 | 7234 | 1781 |
| 天津 | 113341 | 40848 | 8138 | 3178 |
| 河北 | 372712 | 174703 | 16752 | 2019 |
| 山西 | 95472 | 20787 | 10354 | 1441 |
| 内蒙古 | 110009 | 49696 | 10907 | 180 |
| 辽宁 | 254130 | 155376 | 12266 | 1733 |
| 吉林 | 98897 | 52679 | 6730 | 1456 |
| 黑龙江 | 103426 | 64694 | 7226 | 415 |
| 上海 | 126746 | 59454 | 11654 | 19773 |
| 江苏 | 720204 | 178798 | 53681 | 18288 |
| 浙江 | 356020 | 120105 | 39686 | 8499 |
| 安徽 | 424256 | 113329 | 12894 | 3591 |
| 福建 | 260244 | 66207 | 21914 | 4326 |
| 江西 | 230136 | 46426 | 10580 | 1651 |
| 山东 | 604522 | 188415 | 55837 | 8108 |
| 河南 | 482730 | 163056 | 41612 | 3015 |
| 湖北 | 391820 | 106578 | 14619 | 5601 |
| 湖南 | 358104 | 67989 | 34316 | 3192 |
| 广东 | 755807 | 250985 | 78691 | 23730 |
| 广西 | 251892 | 80468 | 16128 | 1486 |
| 海南 | 84784 | 57415 | 3528 | 6013 |
| 重庆 | 423937 | 260093 | 12177 | 8924 |
| 四川 | 587017 | 315577 | 15765 | 4647 |
| 贵州 | 236921 | 73941 | 13367 | 1688 |
| 云南 | 165463 | 56850 | 29024 | 5439 |
| 西藏 | 1989 | 385 | 309 | 19 |
| 陕西 | 217601 | 74906 | 14979 | 3250 |
| 甘肃 | 85719 | 30046 | 4065 | 275 |
| 青海 | 24977 | 8114 | 1330 | 3 |
| 宁夏 | 43180 | 8505 | 4564 | 500 |
| 新疆 | 105840 | 32388 | 5142 | 2286 |

# 3-55　各地区按资质等级分的房地产开发企业90平方米及以下住宅销售套数

单位：套

| 地　区 | 总　计 | 一　级 | 二　级 | 三　级 | 四　级 | 暂　定 | 其　他 |
|---|---|---|---|---|---|---|---|
| **全国总计** | **3972289** | **160904** | **726111** | **789186** | **428880** | **1676712** | **190496** |
| 北　京 | 73044 | 7194 | 6811 | 2656 | 18733 | 31127 | 6523 |
| 天　津 | 77337 | 466 | 8378 | 7157 | 36828 | 21969 | 2539 |
| 河　北 | 229255 | 17013 | 33546 | 39826 | 45058 | 86083 | 7729 |
| 山　西 | 28675 | 840 | 4584 | 5907 | 11320 | 5934 | 90 |
| 内蒙古 | 84069 | 1108 | 5678 | 16143 | 46268 | 12729 | 2143 |
| 辽　宁 | 237058 | 4436 | 30208 | 54260 | 1116 | 134200 | 12838 |
| 吉　林 | 82320 | 1778 | 14522 | 15109 | 14906 | 35312 | 693 |
| 黑龙江 | 125076 | 739 | 24628 | 68275 | 5372 | 23542 | 2520 |
| 上　海 | 100233 | 4909 | 10505 | 3522 |  | 66993 | 14304 |
| 江　苏 | 242433 | 11680 | 96623 | 12902 | 234 | 102871 | 18123 |
| 浙　江 | 144452 | 5644 | 14199 | 21640 | 9885 | 80815 | 12269 |
| 安　徽 | 154806 | 1110 | 34761 | 28550 | 3706 | 78049 | 8630 |
| 福　建 | 77991 | 2829 | 3314 | 18013 | 9955 | 40897 | 2983 |
| 江　西 | 61683 | 938 | 6484 | 11676 | 4889 | 36259 | 1437 |
| 山　东 | 249580 | 7565 | 37063 | 31949 | 29325 | 130347 | 13331 |
| 河　南 | 226963 | 13811 | 42392 | 22769 | 13431 | 127082 | 7478 |
| 湖　北 | 150987 | 16161 | 28557 | 20810 | 12005 | 69258 | 4196 |
| 湖　南 | 91712 | 2678 | 14966 | 35799 | 13518 | 22345 | 2406 |
| 广　东 | 320063 | 11885 | 15256 | 47297 | 62082 | 164177 | 19366 |
| 广　西 | 97768 | 3166 | 13548 | 18420 | 5600 | 52088 | 4946 |
| 海　南 | 85307 | 294 | 2228 | 8098 | 7201 | 59073 | 8413 |
| 重　庆 | 311549 | 16291 | 126735 | 41086 | 1186 | 122699 | 3552 |
| 四　川 | 361599 | 18702 | 63616 | 189197 | 4530 | 71201 | 14353 |
| 贵　州 | 86524 | 62 | 27245 | 14902 | 8793 | 31861 | 3661 |
| 云　南 | 69412 | 1973 | 18390 | 6260 | 24081 | 17035 | 1673 |
| 西　藏 | 672 |  | 15 | 270 | 64 | 174 | 149 |
| 陕　西 | 87541 | 2049 | 16861 | 17630 | 21437 | 18257 | 11307 |
| 甘　肃 | 44995 | 654 | 9436 | 16948 | 7221 | 10374 | 362 |
| 青　海 | 9191 | 283 | 3737 | 1045 | 3609 | 490 | 27 |
| 宁　夏 | 13494 | 3192 | 4532 | 2677 | 1550 | 1543 |  |
| 新　疆 | 46500 | 1454 | 7293 | 8393 | 4977 | 21928 | 2455 |

# 3-56 各地区按资质等级分的房地产开发企业144平方米以上住宅销售套数

单位：套

| 地区 | 总计 | 一级 | 二级 | 三级 | 四级 | 暂定 | 其他 |
|---|---|---|---|---|---|---|---|
| **全国总计** | **830082** | **44008** | **142204** | **174005** | **105046** | **329511** | **35308** |
| 北京 | 11501 | 2005 | 1148 | 417 | 4500 | 3152 | 279 |
| 天津 | 11249 | 232 | 2258 | 1326 | 4629 | 2222 | 582 |
| 河北 | 24193 | 1665 | 2951 | 4607 | 5995 | 8782 | 193 |
| 山西 | 15285 | 571 | 2297 | 2023 | 8496 | 1578 | 320 |
| 内蒙古 | 20133 | 2083 | 1864 | 4936 | 7255 | 3201 | 794 |
| 辽宁 | 19246 | 701 | 1910 | 6123 | 95 | 8735 | 1682 |
| 吉林 | 8374 | 140 | 1855 | 1770 | 563 | 4044 | 2 |
| 黑龙江 | 12234 | 855 | 4187 | 4819 | 14 | 2331 | 28 |
| 上海 | 19167 | 152 | 2005 | 1831 | 41 | 13873 | 1265 |
| 江苏 | 75046 | 3724 | 27529 | 3418 | 137 | 36498 | 3740 |
| 浙江 | 57636 | 3104 | 6230 | 12825 | 3787 | 27424 | 4266 |
| 安徽 | 17366 | 188 | 2198 | 3703 | 366 | 9818 | 1093 |
| 福建 | 25928 | 1022 | 2069 | 8260 | 2718 | 11590 | 269 |
| 江西 | 13440 | 140 | 1371 | 2881 | 1034 | 7830 | 184 |
| 山东 | 76073 | 7203 | 9077 | 10828 | 10270 | 33389 | 5306 |
| 河南 | 64447 | 2106 | 13577 | 8059 | 3098 | 36233 | 1374 |
| 湖北 | 21506 | 613 | 3468 | 4053 | 1939 | 9597 | 1836 |
| 湖南 | 59728 | 1460 | 8814 | 21728 | 5770 | 20573 | 1383 |
| 广东 | 114747 | 8848 | 8757 | 30068 | 23716 | 38613 | 4745 |
| 广西 | 20420 | 745 | 4112 | 3750 | 1573 | 8293 | 1947 |
| 海南 | 4728 | | 250 | 780 | 283 | 3241 | 174 |
| 重庆 | 16175 | 659 | 7163 | 1101 | 295 | 6840 | 117 |
| 四川 | 22244 | 573 | 4197 | 10577 | 304 | 5396 | 1197 |
| 贵州 | 16560 | 54 | 4639 | 5024 | 1559 | 5097 | 187 |
| 云南 | 40038 | 1317 | 8795 | 7600 | 10291 | 10505 | 1530 |
| 西藏 | 411 | | 59 | 201 | | 98 | 53 |
| 陕西 | 17439 | 981 | 3581 | 4735 | 3972 | 3442 | 728 |
| 甘肃 | 7149 | | 1885 | 2674 | 675 | 1915 | |
| 青海 | 2732 | 260 | 706 | 1089 | 490 | 187 | |
| 宁夏 | 6358 | 1731 | 1975 | 1417 | 390 | 845 | |
| 新疆 | 8529 | 876 | 1277 | 1382 | 791 | 4169 | 34 |

# 3-57　各地区按资质等级分的房地产开发企业别墅、高档公寓销售套数

单位：套

| 地　区 | 总　计 | 一　级 | 二　级 | 三　级 | 四　级 | 暂　定 | 其　他 |
|---|---|---|---|---|---|---|---|
| **全国总计** | **191594** | **8322** | **25720** | **33043** | **21763** | **91807** | **10939** |
| 北　京 | 2536 | 162 | 26 | 73 | 1616 | 651 | 8 |
| 天　津 | 4420 | 96 | 158 | 345 | 2300 | 849 | 672 |
| 河　北 | 3050 | 79 | 257 | 808 | 1344 | 562 | |
| 山　西 | 1522 | 5 | 22 | 1 | 395 | 1099 | |
| 内蒙古 | 789 | | 11 | 135 | 366 | 277 | |
| 辽　宁 | 3139 | 232 | 277 | 724 | | 1366 | 540 |
| 吉　林 | 1815 | 92 | 355 | 340 | 90 | 938 | |
| 黑龙江 | 873 | | 151 | 532 | | 190 | |
| 上　海 | 25700 | 29 | 1931 | 2401 | | 17888 | 3451 |
| 江　苏 | 24466 | 1333 | 5988 | 1323 | | 14656 | 1166 |
| 浙　江 | 11582 | 408 | 851 | 3285 | 1149 | 5303 | 586 |
| 安　徽 | 4727 | 29 | 330 | 1437 | 77 | 2803 | 51 |
| 福　建 | 4766 | 66 | 323 | 875 | 431 | 2670 | 401 |
| 江　西 | 2650 | 225 | 78 | 365 | 316 | 1495 | 171 |
| 山　东 | 10844 | 1187 | 320 | 831 | 1696 | 6503 | 307 |
| 河　南 | 3688 | 327 | 896 | 490 | 117 | 1858 | |
| 湖　北 | 7275 | 278 | 2475 | 1273 | 802 | 2350 | 97 |
| 湖　南 | 5494 | 41 | 727 | 2544 | 407 | 1758 | 17 |
| 广　东 | 30598 | 1992 | 434 | 8092 | 6698 | 11965 | 1417 |
| 广　西 | 1638 | 126 | 135 | 406 | 46 | 911 | 14 |
| 海　南 | 7321 | | 581 | 824 | 420 | 5176 | 320 |
| 重　庆 | 9754 | 408 | 3319 | 1443 | 167 | 4417 | |
| 四　川 | 5677 | 80 | 550 | 2350 | 531 | 1276 | 890 |
| 贵　州 | 1875 | 36 | 511 | 359 | 51 | 869 | 49 |
| 云　南 | 7410 | 618 | 1787 | 1065 | 1908 | 1825 | 207 |
| 西　藏 | 278 | | | 22 | | | 256 |
| 陕　西 | 3265 | 7 | 2303 | 183 | 437 | 26 | 309 |
| 甘　肃 | 355 | 80 | 4 | 23 | 1 | 247 | |
| 青　海 | 3 | | 3 | | | | |
| 宁　夏 | 833 | 54 | 265 | 120 | 155 | 239 | |
| 新　疆 | 3251 | 332 | 652 | 374 | 243 | 1640 | 10 |

# 3-58 各地区按用途分的房地产开发企业商品房平均销售价格

单位：元/平方米

| 地　区 | 商品房平均销售价格 | 住　宅 | #别　墅、高档公寓 | 办公楼 | 商业营业用房 | 其　他 |
|---|---|---|---|---|---|---|
| **全国总计** | **6793** | **6473** | **15157** | **12914** | **9566** | **4845** |
| 北　京 | 22633 | 22300 | 38817 | 28917 | 27312 | 7070 |
| 天　津 | 10107 | 9931 | 13484 | 15505 | 13705 | 9804 |
| 河　北 | 5759 | 5530 | 9967 | 9360 | 8409 | 5011 |
| 山　西 | 4870 | 4742 | 9780 | 9039 | 7644 | 2720 |
| 内蒙古 | 4441 | 3939 | 5853 | 6181 | 7538 | 5261 |
| 辽　宁 | 5758 | 5486 | 9478 | 8931 | 8525 | 5369 |
| 吉　林 | 5476 | 5213 | 11041 | 7180 | 8113 | 4744 |
| 黑龙江 | 5144 | 4818 | 8049 | 7415 | 7716 | 5240 |
| 上　海 | 20949 | 21501 | 37415 | 24754 | 20043 | 5136 |
| 江　苏 | 7356 | 7177 | 13110 | 9336 | 9976 | 4224 |
| 浙　江 | 10525 | 10755 | 12883 | 10551 | 11626 | 4425 |
| 安　徽 | 5457 | 5067 | 7713 | 7339 | 8596 | 4412 |
| 福　建 | 8881 | 8565 | 14633 | 12551 | 12653 | 6514 |
| 江　西 | 5358 | 5107 | 7768 | 6785 | 8683 | 5098 |
| 山　东 | 5560 | 5290 | 10051 | 9290 | 7975 | 4213 |
| 河　南 | 4611 | 4317 | 7755 | 8239 | 7162 | 5273 |
| 湖　北 | 5863 | 5663 | 8208 | 7867 | 8667 | 4780 |
| 湖　南 | 4304 | 3974 | 7318 | 8233 | 8076 | 3485 |
| 广　东 | 9796 | 9495 | 17220 | 18767 | 13037 | 6790 |
| 广　西 | 4960 | 4587 | 8485 | 10447 | 9336 | 5998 |
| 海　南 | 9339 | 9226 | 16216 | 13515 | 10423 | 10920 |
| 重　庆 | 5486 | 5012 | 8991 | 10188 | 10441 | 3272 |
| 四　川 | 5475 | 5034 | 10310 | 7172 | 10594 | 3412 |
| 贵　州 | 4415 | 3629 | 7069 | 6620 | 9347 | 3356 |
| 云　南 | 5300 | 4800 | 5109 | 11353 | 8386 | 4239 |
| 西　藏 | 4111 | 3605 | 7291 | 5300 | 13455 | 2973 |
| 陕　西 | 5362 | 5082 | 7090 | 8887 | 9209 | 4893 |
| 甘　肃 | 4913 | 4613 | 12396 | 11222 | 8036 | 5260 |
| 青　海 | 5242 | 4241 | 10233 | 9619 | 12814 | 2732 |
| 宁　夏 | 4413 | 4010 | 5518 | 7802 | 6866 | 3774 |
| 新　疆 | 4653 | 4176 | 6252 | 8427 | 7457 | 3911 |

# 3-59　各地区按资质等级分的房地产开发企业商品房平均销售价格

单位：元/平方米

| 地　区 | 总　计 | 一　级 | 二　级 | 三　级 | 四　级 | 暂　定 | 其　他 |
|---|---|---|---|---|---|---|---|
| **全国总计** | **6793** | **8478** | **6221** | **5934** | **6117** | **7279** | **8492** |
| 北　京 | 22633 | 23841 | 20764 | 22579 | 22509 | 22934 | 21447 |
| 天　津 | 10107 | 6743 | 9566 | 9356 | 10587 | 11251 | 10160 |
| 河　北 | 5759 | 6538 | 5196 | 4857 | 4946 | 7039 | 6009 |
| 山　西 | 4870 | 3814 | 5371 | 4101 | 4547 | 6816 | 4124 |
| 内蒙古 | 4441 | 5018 | 4656 | 4309 | 4291 | 4695 | 4652 |
| 辽　宁 | 5758 | 5225 | 5236 | 5429 | 3759 | 6096 | 5791 |
| 吉　林 | 5476 | 6568 | 5999 | 5286 | 4039 | 5662 | 3813 |
| 黑龙江 | 5144 | 7217 | 5381 | 4934 | 3137 | 5335 | 5743 |
| 上　海 | 20949 | 16313 | 16900 | 24071 | 21118 | 21675 | 20334 |
| 江　苏 | 7356 | 7151 | 6755 | 6331 | 4561 | 7697 | 8773 |
| 浙　江 | 10525 | 11408 | 9066 | 9863 | 7326 | 11173 | 11791 |
| 安　徽 | 5457 | 6178 | 4984 | 5314 | 4102 | 5589 | 6949 |
| 福　建 | 8881 | 12923 | 10149 | 8087 | 12743 | 7958 | 10144 |
| 江　西 | 5358 | 5841 | 5287 | 4835 | 4503 | 5749 | 4890 |
| 山　东 | 5560 | 5623 | 5421 | 4773 | 4270 | 6199 | 5560 |
| 河　南 | 4611 | 5440 | 4494 | 3748 | 3646 | 4882 | 4628 |
| 湖　北 | 5863 | 6970 | 7496 | 4665 | 3527 | 6070 | 11799 |
| 湖　南 | 4304 | 6410 | 4807 | 4194 | 4085 | 4166 | 3177 |
| 广　东 | 9796 | 19352 | 10269 | 10955 | 8227 | 8801 | 12048 |
| 广　西 | 4960 | 4956 | 5313 | 4401 | 3839 | 5243 | 4633 |
| 海　南 | 9339 | 5513 | 9994 | 8795 | 7700 | 9582 | 9355 |
| 重　庆 | 5486 | 5713 | 5653 | 4437 | 6086 | 5616 | 6073 |
| 四　川 | 5475 | 5400 | 5080 | 5487 | 4899 | 5613 | 7123 |
| 贵　州 | 4415 | 13629 | 5433 | 4031 | 3729 | 4261 | 4472 |
| 云　南 | 5300 | 5082 | 6439 | 4382 | 4840 | 5372 | 5050 |
| 西　藏 | 4111 |  | 6851 | 3244 | 4233 | 7192 | 7186 |
| 陕　西 | 5362 | 5833 | 5153 | 4856 | 5045 | 6312 | 5876 |
| 甘　肃 | 4913 | 7385 | 5196 | 4646 | 3743 | 5567 | 4144 |
| 青　海 | 5242 | 6339 | 4963 | 7026 | 4304 | 3990 | 2463 |
| 宁　夏 | 4413 | 5087 | 4277 | 3794 | 4326 | 4839 | 4115 |
| 新　疆 | 4653 | 5059 | 4530 | 4501 | 3612 | 5042 | 4072 |

# 3-60 各地区按资质等级分的房地产开发企业90平方米及以下住宅平均销售价格

单位：元/平方米

| 地区 | 总计 | 一级 | 二级 | 三级 | 四级 | 暂定 | 其他 |
|---|---|---|---|---|---|---|---|
| **全国总计** | **6286** | **7510** | **5203** | **5392** | **5869** | **6870** | **8746** |
| 北京 | 15222 | 18256 | 13316 | 18428 | 12712 | 15656 | 17139 |
| 天津 | 7790 | 8981 | 6528 | 7615 | 8097 | 7575 | 9714 |
| 河北 | 6222 | 7889 | 5131 | 5206 | 4903 | 7415 | 6585 |
| 山西 | 4677 | 3315 | 5129 | 3539 | 4636 | 5703 | 5453 |
| 内蒙古 | 3534 | 5097 | 4098 | 3604 | 3318 | 3692 | 4382 |
| 辽宁 | 4979 | 4723 | 4508 | 4984 | 3497 | 5117 | 4862 |
| 吉林 | 4366 | 6486 | 5259 | 3852 | 3401 | 4530 | 3544 |
| 黑龙江 | 4026 | 3924 | 4185 | 3891 | 2710 | 4466 | 4387 |
| 上海 | 13038 | 14036 | 10714 | 15371 |  | 13418 | 12063 |
| 江苏 | 6272 | 7451 | 4314 | 4848 | 2958 | 7520 | 9579 |
| 浙江 | 10728 | 11749 | 8443 | 8970 | 6104 | 11665 | 13027 |
| 安徽 | 4934 | 5221 | 4436 | 4570 | 3981 | 5068 | 7329 |
| 福建 | 7593 | 11265 | 7954 | 6311 | 9709 | 7460 | 6018 |
| 江西 | 5386 | 5928 | 6615 | 4824 | 4454 | 5497 | 4231 |
| 山东 | 5438 | 5103 | 5526 | 4537 | 4251 | 5940 | 5313 |
| 河南 | 4696 | 5445 | 4583 | 3587 | 3195 | 5052 | 4058 |
| 湖北 | 6150 | 5839 | 7385 | 5010 | 3403 | 6404 | 7923 |
| 湖南 | 4351 | 6439 | 4619 | 4392 | 4210 | 4101 | 3281 |
| 广东 | 11024 | 14586 | 11316 | 13524 | 10096 | 9561 | 17467 |
| 广西 | 4927 | 5174 | 5008 | 4502 | 4167 | 5139 | 4837 |
| 海南 | 8395 | 5513 | 8582 | 8396 | 6403 | 8514 | 9206 |
| 重庆 | 4580 | 4513 | 4598 | 4067 | 5394 | 4707 | 5441 |
| 四川 | 4885 | 5093 | 4432 | 4878 | 4671 | 4865 | 6932 |
| 贵州 | 3682 | 4070 | 4078 | 3546 | 3017 | 3627 | 3464 |
| 云南 | 5724 | 4980 | 6020 | 4643 | 4643 | 7253 | 7091 |
| 西藏 | 5409 |  | 3077 | 5107 | 4235 | 5024 | 7091 |
| 陕西 | 5466 | 5664 | 5277 | 5111 | 5316 | 5896 | 5766 |
| 甘肃 | 4269 | 2994 | 4277 | 4118 | 3561 | 5097 | 3360 |
| 青海 | 4317 | 5946 | 4377 | 5341 | 4066 | 3429 | 3190 |
| 宁夏 | 3492 | 3213 | 3798 | 2870 | 3518 | 4253 |  |
| 新疆 | 3986 | 5604 | 4587 | 3440 | 3139 | 4140 | 3437 |

# 3-61　各地区按资质等级分的房地产开发企业144平方米以上住宅平均销售价格

单位：元/平方米

| 地　区 | 总 计 | 一 级 | 二 级 | 三 级 | 四 级 | 暂 定 | 其 他 |
|---|---|---|---|---|---|---|---|
| **全国总计** | **9766** | **13572** | **8631** | **8435** | **9070** | **10417** | **11956** |
| 北　京 | 37062 | 32012 | 33504 | 37914 | 36913 | 40815 | 49269 |
| 天　津 | 14755 | 16801 | 7892 | 15504 | 16803 | 16116 | 12736 |
| 河　北 | 7068 | 8261 | 6733 | 6077 | 7223 | 7281 | 8284 |
| 山　西 | 5250 | 5111 | 5679 | 4637 | 5119 | 6557 | 3757 |
| 内 蒙 古 | 4455 | 4587 | 4471 | 3960 | 4021 | 5654 | 5422 |
| 辽　宁 | 7935 | 4793 | 7732 | 7048 | 7510 | 8657 | 8856 |
| 吉　林 | 8191 | 6856 | 8761 | 7923 | 6526 | 8305 | 3277 |
| 黑 龙 江 | 6522 | 6969 | 6111 | 6888 | 3061 | 6350 | 2691 |
| 上　海 | 40521 | 41685 | 46424 | 36432 | 21461 | 39372 | 49741 |
| 江　苏 | 10579 | 11722 | 9758 | 11229 | 15287 | 10933 | 11236 |
| 浙　江 | 13648 | 13966 | 11627 | 12708 | 8666 | 15078 | 14806 |
| 安　徽 | 7047 | 9650 | 5740 | 6784 | 4101 | 7122 | 10296 |
| 福　建 | 12374 | 19306 | 18131 | 9487 | 22466 | 9981 | 21127 |
| 江　西 | 6443 | 7032 | 7638 | 5521 | 5219 | 6811 | 4376 |
| 山　东 | 6347 | 6569 | 6324 | 5398 | 5014 | 7223 | 4984 |
| 河　南 | 5084 | 7601 | 4932 | 3967 | 3669 | 5383 | 4506 |
| 湖　北 | 8778 | 12093 | 11841 | 5829 | 3387 | 6969 | 21505 |
| 湖　南 | 4171 | 7056 | 4793 | 4147 | 4352 | 3745 | 2711 |
| 广　东 | 12529 | 24242 | 10583 | 13294 | 10445 | 10552 | 12758 |
| 广　西 | 5119 | 6166 | 5713 | 4882 | 3751 | 5459 | 3493 |
| 海　南 | 18037 |  | 13544 | 24223 | 14210 | 17604 | 15780 |
| 重　庆 | 8222 | 6174 | 8559 | 6638 | 5822 | 8435 | 4715 |
| 四　川 | 8240 | 9880 | 7536 | 8105 | 5105 | 9074 | 8379 |
| 贵　州 | 4677 | 8219 | 4952 | 4608 | 3135 | 4961 | 3363 |
| 云　南 | 4254 | 5132 | 4999 | 3129 | 3683 | 4744 | 6105 |
| 西　藏 | 4071 |  | 6875 | 2060 |  | 5711 | 7464 |
| 陕　西 | 6966 | 7609 | 6747 | 6052 | 7120 | 8130 | 7519 |
| 甘　肃 | 5681 |  | 5666 | 4605 | 3041 | 7665 |  |
| 青　海 | 4841 | 6906 | 4837 | 4446 | 5261 | 3269 |  |
| 宁　夏 | 5016 | 6332 | 4269 | 4417 | 5396 | 4828 |  |
| 新　疆 | 5213 | 5250 | 4215 | 5913 | 3810 | 5509 | 3554 |

# 3-62 各地区按资质等级分的房地产开发企业别墅、高档公寓平均销售价格

单位：元/平方米

| 地区 | 总计 | 一级 | 二级 | 三级 | 四级 | 暂定 | 其他 |
|---|---|---|---|---|---|---|---|
| **全国总计** | **15157** | **20041** | **12665** | **13828** | **13269** | **16263** | **17199** |
| 北京 | 38817 | 66043 | 30200 | 52294 | 33540 | 39795 | 28895 |
| 天津 | 13484 | 16213 | 13634 | 18972 | 12205 | 12601 | 13586 |
| 河北 | 9967 | 14201 | 14400 | 9578 | 10222 | 7345 | |
| 山西 | 9780 | 8753 | 14649 | 5235 | 8054 | 10264 | |
| 内蒙古 | 5853 | | 6348 | 4302 | 6197 | 5726 | |
| 辽宁 | 9478 | 3469 | 9662 | 11037 | | 8990 | 11131 |
| 吉林 | 11041 | 5096 | 12166 | 9215 | 7568 | 11748 | |
| 黑龙江 | 8049 | | 10397 | 7283 | | 8250 | |
| 上海 | 37415 | 21629 | 48189 | 39688 | | 36255 | 33808 |
| 江苏 | 13110 | 14903 | 12039 | 12916 | | 13419 | 13611 |
| 浙江 | 12883 | 11922 | 11350 | 12875 | 9603 | 13854 | 13619 |
| 安徽 | 7713 | 5967 | 7238 | 6229 | 4896 | 8855 | 10063 |
| 福建 | 14633 | 26557 | 17119 | 12096 | 25189 | 12970 | 7308 |
| 江西 | 7768 | 9900 | 10809 | 8649 | 6727 | 7750 | 2104 |
| 山东 | 10051 | 11951 | 9744 | 10307 | 7563 | 10576 | 7155 |
| 河南 | 7755 | 18680 | 7139 | 4223 | 5744 | 8567 | |
| 湖北 | 8208 | 14750 | 8231 | 8708 | 3849 | 8450 | 10351 |
| 湖南 | 7318 | 9403 | 8029 | 7348 | 8807 | 6319 | 5888 |
| 广东 | 17220 | 32183 | 13319 | 18665 | 14580 | 14190 | 14169 |
| 广西 | 8485 | 9846 | 12608 | 5728 | 6635 | 9082 | 4392 |
| 海南 | 16216 | | 8318 | 22913 | 17764 | 15909 | 16996 |
| 重庆 | 8991 | 7174 | 10702 | 4786 | 9413 | 8881 | |
| 四川 | 10310 | 13235 | 11066 | 10687 | 5485 | 10958 | 9383 |
| 贵州 | 7069 | 8715 | 5714 | 10538 | 5976 | 6573 | 6636 |
| 云南 | 5109 | 5368 | 4274 | 2959 | 6303 | 6502 | 5284 |
| 西藏 | 7291 | | | 7790 | | | 7192 |
| 陕西 | 7090 | 15427 | 6431 | 7649 | 9078 | 19294 | 8038 |
| 甘肃 | 12396 | 3200 | 5879 | 10508 | 4647 | 14021 | |
| 青海 | 10233 | | 10233 | | | | |
| 宁夏 | 5518 | 6533 | 4810 | 6724 | 5378 | 5145 | |
| 新疆 | 6252 | 4948 | 4199 | 9329 | 4963 | 6484 | 3769 |

# 3-63　各地区按用途分的房地产开发企业商品房待售面积

单位：平方米

| 地　　区 | 商品房待售面积 | 住　宅 | #别　墅、高档公寓 | 办公楼 | 商业营业用房 | 其　他 |
|---|---|---|---|---|---|---|
| **全国总计** | **718534845** | **452480477** | **34071880** | **32760933** | **146640240** | **86653195** |
| 北　京 | 21674586 | 8670260 | 2472628 | 3324838 | 4612771 | 5066717 |
| 天　津 | 10559137 | 6844826 | 943352 | 940696 | 1336198 | 1437417 |
| 河　北 | 21800457 | 16815181 | 477620 | 371563 | 3034486 | 1579227 |
| 山　西 | 18160580 | 12857168 | 190555 | 477046 | 2960658 | 1865708 |
| 内蒙古 | 14833934 | 9732046 | 311480 | 396793 | 3304859 | 1400236 |
| 辽　宁 | 46262445 | 34602561 | 1428108 | 949674 | 7836830 | 2873380 |
| 吉　林 | 15702535 | 10622722 | 316980 | 489428 | 3263099 | 1327286 |
| 黑龙江 | 25009839 | 16961671 | 184091 | 419453 | 4968019 | 2660696 |
| 上　海 | 20547365 | 9038266 | 3608867 | 2855938 | 3981152 | 4672009 |
| 江　苏 | 69089880 | 42705656 | 5685301 | 4631337 | 16597050 | 5155837 |
| 浙　江 | 42448823 | 23572234 | 3441916 | 4077354 | 9212341 | 5586894 |
| 安　徽 | 25093988 | 14837321 | 726662 | 1001876 | 7704733 | 1550058 |
| 福　建 | 20104289 | 10013085 | 793749 | 674731 | 4601917 | 4814556 |
| 江　西 | 14960599 | 10321301 | 487339 | 322148 | 3504013 | 813137 |
| 山　东 | 42767954 | 29120921 | 1166214 | 1800871 | 8617890 | 3228272 |
| 河　南 | 36068343 | 27682633 | 347269 | 904019 | 5638634 | 1843057 |
| 湖　北 | 26509253 | 18028020 | 561678 | 553987 | 5572315 | 2354931 |
| 湖　南 | 33095447 | 21807593 | 1004885 | 875369 | 6715019 | 3697466 |
| 广　东 | 56379416 | 34933495 | 3762550 | 2197047 | 8879054 | 10369820 |
| 广　西 | 16776002 | 11245102 | 539267 | 401670 | 2879429 | 2249801 |
| 海　南 | 13164700 | 11077772 | 1356879 | 177515 | 1022907 | 886506 |
| 重　庆 | 23567767 | 10038803 | 636069 | 1256539 | 5716400 | 6556025 |
| 四　川 | 28191323 | 14043841 | 747539 | 932784 | 6166604 | 7048094 |
| 贵　州 | 15267883 | 8168398 | 223966 | 987786 | 4569394 | 1542305 |
| 云　南 | 19485861 | 12205353 | 1736808 | 745297 | 4105474 | 2429737 |
| 西　藏 | 623654 | 396387 | 77304 | 8382 | 148462 | 70423 |
| 陕　西 | 6879175 | 4511942 | 15762 | 127866 | 1522239 | 717128 |
| 甘　肃 | 7429280 | 5383539 | 1250 | 96301 | 1351602 | 597838 |
| 青　海 | 2642659 | 1893587 | 5000 | 111764 | 511039 | 126269 |
| 宁　夏 | 12071509 | 7334333 | 281215 | 284320 | 3309819 | 1143037 |
| 新　疆 | 11366162 | 7014460 | 539577 | 366541 | 2995833 | 989328 |

# 3-64 各地区按资质等级分的房地产开发企业商品房待售面积

单位：平方米

| 地 区 | 总 计 | 一 级 | 二 级 | 三 级 | 四 级 | 暂 定 | 其 他 |
|---|---|---|---|---|---|---|---|
| **全国总计** | **718534845** | **30580273** | **143784391** | **169069395** | **108485704** | **240875415** | **25739667** |
| 北 京 | 21674586 | 3382099 | 3391739 | 2293271 | 9422865 | 2015089 | 1169523 |
| 天 津 | 10559137 | 243841 | 1416404 | 1171245 | 5341149 | 2279303 | 107195 |
| 河 北 | 21800457 | 718027 | 4742841 | 4595878 | 6283018 | 4915298 | 545395 |
| 山 西 | 18160580 | 1456004 | 3517247 | 3499434 | 7600291 | 1977178 | 110426 |
| 内蒙古 | 14833934 | 924578 | 2478628 | 2769839 | 6688113 | 1848499 | 124277 |
| 辽 宁 | 46262445 | 1250993 | 5259330 | 12046594 | 1143876 | 24260319 | 2301333 |
| 吉 林 | 15702535 | 97886 | 4318078 | 3019305 | 3092387 | 5157034 | 17845 |
| 黑龙江 | 25009839 | 895346 | 7663633 | 13119835 | 829198 | 2018082 | 483745 |
| 上 海 | 20547365 | 967340 | 2963947 | 3221892 | 39072 | 12098110 | 1257004 |
| 江 苏 | 69089880 | 4459399 | 27991745 | 4942377 | 136504 | 28454244 | 3105611 |
| 浙 江 | 42448823 | 2349291 | 5541449 | 11795567 | 4774139 | 15443739 | 2544638 |
| 安 徽 | 25093988 | 407741 | 3339692 | 6902592 | 1913943 | 11536337 | 993683 |
| 福 建 | 20104289 | 812172 | 2536815 | 6580327 | 3024856 | 6750793 | 399326 |
| 江 西 | 14960599 | 49141 | 1868768 | 3767585 | 1440692 | 7384837 | 449576 |
| 山 东 | 42767954 | 2582709 | 6331064 | 8420282 | 7713793 | 15960242 | 1759864 |
| 河 南 | 36068343 | 783508 | 7088797 | 5230008 | 2393361 | 19094820 | 1477849 |
| 湖 北 | 26509253 | 602538 | 3718928 | 5879375 | 6218137 | 9915011 | 175264 |
| 湖 南 | 33095447 | 319788 | 5044372 | 15643448 | 4119050 | 7210046 | 758743 |
| 广 东 | 56379416 | 1669819 | 4975331 | 14395406 | 14914859 | 16866653 | 3557348 |
| 广 西 | 16776002 | 418474 | 2320606 | 3271318 | 1789247 | 7999291 | 977066 |
| 海 南 | 13164700 | 15597 | 459838 | 1804662 | 1702662 | 8173558 | 1008383 |
| 重 庆 | 23567767 | 2319238 | 10429864 | 4061755 | 104106 | 6416961 | 235843 |
| 四 川 | 28191323 | 907394 | 6868713 | 14075944 | 595812 | 5207744 | 535716 |
| 贵 州 | 15267883 | 33376 | 3621554 | 3639067 | 2547646 | 5037933 | 388307 |
| 云 南 | 19485861 | 354536 | 4060735 | 1938308 | 7022151 | 5553242 | 556889 |
| 西 藏 | 623654 | | | 348887 | 22352 | 139276 | 113139 |
| 陕 西 | 6879175 | 293817 | 2469787 | 1690643 | 1581730 | 696186 | 147012 |
| 甘 肃 | 7429280 | 1512 | 1116879 | 2990546 | 1817869 | 1439848 | 62626 |
| 青 海 | 2642659 | 131631 | 1068805 | 738887 | 513188 | 132275 | 57873 |
| 宁 夏 | 12071509 | 1675022 | 5403868 | 2757382 | 1289532 | 934247 | 11458 |
| 新 疆 | 11366162 | 457456 | 1774934 | 2457736 | 2410106 | 3959220 | 306710 |

# 3-65　各地区按用途分的房地产开发企业商品房待售1-3年面积

单位：平方米

| 地　区 | 待售1-3年面　积 | 住　宅 | #别　墅、高档公寓 | 办公楼 | 商业营业用房 | 其　他 |
|---|---|---|---|---|---|---|
| **全国总计** | **371576347** | **232389323** | **19517795** | **17550314** | **74590446** | **47046264** |
| 北　京 | 11516833 | 4331671 | 983599 | 1940070 | 2338865 | 2906227 |
| 天　津 | 6882211 | 4370991 | 660065 | 604485 | 953688 | 953047 |
| 河　北 | 11095321 | 8483558 | 294332 | 205455 | 1641271 | 765037 |
| 山　西 | 7392305 | 5392850 | 130213 | 258258 | 1181021 | 560176 |
| 内蒙古 | 6280169 | 4020168 | 249602 | 108496 | 1547477 | 604028 |
| 辽　宁 | 26830517 | 20766726 | 765812 | 484420 | 3814948 | 1764423 |
| 吉　林 | 7099464 | 4687369 | 231913 | 388014 | 1304643 | 719438 |
| 黑龙江 | 13806356 | 9421296 | 120026 | 223311 | 2618352 | 1543397 |
| 上　海 | 8792610 | 3835114 | 1445640 | 1131459 | 1889547 | 1936490 |
| 江　苏 | 35074666 | 20647222 | 3394482 | 2608682 | 9213666 | 2605096 |
| 浙　江 | 21514839 | 12585671 | 2028195 | 2009921 | 4400159 | 2519088 |
| 安　徽 | 13404206 | 8384329 | 331503 | 459225 | 3739015 | 821637 |
| 福　建 | 9535206 | 4575162 | 422095 | 411604 | 2123012 | 2425428 |
| 江　西 | 8950720 | 6316704 | 329721 | 225306 | 1880554 | 528156 |
| 山　东 | 20766068 | 13544786 | 723062 | 928405 | 4614390 | 1678487 |
| 河　南 | 11978836 | 8856225 | 61562 | 359953 | 2092053 | 670605 |
| 湖　北 | 14576569 | 9666182 | 331972 | 338226 | 3119948 | 1452213 |
| 湖　南 | 20244790 | 13092989 | 693755 | 519438 | 3860250 | 2772113 |
| 广　东 | 31144524 | 18641430 | 2197328 | 1314625 | 4978693 | 6209776 |
| 广　西 | 9252414 | 6061629 | 416743 | 337294 | 1545668 | 1307823 |
| 海　南 | 8355159 | 7240182 | 852618 | 45281 | 581457 | 488239 |
| 重　庆 | 14634828 | 6289887 | 547377 | 971599 | 3087066 | 4286276 |
| 四　川 | 15093029 | 7566171 | 518170 | 416473 | 3295786 | 3814599 |
| 贵　州 | 6607526 | 3800985 | 104170 | 467781 | 1732935 | 605825 |
| 云　南 | 9568564 | 6004566 | 1270682 | 384586 | 2003345 | 1176067 |
| 西　藏 | 508146 | 385839 | 77304 | 994 | 82941 | 38372 |
| 陕　西 | 3019045 | 2083768 | 14540 | 67310 | 532669 | 335298 |
| 甘　肃 | 4237722 | 3004522 | 1250 | 15461 | 804606 | 413133 |
| 青　海 | 1605018 | 1252791 | 5000 | 23293 | 266075 | 62859 |
| 宁　夏 | 5851305 | 3428897 | 187455 | 89399 | 1727292 | 605717 |
| 新　疆 | 5957381 | 3649643 | 127609 | 211490 | 1619054 | 477194 |

# 3-66 各地区按资质等级分的房地产开发企业商品房待售1-3年面积

单位：平方米

| 地区 | 总计 | 一级 | 二级 | 三级 | 四级 | 暂定 | 其他 |
|---|---|---|---|---|---|---|---|
| **全国总计** | **371576347** | **14073849** | **73611459** | **91881573** | **54440067** | **124054740** | **13514659** |
| 北京 | 11516833 | 1770485 | 1727342 | 1583498 | 4491529 | 1214609 | 729370 |
| 天津 | 6882211 | 67361 | 923455 | 1010474 | 3406250 | 1416143 | 58528 |
| 河北 | 11095321 | 337140 | 2304174 | 2110029 | 3723784 | 2200378 | 419816 |
| 山西 | 7392305 | 973469 | 1643057 | 861770 | 3186395 | 708302 | 19312 |
| 内蒙古 | 6280169 | 616476 | 1337694 | 1155217 | 2702313 | 395078 | 73391 |
| 辽宁 | 26830517 | 623893 | 2434678 | 7405616 | 940524 | 14318156 | 1107650 |
| 吉林 | 7099464 | 49445 | 1248071 | 1433963 | 1667860 | 2693880 | 6245 |
| 黑龙江 | 13806356 | 454943 | 4081420 | 7687849 | 477911 | 941062 | 163171 |
| 上海 | 8792610 | 213924 | 1172171 | 1425318 |  | 5463973 | 517224 |
| 江苏 | 35074666 | 1356182 | 13218968 | 2417928 | 119761 | 16032835 | 1928992 |
| 浙江 | 21514839 | 663579 | 2986364 | 6532538 | 2429389 | 7517659 | 1385310 |
| 安徽 | 13404206 | 325940 | 1981436 | 3862564 | 1131480 | 5442749 | 660037 |
| 福建 | 9535206 | 344879 | 1354001 | 3401315 | 1449609 | 2913387 | 72015 |
| 江西 | 8950720 | 49141 | 1230716 | 2177965 | 737789 | 4434214 | 320895 |
| 山东 | 20766068 | 933322 | 2638931 | 4487964 | 3623092 | 8283752 | 799007 |
| 河南 | 11978836 | 337348 | 2420336 | 2084333 | 1201943 | 5595784 | 339092 |
| 湖北 | 14576569 | 485283 | 2055980 | 3646700 | 2839907 | 5412146 | 136553 |
| 湖南 | 20244790 | 282011 | 3384337 | 10183779 | 2196504 | 3752855 | 445304 |
| 广东 | 31144524 | 1073432 | 3106647 | 7870255 | 7270084 | 9678165 | 2145941 |
| 广西 | 9252414 | 192389 | 1047259 | 1663854 | 770308 | 4910991 | 667613 |
| 海南 | 8355159 |  | 244991 | 1197403 | 950019 | 5463551 | 499195 |
| 重庆 | 14634828 | 1253158 | 6025897 | 2528857 | 72467 | 4708927 | 45522 |
| 四川 | 15093029 | 643143 | 3592477 | 7364266 | 377301 | 2918082 | 197760 |
| 贵州 | 6607526 |  | 2461814 | 1262382 | 1049737 | 1799117 | 34476 |
| 云南 | 9568564 | 246946 | 2588250 | 904253 | 3506689 | 2079842 | 242584 |
| 西藏 | 508146 |  |  | 323164 |  | 82246 | 102736 |
| 陕西 | 3019045 | 196240 | 931846 | 598086 | 782164 | 436239 | 74470 |
| 甘肃 | 4237722 | 1337 | 761492 | 1640878 | 1100716 | 678764 | 54535 |
| 青海 | 1605018 | 131631 | 489066 | 439350 | 469509 | 43553 | 31909 |
| 宁夏 | 5851305 | 157246 | 3247551 | 1224024 | 738149 | 472877 | 11458 |
| 新疆 | 5957381 | 293506 | 971038 | 1395981 | 1026884 | 2045424 | 224548 |

# 3-67　各地区按用途分的房地产开发企业商品房待售3年以上面积

单位：平方米

| 地　区 | 待售3年以上面积 | 住　宅 | #别墅、高档公寓 | 办公楼 | 商业营业用房 | 其　他 |
|---|---|---|---|---|---|---|
| **全国总计** | **38682817** | **18493667** | **4082003** | **2784018** | **11210366** | **6194766** |
| 北　京 | 4362902 | 1654241 | 804284 | 502199 | 1372462 | 834000 |
| 天　津 | 685299 | 338217 | 24146 | 132499 | 63791 | 150792 |
| 河　北 | 471287 | 355199 | 11238 | 5100 | 70406 | 40582 |
| 山　西 | 146710 | 60405 | | 6133 | 55630 | 24542 |
| 内蒙古 | 295784 | 234711 | | 15283 | 32794 | 12996 |
| 辽　宁 | 2285883 | 1843396 | 268145 | 17024 | 310662 | 114801 |
| 吉　林 | 943481 | 676042 | 29453 | 8427 | 212578 | 46434 |
| 黑龙江 | 698236 | 406906 | | 16689 | 211272 | 63369 |
| 上　海 | 3379139 | 1308944 | 729546 | 409491 | 887226 | 773478 |
| 江　苏 | 3155463 | 1263081 | 372532 | 363354 | 1314839 | 214189 |
| 浙　江 | 3037138 | 1176978 | 297943 | 243833 | 1136446 | 479881 |
| 安　徽 | 1197319 | 731877 | 148245 | 45496 | 308335 | 111611 |
| 福　建 | 987832 | 309146 | 75587 | 31055 | 362350 | 285281 |
| 江　西 | 919228 | 379726 | 52926 | 21320 | 484787 | 33395 |
| 山　东 | 1655340 | 827398 | 52606 | 208915 | 467596 | 151431 |
| 河　南 | 348721 | 219778 | | 12314 | 81014 | 35615 |
| 湖　北 | 1149773 | 490200 | 96812 | 13810 | 363678 | 282085 |
| 湖　南 | 1328973 | 691000 | 208427 | 13725 | 359608 | 264640 |
| 广　东 | 4852129 | 2492365 | 649562 | 283980 | 1218933 | 856851 |
| 广　西 | 744745 | 333843 | 16615 | 17539 | 173329 | 220034 |
| 海　南 | 798816 | 466079 | 74043 | 21201 | 171163 | 140373 |
| 重　庆 | 1606536 | 464661 | 9343 | 113076 | 511529 | 517270 |
| 四　川 | 1037703 | 528354 | 31037 | 52544 | 214311 | 242494 |
| 贵　州 | 459887 | 99951 | 21126 | 56004 | 224611 | 79321 |
| 云　南 | 707100 | 525203 | 90687 | 13674 | 130802 | 37421 |
| 西　藏 | 28888 | 910 | | | 21628 | 6350 |
| 陕　西 | 89227 | 12022 | | | 45358 | 31847 |
| 甘　肃 | 251659 | 183028 | | 6873 | 36879 | 24879 |
| 青　海 | 52431 | 43314 | | 471 | 8646 | |
| 宁　夏 | 298231 | 122142 | 1570 | 18468 | 151132 | 6489 |
| 新　疆 | 706957 | 254550 | 16130 | 133521 | 206571 | 112315 |

# 3-68 各地区按资质等级分的房地产开发企业商品房待售3年以上面积

单位：平方米

| 地区 | 总计 | 一级 | 二级 | 三级 | 四级 | 暂定 | 其他 |
|---|---|---|---|---|---|---|---|
| **全国总计** | **38682817** | **2468316** | **7865165** | **10313797** | **6518273** | **9524470** | **1992796** |
| 北京 | 4362902 | 572769 | 743477 | 466485 | 2030061 | 198489 | 351621 |
| 天津 | 685299 | 19435 | 282209 | 136581 | 193562 | 53512 | |
| 河北 | 471287 | | 17000 | 166343 | 175406 | 112538 | |
| 山西 | 146710 | | | 36051 | 110659 | | |
| 内蒙古 | 295784 | | 65369 | 61640 | 121575 | 10200 | 37000 |
| 辽宁 | 2285883 | 286690 | 264998 | 748879 | | 972221 | 13095 |
| 吉林 | 943481 | | 93307 | 279032 | 106253 | 453289 | 11600 |
| 黑龙江 | 698236 | 21726 | 215149 | 343484 | 6260 | 111617 | |
| 上海 | 3379139 | 150050 | 701896 | 641542 | 36193 | 1546753 | 302705 |
| 江苏 | 3155463 | 157000 | 1323715 | 384255 | 2377 | 1199622 | 88494 |
| 浙江 | 3037138 | 160840 | 710044 | 861717 | 500037 | 625913 | 178587 |
| 安徽 | 1197319 | 57012 | 168697 | 555284 | 35186 | 381140 | |
| 福建 | 987832 | 13238 | 33710 | 631173 | 157004 | 110876 | 41831 |
| 江西 | 919228 | | 84959 | 440310 | 50370 | 298540 | 45049 |
| 山东 | 1655340 | 25848 | 98064 | 571155 | 408787 | 452093 | 99393 |
| 河南 | 348721 | 63630 | 118274 | 14399 | 38438 | 88793 | 25187 |
| 湖北 | 1149773 | 13606 | 175888 | 523043 | 169846 | 261204 | 6186 |
| 湖南 | 1328973 | 2183 | 413972 | 517555 | 59545 | 283221 | 52497 |
| 广东 | 4852129 | 374754 | 482935 | 1546813 | 1301613 | 700373 | 445641 |
| 广西 | 744745 | | 59060 | 318289 | 35569 | 323586 | 8241 |
| 海南 | 798816 | | 27810 | 55241 | 298013 | 337550 | 80202 |
| 重庆 | 1606536 | 319401 | 744257 | 127955 | 22777 | 303334 | 88812 |
| 四川 | 1037703 | 11776 | 356357 | 375353 | 76206 | 122323 | 95688 |
| 贵州 | 459887 | 28041 | 184651 | 67816 | 53612 | 125767 | |
| 云南 | 707100 | 45218 | 210508 | 107246 | 261800 | 63361 | 18967 |
| 西藏 | 28888 | | | 6536 | 22352 | | |
| 陕西 | 89227 | | 43939 | 12161 | 5660 | 25467 | 2000 |
| 甘肃 | 251659 | | 22346 | 94878 | 75106 | 59329 | |
| 青海 | 52431 | | 13770 | 37913 | 748 | | |
| 宁夏 | 298231 | 7780 | 115809 | 79022 | 19357 | 76263 | |
| 新疆 | 706957 | 137319 | 92995 | 105646 | 143901 | 227096 | |

# 3-69　各地区房地产开发企业90平方米及以下住宅待售情况

单位：平方米

| 地　区 | 待售面积 | 待售1-3年 | 待售3年以上 |
|---|---|---|---|
| **全国总计** | **120094353** | **64316244** | **4157229** |
| 北　京 | 2550317 | 1270314 | 321572 |
| 天　津 | 1888963 | 931633 | 214266 |
| 河　北 | 5115384 | 2621223 | 67615 |
| 山　西 | 2918257 | 1542942 | |
| 内蒙古 | 2261684 | 828959 | 64225 |
| 辽　宁 | 16879775 | 10290113 | 627342 |
| 吉　林 | 5444168 | 2286307 | 201712 |
| 黑龙江 | 7824614 | 4178876 | 209722 |
| 上　海 | 2355361 | 873780 | 330604 |
| 江　苏 | 6959486 | 2855805 | 115349 |
| 浙　江 | 3865655 | 1768965 | 127074 |
| 安　徽 | 3653822 | 2339525 | 327569 |
| 福　建 | 1958655 | 803265 | 113823 |
| 江　西 | 1351825 | 762480 | 20346 |
| 山　东 | 7698930 | 3617293 | 207548 |
| 河　南 | 5684308 | 2302930 | 15380 |
| 湖　北 | 3300655 | 1847228 | 99673 |
| 湖　南 | 3310401 | 2095005 | 69410 |
| 广　东 | 6923586 | 4127390 | 386922 |
| 广　西 | 2904441 | 1535818 | 95193 |
| 海　南 | 6722652 | 4471400 | 269701 |
| 重　庆 | 4031199 | 2773394 | 26584 |
| 四　川 | 4231230 | 2471120 | 54773 |
| 贵　州 | 1771439 | 1120204 | 38252 |
| 云　南 | 1846562 | 870320 | 5724 |
| 西　藏 | 219830 | 211186 | |
| 陕　西 | 980796 | 662636 | 3943 |
| 甘　肃 | 1851871 | 1074632 | 10541 |
| 青　海 | 375489 | 295470 | 156 |
| 宁　夏 | 1446861 | 586447 | 56393 |
| 新　疆 | 1766137 | 899584 | 75817 |

# 3−70 各地区房地产开发企业土地开发及其购置情况

| 地　区 | 待开发土地面积（平方米） | 本年土地购置面积（平方米） | 本年土地成交价款（万元） |
|---|---|---|---|
| **全国总计** | **366384843** | **228107888** | **76216118** |
| 北　京 | 5205140 | 3909562 | 8111273 |
| 天　津 | 4257683 | 1739762 | 741969 |
| 河　北 | 8619867 | 7568612 | 1684517 |
| 山　西 | 8403052 | 4316647 | 848384 |
| 内蒙古 | 4686344 | 3162699 | 526223 |
| 辽　宁 | 10338836 | 9570237 | 2460688 |
| 吉　林 | 3807118 | 7931897 | 1917186 |
| 黑龙江 | 1926565 | 2703960 | 541060 |
| 上　海 | 6821243 | 2633940 | 1799791 |
| 江　苏 | 40449141 | 16933466 | 5304223 |
| 浙　江 | 13027234 | 10125798 | 5749259 |
| 安　徽 | 24723537 | 18059358 | 4793219 |
| 福　建 | 9959674 | 10567193 | 4901195 |
| 江　西 | 6460097 | 5428939 | 1474786 |
| 山　东 | 28319020 | 17879744 | 4734490 |
| 河　南 | 16278177 | 9514082 | 1982098 |
| 湖　北 | 11985974 | 7299064 | 2387363 |
| 湖　南 | 24264570 | 8609555 | 1766598 |
| 广　东 | 41150889 | 14787975 | 8909744 |
| 广　西 | 7656076 | 4159423 | 1084496 |
| 海　南 | 10581740 | 2526968 | 753213 |
| 重　庆 | 20202381 | 16267704 | 5391204 |
| 四　川 | 16381172 | 10619800 | 3324181 |
| 贵　州 | 10057695 | 6012019 | 837525 |
| 云　南 | 9542129 | 8268902 | 1463762 |
| 西　藏 | 156194 | 308203 | 9451 |
| 陕　西 | 5917083 | 4475895 | 1347858 |
| 甘　肃 | 2190969 | 2397212 | 287078 |
| 青　海 | 639980 | 483460 | 111404 |
| 宁　夏 | 3838098 | 2305101 | 256985 |
| 新　疆 | 8537165 | 7540711 | 714895 |

# 3-71　各地区按资质等级分的房地产开发企业待开发土地面积

单位：平方米

| 地　区 | 总　计 | 一　级 | 二　级 | 三　级 | 四　级 | 暂　定 | 其　他 |
|---|---|---|---|---|---|---|---|
| **全国总计** | **366384843** | **7011846** | **48171279** | **61151366** | **43170466** | **184730786** | **22149100** |
| 北　京 | 5205140 | 79821 | 703517 | 317084 | 1451940 | 1541752 | 1111026 |
| 天　津 | 4257683 | | 157773 | 69521 | 3184901 | 748239 | 97249 |
| 河　北 | 8619867 | 379643 | 436305 | 1017022 | 3424795 | 3362102 | |
| 山　西 | 8403052 | 30273 | | 1108396 | 3800256 | 3095829 | 368298 |
| 内蒙古 | 4686344 | | 338531 | 1088680 | 2764918 | 494215 | |
| 辽　宁 | 10338836 | 20713 | 518618 | 2338714 | 18500 | 6272398 | 1169893 |
| 吉　林 | 3807118 | 86743 | 591115 | 651872 | 480335 | 1937053 | 60000 |
| 黑龙江 | 1926565 | | 86220 | 776847 | 39609 | 803927 | 219962 |
| 上　海 | 6821243 | 360055 | 2254126 | 518002 | | 2966062 | 722998 |
| 江　苏 | 40449141 | 1375267 | 15100373 | 1660838 | 107437 | 16766162 | 5439064 |
| 浙　江 | 13027234 | 75631 | 757359 | 3073791 | 974786 | 6306491 | 1839176 |
| 安　徽 | 24723537 | 312510 | 1998828 | 3848664 | 919454 | 15758265 | 1885816 |
| 福　建 | 9959674 | 4040 | 495877 | 1275811 | 774305 | 6712477 | 697164 |
| 江　西 | 6460097 | | 466994 | 1677694 | 462877 | 3382142 | 470390 |
| 山　东 | 28319020 | 499834 | 2076937 | 5439090 | 3059887 | 15961852 | 1281420 |
| 河　南 | 16278177 | 147373 | 809471 | 1827284 | 921044 | 11631082 | 941923 |
| 湖　北 | 11985974 | 571017 | 822105 | 807659 | 2374411 | 6706600 | 704182 |
| 湖　南 | 24264570 | 72109 | 1064529 | 8312802 | 2738583 | 11753412 | 323135 |
| 广　东 | 41150889 | 583536 | 1445478 | 6896244 | 7790871 | 23248439 | 1186321 |
| 广　西 | 7656076 | 92900 | 470557 | 1312402 | 241807 | 5278390 | 260020 |
| 海　南 | 10581740 | | 691051 | 528367 | 156509 | 9003259 | 202554 |
| 重　庆 | 20202381 | 427790 | 8562596 | 1717388 | 5400 | 9149819 | 339388 |
| 四　川 | 16381172 | 951370 | 2137192 | 7949376 | 112981 | 3883078 | 1347175 |
| 贵　州 | 10057695 | | 2382401 | 2298886 | 885817 | 4304219 | 186372 |
| 云　南 | 9542129 | | 926400 | 528726 | 2539484 | 5390856 | 156663 |
| 西　藏 | 156194 | | | 156194 | | | |
| 陕　西 | 5917083 | 274466 | 482164 | 1005279 | 2015093 | 1383774 | 756307 |
| 甘　肃 | 2190969 | | 288652 | 952547 | 345722 | 604048 | |
| 青　海 | 639980 | | 100200 | 112452 | 126499 | 300829 | |
| 宁　夏 | 3838098 | | 1651870 | 839927 | 435609 | 910692 | |
| 新　疆 | 8537165 | 666755 | 354040 | 1043807 | 1016636 | 5073323 | 382604 |

# 3-72 各地区按资质等级分的房地产开发企业土地购置面积

单位：平方米

| 地区 | 总计 | 一级 | 二级 | 三级 | 四级 | 暂定 | 其他 |
|---|---|---|---|---|---|---|---|
| **全国总计** | **228107888** | **6324204** | **18506387** | **26211941** | **20509307** | **135141944** | **21414105** |
| 北京 | 3909562 | 151369 | 69802 | 57313 | 953955 | 1757968 | 919155 |
| 天津 | 1739762 | | | 9193 | 1076560 | 458009 | 196000 |
| 河北 | 7568612 | 514604 | 896913 | 855640 | 1942130 | 3275414 | 83911 |
| 山西 | 4316647 | 49644 | 228156 | 64619 | 994157 | 2927584 | 52487 |
| 内蒙古 | 3162699 | 115393 | 58086 | 461409 | 1935867 | 556449 | 35495 |
| 辽宁 | 9570237 | 15495 | 307728 | 953441 | 51042 | 6485971 | 1756560 |
| 吉林 | 7931897 | | 977180 | 966332 | 698403 | 5201002 | 88980 |
| 黑龙江 | 2703960 | 9100 | 260412 | 1224612 | 103659 | 1059853 | 46324 |
| 上海 | 2633940 | 30053 | 369285 | 84891 | | 1932456 | 217255 |
| 江苏 | 16933466 | 44954 | 2712960 | 675163 | 42148 | 9321209 | 4137032 |
| 浙江 | 10125798 | 179601 | 310347 | 1166511 | 563312 | 5669579 | 2236448 |
| 安徽 | 18059358 | 2593 | 652752 | 1614044 | 320356 | 14334152 | 1135461 |
| 福建 | 10567193 | 51058 | 309412 | 657318 | 256705 | 8423607 | 869093 |
| 江西 | 5428939 | 41993 | 134159 | 612475 | 304919 | 4153594 | 181799 |
| 山东 | 17879744 | 575749 | 901136 | 1668994 | 1945281 | 10990649 | 1797935 |
| 河南 | 9514082 | 17114 | 451445 | 702673 | 564308 | 6245704 | 1532838 |
| 湖北 | 7299064 | 110193 | 326753 | 1051832 | 948476 | 4806231 | 55579 |
| 湖南 | 8609555 | 243771 | 354620 | 1601468 | 1228482 | 4985777 | 195437 |
| 广东 | 14787975 | 402137 | 294631 | 826063 | 1986371 | 10172462 | 1106311 |
| 广西 | 4159423 | 23274 | 196311 | 1220943 | 181326 | 2234105 | 303464 |
| 海南 | 2526968 | | | | 59215 | 2369775 | 97978 |
| 重庆 | 16267704 | 2170000 | 4941998 | 1481173 | 74054 | 7363559 | 236920 |
| 四川 | 10619800 | 223023 | 1255429 | 4270083 | 229527 | 2799550 | 1842188 |
| 贵州 | 6012019 | | 42508 | 627112 | 90429 | 4855018 | 396952 |
| 云南 | 8268902 | 124419 | 1020589 | 380067 | 1574448 | 4721587 | 447792 |
| 西藏 | 308203 | | | 308203 | | | |
| 陕西 | 4475895 | 273770 | 189914 | 715386 | 1028592 | 1324268 | 943965 |
| 甘肃 | 2397212 | | 118178 | 449925 | 414082 | 1415027 | |
| 青海 | 483460 | | 60101 | 179285 | 76550 | 167524 | |
| 宁夏 | 2305101 | 169701 | 609115 | 377132 | 395193 | 724558 | 29402 |
| 新疆 | 7540711 | 785196 | 456467 | 948641 | 469760 | 4409303 | 471344 |

# 3-73　各地区按资质等级分的房地产开发企业土地成交价款

单位：万元

| 地　区 | 总　计 | 一　级 | 二　级 | 三　级 | 四　级 | 暂　定 | 其　他 |
|---|---|---|---|---|---|---|---|
| **全国总计** | **76216118** | **2377835** | **5379027** | **6905519** | **4903078** | **46804335** | **9846324** |
| 北　京 | 8111273 | 229721 | 16295 | 107033 | 810417 | 5021830 | 1925977 |
| 天　津 | 741969 | | | 4370 | 425836 | 310592 | 1171 |
| 河　北 | 1684517 | 111486 | 202902 | 167095 | 342020 | 855859 | 5155 |
| 山　西 | 848384 | 19318 | 41645 | 8365 | 140933 | 635100 | 3023 |
| 内蒙古 | 526223 | 46907 | 6663 | 54508 | 277589 | 128549 | 12007 |
| 辽　宁 | 2460688 | 1687 | 50811 | 225111 | 7558 | 1847886 | 327635 |
| 吉　林 | 1917186 | | 278996 | 236265 | 112105 | 1279632 | 10188 |
| 黑龙江 | 541060 | 1200 | 146553 | 130266 | 6025 | 252440 | 4576 |
| 上　海 | 1799791 | 58373 | 167832 | 45545 | | 1172603 | 355438 |
| 江　苏 | 5304223 | 104000 | 759032 | 108301 | 4363 | 2958744 | 1369783 |
| 浙　江 | 5749259 | 151718 | 221341 | 462434 | 132868 | 3826839 | 954059 |
| 安　徽 | 4793219 | 1749 | 199637 | 275824 | 46265 | 3731414 | 538330 |
| 福　建 | 4901195 | 54133 | 159392 | 213932 | 283523 | 3590020 | 600195 |
| 江　西 | 1474786 | 34014 | 12600 | 202012 | 68629 | 1094281 | 63250 |
| 山　东 | 4734490 | 137126 | 188699 | 407985 | 307514 | 3349149 | 344017 |
| 河　南 | 1982098 | 3686 | 84004 | 280510 | 81614 | 1193665 | 338619 |
| 湖　北 | 2387363 | 69000 | 198476 | 230503 | 161711 | 1719407 | 8266 |
| 湖　南 | 1766598 | 87879 | 110069 | 222150 | 297712 | 1010333 | 38455 |
| 广　东 | 8909744 | 239453 | 34707 | 960912 | 617924 | 5148841 | 1907907 |
| 广　西 | 1084496 | 22658 | 63194 | 191211 | 22531 | 698465 | 86437 |
| 海　南 | 753213 | | | | 8000 | 736790 | 8423 |
| 重　庆 | 5391204 | 630498 | 1449684 | 345007 | 12585 | 2868996 | 84434 |
| 四　川 | 3324181 | 132439 | 509226 | 1500004 | 22945 | 722983 | 436584 |
| 贵　州 | 837525 | | 5721 | 85386 | 21554 | 693554 | 31310 |
| 云　南 | 1463762 | 13896 | 186792 | 78763 | 401036 | 666519 | 116756 |
| 西　藏 | 9451 | | | 9451 | | | |
| 陕　西 | 1347858 | 118204 | 110895 | 139234 | 161001 | 584442 | 234082 |
| 甘　肃 | 287078 | | 25377 | 105133 | 39990 | 116578 | |
| 青　海 | 111404 | | 18880 | 24764 | 14708 | 53052 | |
| 宁　夏 | 256985 | 29202 | 80168 | 32214 | 34742 | 78859 | 1800 |
| 新　疆 | 714895 | 79488 | 49436 | 51231 | 39380 | 456913 | 38447 |

# 第四章

# 房地产开发企业主要财务状况

# 4-1 各地区房地产开发企业主要财务指标

单位：万元

| 地 区 | 资产总计 | 负债合计 | 所有者权益合计 | 主营业务收入 |
|---|---|---|---|---|
| **全国总计** | **5519680551** | **4287298986** | **1232381565** | **701743417** |
| 北 京 | 505420025 | 395239974 | 110180051 | 38274800 |
| 天 津 | 229851613 | 170706027 | 59145585 | 16330659 |
| 河 北 | 142743489 | 122636818 | 20106671 | 23059203 |
| 山 西 | 70521790 | 62259645 | 8262145 | 6336522 |
| 内蒙古 | 70623873 | 61200509 | 9423363 | 6518650 |
| 辽 宁 | 189881324 | 151280106 | 38601218 | 21041491 |
| 吉 林 | 56926757 | 47306714 | 9620043 | 7958132 |
| 黑龙江 | 85246840 | 59150715 | 26096125 | 8163520 |
| 上 海 | 434576460 | 291296573 | 143279887 | 43880645 |
| 江 苏 | 467491064 | 352005851 | 115485214 | 82005912 |
| 浙 江 | 378926606 | 296849423 | 82077184 | 54419998 |
| 安 徽 | 168467240 | 132704740 | 35762501 | 26455215 |
| 福 建 | 221152681 | 165745509 | 55407172 | 28521235 |
| 江 西 | 88429244 | 65778561 | 22650683 | 14143603 |
| 山 东 | 312386601 | 252747857 | 59638743 | 46621306 |
| 河 南 | 182626392 | 145839268 | 36787123 | 28395941 |
| 湖 北 | 190863560 | 145246746 | 45616813 | 27442141 |
| 湖 南 | 126205415 | 97115723 | 29089692 | 19129338 |
| 广 东 | 566795104 | 455015433 | 111779670 | 82383562 |
| 广 西 | 102033080 | 75984155 | 26048925 | 11221142 |
| 海 南 | 76242915 | 61847219 | 14395696 | 5936702 |
| 重 庆 | 215567770 | 156501695 | 59066075 | 22787014 |
| 四 川 | 206468192 | 163027237 | 43440955 | 31115387 |
| 贵 州 | 81442968 | 68246314 | 13196655 | 9263635 |
| 云 南 | 129669302 | 109162767 | 20506535 | 10344531 |
| 西 藏 | 2169586 | 1373871 | 795715 | 214547 |
| 陕 西 | 97034157 | 80617041 | 16417117 | 13595851 |
| 甘 肃 | 36715733 | 30459128 | 6256604 | 5337725 |
| 青 海 | 14017360 | 12077900 | 1939460 | 1142252 |
| 宁 夏 | 26237604 | 22012776 | 4224828 | 2918670 |
| 新 疆 | 42945808 | 35862691 | 7083117 | 6784087 |

4-1 续表 1

单位：万元

| 地　区 | 土地转让收入 | 商品房销售收入 | 房屋出租收入 | 其他收入 |
|---|---|---|---|---|
| **全国总计** | **6005425** | **658613030** | **16004203** | **21120758** |
| 北　京 | 1554117 | 30029128 | 3135938 | 3555617 |
| 天　津 | 590600 | 13929739 | 342805 | 1467515 |
| 河　北 | 62963 | 22653169 | 80666 | 262406 |
| 山　西 | 22870 | 5697321 | 64181 | 552150 |
| 内蒙古 | 12771 | 6274804 | 28971 | 202104 |
| 辽　宁 | 29793 | 20220630 | 432443 | 358625 |
| 吉　林 | 11646 | 7793157 | 75589 | 77740 |
| 黑龙江 | 12444 | 7810823 | 60799 | 279455 |
| 上　海 | 459403 | 37547109 | 4206884 | 1667249 |
| 江　苏 | 658267 | 78262038 | 1011646 | 2073962 |
| 浙　江 | 292891 | 52507701 | 568945 | 1050461 |
| 安　徽 | 408642 | 24832862 | 169620 | 1044091 |
| 福　建 | 46919 | 27325790 | 272889 | 875638 |
| 江　西 | 48116 | 13857206 | 66823 | 171459 |
| 山　东 | 227842 | 44452855 | 402498 | 1538111 |
| 河　南 | 83725 | 27499841 | 480320 | 332056 |
| 湖　北 | 241865 | 26312604 | 316572 | 571100 |
| 湖　南 | 269263 | 18121902 | 150778 | 587396 |
| 广　东 | 108718 | 78810056 | 2058821 | 1405966 |
| 广　西 | 80760 | 10684464 | 252288 | 203630 |
| 海　南 | 50818 | 5671048 | 35457 | 179380 |
| 重　庆 | 514202 | 20942957 | 723643 | 606211 |
| 四　川 | 36274 | 30104886 | 385838 | 588389 |
| 贵　州 | 7326 | 9061152 | 82113 | 113045 |
| 云　南 | 44412 | 9587094 | 247942 | 465084 |
| 西　藏 | 8614 | 200040 | 4193 | 1701 |
| 陕　西 | 45806 | 12884511 | 111624 | 553910 |
| 甘　肃 | 13845 | 5118782 | 47894 | 157203 |
| 青　海 | 165 | 1092146 | 14662 | 35279 |
| 宁　夏 | 51944 | 2793620 | 35136 | 37971 |
| 新　疆 | 8405 | 6533598 | 136227 | 105857 |

4-1　续表 2　　　　单位：万元

| 地　区 | 主营业务成本 | 主营业务税金及附加 | 其他业务利润 | 销售费用 |
|---|---|---|---|---|
| **全国总计** | **514495038** | **62023758** | **1763430** | **25850645** |
| 北　京 | 24077534 | 3953421 | 354685 | 1265339 |
| 天　津 | 12400608 | 1317755 | 90370 | 571808 |
| 河　北 | 17755408 | 2022774 | 31564 | 743909 |
| 山　西 | 4935126 | 505946 | 11662 | 222509 |
| 内蒙古 | 5175252 | 542367 | 3698 | 161914 |
| 辽　宁 | 16785769 | 1612609 | 63072 | 778174 |
| 吉　林 | 6255449 | 625809 | -11516 | 289582 |
| 黑龙江 | 6173682 | 760811 | 8882 | 270625 |
| 上　海 | 27838645 | 4454119 | 126065 | 1463006 |
| 江　苏 | 64836641 | 6581157 | 171576 | 2439564 |
| 浙　江 | 44268621 | 4557762 | 114944 | 1799195 |
| 安　徽 | 20244368 | 2081260 | 14218 | 934452 |
| 福　建 | 18861657 | 2996198 | 42992 | 873499 |
| 江　西 | 10167555 | 1182940 | 15566 | 505690 |
| 山　东 | 35946934 | 3632649 | 72810 | 1385988 |
| 河　南 | 19591276 | 2436180 | 23723 | 1178649 |
| 湖　北 | 19346854 | 2646258 | 124732 | 1007711 |
| 湖　南 | 14936339 | 1509172 | 35055 | 864700 |
| 广　东 | 53926450 | 8984042 | 251726 | 3463193 |
| 广　西 | 7675234 | 1041170 | 27258 | 555520 |
| 海　南 | 3968059 | 653166 | 72625 | 592400 |
| 重　庆 | 17222781 | 1797094 | 54194 | 1014527 |
| 四　川 | 23338969 | 2395202 | 52993 | 1425855 |
| 贵　州 | 7160163 | 685983 | -36982 | 422132 |
| 云　南 | 8419384 | 839279 | 52120 | 415736 |
| 西　藏 | 187039 | 17795 | 24677 | 8778 |
| 陕　西 | 10515418 | 927646 | 30514 | 533736 |
| 甘　肃 | 4186096 | 417770 | 16305 | 137929 |
| 青　海 | 894098 | 94762 | -119065 | 42531 |
| 宁　夏 | 2314671 | 203919 | 28279 | 112599 |
| 新　疆 | 5088960 | 546743 | 14691 | 369397 |

4-1 续表 3 单位：万元

| 地　区 | 管理费用 | 财务费用 | 营业利润 | 营业外收入 |
|---|---|---|---|---|
| **全国总计** | **35796056** | **23509484** | **61655363** | **6464263** |
| 北　京 | 2895747 | 2707557 | 7203288 | 528844 |
| 天　津 | 783891 | 938923 | 1916712 | 519291 |
| 河　北 | 969808 | 558042 | 1385759 | 85848 |
| 山　西 | 371987 | 210571 | 86751 | 34575 |
| 内蒙古 | 444438 | 199663 | 43868 | 65748 |
| 辽　宁 | 1169981 | 647409 | 391764 | 172943 |
| 吉　林 | 496033 | 236574 | 352812 | 52276 |
| 黑龙江 | 428206 | 304641 | 273880 | 199429 |
| 上　海 | 2240953 | 2132910 | 8850210 | 547544 |
| 江　苏 | 2932739 | 1547006 | 4333321 | 803632 |
| 浙　江 | 2298508 | 1538481 | 977081 | 396955 |
| 安　徽 | 1184320 | 610686 | 1657790 | 479041 |
| 福　建 | 1138424 | 669106 | 5383588 | 198207 |
| 江　西 | 529747 | 319610 | 1513106 | 106611 |
| 山　东 | 2147333 | 1162330 | 3017333 | 274555 |
| 河　南 | 1591966 | 993269 | 3273923 | 259722 |
| 湖　北 | 1155168 | 1103905 | 3059074 | 169991 |
| 湖　南 | 1052389 | 583132 | 334584 | 238081 |
| 广　东 | 4637898 | 2708532 | 12798807 | 284409 |
| 广　西 | 716444 | 282127 | 803678 | 76344 |
| 海　南 | 686311 | 362307 | -159061 | 50911 |
| 重　庆 | 1244468 | 1139516 | 1620540 | 316335 |
| 四　川 | 1379444 | 1071595 | 1304281 | 190365 |
| 贵　州 | 597020 | 242755 | 122181 | 86897 |
| 云　南 | 855062 | 534307 | -445921 | 99255 |
| 西　藏 | 14101 | 3762 | -9557 | 2025 |
| 陕　西 | 665284 | 280969 | 836456 | 83473 |
| 甘　肃 | 274334 | 160222 | 302645 | 18230 |
| 青　海 | 89802 | 25848 | 9800 | 6395 |
| 宁　夏 | 226067 | 75902 | 11684 | 44113 |
| 新　疆 | 578183 | 157826 | 404988 | 72221 |

4-1 续表 4

单位：万元

| 地　　区 | 营业外支出 | 利润总额 | 应交所得税 | 应付职工薪酬 |
|---|---|---|---|---|
| **全国总计** | **3779186** | **64731193** | **17289056** | **21703717** |
| 北　京 | 288499 | 7502079 | 1958540 | 1841712 |
| 天　津 | 143502 | 2292824 | 347732 | 494561 |
| 河　北 | 153882 | 1322913 | 411246 | 545172 |
| 山　西 | 26469 | 94876 | 121356 | 239703 |
| 内蒙古 | 33426 | 75757 | 86849 | 245423 |
| 辽　宁 | 150506 | 417042 | 322622 | 623580 |
| 吉　林 | 45843 | 359261 | 164957 | 254966 |
| 黑龙江 | 52702 | 420611 | 156584 | 202527 |
| 上　海 | 140797 | 9366230 | 2068661 | 1185780 |
| 江　苏 | 399960 | 4791872 | 1245285 | 1665495 |
| 浙　江 | 280076 | 1151792 | 766184 | 1219637 |
| 安　徽 | 141708 | 1994345 | 567289 | 727047 |
| 福　建 | 182612 | 5476336 | 1028183 | 800345 |
| 江　西 | 41749 | 1579232 | 455353 | 396707 |
| 山　东 | 214365 | 3077807 | 801117 | 1330343 |
| 河　南 | 211669 | 3322897 | 644086 | 1055886 |
| 湖　北 | 114911 | 3114022 | 723783 | 782680 |
| 湖　南 | 58301 | 514300 | 330514 | 664642 |
| 广　东 | 427799 | 12666284 | 2963056 | 2394520 |
| 广　西 | 73958 | 807744 | 348050 | 396460 |
| 海　南 | 71594 | -179708 | 121832 | 789927 |
| 重　庆 | 121643 | 1818227 | 379626 | 779688 |
| 四　川 | 129667 | 1367200 | 529242 | 983408 |
| 贵　州 | 70276 | 140313 | 117589 | 416571 |
| 云　南 | 62788 | -406521 | 142817 | 470886 |
| 西　藏 | 801 | -8332 | 2621 | 15075 |
| 陕　西 | 40027 | 879937 | 227341 | 525288 |
| 甘　肃 | 25406 | 295194 | 90082 | 203497 |
| 青　海 | 9496 | 6700 | 16973 | 55873 |
| 宁　夏 | 20612 | 36846 | 28956 | 114670 |
| 新　疆 | 44145 | 433114 | 120531 | 281651 |

# 4-2 各地区按登记注册类型分的房地产开发企业资产总计

单位：万元

| 地　　区 | 总　计 | 内　资 | | | | | |
|---|---|---|---|---|---|---|---|
| | | | 国　有 | 集　体 | 股份合作 | 国有联营 | 集体联营 |
| **全国总计** | **5519680551** | **4901375716** | **144361311** | **10955345** | **2825869** | **1336611** | **180231** |
| 北　　京 | 505420025 | 444034097 | 14026317 | 1765670 | 11876 | | |
| 天　　津 | 229851613 | 212440697 | 9517420 | 176007 | 324281 | 67656 | |
| 河　　北 | 142743489 | 138207874 | 498727 | | | | |
| 山　　西 | 70521790 | 69039262 | 1481634 | 30809 | | | |
| 内 蒙 古 | 70623873 | 70393484 | 433348 | | | | |
| 辽　　宁 | 189881324 | 151969992 | 1742979 | 67087 | 446835 | | |
| 吉　　林 | 56926757 | 54584198 | 311779 | 347 | 8623 | | |
| 黑 龙 江 | 85246840 | 83454321 | 1036368 | 5957 | 2257 | | |
| 上　　海 | 434576460 | 355329777 | 35808447 | 1500323 | 1469 | 50737 | 11467 |
| 江　　苏 | 467491064 | 404429330 | 15718090 | 1796345 | 109503 | | |
| 浙　　江 | 378926606 | 335408160 | 4445265 | 162597 | 340999 | 1200961 | |
| 安　　徽 | 168467240 | 158685039 | 6132150 | 44242 | | | |
| 福　　建 | 221152681 | 194308536 | 10936078 | 416061 | | | |
| 江　　西 | 88429244 | 82411209 | 793086 | 17455 | 114207 | | |
| 山　　东 | 312386601 | 293714761 | 7542394 | 1778906 | 212682 | | |
| 河　　南 | 182626392 | 173101031 | 5102104 | 101405 | 9812 | | 50 |
| 湖　　北 | 190863560 | 178352660 | 3735253 | 587261 | | | |
| 湖　　南 | 126205415 | 119892630 | 1531207 | 34555 | 8903 | | |
| 广　　东 | 566795104 | 436533400 | 3613899 | 1954685 | 185436 | | 168714 |
| 广　　西 | 102033080 | 94563076 | 2144464 | 73231 | 10434 | | |
| 海　　南 | 76242915 | 64156819 | 877720 | 32166 | 28302 | | |
| 重　　庆 | 215567770 | 186630427 | 7928799 | 17810 | 52201 | | |
| 四　　川 | 206468192 | 187420427 | 1336804 | 13657 | 650090 | | |
| 贵　　州 | 81442968 | 79003337 | 804571 | 7584 | 38951 | | |
| 云　　南 | 129669302 | 123089733 | 1120099 | 24374 | 4767 | | |
| 西　　藏 | 2169586 | 2169586 | 33509 | | | | |
| 陕　　西 | 97034157 | 91495103 | 3894045 | 306603 | 221552 | | |
| 甘　　肃 | 36715733 | 36340115 | 982036 | 35921 | 2644 | | |
| 青　　海 | 14017360 | 14003629 | 154973 | | 27533 | 17258 | |
| 宁　　夏 | 26237604 | 25341236 | 346805 | | | | |
| 新　　疆 | 42945808 | 40871770 | 330942 | 4291 | 12512 | | |

4-2 续表 1

单位：万元

| 地　　区 | 内　　资 | | | | | | |
|---|---|---|---|---|---|---|---|
| | 国有与集体联　　营 | 其他联营 | 国有独资公　　司 | 其他有限责任公司 | 股份有限公　　司 | 私营独资 | 私营合伙 |
| **全国总计** | **32201** | **192124** | **469840059** | **2650288511** | **256480188** | **6022922** | **646888** |
| | | | | | | | |
| 北　　京 | | | 22310500 | 339513582 | 40419516 | | |
| 天　　津 | | | 53629413 | 111746742 | 8487422 | 10929 | 161419 |
| 河　　北 | | | 1520403 | 72703155 | 9941529 | 565321 | 57464 |
| 山　　西 | | | 2372882 | 19253631 | 803447 | | |
| 内 蒙 古 | | | 2906741 | 31442834 | 2910405 | 76151 | 7627 |
| | | | | | | | |
| 辽　　宁 | | | 12758707 | 76331823 | 7429974 | 152162 | |
| 吉　　林 | | | 1901361 | 32624162 | 3870658 | 596557 | |
| 黑 龙 江 | | | 8085539 | 48004550 | 3993323 | 53349 | |
| | | | | | | | |
| 上　　海 | 1257 | | 33844461 | 171422548 | 28472090 | 788064 | 63884 |
| 江　　苏 | | | 45570345 | 177822609 | 15040643 | 1063450 | 72794 |
| 浙　　江 | 21100 | | 28714972 | 181774460 | 8445692 | 91709 | 38219 |
| 安　　徽 | | | 17840267 | 82199870 | 5722030 | 312153 | 14672 |
| 福　　建 | 5164 | | 30971229 | 102258444 | 5155883 | 21903 | |
| 江　　西 | | | 15132320 | 38998414 | 3666948 | 51026 | 26871 |
| 山　　东 | | | 29830970 | 161717925 | 12757858 | 223904 | |
| | | | | | | | |
| 河　　南 | | 56823 | 8430290 | 108551530 | 7502323 | 255913 | 28942 |
| 湖　　北 | | | 17046444 | 93567353 | 13596443 | 89850 | 6144 |
| 湖　　南 | | | 8354680 | 63484667 | 4324842 | 130097 | 15534 |
| 广　　东 | | 31739 | 14822159 | 254254555 | 37286647 | 712049 | 85434 |
| 广　　西 | | | 19338054 | 36682565 | 2772198 | 185814 | 6279 |
| 海　　南 | 4680 | | 12473664 | 38309483 | 3238034 | 84741 | 5908 |
| | | | | | | | |
| 重　　庆 | | | 44432493 | 75805786 | 4559847 | 54311 | |
| 四　　川 | | | 10299750 | 111053671 | 10967211 | 132661 | 14733 |
| 贵　　州 | | | 5144298 | 47580864 | 3952015 | 10050 | 40466 |
| 云　　南 | | | 5468914 | 71651999 | 6510019 | 154489 | |
| 西　　藏 | | 103563 | 111771 | 1305384 | 7018 | | |
| | | | | | | | |
| 陕　　西 | | | 7452531 | 51894301 | 2458476 | 137419 | |
| 甘　　肃 | | | 2481603 | 20055268 | 774906 | 63654 | |
| 青　　海 | | | 1919995 | 4395306 | 178520 | | |
| 宁　　夏 | | | 1662336 | 6874267 | 656283 | | |
| 新　　疆 | | | 3010967 | 17006764 | 577988 | 5198 | 499 |

4-4 续表 2

单位：万元

| 地　　区 | 内　　资 | | | 港澳台商投　　资 | | | |
|---|---|---|---|---|---|---|---|
| | 私营有限责任公司 | 私营股份有限公司 | 其他内资企　　业 | | 合资经营 | 合作经营 | 独　资 |
| **全国总计** | **1279122094** | **73028081** | **6063282** | **426597523** | **142505495** | **32612953** | **241195525** |
| 北　　京 | 25510920 | 475716 | | 37696481 | 9390406 | 8110462 | 20195613 |
| 天　　津 | 26002369 | 2077565 | 239476 | 11355937 | 3439364 | 505524 | 6384719 |
| 河　　北 | 49997479 | 2295555 | 628241 | 2899848 | 1187460 | | 1712387 |
| 山　　西 | 44141371 | 929247 | 26242 | 837649 | 487743 | | 349905 |
| 内 蒙 古 | 31984909 | 573829 | 57641 | 13001 | 13001 | | |
| 辽　　宁 | 50472105 | 2386210 | 182111 | 24452262 | 10153568 | 560923 | 13524474 |
| 吉　　林 | 14565957 | 688188 | 16566 | 1658505 | 561631 | | 1044628 |
| 黑 龙 江 | 21107471 | 1142169 | 23337 | 1132641 | 673272 | 82072 | 349068 |
| 上　　海 | 78505302 | 4857229 | 2499 | 50827897 | 23000706 | 992744 | 26524171 |
| 江　　苏 | 139991818 | 7042652 | 201081 | 43468957 | 12685607 | 665553 | 29156426 |
| 浙　　江 | 107964682 | 1882417 | 325088 | 27445641 | 9402825 | 899522 | 16363662 |
| 安　　徽 | 42152309 | 3464268 | 803078 | 6626486 | 2394014 | 57570 | 3650783 |
| 福　　建 | 42500953 | 1992648 | 50174 | 21351298 | 10171778 | 179070 | 10695237 |
| 江　　西 | 20666125 | 2798696 | 146062 | 4932622 | 1985045 | 8452 | 2939125 |
| 山　　东 | 74144898 | 5252989 | 252237 | 13869836 | 5967428 | 950801 | 6928431 |
| 河　　南 | 40059735 | 2667874 | 334232 | 6694651 | 984897 | 353307 | 5253161 |
| 湖　　北 | 47564192 | 1974987 | 184733 | 9692552 | 3003179 | 331983 | 5834732 |
| 湖　　南 | 38705298 | 2611051 | 691796 | 4757987 | 1226590 | 13609 | 3359599 |
| 广　　东 | 112794557 | 10195482 | 428047 | 95336938 | 23378441 | 17595505 | 51921315 |
| 广　　西 | 31744447 | 1500379 | 105212 | 5328091 | 1610225 | 56380 | 3661485 |
| 海　　南 | 8435594 | 556441 | 110086 | 10240143 | 4077741 | | 3915950 |
| 重　　庆 | 51334674 | 2439609 | 4897 | 22158969 | 8411626 | 478532 | 13268812 |
| 四　　川 | 50255983 | 2367158 | 328709 | 9978611 | 2707800 | 30364 | 6653047 |
| 贵　　州 | 19347201 | 2068335 | 9003 | 2016843 | 1069770 | 29434 | 917639 |
| 云　　南 | 33661361 | 3981595 | 512116 | 5509338 | 1419285 | 20803 | 4069250 |
| 西　　藏 | 608342 | | | | | | |
| 陕　　西 | 23188240 | 1695332 | 246604 | 3400219 | 285387 | 690344 | 2424488 |
| 甘　　肃 | 11371590 | 463274 | 109218 | 314854 | 287761 | | 27093 |
| 青　　海 | 6838742 | 471301 | | | | | |
| 宁　　夏 | 14173431 | 1628115 | | 533650 | 500436 | | 33213 |
| 新　　疆 | 19330042 | 547770 | 44799 | 2065618 | 2028507 | | 37111 |

4-2　续表 3　　　　单位：万元

| 地　区 | 港澳台商投资 |  | 外商投资 |  |  |  |  |  |
|---|---|---|---|---|---|---|---|---|
|  | 股份有限 | 其　他 |  | 合资经营 | 合作经营 | 独　资 | 股份有限 | 其　他 |
| **全国总计** | **9700618** | **582933** | **191707311** | **62076301** | **17358162** | **98233558** | **11390390** | **2648901** |
| 北　京 |  |  | 23689448 | 12198622 | 3959931 | 6367346 | 1163549 |  |
| 天　津 | 1026330 |  | 6054978 | 1490563 | 319968 | 3540884 | 434495 | 269068 |
| 河　北 |  |  | 1635768 | 241209 | 10366 | 1317291 | 66902 |  |
| 山　西 |  |  | 644879 | 189744 |  | 455135 |  |  |
| 内蒙古 |  |  | 217388 | 91995 |  | 65522 |  | 59870 |
| 辽　宁 | 213296 |  | 13459071 | 5070365 | 1878475 | 6169697 | 340533 |  |
| 吉　林 | 36650 | 15596 | 684054 | 630110 | 53944 |  |  |  |
| 黑龙江 | 28231 |  | 659878 | 287293 | 11539 | 361046 |  |  |
| 上　海 | 198170 | 112107 | 28418786 | 5963085 | 2234551 | 14481185 | 5739966 |  |
| 江　苏 | 961370 |  | 19592777 | 8314498 | 935669 | 10283143 |  | 59467 |
| 浙　江 | 655489 | 124143 | 16072805 | 3788709 | 284340 | 11862151 | 117752 | 19853 |
| 安　徽 | 524119 |  | 3155715 | 491975 | 170206 | 1975054 | 224780 | 293701 |
| 福　建 | 305213 |  | 5492848 | 583056 | 4825 | 4108416 | 557969 | 238581 |
| 江　西 |  |  | 1085413 | 717747 |  | 285251 | 82416 |  |
| 山　东 | 23175 |  | 4802003 | 2207473 | 845761 | 1731443 |  | 17326 |
| 河　南 | 60316 | 42970 | 2830710 | 407229 | 25776 | 2148238 | 167747 | 81720 |
| 湖　北 | 514330 | 8328 | 2818348 | 1101784 |  | 1364346 | 119610 | 232609 |
| 湖　南 |  | 158189 | 1554798 | 847117 | 6662 | 690251 | 10768 |  |
| 广　东 | 2441678 |  | 34924766 | 9848381 | 3642772 | 19502351 | 1085981 | 845280 |
| 广　西 |  |  | 2141913 | 1068385 |  | 601558 | 169825 | 302145 |
| 海　南 | 2151545 | 94907 | 1845953 | 291164 | 199256 | 1355533 |  |  |
| 重　庆 |  |  | 6778374 | 1822293 | 1541180 | 2856417 | 329204 | 229281 |
| 四　川 | 560708 | 26692 | 9069155 | 3008448 | 777880 | 5114279 | 168548 |  |
| 贵　州 |  |  | 422788 | 120610 | 296200 | 5978 |  |  |
| 云　南 |  |  | 1070231 | 374151 |  | 250800 | 445280 |  |
| 西　藏 |  |  |  |  |  |  |  |  |
| 陕　西 |  |  | 2138836 | 706007 | 158863 | 1108900 | 165066 |  |
| 甘　肃 |  |  | 60763 | 31935 |  | 28828 |  |  |
| 青　海 |  |  | 13731 | 13731 |  |  |  |  |
| 宁　夏 |  |  | 362719 | 168621 |  | 194098 |  |  |
| 新　疆 |  |  | 8420 |  |  | 8420 |  |  |

# 4-3 各地区按资质等级分的房地产开发企业资产总计

单位：万元

| 地区 | 总计 | 一级 | 二级 | 三级 | 四级 | 暂定 | 其他 |
|---|---|---|---|---|---|---|---|
| **全国总计** | **5519680551** | **578441070** | **1103126908** | **917224666** | **625339911** | **1963701214** | **331846783** |
| 北京 | 505420025 | 108279932 | 63444189 | 38750225 | 152668906 | 97239799 | 45036975 |
| 天津 | 229851613 | 25784063 | 46890419 | 15102369 | 90291160 | 48023668 | 3759933 |
| 河北 | 142743489 | 19925618 | 25897628 | 25069286 | 33641824 | 34125986 | 4083148 |
| 山西 | 70521790 | 2400615 | 14700980 | 10025074 | 28047635 | 14736184 | 611302 |
| 内蒙古 | 70623873 | 6648952 | 15679385 | 10554068 | 28501107 | 8260918 | 979444 |
| 辽宁 | 189881324 | 9473098 | 22338399 | 42386634 | 2535421 | 98649930 | 14497842 |
| 吉林 | 56926757 | 2613523 | 14977641 | 9728713 | 5612656 | 23394447 | 599777 |
| 黑龙江 | 85246840 | 2788695 | 28347825 | 33730400 | 791678 | 18536912 | 1051329 |
| 上海 | 434576460 | 74791364 | 77876969 | 33593962 | 129652 | 210772795 | 37411718 |
| 江苏 | 467491064 | 39136867 | 170456368 | 24319637 | 550443 | 196139928 | 36887822 |
| 浙江 | 378926606 | 34256720 | 50318723 | 72891641 | 16760191 | 163465825 | 41233506 |
| 安徽 | 168467240 | 4798004 | 32444483 | 40590089 | 3805886 | 79515326 | 7313452 |
| 福建 | 221152681 | 24102448 | 28819812 | 47591630 | 26559821 | 82350941 | 11728029 |
| 江西 | 88429244 | 2129062 | 15343194 | 19952461 | 6129472 | 42451829 | 2423226 |
| 山东 | 312386601 | 21051884 | 49211117 | 48167658 | 31946249 | 147975929 | 14033763 |
| 河南 | 182626392 | 18051786 | 37386893 | 23907061 | 8395112 | 87406277 | 7479263 |
| 湖北 | 190863560 | 24641532 | 44862515 | 25055358 | 12302315 | 78608420 | 5393419 |
| 湖南 | 126205415 | 6081458 | 20720711 | 50500762 | 12883818 | 33384181 | 2634485 |
| 广东 | 566795104 | 80951389 | 60074107 | 125341857 | 75691420 | 175435358 | 49300973 |
| 广西 | 102033080 | 3529134 | 16595846 | 23099127 | 5187146 | 45223084 | 8398743 |
| 海南 | 76242915 | 106002 | 13754309 | 9417182 | 5321766 | 39827931 | 7815724 |
| 重庆 | 215567770 | 21494484 | 98582458 | 18962760 | 497894 | 74236072 | 1794102 |
| 四川 | 206468192 | 13945869 | 43382147 | 98533789 | 1815426 | 39157633 | 9633328 |
| 贵州 | 81442968 | 2822071 | 21899935 | 15883040 | 9778691 | 28435677 | 2623554 |
| 云南 | 129669302 | 10425260 | 35758764 | 9749518 | 26005962 | 43883758 | 3846040 |
| 西藏 | 2169586 |  | 88494 | 764683 | 24547 | 1261835 | 30027 |
| 陕西 | 97034157 | 8143724 | 20783753 | 19904924 | 24089251 | 15533214 | 8579293 |
| 甘肃 | 36715733 | 1412914 | 9690742 | 9530086 | 4798662 | 11043233 | 240096 |
| 青海 | 14017360 | 685979 | 6786133 | 2415957 | 1725924 | 1548161 | 855206 |
| 宁夏 | 26237604 | 3329407 | 8390151 | 4766522 | 3393872 | 5807162 | 550490 |
| 新疆 | 42945808 | 4639217 | 7622816 | 6938193 | 5456008 | 17268801 | 1020773 |

# 4-4 各地区按登记注册类型分的房地产开发企业负债合计

单位：万元

| 地区 | 总计 | 内资 | | | | | |
|---|---|---|---|---|---|---|---|
| | | | 国有 | 集体 | 股份合作 | 国有联营 | 集体联营 |
| **全国总计** | **4287298986** | **3889799928** | **89198092** | **9415575** | **2230616** | **926967** | **172673** |
| 北京 | 395239974 | 350834595 | 8547313 | 1673616 | 19329 | | |
| 天津 | 170706027 | 158519531 | 6351559 | 173548 | 283503 | 55595 | |
| 河北 | 122636818 | 119575375 | 502778 | | | | |
| 山西 | 62259645 | 61175198 | 1270790 | 27573 | | | |
| 内蒙古 | 61200509 | 60994540 | 444479 | | | | |
| 辽宁 | 151280106 | 130115404 | 990347 | 66201 | 321882 | | |
| 吉林 | 47306714 | 45563384 | 304423 | 189 | 8897 | | |
| 黑龙江 | 59150715 | 57843557 | 667191 | 4410 | 14 | | |
| 上海 | 291296573 | 248314949 | 14571407 | 1219848 | 656 | 10377 | 8827 |
| 江苏 | 352005851 | 315918413 | 11667263 | 1613368 | 36746 | | |
| 浙江 | 296849423 | 272164656 | 2717745 | 107915 | 293418 | 846240 | |
| 安徽 | 132704740 | 126241878 | 3851863 | 37801 | | | |
| 福建 | 165745509 | 147725969 | 6424728 | 369529 | | | |
| 江西 | 65778561 | 61276062 | 586791 | 14282 | 79952 | | |
| 山东 | 252747857 | 240578772 | 6363787 | 1535343 | 145732 | | |
| 河南 | 145839268 | 139144408 | 3847215 | 49536 | 5410 | | 20 |
| 湖北 | 145246746 | 137736551 | 2926706 | 533801 | | | |
| 湖南 | 97115723 | 93344109 | 1266320 | 12780 | 2853 | | |
| 广东 | 455015433 | 358426562 | 2556520 | 1554794 | 153612 | | 163826 |
| 广西 | 75984155 | 70715364 | 1767039 | 61099 | 6722 | | |
| 海南 | 61847219 | 52162486 | 667047 | 31947 | 26229 | | |
| 重庆 | 156501695 | 140331965 | 3927300 | 10356 | 43884 | | |
| 四川 | 163027237 | 153420348 | 1054356 | 7269 | 516814 | | |
| 贵州 | 68246314 | 66118578 | 649515 | 3406 | 38890 | | |
| 云南 | 109162767 | 104677728 | 930634 | 22100 | 2162 | | |
| 西藏 | 1373871 | 1373871 | 24249 | | | | |
| 陕西 | 80617041 | 77289352 | 2861829 | 255420 | 209958 | | |
| 甘肃 | 30459128 | 30144551 | 791320 | 25201 | 2469 | | |
| 青海 | 12077900 | 12067168 | 107931 | | 25383 | 14755 | |
| 宁夏 | 22012776 | 21255417 | 340910 | | | | |
| 新疆 | 35862691 | 34749188 | 216737 | 4243 | 6104 | | |

4-4 续表 1

单位：万元

| 地区 | 内资 | | | | | | |
|---|---|---|---|---|---|---|---|
| | 国有与集体联营 | 其他联营 | 国有独资公司 | 其他有限责任公司 | 股份有限公司 | 私营独资 | 私营合伙 |
| **全国总计** | **29199** | **171571** | **313382427** | **2145253147** | **190804653** | **5030664** | **545470** |
| 北京 | | | 13385747 | 276345787 | 28274859 | | |
| 天津 | | | 36851753 | 86579770 | 6172701 | 1825 | 127265 |
| 河北 | | | 990222 | 63144646 | 8067707 | 494869 | 54162 |
| 山西 | | | 1973939 | 16651934 | 611201 | | |
| 内蒙古 | | | 2864891 | 25874066 | 2639637 | 63654 | 3820 |
| 辽宁 | | | 9367973 | 66673849 | 6597833 | 139015 | |
| 吉林 | | | 1516931 | 27028081 | 3330028 | 489967 | |
| 黑龙江 | | | 4993831 | 30862524 | 2918936 | 46784 | |
| 上海 | 1136 | | 22639799 | 124604401 | 20081564 | 590992 | 53311 |
| 江苏 | | | 30862836 | 141959983 | 11355366 | 959564 | 58407 |
| 浙江 | 18451 | | 22269568 | 148190807 | 4601496 | 58680 | 35480 |
| 安徽 | | | 11381433 | 67850152 | 4717869 | 261332 | 5061 |
| 福建 | 5593 | | 19201523 | 81516934 | 3424919 | 13100 | |
| 江西 | | | 7727689 | 30704581 | 2941797 | 45324 | 23411 |
| 山东 | | | 21044071 | 133550579 | 10004367 | 211107 | |
| 河南 | | 42788 | 4382890 | 89465358 | 5902974 | 223166 | 17973 |
| 湖北 | | | 12604052 | 74177655 | 8251536 | 63447 | 3566 |
| 湖南 | | | 6288861 | 50519694 | 3445518 | 91630 | 14454 |
| 广东 | | 28779 | 11419402 | 210197012 | 27551211 | 630708 | 92019 |
| 广西 | | | 10088957 | 28590121 | 2210611 | 111360 | 2222 |
| 海南 | 4019 | | 9284856 | 32044895 | 2515997 | 79181 | 4924 |
| 重庆 | | | 25791689 | 60961309 | 3497533 | 32701 | |
| 四川 | | | 6926244 | 92326284 | 9442238 | 119323 | 10446 |
| 贵州 | | | 2918485 | 41472883 | 2822482 | 8050 | 38417 |
| 云南 | | | 3914491 | 59264333 | 5318788 | 143905 | |
| 西藏 | | 100004 | 40578 | 709822 | 5583 | | |
| 陕西 | | | 5517863 | 43902579 | 2254241 | 117185 | |
| 甘肃 | | | 2153391 | 16435229 | 623537 | 31423 | |
| 青海 | | | 1682626 | 3672319 | 152806 | | |
| 宁夏 | | | 1262188 | 5474285 | 579775 | | |
| 新疆 | | | 2033650 | 14501278 | 489544 | 2372 | 532 |

4-4　续表 2　　单位：万元

| 地　区 | 内资：私营有限责任公司 | 内资：私营股份有限公司 | 内资：其他内资企业 | 港澳台商投资 | 合资经营 | 合作经营 | 独　资 |
|---|---|---|---|---|---|---|---|
| **全国总计** | **1067111233** | **60492194** | **5035447** | **272864079** | **92550154** | **23509354** | **149481658** |
| 北　京 | 22288287 | 299657 | | 27428120 | 6211121 | 5810833 | 15406166 |
| 天　津 | 20098650 | 1641670 | 181693 | 8305927 | 2381039 | 482569 | 4701028 |
| 河　北 | 43883910 | 1879537 | 557544 | 1975586 | 931465 | | 1044121 |
| 山　西 | 39754007 | 857583 | 28171 | 508126 | 332612 | | 175514 |
| 内蒙古 | 28556036 | 493411 | 54546 | 799 | 799 | | |
| 辽　宁 | 43741771 | 2043285 | 173248 | 13810602 | 6656202 | 477876 | 6537040 |
| 吉　林 | 12416432 | 456158 | 12279 | 1153770 | 343277 | | 787538 |
| 黑龙江 | 17380505 | 952399 | 16964 | 815480 | 479015 | 48105 | 264467 |
| 上　海 | 60427114 | 4105518 | | 26781937 | 11444369 | 699719 | 14441132 |
| 江　苏 | 111300602 | 5915002 | 189277 | 24607653 | 7763698 | 364032 | 16047222 |
| 浙　江 | 91113123 | 1626793 | 284940 | 14154995 | 5777567 | 443666 | 7571816 |
| 安　徽 | 34744438 | 2717261 | 674670 | 4604915 | 1651916 | 86821 | 2529792 |
| 福　建 | 35019660 | 1707617 | 42367 | 14736579 | 7255942 | 89480 | 7127159 |
| 江　西 | 16772564 | 2243361 | 136309 | 3752733 | 1632344 | 2145 | 2118243 |
| 山　东 | 63037370 | 4516475 | 169942 | 9175550 | 4495388 | 730100 | 3934374 |
| 河　南 | 32772136 | 2216465 | 218477 | 4352339 | 516022 | 238447 | 3558748 |
| 湖　北 | 37434817 | 1602255 | 138717 | 5458133 | 1979730 | 214019 | 2890356 |
| 湖　南 | 29301427 | 1975165 | 425409 | 2599790 | 904638 | 12985 | 1553274 |
| 广　东 | 95950413 | 7721840 | 406427 | 69594111 | 15891671 | 12783654 | 38807246 |
| 广　西 | 26439886 | 1350348 | 87000 | 3490142 | 970515 | 43673 | 2475953 |
| 海　南 | 6954187 | 464613 | 84592 | 8413016 | 3946592 | | 2649049 |
| 重　庆 | 43950970 | 2111229 | 4996 | 12607411 | 5166300 | 285416 | 7155694 |
| 四　川 | 40794531 | 1934952 | 287890 | 5210806 | 1884780 | 23506 | 2985627 |
| 贵　州 | 16414279 | 1745411 | 6760 | 1729700 | 989421 | 23065 | 717213 |
| 云　南 | 30784117 | 3829164 | 468034 | 3783950 | 1038726 | 18038 | 2727187 |
| 西　藏 | 493636 | | | | | | |
| 陕　西 | 20496726 | 1428794 | 244758 | 2010795 | 150014 | 631206 | 1229575 |
| 甘　肃 | 9579475 | 395757 | 106750 | 251655 | 255832 | | -4177 |
| 青　海 | 6019520 | 391828 | | | | | |
| 宁　夏 | 12217293 | 1380967 | | 440359 | 414278 | | 26081 |
| 新　疆 | 16973356 | 487682 | 33690 | 1109103 | 1084880 | | 24223 |

4–4 续表 3

单位：万元

| 地区 | 港澳台商投资 | | 外商投资 | | | | | |
|---|---|---|---|---|---|---|---|---|
| | 股份有限 | 其他 | | 合资经营 | 合作经营 | 独资 | 股份有限 | 其他 |
| **全国总计** | **6828914** | **493998** | **124634979** | **41303108** | **11111152** | **61214762** | **8632559** | **2373399** |
| 北京 | | | 16977259 | 8720647 | 2700007 | 4722851 | 833754 | |
| 天津 | 741292 | | 3880569 | 573906 | 212446 | 2472642 | 407265 | 214310 |
| 河北 | | | 1085857 | 222711 | 8682 | 806934 | 47530 | |
| 山西 | | | 576322 | 196443 | | 379879 | | |
| 内蒙古 | | | 205171 | 85066 | | 67489 | | 52615 |
| 辽宁 | 139484 | | 7354101 | 3140024 | 889747 | 3167223 | 157107 | |
| 吉林 | 16904 | 6051 | 589560 | 545334 | 44226 | | | |
| 黑龙江 | 23893 | | 491678 | 265765 | -2 | 225915 | | |
| 上海 | 113120 | 83597 | 16199687 | 2769453 | 1377275 | 7699427 | 4353532 | |
| 江苏 | 432701 | | 11479784 | 5285587 | 711826 | 5454808 | | 27563 |
| 浙江 | 245821 | 116126 | 10529772 | 2087895 | 108161 | 8237948 | 73755 | 22013 |
| 安徽 | 336386 | | 1857947 | 287533 | 95142 | 982382 | 219001 | 273889 |
| 福建 | 263998 | | 3282961 | 323436 | 3399 | 2331696 | 382617 | 241814 |
| 江西 | | | 749767 | 475293 | | 246176 | 28298 | |
| 山东 | 15688 | | 2993536 | 1341096 | 597788 | 1040130 | | 14523 |
| 河南 | 316 | 38806 | 2342522 | 373991 | | 1736589 | 153772 | 78170 |
| 湖北 | 366492 | 7536 | 2052063 | 772429 | | 949501 | 97664 | 232470 |
| 湖南 | | 128894 | 1171824 | 623378 | 2316 | 537426 | 8703 | |
| 广东 | 2111540 | | 26994761 | 7953451 | 2828634 | 14550142 | 890412 | 772122 |
| 广西 | | | 1778649 | 908962 | | 473378 | 146818 | 249490 |
| 海南 | 1716523 | 100852 | 1271717 | 234994 | 91594 | 945129 | | |
| 重庆 | | | 3562319 | 921681 | 795375 | 1403798 | 247046 | 194420 |
| 四川 | 304757 | 12135 | 4396083 | 2206068 | 298436 | 1757018 | 134561 | |
| 贵州 | | | 398035 | 91037 | 302818 | 4181 | | |
| 云南 | | | 701089 | 253642 | | 154160 | 293287 | |
| 西藏 | | | | | | | | |
| 陕西 | | | 1316894 | 431488 | 43284 | 684685 | 157437 | |
| 甘肃 | | | 62923 | 33940 | | 28983 | | |
| 青海 | | | 10732 | 10732 | | | | |
| 宁夏 | | | 317000 | 167129 | | 149871 | | |
| 新疆 | | | 4400 | | | 4400 | | |

# 4-5　各地区按资质等级分的房地产开发企业负债合计

单位：万元

| 地　区 | 总　计 | 一　级 | 二　级 | 三　级 | 四　级 | 暂　定 | 其　他 |
|---|---|---|---|---|---|---|---|
| **全国总计** | **4287298986** | **427142451** | **850007620** | **717699937** | **512968443** | **1535509742** | **243970794** |
| 北　京 | 395239974 | 84990065 | 49991464 | 28474824 | 125690305 | 77432076 | 28661240 |
| 天　津 | 170706027 | 19361979 | 32075468 | 10966836 | 69509434 | 35866926 | 2925385 |
| 河　北 | 122636818 | 16705582 | 22091937 | 20999552 | 29725643 | 29445282 | 3668821 |
| 山　西 | 62259645 | 2063743 | 13348145 | 8786105 | 25341907 | 12188736 | 531010 |
| 内蒙古 | 61200509 | 5382958 | 14149836 | 9459776 | 24667416 | 6829073 | 711450 |
| 辽　宁 | 151280106 | 7924119 | 17714478 | 33756237 | 2313017 | 77874265 | 11697991 |
| 吉　林 | 47306714 | 2217157 | 12588382 | 8257739 | 4687878 | 19017221 | 538337 |
| 黑龙江 | 59150715 | 2618428 | 21466925 | 25930791 | 540479 | 7892301 | 701792 |
| 上　海 | 291296573 | 44531918 | 52525785 | 22489818 | 61676 | 147230058 | 24457319 |
| 江　苏 | 352005851 | 27842242 | 131187765 | 18329926 | 478030 | 146090321 | 28077566 |
| 浙　江 | 296849423 | 24773223 | 40323078 | 56307088 | 13949664 | 130107419 | 31388951 |
| 安　徽 | 132704740 | 3159816 | 22900310 | 31854235 | 2915606 | 65978624 | 5896148 |
| 福　建 | 165745509 | 16273283 | 21045224 | 37504460 | 19430395 | 64234831 | 7257317 |
| 江　西 | 65778561 | 1688708 | 11245128 | 13424198 | 4521906 | 32824368 | 2074253 |
| 山　东 | 252747857 | 16599082 | 37348174 | 39089149 | 26199429 | 122040443 | 11471581 |
| 河　南 | 145839268 | 13604506 | 30688619 | 18405430 | 7083231 | 70723685 | 5333798 |
| 湖　北 | 145246746 | 18629865 | 32197751 | 19563208 | 9656602 | 61084767 | 4114554 |
| 湖　南 | 97115723 | 4997022 | 16956716 | 39215619 | 9929058 | 24559428 | 1457879 |
| 广　东 | 455015433 | 61485069 | 49008675 | 98267260 | 61933464 | 145678808 | 38642157 |
| 广　西 | 75984155 | 2718793 | 11815514 | 14989405 | 4204421 | 36830514 | 5425509 |
| 海　南 | 61847219 | 92524 | 11278439 | 7298419 | 4530859 | 32586593 | 6060384 |
| 重　庆 | 156501695 | 13818109 | 71971471 | 14854170 | 447287 | 54048523 | 1362137 |
| 四　川 | 163027237 | 11046188 | 33976730 | 79945302 | 1392111 | 30308544 | 6358362 |
| 贵　州 | 68246314 | 1839245 | 18456438 | 13658127 | 8231571 | 23775622 | 2285311 |
| 云　南 | 109162767 | 8480063 | 29648217 | 8650354 | 23387630 | 36286756 | 2709747 |
| 西　藏 | 1373871 |  | 59165 | 618590 | 14912 | 655441 | 25763 |
| 陕　西 | 80617041 | 6775377 | 17513065 | 16403397 | 19222067 | 12914415 | 7788720 |
| 甘　肃 | 30459128 | 1115515 | 7734680 | 8087058 | 3702379 | 9592106 | 227390 |
| 青　海 | 12077900 | 649655 | 5832415 | 2098483 | 1523995 | 1280129 | 693223 |
| 宁　夏 | 22012776 | 2758119 | 6985421 | 4147199 | 2737950 | 4857380 | 526708 |
| 新　疆 | 35862691 | 3000098 | 5882203 | 5867185 | 4938123 | 15275093 | 899989 |

# 4-6 各地区按登记注册类型分的房地产开发企业所有者权益

单位：万元

| 地区 | 总计 | 内资 | 国有 | 集体 | 股份合作 | 国有联营 | 集体联营 |
|---|---|---|---|---|---|---|---|
| **全国总计** | **1232381565** | **1011575788** | **55163219** | **1539770** | **595253** | **409644** | **7558** |
| 北京 | 110180051 | 93199502 | 5479004 | 92055 | -7453 | | |
| 天津 | 59145585 | 53921166 | 3165861 | 2459 | 40778 | 12061 | |
| 河北 | 20106671 | 18632499 | -4050 | | | | |
| 山西 | 8262145 | 7864064 | 210845 | 3236 | | | |
| 内蒙古 | 9423363 | 9398945 | -11131 | | | | |
| 辽宁 | 38601218 | 21854589 | 752632 | 886 | 124953 | | |
| 吉林 | 9620043 | 9020814 | 7355 | 158 | -274 | | |
| 黑龙江 | 26096125 | 25610763 | 369177 | 1546 | 2244 | | |
| 上海 | 143279887 | 107014829 | 21237040 | 280475 | 814 | 40359 | 2641 |
| 江苏 | 115485214 | 88510917 | 4050827 | 182978 | 72757 | | |
| 浙江 | 82077184 | 63243505 | 1727520 | 54682 | 47581 | 354721 | |
| 安徽 | 35762501 | 32443160 | 2280288 | 6441 | | | |
| 福建 | 55407172 | 46582567 | 4511350 | 46532 | | | |
| 江西 | 22650683 | 21135148 | 206295 | 3173 | 34255 | | |
| 山东 | 59638743 | 53135990 | 1178608 | 243563 | 66950 | | |
| 河南 | 36787123 | 33956623 | 1254889 | 51868 | 4402 | | 30 |
| 湖北 | 45616813 | 40616109 | 808547 | 53460 | | | |
| 湖南 | 29089692 | 26548521 | 264887 | 21775 | 6051 | | |
| 广东 | 111779670 | 78106839 | 1057379 | 399891 | 31825 | | 4887 |
| 广西 | 26048925 | 23847712 | 377424 | 12131 | 3712 | | |
| 海南 | 14395696 | 11994332 | 210673 | 219 | 2074 | | |
| 重庆 | 59066075 | 46298462 | 4001499 | 7454 | 8317 | | |
| 四川 | 43440955 | 34000079 | 282448 | 6388 | 133276 | | |
| 贵州 | 13196655 | 12884759 | 155056 | 4178 | 61 | | |
| 云南 | 20506535 | 18412005 | 189465 | 2274 | 2605 | | |
| 西藏 | 795715 | 795715 | 9260 | | | | |
| 陕西 | 16417117 | 14205751 | 1032216 | 51183 | 11594 | | |
| 甘肃 | 6256604 | 6195564 | 190717 | 10720 | 175 | | |
| 青海 | 1939460 | 1936461 | 47043 | | 2150 | 2503 | |
| 宁夏 | 4224828 | 4085819 | 5894 | | | | |
| 新疆 | 7083117 | 6122582 | 114204 | 48 | 6409 | | |

4-6　续表 1　　　　单位：万元

| 地　　区 | 内　　资 | | | | | | |
|---|---|---|---|---|---|---|---|
| | 国有与集体联　　营 | 其他联营 | 国有独资公　　司 | 其他有限责任公司 | 股份有限公　　司 | 私营独资 | 私营合伙 |
| **全国总计** | **3001** | **20553** | **156457632** | **505035363** | **65675536** | **992258** | **101419** |
| 北　　京 | | | 8924753 | 63167795 | 12144657 | | |
| 天　　津 | | | 16777661 | 25166971 | 2314722 | 9103 | 34155 |
| 河　　北 | | | 530181 | 9558508 | 1873822 | 70452 | 3302 |
| 山　　西 | | | 398944 | 2601697 | 192245 | | |
| 内 蒙 古 | | | 41850 | 5568767 | 270768 | 12498 | 3807 |
| 辽　　宁 | | | 3390734 | 9657974 | 832141 | 13146 | |
| 吉　　林 | | | 384430 | 5596081 | 540630 | 106590 | |
| 黑 龙 江 | | | 3091708 | 17142026 | 1074387 | 6565 | |
| 上　　海 | 121 | | 11204662 | 46818148 | 8390526 | 197072 | 10573 |
| 江　　苏 | | | 14707509 | 35862626 | 3685277 | 103886 | 14387 |
| 浙　　江 | 2649 | | 6445404 | 33583653 | 3844196 | 33029 | 2739 |
| 安　　徽 | | | 6458834 | 14349719 | 1004162 | 50822 | 9610 |
| 福　　建 | -429 | | 11769706 | 20741510 | 1730964 | 8803 | |
| 江　　西 | | | 7404631 | 8293833 | 725151 | 5702 | 3460 |
| 山　　东 | | | 8786899 | 28167346 | 2753491 | 12796 | |
| 河　　南 | | 14035 | 4047400 | 19086172 | 1599349 | 32747 | 10969 |
| 湖　　北 | | | 4442392 | 19389699 | 5344907 | 26403 | 2578 |
| 湖　　南 | | | 2065819 | 12964973 | 879324 | 38468 | 1080 |
| 广　　东 | | 2960 | 3402757 | 44057543 | 9735436 | 81342 | -6585 |
| 广　　西 | | | 9249098 | 8092444 | 561587 | 74454 | 4058 |
| 海　　南 | 661 | | 3188808 | 6264588 | 722038 | 5559 | 984 |
| 重　　庆 | | | 18640805 | 14844477 | 1062314 | 21610 | |
| 四　　川 | | | 3373505 | 18727387 | 1524973 | 13338 | 4287 |
| 贵　　州 | | | 2225813 | 6107981 | 1129533 | 2000 | 2048 |
| 云　　南 | | | 1554423 | 12387666 | 1191231 | 10584 | |
| 西　　藏 | | 3559 | 71193 | 595563 | 1435 | | |
| 陕　　西 | | | 1934669 | 7991723 | 204235 | 20234 | |
| 甘　　肃 | | | 328213 | 3620039 | 151369 | 32231 | |
| 青　　海 | | | 237369 | 722987 | 25715 | | |
| 宁　　夏 | | | 400149 | 1399982 | 76508 | | |
| 新　　疆 | | | 977316 | 2505486 | 88444 | 2826 | -34 |

4-6 续表 2

单位：万元

| 地区 | 内资 | | | 港澳台商投资 | | | |
|---|---|---|---|---|---|---|---|
| | 私营有限责任公司 | 私营股份有限公司 | 其他内资企业 | | 合资经营 | 合作经营 | 独资 |
| **全国总计** | **212010861** | **12535887** | **1027834** | **153733445** | **49955341** | **9103598** | **91713866** |
| 北京 | 3222633 | 176058 | | 10268361 | 3179285 | 2299629 | 4789447 |
| 天津 | 5903718 | 435895 | 57783 | 3050010 | 1058325 | 22955 | 1683691 |
| 河北 | 6113569 | 416018 | 70698 | 924262 | 255996 | | 668267 |
| 山西 | 4387364 | 71664 | -1930 | 329523 | 155131 | | 174392 |
| 内蒙古 | 3428873 | 80417 | 3095 | 12202 | 12202 | | |
| 辽宁 | 6730335 | 342925 | 8863 | 10641660 | 3497366 | 83047 | 6987434 |
| 吉林 | 2149526 | 232031 | 4287 | 504735 | 218354 | | 257090 |
| 黑龙江 | 3726966 | 189770 | 6374 | 317161 | 194257 | 33967 | 84600 |
| 上海 | 18078188 | 751712 | 2499 | 24045960 | 11556337 | 293024 | 12083039 |
| 江苏 | 28691216 | 1127650 | 11804 | 18861304 | 4921909 | 301521 | 13109204 |
| 浙江 | 16851559 | 255624 | 40148 | 13290646 | 3625259 | 455856 | 8791846 |
| 安徽 | 7407871 | 747008 | 128408 | 2021571 | 742098 | -29251 | 1120991 |
| 福建 | 7481293 | 285032 | 7807 | 6614718 | 2915835 | 89590 | 3568078 |
| 江西 | 3893561 | 555335 | 9753 | 1179889 | 352701 | 6306 | 820882 |
| 山东 | 11107528 | 736515 | 82295 | 4694287 | 1472040 | 220701 | 2994058 |
| 河南 | 7287599 | 451409 | 115755 | 2342312 | 468876 | 114860 | 1694413 |
| 湖北 | 10129375 | 372732 | 46016 | 4234419 | 1023449 | 117964 | 2944376 |
| 湖南 | 9403872 | 635886 | 266388 | 2158197 | 321952 | 624 | 1806326 |
| 广东 | 16844144 | 2473642 | 21620 | 25742827 | 7486770 | 4811851 | 13114070 |
| 广西 | 5304561 | 150031 | 18212 | 1837949 | 639710 | 12707 | 1185532 |
| 海南 | 1481407 | 91828 | 25494 | 1827128 | 131149 | | 1266902 |
| 重庆 | 7383704 | 328381 | -99 | 9551559 | 3245325 | 193116 | 6113118 |
| 四川 | 9461452 | 432206 | 40818 | 4767805 | 823020 | 6858 | 3667420 |
| 贵州 | 2932922 | 322925 | 2243 | 287143 | 80348 | 6368 | 200426 |
| 云南 | 2877244 | 152431 | 44082 | 1725389 | 380560 | 2766 | 1342063 |
| 西藏 | 114706 | | | | | | |
| 陕西 | 2691515 | 266538 | 1846 | 1389424 | 135372 | 59139 | 1194913 |
| 甘肃 | 1792115 | 67517 | 2468 | 63200 | 31930 | | 31270 |
| 青海 | 819221 | 79473 | | | | | |
| 宁夏 | 1956139 | 247148 | | 93291 | 86158 | | 7133 |
| 新疆 | 2356686 | 60088 | 11108 | 956516 | 943627 | | 12888 |

4-6　续表 3　　　　单位：万元

| 地　区 | 港澳台商投资 | | 外商投资 | | | | | |
|---|---|---|---|---|---|---|---|---|
| | 股份有限 | 其　他 | | 合资经营 | 合作经营 | 独　资 | 股份有限 | 其　他 |
| **全国总计** | **2871704** | **88935** | **67072332** | **20773193** | **6247010** | **37018796** | **2757831** | **275503** |
| 北　京 | | | 6712188 | 3477975 | 1259925 | 1644494 | 329795 | |
| 天　津 | 285039 | | 2174409 | 916657 | 107522 | 1068242 | 27230 | 54758 |
| 河　北 | | | 549910 | 18498 | 1684 | 510357 | 19372 | |
| 山　西 | | | 68558 | -6699 | | 75256 | | |
| 内蒙古 | | | 12217 | 6929 | | -1967 | | 7255 |
| 辽　宁 | 73813 | | 6104970 | 1930341 | 988729 | 3002474 | 183426 | |
| 吉　林 | 19746 | 9545 | 94494 | 84776 | 9718 | | | |
| 黑龙江 | 4337 | | 168200 | 21528 | 11541 | 135131 | | |
| 上　海 | 85050 | 28510 | 12219099 | 3193631 | 857276 | 6781757 | 1386434 | |
| 江　苏 | 528669 | | 8112993 | 3028912 | 223843 | 4828335 | | 31904 |
| 浙　江 | 409667 | 8018 | 5543033 | 1700814 | 176179 | 3624203 | 43997 | -2160 |
| 安　徽 | 187733 | | 1297769 | 204442 | 75063 | 992672 | 5779 | 19813 |
| 福　建 | 41215 | | 2209887 | 259621 | 1426 | 1776720 | 175353 | -3233 |
| 江　西 | | | 335646 | 242454 | | 39075 | 54118 | |
| 山　东 | 7488 | | 1808467 | 866378 | 247973 | 691313 | | 2804 |
| 河　南 | 60000 | 4164 | 488188 | 33238 | 25776 | 411649 | 13975 | 3550 |
| 湖　北 | 147838 | 792 | 766285 | 329355 | | 414846 | 21946 | 139 |
| 湖　南 | | 29295 | 382974 | 223739 | 4346 | 152825 | 2064 | |
| 广　东 | 330137 | | 7930005 | 1894931 | 814138 | 4952209 | 195569 | 73158 |
| 广　西 | | | 363265 | 159423 | | 128180 | 23007 | 52655 |
| 海　南 | 435022 | -5945 | 574236 | 56171 | 107662 | 410404 | | |
| 重　庆 | | | 3216054 | 900613 | 745805 | 1452618 | 82158 | 34861 |
| 四　川 | 255950 | 14557 | 4673072 | 802381 | 479444 | 3357261 | 33987 | |
| 贵　州 | | | 24753 | 29573 | -6618 | 1798 | | |
| 云　南 | | | 369142 | 120509 | | 96639 | 151993 | |
| 西　藏 | | | | | | | | |
| 陕　西 | | | 821942 | 274519 | 115579 | 424215 | 7630 | |
| 甘　肃 | | | -2160 | -2004 | | -156 | | |
| 青　海 | | | 2998 | 2998 | | | | |
| 宁　夏 | | | 45718 | 1492 | | 44227 | | |
| 新　疆 | | | 4019 | | | 4019 | | |

# 4-7 各地区按资质等级分的房地产开发企业所有者权益

单位：万元

| 地　区 | 总　计 | 一　级 | 二　级 | 三　级 | 四　级 | 暂　定 | 其　他 |
|---|---|---|---|---|---|---|---|
| **全国总计** | **1232381565** | **151298619** | **253119288** | **199524729** | **112371468** | **428191472** | **87875989** |
| 北　京 | 110180051 | 23289866 | 13452725 | 10275401 | 26978601 | 19807723 | 16375735 |
| 天　津 | 59145585 | 6422084 | 14814951 | 4135534 | 20781726 | 12156743 | 834548 |
| 河　北 | 20106671 | 3220035 | 3805691 | 4069734 | 3916181 | 4680703 | 414327 |
| 山　西 | 8262145 | 336873 | 1352835 | 1238969 | 2705729 | 2547448 | 80292 |
| 内蒙古 | 9423363 | 1265993 | 1529549 | 1094292 | 3833691 | 1431845 | 267994 |
| 辽　宁 | 38601218 | 1548980 | 4623921 | 8630397 | 222404 | 20775665 | 2799851 |
| 吉　林 | 9620043 | 396366 | 2389258 | 1470975 | 924778 | 4377227 | 61440 |
| 黑龙江 | 26096125 | 170267 | 6880901 | 7799610 | 251198 | 10644611 | 349538 |
| 上　海 | 143279887 | 30259446 | 25351185 | 11104144 | 67976 | 63542737 | 12954400 |
| 江　苏 | 115485214 | 11294625 | 39268603 | 5989711 | 72412 | 50049607 | 8810256 |
| 浙　江 | 82077184 | 9483497 | 9995645 | 16584554 | 2810527 | 33358407 | 9844555 |
| 安　徽 | 35762501 | 1638188 | 9544173 | 8735854 | 890280 | 13536702 | 1417304 |
| 福　建 | 55407172 | 7829164 | 7774588 | 10087170 | 7129426 | 18116111 | 4470712 |
| 江　西 | 22650683 | 440355 | 4098066 | 6528263 | 1607566 | 9627461 | 348973 |
| 山　东 | 59638743 | 4452803 | 11862943 | 9078510 | 5746820 | 25935486 | 2562182 |
| 河　南 | 36787123 | 4447280 | 6698274 | 5501631 | 1311881 | 16682592 | 2145465 |
| 湖　北 | 45616813 | 6011667 | 12664764 | 5492150 | 2645714 | 17523654 | 1278865 |
| 湖　南 | 29089692 | 1084436 | 3763995 | 11285143 | 2954759 | 8824753 | 1176606 |
| 广　东 | 111779670 | 19466320 | 11065432 | 27074597 | 13757956 | 29756550 | 10658816 |
| 广　西 | 26048925 | 810342 | 4780332 | 8109722 | 982725 | 8392570 | 2973234 |
| 海　南 | 14395696 | 13478 | 2475870 | 2118763 | 790907 | 7241339 | 1755340 |
| 重　庆 | 59066075 | 7676376 | 26610987 | 4108591 | 50607 | 20187550 | 431965 |
| 四　川 | 43440955 | 2899681 | 9405417 | 18588487 | 423315 | 8849089 | 3274966 |
| 贵　州 | 13196655 | 982826 | 3443498 | 2224913 | 1547120 | 4660055 | 338243 |
| 云　南 | 20506535 | 1945197 | 6110547 | 1099164 | 2618332 | 7597003 | 1136293 |
| 西　藏 | 795715 |  | 29329 | 146092 | 9636 | 606394 | 4264 |
| 陕　西 | 16417117 | 1368347 | 3270688 | 3501527 | 4867184 | 2618799 | 790573 |
| 甘　肃 | 6256604 | 297399 | 1956062 | 1443028 | 1096283 | 1451127 | 12706 |
| 青　海 | 1939460 | 36323 | 953717 | 317475 | 201929 | 268033 | 161983 |
| 宁　夏 | 4224828 | 571288 | 1404730 | 619323 | 655922 | 949782 | 23782 |
| 新　疆 | 7083117 | 1639119 | 1740613 | 1071009 | 517885 | 1993709 | 120783 |

# 4-8　各地区按登记注册类型分的房地产开发企业营业利润

单位：万元

| 地　区 | 总　计 | 内　资 | | | | | |
|---|---|---|---|---|---|---|---|
| | | | 国　有 | 集　体 | 股份合作 | 国有联营 | 集体联营 |
| **全国总计** | **61655363** | **49819190** | **964557** | **66843** | **3947** | **-881** | **11830** |
| 北　京 | 7203288 | 6661502 | 132325 | 16065 | -1908 | | |
| 天　津 | 1916712 | 1934594 | 50091 | -724 | -18253 | 1690 | |
| 河　北 | 1385759 | 1338070 | -4249 | | | | |
| 山　西 | 86751 | 77695 | 1739 | -290 | | | |
| 内蒙古 | 43868 | 45003 | -1025 | | | | |
| 辽　宁 | 391764 | 134409 | -732 | 355 | -7910 | | |
| 吉　林 | 352812 | 288510 | -818 | 0 | -41 | | |
| 黑龙江 | 273880 | 287551 | -7621 | -11 | 99 | | |
| 上　海 | 8850210 | 6222218 | 302130 | 18205 | 98 | -213 | 272 |
| 江　苏 | 4333321 | 2890938 | -11622 | -23147 | 9484 | | |
| 浙　江 | 977081 | 413912 | 30348 | 4707 | 11345 | -2092 | |
| 安　徽 | 1657790 | 1441340 | 19608 | -78 | | | |
| 福　建 | 5383588 | 4313856 | 53502 | -4319 | | | |
| 江　西 | 1513106 | 1381735 | 1926 | 35 | -3326 | | |
| 山　东 | 3017333 | 2675763 | 40750 | 2716 | 3078 | | |
| 河　南 | 3273923 | 3061487 | 52692 | 12147 | 5217 | | |
| 湖　北 | 3059074 | 2644503 | -32400 | 627 | | | |
| 湖　南 | 334584 | 284178 | 15382 | -29 | 236 | | |
| 广　东 | 12798807 | 10734040 | 89537 | 41233 | -1001 | | 11558 |
| 广　西 | 803678 | 393284 | -48266 | -585 | -148 | | |
| 海　南 | -159061 | -22150 | -9476 | -270 | 206 | | |
| 重　庆 | 1620540 | 581495 | 56840 | 290 | -780 | | |
| 四　川 | 1304281 | 1151434 | 9273 | 1087 | 10361 | | |
| 贵　州 | 122181 | 174288 | -1336 | -5 | -13 | | |
| 云　南 | -445921 | -410677 | 18009 | 479 | -13 | | |
| 西　藏 | -9557 | -9557 | 563 | | | | |
| 陕　西 | 836456 | 587712 | 174603 | -881 | -3077 | | |
| 甘　肃 | 302645 | 300445 | 3751 | -694 | -94 | | |
| 青　海 | 9800 | 6373 | 81 | | 98 | -266 | |
| 宁　夏 | 11684 | 14799 | 86 | | | | |
| 新　疆 | 404988 | 220444 | 28867 | -72 | 287 | | |

4-8 续表 1

单位：万元

| 地区 | 内资 | | | | | | |
|---|---|---|---|---|---|---|---|
| | 国有与集体联营 | 其他联营 | 国有独资公司 | 其他有限责任公司 | 股份有限公司 | 私营独资 | 私营合伙 |
| **全国总计** | **-300** | **3015** | **2987190** | **32990199** | **4867659** | **-42028** | **2494** |
| 北京 | | | 484986 | 5384767 | 694830 | | |
| 天津 | | | 180028 | 1481652 | 35892 | -22 | 9 |
| 河北 | | | 2314 | 630616 | 463879 | -2595 | -602 |
| 山西 | | | 12941 | 197324 | -14611 | | |
| 内蒙古 | | | -53945 | 20793 | -6189 | 2524 | 52 |
| 辽宁 | | | -58131 | 125792 | -28851 | -20925 | |
| 吉林 | | | 1516 | 205860 | 9641 | -7419 | |
| 黑龙江 | | | 16818 | 219220 | 15580 | -625 | |
| 上海 | 2 | | 553936 | 3893085 | 474418 | -2184 | -154 |
| 江苏 | | | -56392 | 1518649 | 453386 | -9383 | 810 |
| 浙江 | -309 | | -15108 | 80537 | 311156 | 5920 | -18 |
| 安徽 | | | 125319 | 846459 | -573 | 6612 | 3222 |
| 福建 | -7 | | 754259 | 2797891 | 254515 | -76 | |
| 江西 | | | 19967 | 799804 | 76026 | -3553 | -29 |
| 山东 | | | 217439 | 1398763 | 182546 | -1565 | |
| 河南 | | 642 | 17678 | 2052841 | 316352 | 8907 | 236 |
| 湖北 | | | 247864 | 1576619 | 498635 | 2690 | 311 |
| 湖南 | | | 295 | 415391 | -28713 | -56 | -100 |
| 广东 | | -63 | 474283 | 6817201 | 1156482 | -20321 | -1481 |
| 广西 | | | 24107 | 399912 | -30324 | 4221 | -315 |
| 海南 | 14 | | -39015 | -6851 | 56560 | 1558 | |
| 重庆 | | | -63516 | 631013 | 55281 | -1425 | |
| 四川 | | | 42682 | 692385 | 11297 | 72 | 663 |
| 贵州 | | | 6620 | 210878 | -11665 | | -96 |
| 云南 | | | -44524 | 1697 | -130995 | -8665 | |
| 西藏 | | 2436 | 20159 | 14589 | -127 | | |
| 陕西 | | | 27339 | 319875 | 3961 | 2945 | |
| 甘肃 | | | 23724 | 168125 | 28995 | 1535 | |
| 青海 | | | 622 | 15804 | -4138 | | |
| 宁夏 | | | 11708 | -37685 | 13460 | | |
| 新疆 | | | 51217 | 117195 | 10953 | -197 | -13 |

4-8　续表 2　　　　单位：万元

| 地　　区 | 内资 | | | 港澳台商投资 | | | |
|---|---|---|---|---|---|---|---|
| | 私营有限责任公司 | 私营股份有限公司 | 其他内资企业 | | 合资经营 | 合作经营 | 独资 |
| **全国总计** | **6922027** | **997789** | **44852** | **8050480** | **3840963** | **332164** | **3852706** |
| 北　京 | -46808 | -2755 | | 287791 | 294227 | -27378 | 20942 |
| 天　津 | 209348 | -7452 | 2334 | -5144 | 13466 | | 23576 |
| 河　北 | 204886 | 42172 | 1650 | -687 | 4260 | | -4947 |
| 山　西 | -112646 | -6284 | -477 | -8934 | -5756 | | -3178 |
| 内蒙古 | 42269 | 40488 | 35 | 119 | 119 | | |
| 辽　宁 | 127545 | -2115 | -619 | 141997 | 65391 | -8741 | 83862 |
| 吉　林 | 79989 | 178 | -397 | 38540 | 38722 | | 542 |
| 黑龙江 | 54328 | -10205 | -32 | -5312 | -13552 | -484 | 8712 |
| 上　海 | 729294 | 253331 | | 1936086 | 1162740 | 34489 | 688368 |
| 江　苏 | 1088128 | -70617 | -8358 | 750233 | 83360 | 9624 | 647503 |
| 浙　江 | 17121 | -31619 | 1924 | 143500 | -30955 | -2429 | 170172 |
| 安　徽 | 417681 | 11134 | 11957 | 148372 | 33857 | -1981 | 69031 |
| 福　建 | 414387 | 42855 | 849 | 621604 | 372207 | 1919 | 240688 |
| 江　西 | 373915 | 116234 | 737 | 98810 | 53188 | -21 | 45643 |
| 山　东 | 768851 | 67651 | -4465 | 210908 | 61877 | -24347 | 173887 |
| 河　南 | 534225 | 59554 | 997 | 196971 | 10540 | 27882 | 159032 |
| 湖　北 | 357695 | -6841 | -698 | 385930 | 140090 | -6307 | 250924 |
| 湖　南 | -141795 | -3434 | 27000 | 29615 | -5964 | -70 | 36889 |
| 广　东 | 1687137 | 461134 | 18340 | 1467541 | 704909 | 340686 | 425170 |
| 广　西 | 64907 | -17855 | -2371 | 411398 | 154743 | -325 | 256980 |
| 海　南 | -9888 | -10782 | -4207 | -158045 | -132443 | | 3873 |
| 重　庆 | -89502 | -6707 | | 933010 | 673752 | -2787 | 262046 |
| 四　川 | 387726 | 3350 | -7461 | 100781 | 17518 | 297 | 104403 |
| 贵　州 | -47858 | 17939 | -176 | -50042 | -33372 | 648 | -17318 |
| 云　南 | -234096 | -22193 | 9624 | -29995 | -8513 | -36 | -21446 |
| 西　藏 | -47176 | | | | | | |
| 陕　西 | 45720 | 18154 | -927 | 217067 | -61 | -8474 | 225602 |
| 甘　肃 | 63938 | 9919 | 1245 | 2650 | -120 | | 2770 |
| 青　海 | -46087 | 40259 | | | | | |
| 宁　夏 | 17371 | 9859 | | 1093 | 1639 | | -546 |
| 新　疆 | 11420 | 2436 | -1650 | 184624 | 185096 | | -473 |

4-8 续表 3　　　　单位：万元

| 地　　区 | 港澳台商投资 | | 外商投资 | | | | | |
|---|---|---|---|---|---|---|---|---|
| | 股份有限 | 其　他 | | 合资经营 | 合作经营 | 独　资 | 股份有限 | 其　他 |
| **全国总计** | **7212** | **17435** | **3785693** | **895452** | **297341** | **2613957** | **29215** | **-50273** |
| 北　　京 | | | 253995 | 162208 | 93804 | -12571 | 10555 | |
| 天　　津 | -42186 | | -12737 | 25554 | -19355 | -16328 | 627 | -3235 |
| 河　　北 | | | 48376 | -2936 | | 49768 | 1545 | |
| 山　　西 | | | 17990 | -1778 | | 19768 | | |
| 内 蒙 古 | | | -1255 | -1480 | | 225 | | |
| 辽　　宁 | 1485 | | 115358 | 174 | 33297 | 92581 | -10694 | |
| 吉　　林 | -645 | -78 | 25761 | 25854 | -92 | | | |
| 黑 龙 江 | 12 | | -8359 | -9746 | 342 | 1045 | | |
| 上　　海 | 22954 | 27535 | 691907 | 67292 | 3764 | 667569 | -46718 | |
| 江　　苏 | 9746 | | 692150 | 363821 | 10610 | 318004 | | -285 |
| 浙　　江 | 7701 | -989 | 419670 | 9209 | -4429 | 416207 | -1297 | -21 |
| 安　　徽 | 47466 | | 68078 | 27790 | 25133 | 7804 | 553 | 6798 |
| 福　　建 | 6790 | | 448129 | 372 | 0 | 454889 | -5279 | -1854 |
| 江　　西 | | | 32560 | -13666 | | -2018 | 48245 | |
| 山　　东 | -509 | | 130662 | 55965 | 7463 | 67286 | | -52 |
| 河　　南 | | -483 | 15465 | -2732 | 4285 | 14904 | -2217 | 1225 |
| 湖　　北 | 1395 | -172 | 28642 | 28569 | | -3093 | 7749 | -4583 |
| 湖　　南 | | -1241 | 20792 | 16272 | -154 | 4797 | -123 | |
| 广　　东 | -3223 | | 597226 | 112887 | 50632 | 465381 | 18228 | -49902 |
| 广　　西 | | | -1004 | 3641 | | -3077 | -3268 | 1699 |
| 海　　南 | -20718 | -8756 | 21134 | 6435 | 1081 | 13618 | | |
| 重　　庆 | | | 106034 | 37878 | 51210 | 20915 | -3905 | -63 |
| 四　　川 | -23057 | 1619 | 52067 | -16570 | 29486 | 39985 | -835 | |
| 贵　　州 | | | -2065 | 1084 | -3018 | -131 | | |
| 云　　南 | | | -5249 | 2701 | | -4476 | -3474 | |
| 西　　藏 | | | | | | | | |
| 陕　　西 | | | 31677 | -4720 | 13281 | 3592 | 19524 | |
| 甘　　肃 | | | -449 | -60 | | -390 | | |
| 青　　海 | | | 3427 | 3427 | | | | |
| 宁　　夏 | | | -4208 | -1992 | | -2216 | | |
| 新　　疆 | | | -80 | | | -80 | | |

# 4-9 各地区按资质等级分的房地产开发企业营业利润

单位：万元

| 地　区 | 总　计 | 一　级 | 二　级 | 三　级 | 四　级 | 暂　定 | 其　他 |
|---|---|---|---|---|---|---|---|
| **全国总计** | **61655363** | **13920710** | **9904179** | **10811550** | **5384360** | **18241156** | **3393408** |
| 北　京 | 7203288 | 2099650 | 998876 | 326988 | 1574793 | 1619881 | 583100 |
| 天　津 | 1916712 | 992773 | 96687 | -3640 | 306831 | 499262 | 24799 |
| 河　北 | 1385759 | 570357 | 66904 | 381427 | 170377 | 41582 | 155113 |
| 山　西 | 86751 | 7877 | -71365 | 78208 | 8153 | 47959 | 15919 |
| 内蒙古 | 43868 | 5971 | 12597 | 57774 | -7471 | -39720 | 14717 |
| 辽　宁 | 391764 | -7760 | 93710 | 281114 | -6480 | 70132 | -38952 |
| 吉　林 | 352812 | 55414 | 75720 | 74147 | 25065 | 123834 | -1368 |
| 黑龙江 | 273880 | 4095 | -71043 | 302545 | -1179 | 113 | 39348 |
| 上　海 | 8850210 | 975091 | 1542447 | 1103754 | 11178 | 4248670 | 969071 |
| 江　苏 | 4333321 | 958707 | 1120931 | 269495 | 4610 | 1421899 | 557678 |
| 浙　江 | 977081 | 855197 | 288616 | 227574 | -87668 | -282431 | -24206 |
| 安　徽 | 1657790 | 103306 | 277612 | 370305 | 83632 | 794583 | 28352 |
| 福　建 | 5383588 | 800630 | 977421 | 1316242 | 803125 | 1361054 | 125117 |
| 江　西 | 1513106 | 13954 | 276226 | 460384 | 133433 | 652330 | -23222 |
| 山　东 | 3017333 | 408176 | 328021 | 538719 | 309558 | 1317298 | 115561 |
| 河　南 | 3273923 | 388336 | 583292 | 308340 | 139465 | 1742773 | 111718 |
| 湖　北 | 3059074 | 410247 | 1027190 | 339776 | 49494 | 1049265 | 183102 |
| 湖　南 | 334584 | 92058 | 162602 | 149019 | -68261 | 13184 | -14018 |
| 广　东 | 12798807 | 3605493 | 922978 | 3584835 | 1377639 | 2773047 | 534816 |
| 广　西 | 803678 | -104426 | 142503 | 204677 | -28056 | 502896 | 86085 |
| 海　南 | -159061 | 1551 | -73559 | -6969 | -2545 | -8856 | -68684 |
| 重　庆 | 1620540 | 1080235 | 317085 | 111197 | 12336 | 115068 | -15380 |
| 四　川 | 1304281 | 163868 | 522308 | 259439 | 13726 | 293520 | 51421 |
| 贵　州 | 122181 | -25995 | 142015 | 9581 | 85419 | -113166 | 24327 |
| 云　南 | -445921 | 5917 | -161360 | -45931 | 142489 | -380272 | -6763 |
| 西　藏 | -9557 |  | -409 | -23475 | -624 | 15501 | -550 |
| 陕　西 | 836456 | 134340 | 68705 | 105307 | 344586 | 220614 | -37096 |
| 甘　肃 | 302645 | 53854 | 87455 | 23771 | 11309 | 129053 | -2797 |
| 青　海 | 9800 | -23171 | 41005 | -12248 | 11135 | -8733 | 1812 |
| 宁　夏 | 11684 | 44156 | 9734 | 24968 | -34550 | -25311 | -7313 |
| 新　疆 | 404988 | 250810 | 99277 | -5772 | 2842 | 46129 | 11703 |

# 4-10 各地区按登记注册类型分的房地产开发企业利润总额

单位：万元

| 地　区 | 总　计 | 内　资 | | | | | |
|---|---|---|---|---|---|---|---|
| | | | 国　有 | 集　体 | 股份合作 | 国有联营 | 集体联营 |
| **全国总计** | **64731193** | **52752203** | **1323866** | **81253** | **1327** | **1239** | **11843** |
| 北　京 | 7502079 | 6994284 | 160312 | 24954 | -1908 | | |
| 天　津 | 2292824 | 2305071 | 57428 | -711 | -18509 | 1693 | |
| 河　北 | 1322913 | 1276971 | -4274 | | | | |
| 山　西 | 94876 | 85838 | 2077 | 175 | | | |
| 内蒙古 | 75757 | 76893 | -1300 | | | | |
| 辽　宁 | 417042 | 163506 | -278 | 345 | -8307 | | |
| 吉　林 | 359261 | 295008 | -1421 | 0 | -41 | | |
| 黑龙江 | 420611 | 433309 | -4985 | -11 | 20 | | |
| 上　海 | 9366230 | 6701032 | 376139 | 19644 | 98 | 2053 | 275 |
| 江　苏 | 4791872 | 3334118 | 79938 | -21928 | 9417 | | |
| 浙　江 | 1151792 | 584713 | 38746 | 5229 | 12134 | -2243 | |
| 安　徽 | 1994345 | 1661218 | 20246 | -79 | | | |
| 福　建 | 5476336 | 4478164 | 136943 | -4389 | | | |
| 江　西 | 1579232 | 1442936 | 3257 | 22 | -3321 | | |
| 山　东 | 3077807 | 2727935 | 47362 | 2844 | 3097 | | |
| 河　南 | 3322897 | 3085847 | 63026 | 12147 | 5217 | | |
| 湖　北 | 3114022 | 2695342 | -23892 | 379 | | | |
| 湖　南 | 514300 | 462051 | 20658 | -30 | 236 | | |
| 广　东 | 12666284 | 10611452 | 123330 | 43281 | -2875 | | 11568 |
| 广　西 | 807744 | 396954 | -50278 | -650 | -96 | | |
| 海　南 | -179708 | -38897 | -8086 | -270 | 205 | | |
| 重　庆 | 1818227 | 739738 | 59371 | -33 | -812 | | |
| 四　川 | 1367200 | 1212352 | 10198 | 1088 | 9604 | | |
| 贵　州 | 140313 | 189047 | -293 | -5 | -13 | | |
| 云　南 | -406521 | -371289 | 12191 | 634 | -13 | | |
| 西　藏 | -8332 | -8332 | 558 | | | | |
| 陕　西 | 879937 | 631034 | 174407 | -821 | -3131 | | |
| 甘　肃 | 295194 | 292780 | 3725 | -498 | -94 | | |
| 青　海 | 6700 | 3608 | 108 | | 135 | -265 | |
| 宁　夏 | 36846 | 40245 | -202 | | | | |
| 新　疆 | 433114 | 249280 | 28853 | -65 | 284 | | |

4-10　续表 1　　　　单位：万元

| 地　区 | 内　资 | | | | | | |
|---|---|---|---|---|---|---|---|
| | 国有与集体联营 | 其他联营 | 国有独资公司 | 其他有限责任公司 | 股份有限公司 | 私营独资 | 私营合伙 |
| **全国总计** | **-301** | **3273** | **3869138** | **34548823** | **4966624** | **-43032** | **1757** |
| 北　京 | | | 556801 | 5585490 | 707857 | | |
| 天　津 | | | 291226 | 1690562 | 46400 | -22 | 55 |
| 河　北 | | | 1521 | 610861 | 459184 | -2474 | -653 |
| 山　西 | | | 13041 | 198200 | -6887 | | |
| 内蒙古 | | | -53954 | 50481 | -3798 | 3919 | 52 |
| 辽　宁 | | | -34636 | 138531 | -16838 | -21771 | |
| 吉　林 | | | 5221 | 199926 | 10220 | -7669 | |
| 黑龙江 | | | 55290 | 322029 | 17816 | -382 | |
| 上　海 | 2 | | 584802 | 4176365 | 519650 | -2188 | -154 |
| 江　苏 | | | 91179 | 1650770 | 447549 | -9647 | 903 |
| 浙　江 | -311 | | 66408 | 199852 | 308694 | 5831 | -18 |
| 安　徽 | | | 255772 | 931360 | 5410 | 6561 | 3202 |
| 福　建 | -5 | | 736826 | 2876408 | 252767 | -76 | |
| 江　西 | | | 49778 | 834680 | 72800 | -3554 | -29 |
| 山　东 | | | 246234 | 1435459 | 175612 | -1632 | |
| 河　南 | | 589 | 28143 | 2078472 | 313085 | 8791 | 236 |
| 湖　北 | | | 259014 | 1654872 | 489089 | 2549 | 337 |
| 湖　南 | | | 7571 | 555467 | -33465 | -6 | -110 |
| 广　东 | | -63 | 474806 | 6692934 | 1180686 | -21280 | -2304 |
| 广　西 | | | 42272 | 401110 | -30866 | 4366 | -315 |
| 海　南 | 14 | | -18373 | -32229 | 48076 | 1558 | |
| 重　庆 | | | 33669 | 684234 | 55249 | -1431 | |
| 四　川 | | | 64118 | 717050 | 10927 | 72 | 666 |
| 贵　州 | | | 5297 | 209265 | 14932 | | -96 |
| 云　南 | | | -34623 | 7538 | -130418 | -8920 | |
| 西　藏 | | 2747 | 21206 | 14538 | -112 | | |
| 陕　西 | | | 28331 | 368959 | 3211 | 2945 | |
| 甘　肃 | | | 24954 | 167523 | 29002 | 1635 | |
| 青　海 | | | 830 | 13284 | -4620 | | |
| 宁　夏 | | | 12693 | -20816 | 13583 | | |
| 新　疆 | | | 53722 | 135651 | 11832 | -208 | -13 |

4-10 续表 2

单位：万元

| 地　区 | 内资 | | | 港澳台商投资 | | | |
|---|---|---|---|---|---|---|---|
| | 私营有限责任公司 | 私营股份有限公司 | 其他内资企业 | | 合资经营 | 合作经营 | 独资 |
| **全国总计** | **6935496** | **1003681** | **47214** | **8213735** | **3830671** | **314573** | **4041642** |
| 北　京 | -35825 | -3398 | | 279398 | 293226 | -31502 | 17673 |
| 天　津 | 245275 | -10663 | 2336 | -2478 | 15446 | | 24704 |
| 河　北 | 169584 | 40102 | 3119 | -1571 | 3647 | | -5218 |
| 山　西 | -113904 | -6382 | -483 | -8113 | -4866 | | -3247 |
| 内蒙古 | 40547 | 40732 | 213 | 119 | 119 | | |
| 辽　宁 | 110477 | -3349 | -669 | 142675 | 64811 | -8775 | 85313 |
| 吉　林 | 88695 | 525 | -448 | 38709 | 39006 | | 426 |
| 黑龙江 | 54302 | -10736 | -32 | -6049 | -13291 | -484 | 7714 |
| 上　海 | 767341 | 257004 | | 1960414 | 1180839 | 36280 | 692068 |
| 江　苏 | 1162947 | -68600 | -8410 | 772102 | 76895 | 10792 | 674545 |
| 浙　江 | -21126 | -30378 | 1896 | 149393 | -27144 | -1240 | 171251 |
| 安　徽 | 410817 | 16376 | 11553 | 265390 | 33020 | -1981 | 186859 |
| 福　建 | 436302 | 42580 | 809 | 558839 | 337902 | 1913 | 212299 |
| 江　西 | 377417 | 111151 | 736 | 104784 | 52113 | -21 | 52691 |
| 山　东 | 751733 | 71378 | -4151 | 220170 | 66251 | -24425 | 178855 |
| 河　南 | 516132 | 58727 | 1282 | 217691 | 10694 | 27879 | 179670 |
| 湖　北 | 320454 | -6761 | -698 | 394486 | 140174 | -6530 | 259615 |
| 湖　南 | -114154 | -886 | 26770 | 30554 | -6729 | -70 | 38593 |
| 广　东 | 1625503 | 467527 | 18340 | 1442812 | 702168 | 324226 | 416236 |
| 广　西 | 56813 | -23021 | -2381 | 412703 | 154886 | -383 | 258200 |
| 海　南 | -15357 | -10735 | -3701 | -164457 | -136175 | | 1750 |
| 重　庆 | -84018 | -6490 | | 973042 | 687795 | -2771 | 288017 |
| 四　川 | 401174 | 4696 | -7242 | 104478 | 17452 | 319 | 108760 |
| 贵　州 | -57152 | 17290 | -177 | -45859 | -34454 | 648 | -12053 |
| 云　南 | -205556 | -21967 | 9843 | -29867 | -9234 | 10 | -20642 |
| 西　藏 | -47269 | | | | | | |
| 陕　西 | 41034 | 17027 | -927 | 216414 | -76 | -9312 | 225802 |
| 甘　肃 | 55505 | 9706 | 1322 | 2894 | 124 | | 2770 |
| 青　海 | -46092 | 40229 | | | | | |
| 宁　夏 | 25491 | 9496 | | 1149 | 1686 | | -537 |
| 新　疆 | 18408 | 2502 | -1685 | 183915 | 184388 | | -473 |

4-10 续表 3

单位：万元

| 地 区 | 港澳台商投资 | | 外商投资 | | | | | |
|---|---|---|---|---|---|---|---|---|
| | 股份有限 | 其 他 | | 合资经营 | 合作经营 | 独 资 | 股份有限 | 其 他 |
| **全国总计** | **8661** | **18188** | **3765256** | **885717** | **290978** | **2622361** | **13940** | **-47740** |
| 北 京 | | | 228398 | 165888 | 79547 | -14121 | -2916 | |
| 天 津 | -42627 | | -9770 | 28618 | -19231 | -16531 | 640 | -3267 |
| 河 北 | | | 47513 | -3011 | | 49409 | 1116 | |
| 山 西 | | | 17151 | -2012 | | 19163 | | |
| 内 蒙 古 | | | -1255 | -1480 | | 225 | | |
| 辽 宁 | 1326 | | 110861 | -4677 | 33141 | 93120 | -10722 | |
| 吉 林 | -645 | -78 | 25544 | 25636 | -92 | | | |
| 黑 龙 江 | 12 | | -6649 | -10030 | 342 | 3040 | | |
| 上 海 | 22870 | 28357 | 704784 | 63249 | 10793 | 677984 | -47242 | |
| 江 苏 | 9870 | | 685652 | 358905 | 10789 | 316244 | | -285 |
| 浙 江 | 7516 | -991 | 417687 | 9417 | -4411 | 414027 | -1323 | -22 |
| 安 徽 | 47492 | | 67738 | 27206 | 25162 | 7971 | 566 | 6832 |
| 福 建 | 6725 | | 439333 | -249 | 0 | 446772 | -5273 | -1916 |
| 江 西 | | | 31512 | -14344 | | -2166 | 48022 | |
| 山 东 | -511 | | 129702 | 56339 | 6321 | 67094 | | -52 |
| 河 南 | | -552 | 19360 | -2837 | 4285 | 19030 | -2263 | 1145 |
| 湖 北 | 1404 | -176 | 24195 | 27969 | | -6213 | 7287 | -4848 |
| 湖 南 | | -1241 | 21696 | 16918 | -154 | 5042 | -110 | |
| 广 东 | 182 | | 612020 | 116328 | 52438 | 472882 | 18034 | -47662 |
| 广 西 | | | -1912 | 2601 | | -3085 | -3180 | 1752 |
| 海 南 | -21275 | -8757 | 23646 | 6573 | 1069 | 16005 | | |
| 重 庆 | | | 105447 | 38175 | 51501 | 19094 | -3907 | 584 |
| 四 川 | -23678 | 1624 | 50371 | -18790 | 29401 | 40594 | -835 | |
| 贵 州 | | | -2875 | 545 | -3290 | -131 | | |
| 云 南 | | | -5366 | 2598 | | -4487 | -3476 | |
| 西 藏 | | | | | | | | |
| 陕 西 | | | 32489 | -4778 | 13367 | 4377 | 19522 | |
| 甘 肃 | | | -480 | -90 | | -390 | | |
| 青 海 | | | 3091 | 3091 | | | | |
| 宁 夏 | | | -4548 | -2040 | | -2507 | | |
| 新 疆 | | | -80 | | | -80 | | |

# 4-11 各地区按资质等级分的房地产开发企业利润总额

单位：万元

| 地　区 | 总　计 | 一　级 | 二　级 | 三　级 | 四　级 | 暂　定 | 其　他 |
|---|---|---|---|---|---|---|---|
| **全国总计** | **64731193** | **14405143** | **10597730** | **11309250** | **5660927** | **18996557** | **3761586** |
| 北　京 | 7502079 | 2178691 | 1046637 | 357518 | 1650192 | 1666752 | 602289 |
| 天　津 | 2292824 | 1084340 | 172642 | 2192 | 491839 | 515436 | 26376 |
| 河　北 | 1322913 | 564872 | 29965 | 389189 | 168513 | 18439 | 151934 |
| 山　西 | 94876 | 17893 | -71025 | 77676 | 1294 | 50269 | 18769 |
| 内蒙古 | 75757 | 10098 | 15069 | 59116 | -3501 | -19286 | 14262 |
| 辽　宁 | 417042 | 30680 | 68235 | 307771 | 3663 | 44964 | -38272 |
| 吉　林 | 359261 | 51387 | 75872 | 69991 | 28554 | 135048 | -1592 |
| 黑龙江 | 420611 | 3493 | -32354 | 402411 | 8624 | -3978 | 42415 |
| 上　海 | 9366230 | 1011621 | 1653157 | 1222240 | 11195 | 4333823 | 1134194 |
| 江　苏 | 4791872 | 1066313 | 1343594 | 265660 | 4959 | 1503134 | 608211 |
| 浙　江 | 1151792 | 896613 | 301304 | 214713 | -79471 | -188894 | 7527 |
| 安　徽 | 1994345 | 118929 | 309824 | 472525 | 87880 | 969961 | 35227 |
| 福　建 | 5476336 | 850888 | 921942 | 1326763 | 786528 | 1405260 | 184956 |
| 江　西 | 1579232 | 21176 | 291712 | 454916 | 133600 | 700487 | -22659 |
| 山　东 | 3077807 | 406783 | 334900 | 570543 | 323634 | 1337112 | 104834 |
| 河　南 | 3322897 | 387292 | 604138 | 297707 | 127119 | 1792309 | 114333 |
| 湖　北 | 3114022 | 411184 | 1017952 | 366124 | 28499 | 1100245 | 190017 |
| 湖　南 | 514300 | 126966 | 175000 | 236119 | -57243 | 46995 | -13537 |
| 广　东 | 12666284 | 3552790 | 923135 | 3556671 | 1369376 | 2716626 | 547686 |
| 广　西 | 807744 | -104106 | 164333 | 185222 | -24481 | 497129 | 89646 |
| 海　南 | -179708 | 1545 | -79175 | -10984 | -6708 | -32804 | -51583 |
| 重　庆 | 1818227 | 1086239 | 441938 | 127142 | 12486 | 163830 | -13408 |
| 四　川 | 1367200 | 167281 | 577523 | 248893 | 13704 | 309607 | 50193 |
| 贵　州 | 140313 | -7590 | 130658 | 19181 | 81601 | -107683 | 24145 |
| 云　南 | -406521 | 6629 | -145900 | -38633 | 150400 | -371603 | -7414 |
| 西　藏 | -8332 |  | -413 | -22257 | -611 | 15500 | -550 |
| 陕　西 | 879937 | 132602 | 92711 | 106061 | 360739 | 226418 | -38596 |
| 甘　肃 | 295194 | 53403 | 84536 | 24614 | 11779 | 123548 | -2686 |
| 青　海 | 6700 | -21934 | 37022 | -12224 | 10945 | -9007 | 1897 |
| 宁　夏 | 36846 | 45344 | 7811 | 43071 | -34933 | -16815 | -7632 |
| 新　疆 | 433114 | 253720 | 104988 | -10681 | 749 | 73735 | 10604 |

# 4-12　各地区按登记注册类型分的房地产开发企业主营业务收入

单位：万元

| 地　区 | 总　计 | 内　资 | 国　有 | 集　体 | 股份合作 | 国有联营 | 集体联营 |
|---|---|---|---|---|---|---|---|
| **全国总计** | **701743417** | **624738909** | **7902343** | **1079231** | **437976** | **238193** | **83084** |
| 北　京 | 38274800 | 35698116 | 631019 | 36877 | | | |
| 天　津 | 16330659 | 14628934 | 591054 | 26963 | 30887 | 27779 | |
| 河　北 | 23059203 | 22553815 | 17740 | | | | |
| 山　西 | 6336522 | 6246882 | 93606 | 1653 | | | |
| 内蒙古 | 6518650 | 6510105 | 44784 | | | | |
| 辽　宁 | 21041491 | 15880945 | 55175 | 8149 | 38604 | | |
| 吉　林 | 7958132 | 7408783 | 665 | 2 | 218 | | |
| 黑龙江 | 8163520 | 7950730 | 91313 | 0 | 1096 | | |
| 上　海 | 43880645 | 35067184 | 274092 | 116395 | | 1831 | 4743 |
| 江　苏 | 82005912 | 69396869 | 1039609 | 99493 | 57235 | | |
| 浙　江 | 54419998 | 48886685 | 235985 | 35965 | 83565 | 208519 | |
| 安　徽 | 26455215 | 24704987 | 347451 | 1436 | | | |
| 福　建 | 28521235 | 25113323 | 354465 | 76193 | | | |
| 江　西 | 14143603 | 13117231 | 44774 | 8237 | 321 | | |
| 山　东 | 46621306 | 43239010 | 1179997 | 172310 | 45544 | | |
| 河　南 | 28395941 | 27686775 | 341632 | 36388 | 26838 | | |
| 湖　北 | 27442141 | 25356039 | 185167 | 44261 | | | |
| 湖　南 | 19129338 | 18281893 | 210418 | 214 | 3444 | | |
| 广　东 | 82383562 | 67257594 | 139683 | 370924 | 36606 | | 78341 |
| 广　西 | 11221142 | 9616189 | 285303 | 2332 | 1293 | | |
| 海　南 | 5936702 | 5202103 | 37022 | | | | |
| 重　庆 | 22787014 | 19265867 | 379314 | 592 | 729 | | |
| 四　川 | 31115387 | 28857054 | 150382 | 27382 | 40518 | | |
| 贵　州 | 9263635 | 9113652 | 67088 | 1318 | 7532 | | |
| 云　南 | 10344531 | 9598489 | 145265 | 944 | 84 | | |
| 西　藏 | 214547 | 214547 | 1168 | | | | |
| 陕　西 | 13595851 | 11903499 | 696471 | 6539 | 54060 | | |
| 甘　肃 | 5337725 | 5306596 | 177719 | 4527 | | | |
| 青　海 | 1142252 | 1138261 | 20766 | | 4214 | 65 | |
| 宁　夏 | 2918670 | 2830802 | | | | | |
| 新　疆 | 6784087 | 6705950 | 63217 | 140 | 5187 | | |

4-12 续表 1

单位：万元

| 地　　区 | 内　　资 | | | | | | |
|---|---|---|---|---|---|---|---|
| | 国有与集体联　　营 | 其他联营 | 国有独资公　　司 | 其他有限责任公司 | 股份有限公　　司 | 私营独资 | 私营合伙 |
| **全国总计** | **1111** | **52731** | **24786461** | **358315293** | **29707435** | **932277** | **60208** |
| 北　　京 | | | 838956 | 30629448 | 1572769 | | |
| 天　　津 | | | 2050028 | 8124161 | 997907 | 3 | 302 |
| 河　　北 | | | 94981 | 12178222 | 1266341 | 282708 | 1479 |
| 山　　西 | | | 81954 | 2234446 | 39212 | | |
| 内 蒙 古 | | | 93508 | 3038986 | 193545 | 969 | 572 |
| 辽　　宁 | | | 243701 | 8768701 | 816009 | 5388 | |
| 吉　　林 | | | 73784 | 4518914 | 552975 | 25417 | |
| 黑 龙 江 | | | 302095 | 4390458 | 695295 | 3966 | |
| 上　　海 | 264 | | 1643994 | 22166466 | 904422 | 0 | |
| 江　　苏 | | | 2915674 | 31893056 | 2971285 | 125158 | 27879 |
| 浙　　江 | 59 | | 1858536 | 27903752 | 757628 | 39885 | |
| 安　　徽 | | | 1908893 | 13067642 | 731288 | 78712 | 12651 |
| 福　　建 | | | 1429693 | 16665793 | 1115836 | 6 | |
| 江　　西 | | | 225396 | 6859526 | 776408 | 4468 | |
| 山　　东 | | | 2386388 | 23425348 | 2512333 | 8660 | |
| 河　　南 | | 10862 | 127786 | 18977812 | 1498243 | 63826 | 1011 |
| 湖　　北 | | | 1315304 | 13871129 | 2732451 | 32563 | 3181 |
| 湖　　南 | | | 596167 | 9994695 | 856593 | 13174 | 3000 |
| 广　　东 | | 113 | 1731982 | 40450053 | 4577445 | 111105 | 2326 |
| 广　　西 | | | 327424 | 4780584 | 387649 | 39507 | 4165 |
| 海　　南 | 789 | | 372823 | 3694813 | 254742 | 12320 | 1033 |
| 重　　庆 | | | 1541553 | 8826668 | 933880 | 957 | |
| 四　　川 | | | 563967 | 16403340 | 1159232 | 16167 | 2604 |
| 贵　　州 | | | 199614 | 6135494 | 227789 | | 5 |
| 云　　南 | | | 664379 | 5650131 | 414239 | 11506 | |
| 西　　藏 | | 41756 | 95683 | 50109 | 361 | | |
| 陕　　西 | | | 309502 | 6779017 | 394214 | 35000 | |
| 甘　　肃 | | | 103114 | 2975799 | 221085 | 18509 | |
| 青　　海 | | | 24125 | 290477 | 8674 | | |
| 宁　　夏 | | | 342834 | 633834 | 83261 | | |
| 新　　疆 | | | 322627 | 2936419 | 54324 | 2305 | |

4-12　续表 2　　　　单位：万元

| 地　区 | 内资 |  |  | 港澳台商投资 |  |  |  |
|---|---|---|---|---|---|---|---|
|  | 私营有限责任公司 | 私营股份有限公司 | 其他内资企业 |  | 合资经营 | 合作经营 | 独资 |
| **全国总计** | **189080266** | **11052211** | **1010089** | **52516446** | **20126920** | **3257090** | **27946541** |
| 北　京 | 1979874 | 9174 |  | 1642362 | 637034 | 438409 | 566920 |
| 天　津 | 2599473 | 156018 | 24359 | 908877 | 386885 | 11491 | 263474 |
| 河　北 | 8174255 | 462981 | 75108 | 250194 | 132447 |  | 117747 |
| 山　西 | 3774012 | 21999 |  | 7694 | 3092 |  | 4602 |
| 内蒙古 | 3004032 | 132417 | 1292 | 275 | 275 |  |  |
| 辽　宁 | 5670186 | 270209 | 4824 | 3221037 | 1347616 | 2934 | 1829928 |
| 吉　林 | 2174135 | 61450 | 1223 | 395777 | 260076 |  | 125834 |
| 黑龙江 | 2356278 | 110228 |  | 122642 | 21071 | 9659 | 91838 |
| 上　海 | 9354990 | 599987 |  | 5926981 | 3060947 | 64923 | 2665802 |
| 江　苏 | 28499077 | 1594159 | 174244 | 8196634 | 2257450 | 104230 | 5688143 |
| 浙　江 | 17421238 | 273474 | 68081 | 3525949 | 1285391 | 19320 | 2134714 |
| 安　徽 | 7985494 | 375100 | 196323 | 1078057 | 289637 | 2907 | 655764 |
| 福　建 | 5232876 | 230810 | 7651 | 2847367 | 1582943 | 10112 | 1213034 |
| 江　西 | 4413782 | 770870 | 13452 | 773013 | 458720 | 8 | 314285 |
| 山　东 | 12490159 | 999808 | 18462 | 2615265 | 922287 | 166065 | 1526912 |
| 河　南 | 5920057 | 639194 | 43126 | 372874 | 54497 | 86057 | 226375 |
| 湖　北 | 6882836 | 288453 | 695 | 1711722 | 836790 | 18945 | 831850 |
| 湖　南 | 5860702 | 585796 | 157692 | 578774 | 155303 |  | 423471 |
| 广　东 | 18110421 | 1568495 | 80100 | 10139936 | 3937776 | 2114925 | 4042516 |
| 广　西 | 3697972 | 82818 | 7143 | 1433253 | 525364 | 2690 | 905199 |
| 海　南 | 774686 | 44401 | 9474 | 568554 | 130652 |  | 287147 |
| 重　庆 | 7249734 | 332440 |  | 2734857 | 930641 | 138651 | 1665565 |
| 四　川 | 9984824 | 476370 | 32268 | 1569744 | 400127 | 2523 | 1043956 |
| 贵　州 | 2259002 | 215808 |  | 132064 | 109254 | 14872 | 7938 |
| 云　南 | 2475211 | 150860 | 85872 | 448414 | 184290 | 254 | 263870 |
| 西　藏 | 25470 |  |  |  |  |  |  |
| 陕　西 | 3353309 | 274670 | 717 | 1120956 | 40791 | 48116 | 1032048 |
| 甘　肃 | 1721712 | 76676 | 7456 | 30447 | 13471 |  | 16976 |
| 青　海 | 726538 | 63403 |  |  |  |  |  |
| 宁　夏 | 1713072 | 57800 |  | 84592 | 84592 |  |  |
| 新　疆 | 3194860 | 126345 | 527 | 78137 | 77504 |  | 633 |

4-12 续表 3 单位：万元

| 地区 | 港澳台商投资 | | 外商投资 | | | | | |
|---|---|---|---|---|---|---|---|---|
| | 股份有限 | 其他 | | 合资经营 | 合作经营 | 独资 | 股份有限 | 其他 |
| **全国总计** | **1092989** | **92906** | **24488062** | **7163779** | **2473480** | **13510936** | **905475** | **434392** |
| 北京 | | | 934322 | 188613 | 453244 | 256230 | 36234 | |
| 天津 | 247027 | | 792849 | 349483 | 2052 | 343339 | 1052 | 96923 |
| 河北 | | | 255195 | 208 | | 229469 | 25518 | |
| 山西 | | | 81946 | 1206 | | 80740 | | |
| 内蒙古 | | | 8270 | | | 8270 | | |
| 辽宁 | 40559 | | 1939509 | 693577 | 328374 | 865996 | 51563 | |
| 吉林 | 9627 | 239 | 153572 | 149367 | 4205 | | | |
| 黑龙江 | 75 | | 90148 | 20636 | 599 | 68914 | | |
| 上海 | 53296 | 82014 | 2886480 | 548621 | 130122 | 2168725 | 39012 | |
| 江苏 | 146811 | | 4412409 | 1942654 | 262966 | 2206789 | | |
| 浙江 | 86524 | | 2007364 | 391495 | 8430 | 1606440 | 20 | 979 |
| 安徽 | 129749 | | 672171 | 123447 | 100529 | 329024 | 37324 | 81847 |
| 福建 | 41279 | | 560545 | 38557 | | 518431 | 2523 | 1034 |
| 江西 | | | 253359 | 137720 | | 15022 | 100618 | |
| 山东 | | | 767031 | 368332 | 169250 | 229450 | | |
| 河南 | | 5946 | 336292 | 35929 | 25776 | 268896 | | 5691 |
| 湖北 | 24137 | | 374381 | 146933 | | 110118 | 28826 | 88504 |
| 湖南 | | | 268671 | 175981 | 243 | 92113 | 334 | |
| 广东 | 44720 | | 4986032 | 994825 | 449887 | 3158572 | 260616 | 122133 |
| 广西 | | | 171700 | 112677 | | 36043 | | 22981 |
| 海南 | 150755 | | 166045 | 58665 | 9079 | 98301 | | |
| 重庆 | | | 786290 | 239580 | 284225 | 218056 | 30130 | 14299 |
| 四川 | 118430 | 4708 | 688589 | 161661 | 165207 | 361722 | | |
| 贵州 | | | 17920 | 2030 | 15871 | 19 | | |
| 云南 | | | 297628 | 73020 | | 3538 | 221071 | |
| 西藏 | | | | | | | | |
| 陕西 | | | 571397 | 204014 | 63423 | 233324 | 70636 | |
| 甘肃 | | | 682 | 624 | | 58 | | |
| 青海 | | | 3990 | 3990 | | | | |
| 宁夏 | | | 3276 | -63 | | 3339 | | |
| 新疆 | | | | | | | | |

# 4-13　各地区按资质等级分的房地产开发企业主营业务收入

单位：万元

| 地　区 | 总　计 | 一　级 | 二　级 | 三　级 | 四　级 | 暂　定 | 其　他 |
|---|---|---|---|---|---|---|---|
| **全国总计** | **701743417** | **54021800** | **127831387** | **135052560** | **77483415** | **273231947** | **34122307** |
| 北　京 | 38274800 | 5892501 | 4791403 | 3446552 | 12669319 | 9908002 | 1567023 |
| 天　津 | 16330659 | 843648 | 2061362 | 1354714 | 7623130 | 3937857 | 509949 |
| 河　北 | 23059203 | 3896452 | 3034527 | 5211721 | 5230723 | 4897738 | 788042 |
| 山　西 | 6336522 | 194861 | 1104074 | 1156004 | 2377238 | 1386883 | 117461 |
| 内蒙古 | 6518650 | 356324 | 763229 | 981988 | 3327541 | 942896 | 146671 |
| 辽　宁 | 21041491 | 595180 | 2779646 | 5590141 | 40192 | 11277561 | 758772 |
| 吉　林 | 7958132 | 343666 | 1746167 | 1518506 | 801161 | 3502580 | 46052 |
| 黑龙江 | 8163520 | 487244 | 2033601 | 4157533 | 184352 | 1096118 | 204671 |
| 上　海 | 43880645 | 1616269 | 3905768 | 4820109 | 110590 | 28169473 | 5258435 |
| 江　苏 | 82005912 | 5641489 | 30045641 | 4330282 | 81036 | 35730425 | 6177039 |
| 浙　江 | 54419998 | 3779103 | 7227114 | 11255943 | 2645659 | 25736198 | 3775980 |
| 安　徽 | 26455215 | 985123 | 4624640 | 6283773 | 888191 | 13051688 | 621801 |
| 福　建 | 28521235 | 1963967 | 2433032 | 7943198 | 3589960 | 11671059 | 920020 |
| 江　西 | 14143603 | 221796 | 1913301 | 3465118 | 1177164 | 7191760 | 174464 |
| 山　东 | 46621306 | 3592426 | 6160026 | 7475517 | 5619777 | 21794275 | 1979284 |
| 河　南 | 28395941 | 1856728 | 5672065 | 3375936 | 1580504 | 14772595 | 1138114 |
| 湖　北 | 27442141 | 2180128 | 6404421 | 4013197 | 2552215 | 11216158 | 1076023 |
| 湖　南 | 19129338 | 1159263 | 4089775 | 8020121 | 1609898 | 4002960 | 247322 |
| 广　东 | 82383562 | 9967056 | 6908658 | 20595699 | 13851252 | 26549422 | 4511476 |
| 广　西 | 11221142 | 652940 | 1604817 | 2285002 | 552760 | 5420775 | 704848 |
| 海　南 | 5936702 | 6991 | 434651 | 977405 | 523687 | 3495325 | 498643 |
| 重　庆 | 22787014 | 2174908 | 10145028 | 2335864 | 308978 | 7715855 | 106381 |
| 四　川 | 31115387 | 2092483 | 6617489 | 15092206 | 194229 | 6186220 | 932761 |
| 贵　州 | 9263635 | 93375 | 2269520 | 1993709 | 1547889 | 3021392 | 337751 |
| 云　南 | 10344531 | 688258 | 2572275 | 861876 | 2736733 | 2832895 | 652495 |
| 西　藏 | 214547 |  | 17030 | 151736 | 6852 | 38929 |  |
| 陕　西 | 13595851 | 1143553 | 2602813 | 2818827 | 3552935 | 2824785 | 652939 |
| 甘　肃 | 5337725 | 381175 | 1300507 | 1298131 | 825021 | 1507273 | 25618 |
| 青　海 | 1142252 | 56818 | 429973 | 315677 | 185884 | 139249 | 14651 |
| 宁　夏 | 2918670 | 429072 | 1001948 | 670646 | 310708 | 481877 | 24420 |
| 新　疆 | 6784087 | 729003 | 1136889 | 1255429 | 777837 | 2731727 | 153203 |

# 第二部分　城市篇

## 第五章　35 个大中城市房地产综合情况

# 5-1　35个大中城市按登记注册类型分的房地产开发企业个数

单位：个

| 地　　区 | 总　计 | 内　资 | | | | | |
|---|---|---|---|---|---|---|---|
| | | | 国　有 | 集　体 | 股份合作 | 国有联营 | 集体联营 |
| **总　　计** | **31460** | **28655** | **559** | **106** | **30** | **5** | **1** |
| 北　　京 | 2784 | 2545 | 60 | 16 | 1 | | |
| 天　　津 | 1267 | 1164 | 56 | 6 | 2 | 2 | |
| 石 家 庄 | 362 | 356 | | | | | |
| 太　　原 | 725 | 712 | 11 | | | | |
| 呼和浩特 | 270 | 269 | 1 | | | | |
| 沈　　阳 | 605 | 490 | 3 | | | | |
| 大　　连 | 828 | 701 | 8 | | 1 | | |
| 长　　春 | 586 | 565 | 3 | 1 | | | |
| 哈 尔 滨 | 831 | 809 | 27 | 1 | | | |
| 上　　海 | 2758 | 2354 | 54 | 15 | 1 | 1 | 1 |
| 南　　京 | 565 | 495 | 16 | | | | |
| 杭　　州 | 1586 | 1455 | 9 | | | 1 | |
| 宁　　波 | 790 | 714 | 5 | 3 | | | |
| 合　　肥 | 565 | 524 | 10 | 1 | | | |
| 福　　州 | 553 | 465 | 19 | 10 | | | |
| 厦　　门 | 459 | 346 | 10 | 1 | | | |
| 南　　昌 | 528 | 475 | 11 | 2 | | | |
| 济　　南 | 570 | 536 | 23 | 3 | 1 | | |
| 青　　岛 | 992 | 900 | 11 | 4 | 3 | | |
| 郑　　州 | 1141 | 1099 | 13 | | | | |
| 武　　汉 | 1122 | 1044 | 26 | 6 | | | |
| 长　　沙 | 786 | 755 | 9 | | | | |
| 广　　州 | 1367 | 997 | 29 | 19 | 1 | | |
| 深　　圳 | 499 | 408 | 8 | | 1 | | |
| 南　　宁 | 507 | 461 | 12 | | | | |
| 海　　口 | 343 | 320 | 17 | | 2 | | |
| 重　　庆 | 2585 | 2450 | 31 | 2 | 4 | | |
| 成　　都 | 1558 | 1441 | 10 | 3 | 6 | | |
| 贵　　阳 | 780 | 746 | 13 | 1 | | | |
| 昆　　明 | 828 | 797 | 10 | 2 | 2 | | |
| 西　　安 | 860 | 825 | 22 | 4 | 4 | | |
| 兰　　州 | 566 | 550 | 14 | 6 | | | |
| 西　　宁 | 202 | 201 | 3 | | 1 | 1 | |
| 银　　川 | 293 | 289 | 1 | | | | |
| 乌鲁木齐 | 399 | 397 | 4 | | | | |

5-1 续表 1

单位：个

| 地区 | 内资 | | | | | | |
|---|---|---|---|---|---|---|---|
| | 国有与集体联营 | 其他联营 | 国有独资公司 | 其他有限责任公司 | 股份有限公司 | 私营独资 | 私营合伙 |
| **总计** | **3** | **1** | **874** | **14640** | **789** | **31** | **5** |
| 北京 | | | 53 | 1830 | 51 | | |
| 天津 | | | 70 | 635 | 48 | 1 | 1 |
| 石家庄 | | | | 162 | 11 | | |
| 太原 | | | 22 | 107 | 4 | | |
| 呼和浩特 | | | 3 | 86 | 9 | | |
| 沈阳 | | | 6 | 256 | 20 | | |
| 大连 | | | 5 | 271 | 19 | 3 | |
| 长春 | | | 6 | 322 | 27 | 2 | |
| 哈尔滨 | | | 11 | 369 | 27 | 1 | |
| 上海 | 1 | | 141 | 1107 | 51 | 5 | 1 |
| 南京 | | | 14 | 249 | 20 | 1 | |
| 杭州 | 1 | | 38 | 888 | 19 | 1 | |
| 宁波 | | | 34 | 237 | 13 | 1 | |
| 合肥 | | | 15 | 280 | 21 | 1 | |
| 福州 | 1 | | 11 | 248 | 9 | | |
| 厦门 | | | 39 | 194 | 8 | | |
| 南昌 | | | 18 | 272 | 33 | | 1 |
| 济南 | | | 21 | 303 | 25 | | |
| 青岛 | | | 31 | 426 | 37 | 1 | |
| 郑州 | | | 13 | 753 | 30 | | |
| 武汉 | | | 38 | 600 | 56 | 1 | |
| 长沙 | | | 30 | 396 | 18 | | |
| 广州 | | 1 | 27 | 526 | 11 | | |
| 深圳 | | | 11 | 167 | 29 | 1 | 1 |
| 南宁 | | | 8 | 168 | 10 | | 1 |
| 海口 | | | 6 | 213 | 9 | 2 | |
| 重庆 | | | 79 | 938 | 42 | 4 | |
| 成都 | | | 30 | 838 | 58 | 2 | |
| 贵阳 | | | 20 | 537 | 7 | | |
| 昆明 | | | 16 | 324 | 33 | 2 | |
| 西安 | | | 20 | 453 | 13 | 1 | |
| 兰州 | | | 9 | 249 | 15 | 1 | |
| 西宁 | | | 11 | 60 | 3 | | |
| 银川 | | | 9 | 68 | 1 | | |
| 乌鲁木齐 | | | 9 | 108 | 2 | | |

5-1 续表 2

单位：个

| 地 区 | 内 资 | | | 港澳台商投资 | | | |
|---|---|---|---|---|---|---|---|
| | 私营有限责任公司 | 私营股份有限公司 | 其他内资企业 | | 合资经营 | 合作经营 | 独 资 |
| **总 计** | **11091** | **481** | **39** | **1944** | **669** | **233** | **1011** |
| 北 京 | 519 | 15 | | 141 | 49 | 52 | 40 |
| 天 津 | 323 | 17 | 3 | 58 | 26 | 1 | 26 |
| 石家庄 | 176 | 7 | | 4 | 1 | | 3 |
| 太 原 | 549 | 19 | | 8 | 5 | | 3 |
| 呼和浩特 | 168 | 2 | | | | | |
| 沈 阳 | 197 | 8 | | 71 | 26 | 4 | 41 |
| 大 连 | 379 | 13 | 2 | 89 | 37 | 2 | 48 |
| 长 春 | 199 | 4 | 1 | 16 | 7 | | 8 |
| 哈尔滨 | 346 | 25 | 2 | 14 | 8 | 1 | 5 |
| 上 海 | 935 | 40 | 1 | 273 | 97 | 11 | 162 |
| 南 京 | 184 | 11 | | 48 | 18 | | 29 |
| 杭 州 | 487 | 10 | 1 | 98 | 32 | 1 | 62 |
| 宁 波 | 411 | 10 | | 47 | 22 | 2 | 22 |
| 合 肥 | 186 | 7 | 3 | 30 | 14 | 1 | 14 |
| 福 州 | 164 | 3 | | 67 | 21 | 1 | 45 |
| 厦 门 | 88 | 6 | | 87 | 18 | 5 | 64 |
| 南 昌 | 125 | 11 | 2 | 42 | 18 | 1 | 23 |
| 济 南 | 146 | 14 | | 26 | 9 | 2 | 15 |
| 青 岛 | 368 | 17 | 2 | 58 | 27 | 8 | 23 |
| 郑 州 | 278 | 11 | 1 | 27 | 11 | 2 | 12 |
| 武 汉 | 296 | 20 | 1 | 59 | 22 | 2 | 33 |
| 长 沙 | 290 | 10 | 2 | 22 | 8 | 1 | 13 |
| 广 州 | 371 | 11 | 1 | 294 | 55 | 124 | 113 |
| 深 圳 | 183 | 5 | 2 | 71 | 26 | 2 | 39 |
| 南 宁 | 256 | 5 | 1 | 21 | 9 | 1 | 11 |
| 海 口 | 66 | 3 | 2 | 20 | 5 | | 14 |
| 重 庆 | 1270 | 79 | 1 | 99 | 30 | 3 | 66 |
| 成 都 | 474 | 16 | 4 | 67 | 21 | 2 | 41 |
| 贵 阳 | 150 | 18 | | 27 | 17 | 1 | 9 |
| 昆 明 | 384 | 21 | 3 | 25 | 14 | 1 | 10 |
| 西 安 | 297 | 8 | 3 | 20 | 4 | 2 | 14 |
| 兰 州 | 237 | 18 | 1 | 11 | 9 | | 2 |
| 西 宁 | 112 | 10 | | | | | |
| 银 川 | 207 | 3 | | 2 | 1 | | 1 |
| 乌鲁木齐 | 270 | 4 | | 2 | 2 | | |

5-1 续表 3 单位：个

| 地区 | 港澳台商投资 | | 外商投资 | | | | | |
|---|---|---|---|---|---|---|---|---|
| | 股份有限 | 其他 | | 合资经营 | 合作经营 | 独资 | 股份有限 | 其他 |
| **总计** | **26** | **5** | **861** | **336** | **98** | **379** | **36** | **12** |
| 北京 | | | 98 | 44 | 34 | 18 | 2 | |
| 天津 | 5 | | 45 | 19 | 3 | 18 | 3 | 2 |
| 石家庄 | | | 2 | 1 | | 1 | | |
| 太原 | | | 5 | 3 | | 2 | | |
| 呼和浩特 | | | 1 | | | 1 | | |
| 沈阳 | | | 44 | 17 | 5 | 21 | 1 | |
| 大连 | 2 | | 38 | 25 | 1 | 11 | 1 | |
| 长春 | | 1 | 5 | 4 | 1 | | | |
| 哈尔滨 | | | 8 | 3 | 1 | 4 | | |
| 上海 | 2 | 1 | 131 | 42 | 7 | 75 | 7 | |
| 南京 | 1 | | 22 | 7 | 2 | 13 | | |
| 杭州 | 3 | | 33 | 17 | 2 | 14 | | |
| 宁波 | | 1 | 29 | 10 | | 18 | 1 | |
| 合肥 | 1 | | 11 | 2 | 1 | 8 | | |
| 福州 | | | 21 | 7 | | 13 | 1 | |
| 厦门 | | | 26 | 4 | 1 | 18 | 2 | 1 |
| 南昌 | | | 11 | 6 | | 4 | 1 | |
| 济南 | | | 8 | 5 | | 3 | | |
| 青岛 | | | 34 | 16 | 8 | 10 | | |
| 郑州 | 1 | 1 | 15 | 5 | | 8 | 1 | 1 |
| 武汉 | 2 | | 19 | 9 | | 7 | 1 | 2 |
| 长沙 | | | 9 | 6 | | 2 | 1 | |
| 广州 | 2 | | 76 | 21 | 17 | 30 | 6 | 2 |
| 深圳 | 4 | | 20 | 7 | 6 | 7 | | |
| 南宁 | | | 25 | 10 | | 12 | 1 | 2 |
| 海口 | 1 | | 3 | 2 | | 1 | | |
| 重庆 | | | 36 | 12 | 3 | 15 | 4 | 2 |
| 成都 | 2 | 1 | 50 | 16 | 2 | 31 | 1 | |
| 贵阳 | | | 7 | 3 | 2 | 2 | | |
| 昆明 | | | 6 | 3 | 1 | 1 | 1 | |
| 西安 | | | 15 | 5 | 1 | 8 | 1 | |
| 兰州 | | | 5 | 3 | | 2 | | |
| 西宁 | | | 1 | 1 | | | | |
| 银川 | | | 2 | 1 | | 1 | | |
| 乌鲁木齐 | | | | | | | | |

# 5-2 35个大中城市按资质等级分的房地产开发企业个数

单位：个

| 地 区 | 总 计 | 一 级 | 二 级 | 三 级 | 四 级 | 暂 定 | 其 他 |
|---|---|---|---|---|---|---|---|
| **总 计** | **31460** | **664** | **3946** | **7191** | **4529** | **12301** | **2829** |
| 北 京 | 2784 | 108 | 175 | 220 | 1197 | 574 | 510 |
| 天 津 | 1267 | 25 | 103 | 126 | 734 | 229 | 50 |
| 石家庄 | 362 | 6 | 26 | 45 | 71 | 210 | 4 |
| 太 原 | 725 | 3 | 76 | 102 | 303 | 224 | 17 |
| 呼和浩特 | 270 | 4 | 32 | 46 | 144 | 27 | 17 |
| 沈 阳 | 605 | 9 | 51 | 105 | 1 | 380 | 59 |
| 大 连 | 828 | 15 | 42 | 214 | 8 | 465 | 84 |
| 长 春 | 586 | 6 | 105 | 113 | 94 | 254 | 14 |
| 哈尔滨 | 831 | 8 | 169 | 467 | 15 | 140 | 32 |
| 上 海 | 2758 | 54 | 246 | 318 | 4 | 1741 | 395 |
| 南 京 | 565 | 20 | 167 | 125 | 3 | 194 | 56 |
| 杭 州 | 1586 | 49 | 132 | 222 | 70 | 772 | 341 |
| 宁 波 | 790 | 19 | 55 | 306 | 59 | 280 | 71 |
| 合 肥 | 565 | 12 | 67 | 167 | 38 | 262 | 19 |
| 福 州 | 553 | 13 | 44 | 139 | 63 | 277 | 17 |
| 厦 门 | 459 | 14 | 26 | 33 | 160 | 95 | 131 |
| 南 昌 | 528 | 7 | 77 | 127 | 54 | 249 | 14 |
| 济 南 | 570 | 14 | 48 | 113 | 30 | 320 | 45 |
| 青 岛 | 992 | 11 | 58 | 152 | 59 | 618 | 94 |
| 郑 州 | 1141 | 26 | 168 | 180 | 26 | 662 | 79 |
| 武 汉 | 1122 | 36 | 250 | 281 | 10 | 505 | 40 |
| 长 沙 | 786 | 12 | 100 | 338 | 102 | 227 | 7 |
| 广 州 | 1367 | 14 | 116 | 548 | 79 | 504 | 106 |
| 深 圳 | 499 | 31 | 27 | 114 | 91 | 77 | 159 |
| 南 宁 | 507 | 10 | 48 | 102 | 53 | 269 | 25 |
| 海 口 | 343 | 1 | 10 | 40 | 48 | 226 | 18 |
| 重 庆 | 2585 | 52 | 738 | 666 | 58 | 1015 | 56 |
| 成 都 | 1558 | 21 | 197 | 928 | 52 | 252 | 108 |
| 贵 阳 | 780 | 3 | 64 | 150 | 179 | 330 | 54 |
| 昆 明 | 828 | 14 | 143 | 106 | 277 | 234 | 54 |
| 西 安 | 860 | 21 | 118 | 160 | 254 | 174 | 133 |
| 兰 州 | 566 | 5 | 68 | 219 | 65 | 206 | 3 |
| 西 宁 | 202 | 3 | 82 | 61 | 25 | 27 | 4 |
| 银 川 | 293 | 10 | 67 | 73 | 50 | 91 | 2 |
| 乌鲁木齐 | 399 | 8 | 51 | 85 | 53 | 191 | 11 |

# 5-3 35个大中城市按登记注册类型分的房地产开发企业从业人数

单位：人

| 地 区 | 总 计 | 内 资 | | | | | |
|---|---|---|---|---|---|---|---|
| | | | 国 有 | 集 体 | 股份合作 | 国有联营 | 集体联营 |
| **总 计** | **1017436** | **896719** | **29342** | **2124** | **709** | **119** | **14** |
| 北 京 | 90743 | 78994 | 2529 | 292 | 51 | | |
| 天 津 | 37367 | 32953 | 2131 | 99 | 12 | 36 | |
| 石家庄 | 15702 | 14189 | | | | | |
| 太 原 | 18605 | 18255 | 465 | | | | |
| 呼和浩特 | 8183 | 8138 | 71 | | | | |
| 沈 阳 | 19387 | 14295 | 50 | | | | |
| 大 连 | 21074 | 17002 | 176 | | 49 | | |
| 长 春 | 16226 | 14833 | 188 | 11 | | | |
| 哈尔滨 | 18531 | 18071 | 666 | 5 | | | |
| 上 海 | 64598 | 48843 | 1256 | 392 | 7 | 37 | 14 |
| 南 京 | 21473 | 18209 | 536 | | | | |
| 杭 州 | 33270 | 29210 | 264 | | | 28 | |
| 宁 波 | 17035 | 14684 | 198 | 48 | | | |
| 合 肥 | 19461 | 17222 | 475 | 9 | | | |
| 福 州 | 22177 | 19377 | 866 | 155 | | | |
| 厦 门 | 13365 | 10755 | 459 | 2 | | | |
| 南 昌 | 14443 | 12555 | 377 | 14 | | | |
| 济 南 | 20129 | 18498 | 1370 | 42 | 12 | | |
| 青 岛 | 27297 | 23969 | 307 | 139 | 66 | | |
| 郑 州 | 39992 | 38385 | 801 | | | | |
| 武 汉 | 45644 | 41901 | 1074 | 72 | | | |
| 长 沙 | 29123 | 27161 | 466 | | | | |
| 广 州 | 47723 | 33933 | 1279 | 491 | 37 | | |
| 深 圳 | 26681 | 21148 | 249 | | 32 | | |
| 南 宁 | 18349 | 15988 | 490 | | | | |
| 海 口 | 12408 | 11025 | 724 | | 17 | | |
| 重 庆 | 96420 | 89434 | 1453 | 26 | 116 | | |
| 成 都 | 52335 | 44815 | 363 | 133 | 160 | | |
| 贵 阳 | 23426 | 22239 | 307 | 7 | | | |
| 昆 明 | 27558 | 25407 | 480 | 29 | 19 | | |
| 西 安 | 47613 | 45131 | 8106 | 87 | 96 | | |
| 兰 州 | 18507 | 17920 | 664 | 71 | | | |
| 西 宁 | 7377 | 7349 | 112 | | 35 | 18 | |
| 银 川 | 11468 | 11300 | 40 | | | | |
| 乌鲁木齐 | 13746 | 13531 | 350 | | | | |

5-3　续表 1　　单位：人

| 地　区 | 内资 国有与集体联营 | 内资 其他联营 | 内资 国有独资公司 | 内资 其他有限责任公司 | 内资 股份有限公司 | 内资 私营独资 | 内资 私营合伙 |
|---|---|---|---|---|---|---|---|
| **总　计** | **49** | **4** | **40890** | **464715** | **40511** | **706** | **123** |
| 北　京 | | | 3105 | 60583 | 3430 | | |
| 天　津 | | | 2843 | 16724 | 2263 | 1 | |
| 石家庄 | | | | 6030 | 394 | | |
| 太　原 | | | 821 | 3868 | 32 | | |
| 呼和浩特 | | | 279 | 2674 | 412 | | |
| 沈　阳 | | | 358 | 8628 | 705 | | |
| 大　连 | | | 169 | 7452 | 873 | 37 | |
| 长　春 | | | 136 | 8976 | 738 | 87 | |
| 哈尔滨 | | | 447 | 9183 | 527 | 14 | |
| 上　海 | 8 | | 2773 | 21941 | 2604 | 210 | 4 |
| 南　京 | | | 460 | 10926 | 684 | 3 | |
| 杭　州 | 33 | | 868 | 18913 | 877 | | |
| 宁　波 | | | 834 | 5143 | 357 | 7 | |
| 合　肥 | | | 532 | 9599 | 933 | 38 | |
| 福　州 | 8 | | 717 | 11762 | 607 | | |
| 厦　门 | | | 3087 | 4458 | 877 | | |
| 南　昌 | | | 759 | 6958 | 755 | | 20 |
| 济　南 | | | 1268 | 10509 | 866 | | |
| 青　岛 | | | 1475 | 10974 | 1252 | 30 | |
| 郑　州 | | | 739 | 25599 | 1459 | | |
| 武　汉 | | | 3773 | 20474 | 4745 | 36 | |
| 长　沙 | | | 1053 | 14966 | 644 | | |
| 广　州 | | 4 | 2054 | 17089 | 908 | | |
| 深　圳 | | | 663 | 7781 | 3750 | 10 | 71 |
| 南　宁 | | | 261 | 6277 | 369 | | 28 |
| 海　口 | | | 377 | 7392 | 335 | 50 | |
| 重　庆 | | | 3974 | 34293 | 2340 | 96 | |
| 成　都 | | | 1217 | 26548 | 3562 | 35 | |
| 贵　阳 | | | 542 | 16832 | 574 | | |
| 昆　明 | | | 906 | 10731 | 1234 | 17 | |
| 西　安 | | | 1546 | 22546 | 674 | 31 | |
| 兰　州 | | | 365 | 9891 | 383 | 4 | |
| 西　宁 | | | 748 | 2226 | 56 | | |
| 银　川 | | | 936 | 2773 | 159 | | |
| 乌鲁木齐 | | | 805 | 3996 | 133 | | |

5-3 续表 2

单位：人

| 地区 | 内资 | | | 港澳台商投资 | | | |
|---|---|---|---|---|---|---|---|
| | 私营有限责任公司 | 私营股份有限公司 | 其他内资企业 | | 合资经营 | 合作经营 | 独资 |
| **总计** | **301803** | **13909** | **1701** | **79643** | **26535** | **8000** | **44081** |
| 北京 | 8754 | 250 | | 7355 | 1887 | 2735 | 2733 |
| 天津 | 8170 | 600 | 74 | 2286 | 971 | 130 | 932 |
| 石家庄 | 7586 | 179 | | 137 | 9 | | 128 |
| 太原 | 12690 | 379 | | 174 | 119 | | 55 |
| 呼和浩特 | 4647 | 55 | | | | | |
| 沈阳 | 4398 | 156 | | 2386 | 961 | 168 | 1257 |
| 大连 | 7953 | 256 | 37 | 2982 | 880 | 7 | 2060 |
| 长春 | 4586 | 78 | 33 | 1143 | 450 | | 671 |
| 哈尔滨 | 6787 | 378 | 64 | 345 | 180 | 53 | 112 |
| 上海 | 18840 | 757 | | 10511 | 4882 | 592 | 4975 |
| 南京 | 5451 | 149 | | 1885 | 652 | | 1193 |
| 杭州 | 8108 | 112 | 7 | 2827 | 782 | 5 | 1986 |
| 宁波 | 7935 | 162 | | 1425 | 639 | 30 | 735 |
| 合肥 | 5389 | 183 | 64 | 1799 | 479 | 33 | 1205 |
| 福州 | 5183 | 79 | | 2323 | 795 | 6 | 1522 |
| 厦门 | 1639 | 233 | | 2205 | 579 | 66 | 1560 |
| 南昌 | 3063 | 524 | 85 | 1270 | 402 | 30 | 838 |
| 济南 | 4087 | 344 | | 1533 | 228 | 29 | 1276 |
| 青岛 | 9328 | 386 | 12 | 1963 | 1064 | 121 | 778 |
| 郑州 | 9396 | 352 | 39 | 967 | 233 | 141 | 551 |
| 武汉 | 11169 | 556 | 2 | 2745 | 923 | 107 | 1641 |
| 长沙 | 9198 | 247 | 587 | 1273 | 495 | 28 | 750 |
| 广州 | 10790 | 1281 | | 8696 | 1573 | 2964 | 4143 |
| 深圳 | 8439 | 110 | 43 | 3299 | 1423 | 105 | 1713 |
| 南宁 | 8357 | 191 | 15 | 1889 | 461 | 14 | 1414 |
| 海口 | 1922 | 118 | 90 | 1301 | 230 | | 889 |
| 重庆 | 44002 | 3111 | 23 | 5348 | 1600 | 122 | 3626 |
| 成都 | 12347 | 345 | 105 | 4611 | 1783 | 42 | 2700 |
| 贵阳 | 3591 | 386 | | 1062 | 573 | 38 | 451 |
| 昆明 | 10882 | 847 | 262 | 1489 | 372 | 11 | 1106 |
| 西安 | 11724 | 216 | 105 | 1592 | 193 | 423 | 976 |
| 兰州 | 6125 | 363 | 54 | 473 | 391 | | 82 |
| 西宁 | 3853 | 301 | | | | | |
| 银川 | 7261 | 131 | | 134 | 111 | | 23 |
| 乌鲁木齐 | 8153 | 94 | | 215 | 215 | | |

5−3　续表 3　　　　单位：人

| 地　区 | 港澳台商投资 | | 外商投资 | | | | | |
|---|---|---|---|---|---|---|---|---|
| | 股份有限 | 其　他 | | 合资经营 | 合作经营 | 独　资 | 股份有限 | 其　他 |
| **总　计** | **935** | **92** | **41074** | **13155** | **4414** | **21261** | **1603** | **641** |
| 北　京 | | | 4394 | 1534 | 1445 | 1059 | 356 | |
| 天　津 | 253 | | 2128 | 568 | 101 | 1256 | 89 | 114 |
| 石 家 庄 | | | 1376 | 66 | | 1310 | | |
| 太　原 | | | 176 | 101 | | 75 | | |
| 呼和浩特 | | | 45 | | | 45 | | |
| 沈　阳 | | | 2706 | 906 | 427 | 1328 | 45 | |
| 大　连 | 35 | | 1090 | 676 | 35 | 367 | 12 | |
| 长　春 | | 22 | 250 | 222 | 28 | | | |
| 哈 尔 滨 | | | 115 | 38 | 11 | 66 | | |
| 上　海 | 45 | 17 | 5244 | 1441 | 244 | 3245 | 314 | |
| 南　京 | 40 | | 1379 | 285 | 74 | 1020 | | |
| 杭　州 | 54 | | 1233 | 288 | 29 | 916 | | |
| 宁　波 | | 21 | 926 | 201 | | 687 | 38 | |
| 合　肥 | 82 | | 440 | 54 | 40 | 346 | | |
| 福　州 | | | 477 | 180 | | 207 | 90 | |
| 厦　门 | | | 405 | 27 | 2 | 304 | 56 | 16 |
| 南　昌 | | | 618 | 486 | | 102 | 30 | |
| 济　南 | | | 98 | 63 | | 35 | | |
| 青　岛 | | | 1365 | 531 | 460 | 374 | | |
| 郑　州 | 25 | 17 | 640 | 97 | | 430 | 49 | 64 |
| 武　汉 | 74 | | 998 | 424 | | 415 | 34 | 125 |
| 长　沙 | | | 689 | 109 | | 579 | 1 | |
| 广　州 | 16 | | 5094 | 1740 | 511 | 2518 | 217 | 108 |
| 深　圳 | 58 | | 2234 | 450 | 623 | 1161 | | |
| 南　宁 | | | 472 | 144 | | 181 | 14 | 133 |
| 海　口 | 182 | | 82 | 42 | | 40 | | |
| 重　庆 | | | 1638 | 533 | 178 | 745 | 101 | 81 |
| 成　都 | 71 | 15 | 2909 | 975 | 126 | 1726 | 82 | |
| 贵　阳 | | | 125 | 48 | 72 | 5 | | |
| 昆　明 | | | 662 | 556 | | 103 | 3 | |
| 西　安 | | | 890 | 255 | 8 | 555 | 72 | |
| 兰　州 | | | 114 | 78 | | 36 | | |
| 西　宁 | | | 28 | 28 | | | | |
| 银　川 | | | 34 | 9 | | 25 | | |
| 乌鲁木齐 | | | | | | | | |

# 5-4 35个大中城市按资质等级分的房地产开发企业从业人数

单位：人

| 地 区 | 总 计 | 一 级 | 二 级 | 三 级 | 四 级 | 暂 定 | 其 他 |
|---|---|---|---|---|---|---|---|
| **总 计** | **1017436** | **79233** | **202469** | **213915** | **117222** | **339756** | **64841** |
| 北 京 | 90743 | 12703 | 12055 | 8283 | 32893 | 14861 | 9948 |
| 天 津 | 37367 | 2121 | 5126 | 4707 | 17665 | 6463 | 1285 |
| 石家庄 | 15702 | 2018 | 2605 | 1681 | 2224 | 7111 | 63 |
| 太 原 | 18605 | 95 | 4121 | 3156 | 6304 | 4779 | 150 |
| 呼和浩特 | 8183 | 246 | 1278 | 1544 | 3960 | 667 | 488 |
| 沈 阳 | 19387 | 236 | 3556 | 3449 | 39 | 11028 | 1079 |
| 大 连 | 21074 | 838 | 1391 | 5484 | 92 | 11463 | 1806 |
| 长 春 | 16226 | 356 | 4700 | 3159 | 1566 | 6212 | 233 |
| 哈尔滨 | 18531 | 747 | 4697 | 9560 | 333 | 2301 | 893 |
| 上 海 | 64598 | 3965 | 7333 | 7876 | 47 | 35984 | 9393 |
| 南 京 | 21473 | 1847 | 8293 | 2654 | 33 | 6538 | 2108 |
| 杭 州 | 33270 | 2916 | 3626 | 4469 | 877 | 15909 | 5473 |
| 宁 波 | 17035 | 1007 | 1689 | 6528 | 805 | 5662 | 1344 |
| 合 肥 | 19461 | 1022 | 3094 | 5743 | 706 | 8278 | 618 |
| 福 州 | 22177 | 1107 | 3639 | 5810 | 1626 | 9650 | 345 |
| 厦 门 | 13365 | 1990 | 1829 | 1254 | 3868 | 2009 | 2415 |
| 南 昌 | 14443 | 443 | 2589 | 2845 | 1031 | 7294 | 241 |
| 济 南 | 20129 | 1239 | 2506 | 4139 | 549 | 10499 | 1197 |
| 青 岛 | 27297 | 1145 | 3175 | 3776 | 1100 | 15868 | 2233 |
| 郑 州 | 39992 | 2958 | 8344 | 5099 | 937 | 21523 | 1131 |
| 武 汉 | 45644 | 5712 | 14209 | 7728 | 368 | 16643 | 984 |
| 长 沙 | 29123 | 953 | 6794 | 11552 | 2751 | 6847 | 226 |
| 广 州 | 47723 | 5412 | 6219 | 17568 | 1495 | 15323 | 1706 |
| 深 圳 | 26681 | 4296 | 2047 | 6711 | 4305 | 3222 | 6100 |
| 南 宁 | 18349 | 627 | 3268 | 3565 | 1128 | 8651 | 1110 |
| 海 口 | 12408 | 63 | 776 | 1549 | 1504 | 7942 | 574 |
| 重 庆 | 96420 | 7490 | 35793 | 18844 | 879 | 31711 | 1703 |
| 成 都 | 52335 | 2662 | 9195 | 28567 | 649 | 7955 | 3307 |
| 贵 阳 | 23426 | 531 | 6195 | 4202 | 3122 | 8710 | 666 |
| 昆 明 | 27558 | 2228 | 7530 | 2319 | 6486 | 7803 | 1192 |
| 西 安 | 47613 | 6860 | 8823 | 7445 | 13747 | 6528 | 4210 |
| 兰 州 | 18507 | 1059 | 5067 | 6318 | 787 | 5055 | 221 |
| 西 宁 | 7377 | 198 | 4069 | 1554 | 713 | 800 | 43 |
| 银 川 | 11468 | 1378 | 3486 | 2193 | 1610 | 2686 | 115 |
| 乌鲁木齐 | 13746 | 765 | 3352 | 2584 | 1023 | 5781 | 241 |

# 5-5　35个大中城市房地产开发企业投资规模与完成情况

单位：万元

| 地　　区 | 计划总投资 | 自开始建设至本年底累计完成投资 | |
|---|---|---|---|
| | | | 本年完成投资 |
| **总　　计** | **2713676418** | **1955600789** | **480946566** |
| 北　　京 | 231922447 | 180365482 | 41770481 |
| 天　　津 | 140946108 | 89578113 | 18715464 |
| 石 家 庄 | 37938192 | 26037053 | 9651327 |
| 太　　原 | 34939523 | 22392283 | 5978342 |
| 呼和浩特 | 29941031 | 21914238 | 5090452 |
| 沈　　阳 | 79127440 | 63444034 | 13376632 |
| 大　　连 | 65913054 | 50153895 | 8974595 |
| 长　　春 | 38818326 | 26839770 | 5013222 |
| 哈 尔 滨 | 35217249 | 24900886 | 5939814 |
| 上　　海 | 232125607 | 171102125 | 34689415 |
| 南　　京 | 84826566 | 54258309 | 14290194 |
| 杭　　州 | 110185332 | 87067285 | 24725985 |
| 宁　　波 | 51178171 | 39534097 | 12288427 |
| 合　　肥 | 64185498 | 44815753 | 12591353 |
| 福　　州 | 65451300 | 58210026 | 13811248 |
| 厦　　门 | 43683607 | 33949307 | 7740727 |
| 南　　昌 | 33278985 | 23124954 | 4853714 |
| 济　　南 | 55612721 | 39939572 | 10143957 |
| 青　　岛 | 61929517 | 45050911 | 11223458 |
| 郑　　州 | 82652055 | 56726854 | 20001954 |
| 武　　汉 | 116539914 | 87448746 | 25817857 |
| 长　　沙 | 89110104 | 57976634 | 10068414 |
| 广　　州 | 131496946 | 102256272 | 21375891 |
| 深　　圳 | 66866055 | 43618320 | 13310333 |
| 南　　宁 | 39374005 | 27098841 | 6571897 |
| 海　　口 | 25254161 | 15350505 | 4563949 |
| 重　　庆 | 213449344 | 154188977 | 37512812 |
| 成　　都 | 128176730 | 96327168 | 24352535 |
| 贵　　阳 | 60324928 | 44222744 | 10010275 |
| 昆　　明 | 79193829 | 53912632 | 14513067 |
| 西　　安 | 109026870 | 65783153 | 18208541 |
| 兰　　州 | 20025251 | 13463834 | 3205558 |
| 西　　宁 | 12361428 | 8934324 | 2804295 |
| 银　　川 | 23007185 | 14961576 | 4091711 |
| 乌鲁木齐 | 19596939 | 10652116 | 3668670 |

# 5-6　35个大中城市按用途分的房地产开发企业完成投资

单位：万元

| 地　区 | 本年完成投　资 | 住　宅 | #别　墅、高档公寓 | 办公楼 | 商业营业用房 | 其　他 |
|---|---|---|---|---|---|---|
| **总　计** | **480946566** | **301991394** | **17881152** | **47811451** | **67495084** | **63648637** |
| 北　京 | 41770481 | 18895385 | 2431243 | 8990697 | 4636694 | 9247705 |
| 天　津 | 18715464 | 12515275 | 516114 | 1077004 | 2490076 | 2633109 |
| 石 家 庄 | 9651327 | 6358858 | 128641 | 983102 | 1097149 | 1212218 |
| 太　原 | 5978342 | 4373408 | 73745 | 561656 | 440013 | 603265 |
| 呼和浩特 | 5090452 | 3563527 | 75459 | 257545 | 842070 | 427310 |
| 沈　阳 | 13376632 | 9349724 | 309055 | 432463 | 2889991 | 704454 |
| 大　连 | 8974595 | 6821807 | 537843 | 489322 | 806291 | 857175 |
| 长　春 | 5013222 | 3550343 | 204061 | 337394 | 706090 | 419395 |
| 哈 尔 滨 | 5939814 | 4133108 | 162990 | 198244 | 1096807 | 511655 |
| 上　海 | 34689415 | 18133187 | 3814826 | 6545385 | 4676654 | 5334189 |
| 南　京 | 14290194 | 10809699 | 884937 | 868022 | 1449247 | 1163226 |
| 杭　州 | 24725985 | 14422053 | 596483 | 2880799 | 3244278 | 4178855 |
| 宁　波 | 12288427 | 7475489 | 596134 | 804571 | 1481296 | 2527071 |
| 合　肥 | 12591353 | 7787292 | 142030 | 1013847 | 2527584 | 1262630 |
| 福　州 | 13811248 | 8566533 | 157737 | 1113150 | 2565794 | 1565771 |
| 厦　门 | 7740727 | 4586958 | 214763 | 1053747 | 793575 | 1306447 |
| 南　昌 | 4853714 | 3605633 | 137832 | 320358 | 581139 | 346584 |
| 济　南 | 10143957 | 7256454 | 127927 | 1379919 | 833683 | 673901 |
| 青　岛 | 11223458 | 7569123 | 484591 | 807305 | 1712610 | 1134420 |
| 郑　州 | 20001954 | 13381631 | 180857 | 1496895 | 2800633 | 2322795 |
| 武　汉 | 25817857 | 17779333 | 333761 | 1886490 | 3104532 | 3047502 |
| 长　沙 | 10068414 | 6422084 | 347243 | 915493 | 1592287 | 1138550 |
| 广　州 | 21375891 | 13310260 | 792297 | 2175384 | 3190923 | 2699324 |
| 深　圳 | 13310333 | 8971331 | 1046975 | 1588406 | 1427159 | 1323437 |
| 南　宁 | 6571897 | 4650354 | 136340 | 447671 | 649378 | 824494 |
| 海　口 | 4563949 | 2761388 | 184384 | 152639 | 483996 | 1165926 |
| 重　庆 | 37512812 | 23904910 | 1625386 | 2035649 | 6161906 | 5410347 |
| 成　都 | 24352535 | 14722540 | 510226 | 1714238 | 4136160 | 3779597 |
| 贵　阳 | 10010275 | 5830245 | 163261 | 1341345 | 1738965 | 1099720 |
| 昆　明 | 14513067 | 8758730 | 508005 | 1355584 | 2492265 | 1906488 |
| 西　安 | 18208541 | 13046027 | 149931 | 1419568 | 2446651 | 1296295 |
| 兰　州 | 3205558 | 2112070 | 26505 | 193042 | 648324 | 252122 |
| 西　宁 | 2804295 | 1590422 | 64003 | 368516 | 531367 | 313990 |
| 银　川 | 4091711 | 2541048 | 102538 | 258112 | 699485 | 593066 |
| 乌鲁木齐 | 3668670 | 2435165 | 113029 | 347889 | 520012 | 365604 |

# 5-7 35个大中城市房地产开发企业实际到位资金情况

单位：万元

| 地 区 | 本年实际到位资金合计 | 上年末结余资金 | 本年实际到位资金小计 | | |
|---|---|---|---|---|---|
| | | | | 国内贷款 | |
| | | | | | #银行贷款 |
| **总 计** | **887361486** | **218072086** | **669289400** | **133754016** | **114276926** |
| 北 京 | 104837525 | 32016408 | 72821117 | 19709744 | 16106703 |
| 天 津 | 42343758 | 10257178 | 32086580 | 9540037 | 7858616 |
| 石家庄 | 12171316 | 1447236 | 10724080 | 1283105 | 1228274 |
| 太 原 | 8062253 | 1922138 | 6140115 | 718664 | 626498 |
| 呼和浩特 | 5996954 | 878509 | 5118445 | 438024 | 351965 |
| 沈 阳 | 19119185 | 3846338 | 15272847 | 1240909 | 1201709 |
| 大 连 | 18097084 | 6187215 | 11909869 | 2479658 | 1891416 |
| 长 春 | 8843440 | 1464019 | 7379421 | 1469376 | 1157502 |
| 哈尔滨 | 9696943 | 2004701 | 7692242 | 969139 | 769244 |
| 上 海 | 74837158 | 19518544 | 55318614 | 15165884 | 13920259 |
| 南 京 | 32859819 | 8277275 | 24582544 | 4550895 | 4389920 |
| 杭 州 | 49473265 | 17733660 | 31739605 | 6145315 | 4759276 |
| 宁 波 | 18503375 | 5613933 | 12889442 | 2690307 | 2002142 |
| 合 肥 | 22531446 | 5867955 | 16663491 | 2580191 | 1970291 |
| 福 州 | 21645520 | 3655505 | 17990015 | 3256290 | 2719310 |
| 厦 门 | 17963909 | 5491791 | 12472118 | 2339000 | 1723277 |
| 南 昌 | 10997200 | 3686804 | 7310396 | 1021177 | 928437 |
| 济 南 | 17086608 | 2415261 | 14671347 | 2485986 | 1948797 |
| 青 岛 | 22765013 | 5727255 | 17037758 | 3399550 | 3037300 |
| 郑 州 | 27037421 | 5821215 | 21216206 | 2006087 | 1872397 |
| 武 汉 | 36676782 | 7436003 | 29240779 | 5115490 | 4194881 |
| 长 沙 | 20831358 | 4982283 | 15849075 | 2589155 | 2132806 |
| 广 州 | 38486660 | 10284992 | 28201668 | 4597622 | 4104384 |
| 深 圳 | 36220297 | 6835030 | 29385267 | 7307860 | 6954158 |
| 南 宁 | 11143861 | 2491048 | 8652813 | 1165074 | 986030 |
| 海 口 | 8514193 | 1509826 | 7004367 | 896301 | 812551 |
| 重 庆 | 66028296 | 15782496 | 50245800 | 10330727 | 8769278 |
| 成 都 | 45827730 | 10442100 | 35385630 | 6842258 | 5733199 |
| 贵 阳 | 11619382 | 1976652 | 9642730 | 1319137 | 1235864 |
| 昆 明 | 19422167 | 2730695 | 16691472 | 4018306 | 3600066 |
| 西 安 | 27665019 | 6597283 | 21067736 | 2889192 | 2271677 |
| 兰 州 | 5637407 | 961853 | 4675554 | 939034 | 833185 |
| 西 宁 | 3672906 | 686859 | 2986047 | 681150 | 679436 |
| 银 川 | 5664577 | 927671 | 4736906 | 765336 | 744157 |
| 乌鲁木齐 | 5081659 | 594355 | 4487304 | 808036 | 761921 |

5-7 续表 1

单位：万元

| 地区 | #非银行金融机构贷款 | 利用外资 | #外商直接投资 | 自筹资金 | #自有资金 |
|---|---|---|---|---|---|
| **总计** | **19477090** | **2204964** | **2147462** | **235588163** | **99923250** |
| 北京 | 3603041 | 57463 | 57463 | 22772038 | 5156674 |
| 天津 | 1681421 | 65427 | 48427 | 9323899 | 3451101 |
| 石家庄 | 54831 | | | 8420962 | 3139655 |
| 太原 | 92166 | | | 3139623 | 2103111 |
| 呼和浩特 | 86059 | | | 3801903 | 2303426 |
| 沈阳 | 39200 | 99527 | 99527 | 9527449 | 5259062 |
| 大连 | 588242 | 162070 | 162070 | 4285480 | 1640090 |
| 长春 | 311874 | | | 2229369 | 1168620 |
| 哈尔滨 | 199895 | 13228 | 13228 | 3906765 | 1789356 |
| 上海 | 1245625 | 339167 | 323607 | 15199865 | 7281540 |
| 南京 | 160975 | 125015 | 124000 | 4400911 | 1968308 |
| 杭州 | 1386039 | 7149 | 7149 | 7726500 | 1539761 |
| 宁波 | 688165 | 128156 | 128156 | 4089373 | 1705626 |
| 合肥 | 609900 | | | 3861001 | 1485528 |
| 福州 | 536980 | 7984 | 7984 | 6626635 | 3372707 |
| 厦门 | 615723 | 54765 | 54764 | 5634774 | 2725653 |
| 南昌 | 92740 | 61412 | 61412 | 2025186 | 941993 |
| 济南 | 537189 | 124494 | 124494 | 5326461 | 2481275 |
| 青岛 | 362250 | 2070 | 2000 | 6930435 | 4082386 |
| 郑州 | 133690 | 13000 | | 10558090 | 3273126 |
| 武汉 | 920609 | | | 13994060 | 5909181 |
| 长沙 | 456349 | | | 3957937 | 1457444 |
| 广州 | 493238 | 105656 | 105500 | 8438849 | 3719133 |
| 深圳 | 353702 | 32055 | 31955 | 7831274 | 4827657 |
| 南宁 | 179044 | 15467 | 15467 | 2617840 | 1230765 |
| 海口 | 83750 | 7900 | 7900 | 1825666 | 742726 |
| 重庆 | 1561449 | 659044 | 648544 | 16665327 | 6265345 |
| 成都 | 1109059 | 9715 | 9615 | 15065473 | 8584278 |
| 贵阳 | 83273 | | | 1995927 | 758861 |
| 昆明 | 418240 | 51000 | 51000 | 7309665 | 2312891 |
| 西安 | 617515 | 63200 | 63200 | 10289970 | 4181489 |
| 兰州 | 105849 | | | 1583985 | 801070 |
| 西宁 | 1714 | | | 1142603 | 748574 |
| 银川 | 21179 | | | 1779439 | 923937 |
| 乌鲁木齐 | 46115 | | | 1303429 | 590901 |

5-7　续表 2　　　　单位：万元

| 地　区 | 其他资金来源 | #定金及预收款 | #个人按揭贷款 | 本年各项应付款合计 | #工程款 |
|---|---|---|---|---|---|
| **总　计** | **297742257** | **178845548** | **83612304** | **130053614** | **65650069** |
| 北　京 | 30281872 | 17648866 | 8656985 | 6010618 | 2950049 |
| 天　津 | 13157217 | 10109900 | 965982 | 9227901 | 3242848 |
| 石家庄 | 1020013 | 573247 | 196636 | 1736592 | 335209 |
| 太　原 | 2281828 | 1437296 | 568249 | 1657918 | 799233 |
| 呼和浩特 | 878518 | 517956 | 197652 | 962653 | 551387 |
| 沈　阳 | 4404962 | 3185964 | 922945 | 4772300 | 2222053 |
| 大　连 | 4982661 | 3090314 | 1412409 | 3776658 | 2105941 |
| 长　春 | 3680676 | 2176148 | 998681 | 666897 | 417407 |
| 哈尔滨 | 2803110 | 1794501 | 784345 | 987825 | 530353 |
| 上　海 | 24613698 | 17063893 | 4301217 | 11819229 | 6268784 |
| 南　京 | 15505723 | 8902849 | 6035379 | 2485464 | 1467304 |
| 杭　州 | 17860641 | 10010886 | 6614466 | 2847159 | 1817125 |
| 宁　波 | 5981606 | 3664899 | 2010606 | 3024239 | 1766879 |
| 合　肥 | 10222299 | 5584373 | 3966141 | 3347169 | 1511777 |
| 福　州 | 8099106 | 4068903 | 2470928 | 1421113 | 665559 |
| 厦　门 | 4443579 | 2117419 | 1402782 | 1243697 | 501376 |
| 南　昌 | 4202621 | 2433855 | 1405240 | 1521267 | 848202 |
| 济　南 | 6734406 | 3956938 | 1855293 | 1571201 | 1058461 |
| 青　岛 | 6705703 | 4793550 | 1243907 | 4059474 | 2412600 |
| 郑　州 | 8639029 | 4261324 | 3495293 | 6366983 | 2802478 |
| 武　汉 | 10131229 | 5229271 | 2679341 | 5415001 | 2866785 |
| 长　沙 | 9301983 | 5040639 | 2974187 | 3833461 | 2144273 |
| 广　州 | 15059541 | 11030331 | 3079746 | 3928579 | 1900195 |
| 深　圳 | 14214078 | 9068155 | 4763291 | 3444644 | 2128633 |
| 南　宁 | 4854432 | 2438930 | 2038879 | 2070703 | 1330155 |
| 海　口 | 4274500 | 1746942 | 304832 | 2615339 | 755339 |
| 重　庆 | 22590702 | 13061374 | 6831978 | 14355744 | 6539609 |
| 成　都 | 13468184 | 8150614 | 4194563 | 6426335 | 3326837 |
| 贵　阳 | 6327666 | 3559574 | 1483622 | 2274141 | 1120723 |
| 昆　明 | 5312501 | 3072590 | 1354612 | 6928635 | 3794857 |
| 西　安 | 7825374 | 4008180 | 2401615 | 5415079 | 3178439 |
| 兰　州 | 2152535 | 1419823 | 649518 | 1346370 | 879456 |
| 西　宁 | 1162294 | 778484 | 235574 | 963830 | 490303 |
| 银　川 | 2192131 | 1317984 | 458696 | 962051 | 581223 |
| 乌鲁木齐 | 2375839 | 1529576 | 656714 | 567345 | 338217 |

# 5-8 35个大中城市按用途分的房地产开发企业房屋施工面积

单位：平方米

| 地　区 | 房屋施工面积 | 住　宅 | #别墅、高档公寓 | 办公楼 | 商业营业用房 | 其　他 |
|---|---|---|---|---|---|---|
| **总　计** | **2857657460** | **1835787384** | **89983785** | **220976340** | **364915751** | **435977985** |
| 北　京 | 129930815 | 62612115 | 5084602 | 24096320 | 13262406 | 29959974 |
| 天　津 | 102302165 | 69687469 | 2752883 | 8724054 | 11631110 | 12259532 |
| 石家庄 | 40839012 | 29846815 | 1270319 | 2521689 | 6070842 | 2399666 |
| 太　原 | 48305425 | 35106348 | 899440 | 2834319 | 4689770 | 5674988 |
| 呼和浩特 | 55744486 | 37335043 | 635412 | 2133434 | 10540650 | 5735359 |
| 沈　阳 | 83413082 | 58684514 | 1392492 | 3006056 | 14691440 | 7031072 |
| 大　连 | 49115004 | 36852362 | 2338871 | 1578397 | 6000639 | 4683606 |
| 长　春 | 61224464 | 41367520 | 2960930 | 3821550 | 8727987 | 7307407 |
| 哈尔滨 | 55787773 | 37023705 | 901623 | 1957717 | 10130264 | 6676087 |
| 上　海 | 150953336 | 83721237 | 16476881 | 19784895 | 19440150 | 28007054 |
| 南　京 | 70844421 | 47749636 | 2797015 | 4799638 | 7879457 | 10415690 |
| 杭　州 | 111458975 | 59287659 | 2537692 | 14103444 | 13166232 | 24901640 |
| 宁　波 | 67378944 | 36375249 | 2853825 | 5070011 | 8977840 | 16955844 |
| 合　肥 | 71993010 | 43264330 | 832593 | 5270490 | 13772686 | 9685504 |
| 福　州 | 78000146 | 49923153 | 1055869 | 5458938 | 9724776 | 12893279 |
| 厦　门 | 43338297 | 21372996 | 1116060 | 7570583 | 4040266 | 10354452 |
| 南　昌 | 44589329 | 30840042 | 1031122 | 3513683 | 5052899 | 5182705 |
| 济　南 | 66339925 | 44753051 | 1209618 | 6127436 | 7377172 | 8082266 |
| 青　岛 | 89712320 | 58750157 | 3914386 | 6195478 | 10901979 | 13864706 |
| 郑　州 | 108182448 | 72562260 | 1473934 | 9168728 | 11196233 | 15255227 |
| 武　汉 | 110625215 | 79744200 | 2323186 | 6815155 | 12091793 | 11974067 |
| 长　沙 | 93047634 | 62028142 | 2995186 | 5589931 | 10708029 | 14721532 |
| 广　州 | 93455700 | 57599701 | 3481306 | 9030345 | 11171719 | 15653935 |
| 深　圳 | 49784070 | 31569867 | 2803138 | 4674838 | 6145870 | 7393495 |
| 南　宁 | 51749283 | 35029514 | 910826 | 3068619 | 4579122 | 9072028 |
| 海　口 | 25716640 | 17655003 | 1539641 | 1191927 | 2302937 | 4566773 |
| 重　庆 | 289856716 | 193903150 | 8594912 | 11452869 | 41114964 | 43385733 |
| 成　都 | 183348367 | 110588096 | 5404495 | 11556250 | 24531309 | 36672712 |
| 贵　阳 | 68478111 | 45325011 | 881004 | 5466161 | 8262741 | 9424198 |
| 昆　明 | 92004080 | 58441182 | 2532431 | 6384374 | 11884615 | 15293909 |
| 西　安 | 133326269 | 97374843 | 2073558 | 8729250 | 16002958 | 11219218 |
| 兰　州 | 38004852 | 26928581 | 362958 | 1667113 | 4507409 | 4901749 |
| 西　宁 | 18935507 | 11342715 | 405504 | 1460090 | 3290813 | 2841889 |
| 银　川 | 42313592 | 26078197 | 962312 | 2726766 | 6675091 | 6833538 |
| 乌鲁木齐 | 37558047 | 25063521 | 1177761 | 3425792 | 4371583 | 4697151 |

# 5-9　35个大中城市按用途分的房地产开发企业房屋新开工面积

单位：平方米

| 地　区 | 房屋新开工面　积 | 住　宅 | #别　墅、高档公寓 | 办公楼 | 商业营业用房 | 其　他 |
|---|---|---|---|---|---|---|
| **总　计** | **561324860** | **355087101** | **12590606** | **44326854** | **74804468** | **87106437** |
| 北　京 | 27069100 | 11581726 | 658532 | 5855577 | 3436166 | 6195631 |
| 天　津 | 28171912 | 19668542 | 744677 | 2106342 | 2923786 | 3473242 |
| 石家庄 | 7877008 | 5558027 | 18572 | 793210 | 1119330 | 406441 |
| 太　原 | 10610815 | 7039814 | 305752 | 553749 | 1377702 | 1639550 |
| 呼和浩特 | 7135644 | 4907529 | 14130 | 173231 | 1162073 | 892811 |
| 沈　阳 | 12288303 | 9365231 | 30347 | 90773 | 2103617 | 728682 |
| 大　连 | 6077786 | 4860496 | 180012 | 83570 | 564123 | 569597 |
| 长　春 | 10000082 | 6797269 | 260387 | 676521 | 1413300 | 1112992 |
| 哈尔滨 | 11594066 | 7435074 | 222455 | 606907 | 2350545 | 1201540 |
| 上　海 | 26050785 | 15602831 | 2085485 | 3048677 | 3075727 | 4323550 |
| 南　京 | 16095811 | 11647999 | 524440 | 1260181 | 1332895 | 1854736 |
| 杭　州 | 20308166 | 10002731 | 335070 | 2356643 | 3389579 | 4559213 |
| 宁　波 | 8845767 | 5185527 | 527395 | 577235 | 922848 | 2160157 |
| 合　肥 | 19779628 | 11474711 | 252329 | 1910745 | 4018330 | 2375842 |
| 福　州 | 13889082 | 8232826 | 18339 | 892768 | 2022715 | 2740773 |
| 厦　门 | 5924746 | 2803926 | 87581 | 1107563 | 563619 | 1449638 |
| 南　昌 | 8545477 | 5954560 | 33438 | 477684 | 1125409 | 987824 |
| 济　南 | 16903370 | 11936566 | 126487 | 1536694 | 1280128 | 2149982 |
| 青　岛 | 19620682 | 13685725 | 415991 | 1188989 | 1525691 | 3220277 |
| 郑　州 | 28340118 | 19836015 | 692626 | 1672867 | 2851986 | 3979250 |
| 武　汉 | 23200225 | 18199615 | 6830 | 1420840 | 1595128 | 1984642 |
| 长　沙 | 13426382 | 8825318 | 224018 | 832547 | 1803426 | 1965091 |
| 广　州 | 17412794 | 10480472 | 429303 | 1628492 | 2401580 | 2902250 |
| 深　圳 | 12082714 | 7773218 | 643661 | 1267919 | 1539129 | 1502448 |
| 南　宁 | 11243284 | 7374607 | 131089 | 786126 | 894681 | 2187870 |
| 海　口 | 4853247 | 3453764 | 27468 | 57893 | 460906 | 880684 |
| 重　庆 | 58108462 | 36689204 | 2043711 | 1574348 | 10377230 | 9467680 |
| 成　都 | 37968208 | 22268572 | 439087 | 2449014 | 5225892 | 8024730 |
| 贵　阳 | 11727854 | 6297819 | 89280 | 1283399 | 2169985 | 1976651 |
| 昆　明 | 10977252 | 6666075 | 254583 | 476604 | 1580114 | 2254459 |
| 西　安 | 25097042 | 14588041 | 222669 | 3465797 | 4158889 | 2884315 |
| 兰　州 | 6218113 | 3792039 | 1488 | 493875 | 886004 | 1046195 |
| 西　宁 | 6307530 | 3772202 | 186972 | 458354 | 976286 | 1100688 |
| 银　川 | 8418192 | 5221341 | 257636 | 570919 | 1091208 | 1534724 |
| 乌鲁木齐 | 9155213 | 6107689 | 98766 | 590801 | 1084441 | 1372282 |

# 5-10 35个大中城市按用途分的房地产开发企业房屋竣工面积

单位：平方米

| 地　区 | 房屋竣工面　积 | 住　宅 | #别　墅、高档公寓 | 办公楼 | 商业营业用房 | 其　他 |
|---|---|---|---|---|---|---|
| **总　计** | **384483179** | **260938365** | **11553711** | **23288636** | **43340540** | **56915638** |
| 北　京 | 26314518 | 13782203 | 925465 | 3853781 | 2599215 | 6079319 |
| 天　津 | 29035719 | 21829862 | 953074 | 1711832 | 2477811 | 3016214 |
| 石家庄 | 4170496 | 2599101 | 26422 | 627695 | 745775 | 197925 |
| 太　原 | 4233185 | 3220080 | 6137 | 120779 | 292233 | 600093 |
| 呼和浩特 | 3012948 | 2351001 | 10436 | 67682 | 320984 | 273281 |
| 沈　阳 | 10369904 | 7687623 | 232771 | 117288 | 1905000 | 659993 |
| 大　连 | 2893185 | 2334836 | 83822 | 1774 | 262081 | 294494 |
| 长　春 | 5901521 | 4346553 | 174022 | 311848 | 600866 | 642254 |
| 哈尔滨 | 13605557 | 9648467 | 142507 | 192969 | 2567650 | 1196471 |
| 上　海 | 26471760 | 15889521 | 3406516 | 2192296 | 3064459 | 5325484 |
| 南　京 | 14491030 | 10638691 | 525310 | 732810 | 1310954 | 1808575 |
| 杭　州 | 16652308 | 10702678 | 532943 | 1162882 | 1227741 | 3559007 |
| 宁　波 | 10077604 | 6133896 | 402267 | 719321 | 875246 | 2349141 |
| 合　肥 | 10338953 | 7095036 | 6000 | 502081 | 1464817 | 1277019 |
| 福　州 | 10640476 | 7450903 | 52894 | 588488 | 931571 | 1669514 |
| 厦　门 | 4466516 | 2741704 | 80483 | 456252 | 239298 | 1029262 |
| 南　昌 | 4338225 | 3463131 | 247518 | 167312 | 385153 | 322629 |
| 济　南 | 6159882 | 3705528 | 104423 | 620276 | 887460 | 946618 |
| 青　岛 | 15233544 | 10476697 | 370356 | 787484 | 1692076 | 2277287 |
| 郑　州 | 10766573 | 6705001 | 225450 | 1150220 | 1442659 | 1468693 |
| 武　汉 | 8045819 | 6546298 | 245701 | 184524 | 605917 | 709080 |
| 长　沙 | 13492932 | 9494655 | 182430 | 620624 | 1322009 | 2055644 |
| 广　州 | 15114852 | 9813011 | 426268 | 1243952 | 1604381 | 2453508 |
| 深　圳 | 3602064 | 2023650 | 109843 | 474761 | 316912 | 786741 |
| 南　宁 | 5749724 | 4231599 | 25702 | 223593 | 509880 | 784652 |
| 海　口 | 2188884 | 1720545 | 117894 | 50074 | 111166 | 307099 |
| 重　庆 | 46302877 | 31858974 | 939461 | 1957151 | 6060673 | 6426079 |
| 成　都 | 14357307 | 8586444 | 386794 | 802306 | 2010001 | 2958556 |
| 贵　阳 | 14056579 | 10800004 | 34270 | 560618 | 2023204 | 672753 |
| 昆　明 | 7219590 | 4820471 | 252323 | 318739 | 610204 | 1470176 |
| 西　安 | 9556161 | 7478364 | 73783 | 296434 | 723761 | 1057602 |
| 兰　州 | 1945089 | 1648040 | | 14960 | 176200 | 105889 |
| 西　宁 | 2898759 | 1950345 | 88430 | 210172 | 367056 | 371186 |
| 银　川 | 7046782 | 4090407 | 74793 | 245658 | 1401852 | 1308865 |
| 乌鲁木齐 | 3731856 | 3073046 | 87203 | | 204275 | 454535 |

# 5-11　35个大中城市按用途分的房地产开发企业房屋竣工价值

单位：万元

| 地　　区 | 房屋竣工价值 | 住　宅 | #别　墅、高档公寓 | 办公楼 | 商业营业用房 | 其　他 |
|---|---|---|---|---|---|---|
| **总　　计** | **136715572** | **88266495** | **6694549** | **11382457** | **19945715** | **17120905** |
| 北　　京 | 9655470 | 4585482 | 414010 | 2158590 | 881220 | 2030178 |
| 天　　津 | 8858261 | 6323559 | 243600 | 648137 | 982993 | 903572 |
| 石 家 庄 | 1657269 | 843894 | 12254 | 370847 | 392851 | 49677 |
| 太　　原 | 1413226 | 1160263 | 1590 | 53172 | 113254 | 86537 |
| 呼和浩特 | 1210532 | 947900 | 3745 | 40017 | 119455 | 103160 |
| 沈　　阳 | 3450320 | 2558799 | 95701 | 27667 | 692575 | 171279 |
| 大　　连 | 1153772 | 913029 | 44759 | 487 | 153280 | 86976 |
| 长　　春 | 1239377 | 873054 | 29027 | 66434 | 148164 | 151725 |
| 哈 尔 滨 | 3645928 | 2564375 | 59442 | 60910 | 664472 | 356171 |
| 上　　海 | 14883185 | 8811708 | 2853924 | 1748958 | 1765765 | 2556754 |
| 南　　京 | 4601057 | 3511253 | 276715 | 257400 | 421638 | 410766 |
| 杭　　州 | 6605373 | 4455053 | 264500 | 645914 | 577907 | 926499 |
| 宁　　波 | 4353338 | 2647514 | 240627 | 406752 | 410118 | 888954 |
| 合　　肥 | 2608519 | 1766744 | 1620 | 135976 | 443462 | 262337 |
| 福　　州 | 3039731 | 2012874 | 10505 | 235665 | 310797 | 480395 |
| 厦　　门 | 1435412 | 908319 | 66500 | 138407 | 73484 | 315202 |
| 南　　昌 | 1128209 | 913108 | 108547 | 60170 | 110693 | 44238 |
| 济　　南 | 1673063 | 1044040 | 19817 | 212237 | 196596 | 220190 |
| 青　　岛 | 3978828 | 2717626 | 115593 | 228026 | 435912 | 597264 |
| 郑　　州 | 2947947 | 1760525 | 59373 | 404565 | 401070 | 381787 |
| 武　　汉 | 3278698 | 2605419 | 162442 | 57675 | 318878 | 296726 |
| 长　　沙 | 6126953 | 3768887 | 39025 | 533874 | 1307756 | 516436 |
| 广　　州 | 5060951 | 3335570 | 138531 | 365161 | 566499 | 793721 |
| 深　　圳 | 3015998 | 1697810 | 120651 | 508713 | 445257 | 364218 |
| 南　　宁 | 1856682 | 1367985 | 3966 | 48561 | 228279 | 211857 |
| 海　　口 | 1099105 | 903280 | 66588 | 35147 | 44897 | 115781 |
| 重　　庆 | 15953984 | 10371405 | 538023 | 1059601 | 2690260 | 1832718 |
| 成　　都 | 4835409 | 2949265 | 330300 | 282431 | 917750 | 685963 |
| 贵　　阳 | 6221559 | 3211850 | 9938 | 186458 | 2678812 | 144439 |
| 昆　　明 | 2504965 | 1568345 | 217082 | 157635 | 432445 | 346540 |
| 西　　安 | 2965990 | 2320553 | 61844 | 88110 | 269076 | 288251 |
| 兰　　州 | 517666 | 426155 |  | 4402 | 54925 | 32184 |
| 西　　宁 | 856620 | 575417 | 22746 | 60163 | 124633 | 96407 |
| 银　　川 | 1822114 | 959156 | 21606 | 94195 | 503445 | 265318 |
| 乌鲁木齐 | 1060061 | 886279 | 39958 |  | 67097 | 106685 |

# 5-12 35个大中城市按用途分的房地产开发企业住宅竣工套数

单位：套

| 地 区 | 住 宅 | #90平方米及以下住宅 | #144平方米以上住宅 | #别 墅、高档公寓 |
|---|---|---|---|---|
| **总 计** | **2647309** | **1470112** | **191865** | **55343** |
| 北 京 | 137357 | 86559 | 10943 | 2547 |
| 天 津 | 251813 | 173644 | 14610 | 5114 |
| 石 家 庄 | 24133 | 12302 | 1263 | 370 |
| 太 原 | 27863 | 10228 | 5229 | 36 |
| 呼和浩特 | 21278 | 7754 | 2425 | 28 |
| 沈 阳 | 87425 | 54750 | 3799 | 2319 |
| 大 连 | 25245 | 19204 | 1750 | 406 |
| 长 春 | 51298 | 35024 | 1633 | 1027 |
| 哈 尔 滨 | 104287 | 62460 | 8136 | 1816 |
| 上 海 | 153148 | 90256 | 14905 | 16876 |
| 南 京 | 104987 | 63613 | 9599 | 1453 |
| 杭 州 | 99112 | 55144 | 10700 | 1539 |
| 宁 波 | 52205 | 16174 | 8274 | 1887 |
| 合 肥 | 67874 | 28281 | 2301 | 24 |
| 福 州 | 61498 | 18342 | 7794 | 473 |
| 厦 门 | 24221 | 9530 | 2530 | 154 |
| 南 昌 | 35315 | 13244 | 1988 | 1604 |
| 济 南 | 30249 | 6784 | 2206 | 923 |
| 青 岛 | 103865 | 59351 | 4722 | 1756 |
| 郑 州 | 62371 | 38081 | 7760 | 735 |
| 武 汉 | 63352 | 26542 | 2679 | 1697 |
| 长 沙 | 87849 | 32237 | 8938 | 1085 |
| 广 州 | 80148 | 19414 | 16126 | 1551 |
| 深 圳 | 21967 | 19088 | 1576 | 845 |
| 南 宁 | 41555 | 24469 | 1934 | 120 |
| 海 口 | 14776 | 5385 | 3214 | 459 |
| 重 庆 | 374295 | 252660 | 8415 | 5154 |
| 成 都 | 91207 | 55106 | 5713 | 1406 |
| 贵 阳 | 126435 | 84390 | 4097 | 98 |
| 昆 明 | 42255 | 11682 | 4964 | 774 |
| 西 安 | 71313 | 35535 | 4246 | 239 |
| 兰 州 | 16522 | 6762 | 626 | |
| 西 宁 | 21220 | 10564 | 2006 | 303 |
| 银 川 | 37877 | 10826 | 3728 | 307 |
| 乌鲁木齐 | 30994 | 14727 | 1036 | 218 |

# 5-13　35个大中城市按资质等级分的房地产开发企业住宅竣工套数

单位：套

| 地　区 | 总　计 | 一　级 | 二　级 | 三　级 | 四　级 | 暂　定 | 其　他 |
|---|---|---|---|---|---|---|---|
| **总　计** | **2647309** | **190926** | **745930** | **541851** | **247006** | **853047** | **68549** |
| 北　京 | 137357 | 20773 | 23689 | 13293 | 49898 | 26396 | 3308 |
| 天　津 | 251813 | 31274 | 41917 | 30157 | 98069 | 44657 | 5739 |
| 石家庄 | 24133 |  | 1685 | 1805 | 8395 | 12248 |  |
| 太　原 | 27863 | 1207 | 12952 | 5216 | 7856 | 632 |  |
| 呼和浩特 | 21278 | 1785 | 2374 | 1378 | 7026 | 7424 | 1291 |
| 沈　阳 | 87425 | 1496 | 12124 | 14801 |  | 56557 | 2447 |
| 大　连 | 25245 | 340 | 1220 | 7323 |  | 16344 | 18 |
| 长　春 | 51298 | 4839 | 25932 | 6169 | 1581 | 12777 |  |
| 哈尔滨 | 104287 | 865 | 30814 | 64642 | 940 | 5259 | 1767 |
| 上　海 | 153148 | 8306 | 21308 | 6435 | 489 | 101708 | 14902 |
| 南　京 | 104987 | 6808 | 55860 | 13499 |  | 26714 | 2106 |
| 杭　州 | 99112 | 435 | 11718 | 10567 | 990 | 61958 | 13444 |
| 宁　波 | 52205 | 1654 | 13904 | 19661 | 1572 | 14111 | 1303 |
| 合　肥 | 67874 | 3058 | 4711 | 31806 | 3651 | 23235 | 1413 |
| 福　州 | 61498 | 3393 | 2446 | 17084 | 2224 | 35839 | 512 |
| 厦　门 | 24221 | 8914 | 608 | 4057 | 10013 | 629 |  |
| 南　昌 | 35315 | 3858 | 8285 | 15737 | 1680 | 5731 | 24 |
| 济　南 | 30249 | 3604 | 7681 | 5243 |  | 13303 | 418 |
| 青　岛 | 103865 | 1900 | 20923 | 11334 | 695 | 65044 | 3969 |
| 郑　州 | 62371 | 15970 | 8503 | 4363 |  | 33535 |  |
| 武　汉 | 63352 | 2259 | 12465 | 6325 |  | 40992 | 1311 |
| 长　沙 | 87849 | 8127 | 20062 | 44232 | 5796 | 9632 |  |
| 广　州 | 80148 | 11874 | 10314 | 33907 | 642 | 23226 | 185 |
| 深　圳 | 21967 | 325 | 1276 | 8696 | 2262 | 6045 | 3363 |
| 南　宁 | 41555 | 3062 | 6742 | 10770 | 1530 | 19451 |  |
| 海　口 | 14776 |  | 204 | 2776 | 1851 | 9377 | 568 |
| 重　庆 | 374295 | 23330 | 167571 | 60663 | 138 | 118274 | 4319 |
| 成　都 | 91207 | 1419 | 23600 | 38712 | 624 | 24699 | 2153 |
| 贵　阳 | 126435 |  | 111048 | 9534 | 2046 | 3807 |  |
| 昆　明 | 42255 | 962 | 11848 | 3698 | 14513 | 11234 |  |
| 西　安 | 71313 | 8619 | 21123 | 17410 | 13027 | 7145 | 3989 |
| 兰　州 | 16522 |  | 4198 | 5482 |  | 6842 |  |
| 西　宁 | 21220 | 1362 | 14715 | 3295 | 1016 | 832 |  |
| 银　川 | 37877 | 6236 | 13011 | 9216 | 7575 | 1839 |  |
| 乌鲁木齐 | 30994 | 2872 | 19099 | 2565 | 907 | 5551 |  |

# 5-14 35个大中城市按资质等级分的房地产开发企业别墅、高档公寓竣工套数

单位：套

| 地　区 | 总　计 | 一　级 | 二　级 | 三　级 | 四　级 | 暂　定 | 其　他 |
|---|---|---|---|---|---|---|---|
| **总　计** | **55343** | **2955** | **4890** | **14397** | **5123** | **24523** | **3455** |
| 北　京 | 2547 | 447 | | | 1749 | 351 | |
| 天　津 | 5114 | | 78 | 624 | 2606 | 1491 | 315 |
| 石家庄 | 370 | | | | 120 | 250 | |
| 太　原 | 36 | | 36 | | | | |
| 呼和浩特 | 28 | | 28 | | | | |
| 沈　阳 | 2319 | | | 1794 | | 338 | 187 |
| 大　连 | 406 | | | 278 | | 110 | 18 |
| 长　春 | 1027 | | 40 | 667 | | 320 | |
| 哈尔滨 | 1816 | | 603 | 1213 | | | |
| 上　海 | 16876 | 1122 | 732 | 1741 | | 10370 | 2911 |
| 南　京 | 1453 | | 281 | 592 | | 580 | |
| 杭　州 | 1539 | | 66 | 255 | | 1218 | |
| 宁　波 | 1887 | | | 1558 | 6 | 323 | |
| 合　肥 | 24 | | | 24 | | | |
| 福　州 | 473 | | 12 | 341 | 30 | 90 | |
| 厦　门 | 154 | 25 | | | 129 | | |
| 南　昌 | 1604 | | 421 | 254 | | 905 | 24 |
| 济　南 | 923 | 704 | | | | 219 | |
| 青　岛 | 1756 | | 144 | 122 | | 1490 | |
| 郑　州 | 735 | 208 | 527 | | | | |
| 武　汉 | 1697 | | 519 | 885 | | 293 | |
| 长　沙 | 1085 | | 43 | 359 | | 683 | |
| 广　州 | 1551 | 12 | 98 | 602 | | 839 | |
| 深　圳 | 845 | | | 783 | | 62 | |
| 南　宁 | 120 | | | 100 | | 20 | |
| 海　口 | 459 | | | | | 459 | |
| 重　庆 | 5154 | 58 | 645 | 1157 | | 3294 | |
| 成　都 | 1406 | | 345 | 609 | | 452 | |
| 贵　阳 | 98 | | | 98 | | | |
| 昆　明 | 774 | 367 | 70 | | 337 | | |
| 西　安 | 239 | | | | 12 | 227 | |
| 兰　州 | | | | | | | |
| 西　宁 | 303 | | | 247 | 56 | | |
| 银　川 | 307 | 12 | 202 | 15 | 78 | | |
| 乌鲁木齐 | 218 | | | 79 | | 139 | |

# 5-15 35个大中城市按用途分的房地产开发企业商品房销售面积

单位：平方米

| 地区 | 商品房销售面积 | 住宅 | #别墅、高档公寓 | 办公楼 | 商业营业用房 | 其他 |
|---|---|---|---|---|---|---|
| **总计** | **460543290** | **392412083** | **15590548** | **20119163** | **29263587** | **18748457** |
| 北京 | 15542463 | 11268399 | 719769 | 2430166 | 848055 | 995843 |
| 天津 | 17710706 | 16747843 | 694501 | 162564 | 591925 | 208374 |
| 石家庄 | 7578159 | 5396783 | 24198 | 637625 | 1176062 | 367689 |
| 太原 | 4482833 | 4216484 | 169780 | 112361 | 117910 | 36078 |
| 呼和浩特 | 3818083 | 3214363 | 9395 | 40848 | 283973 | 278899 |
| 沈阳 | 10650606 | 9498845 | 220204 | 173292 | 854771 | 123698 |
| 大连 | 6373329 | 5966703 | 178888 | 54517 | 207801 | 144308 |
| 长春 | 7991167 | 7017822 | 334041 | 157997 | 539688 | 275660 |
| 哈尔滨 | 8959832 | 8072336 | 68564 | 147263 | 545489 | 194744 |
| 上海 | 24313599 | 20091663 | 3909749 | 1974144 | 1136990 | 1110802 |
| 南京 | 15431556 | 14291841 | 739940 | 318361 | 644857 | 176497 |
| 杭州 | 14821676 | 12923545 | 336240 | 817395 | 577838 | 502898 |
| 宁波 | 10072086 | 8469217 | 550279 | 414377 | 797756 | 390736 |
| 合肥 | 15892069 | 12858981 | 209130 | 686433 | 1972341 | 374314 |
| 福州 | 9147024 | 7489896 | 200134 | 448643 | 709320 | 499165 |
| 厦门 | 5708332 | 3458945 | 143419 | 641673 | 287841 | 1319873 |
| 南昌 | 9010158 | 8159902 | 192405 | 305578 | 481189 | 63489 |
| 济南 | 11921174 | 9244318 | 406569 | 1568399 | 425655 | 682802 |
| 青岛 | 14185845 | 12389898 | 465940 | 565695 | 944019 | 286233 |
| 郑州 | 18986666 | 16952057 | 186330 | 968835 | 799473 | 266301 |
| 武汉 | 26271872 | 24137690 | 566328 | 352108 | 1032423 | 749651 |
| 长沙 | 19079135 | 16870641 | 589904 | 364048 | 1180576 | 663870 |
| 广州 | 16530655 | 13448608 | 444319 | 1526044 | 967971 | 588032 |
| 深圳 | 8314644 | 7478298 | 719148 | 565369 | 198367 | 72610 |
| 南宁 | 10007283 | 8788675 | 184482 | 256707 | 294683 | 667218 |
| 海口 | 3734021 | 3302847 | 187553 | 70663 | 248717 | 111794 |
| 重庆 | 53813726 | 44777122 | 1548683 | 1158377 | 4630451 | 3247776 |
| 成都 | 29974316 | 24471272 | 723106 | 943114 | 2327680 | 2232250 |
| 贵阳 | 9595491 | 7897947 | 73930 | 492299 | 991494 | 213751 |
| 昆明 | 13050282 | 10082457 | 245466 | 539537 | 1290785 | 1137503 |
| 西安 | 17627011 | 15835321 | 276556 | 503019 | 867673 | 420998 |
| 兰州 | 6281230 | 5786186 | 62630 | 91356 | 344660 | 59028 |
| 西宁 | 3118641 | 2606490 | 1290 | 233518 | 215960 | 62673 |
| 银川 | 5298060 | 4544622 | 66086 | 126975 | 512262 | 114201 |
| 乌鲁木齐 | 5249560 | 4654066 | 141592 | 269863 | 216932 | 108699 |

# 5-16 35个大中城市按用途分的房地产开发企业商品房销售额

单位：万元

| 地 区 | 商品房销售额 | 住 宅 | #别 墅、高档公寓 | 办公楼 | 商业营业用房 | 其 他 |
|---|---|---|---|---|---|---|
| **总 计** | **449099191** | **369997979** | **34127938** | **31317728** | **37676457** | **10107027** |
| 北 京 | 35176499 | 25128856 | 2793901 | 7027359 | 2316230 | 704054 |
| 天 津 | 17900112 | 16632526 | 936468 | 252050 | 811242 | 204294 |
| 石 家 庄 | 6517999 | 4208250 | 18789 | 656804 | 1285160 | 367785 |
| 太 原 | 3365505 | 3079329 | 175435 | 126796 | 150361 | 9019 |
| 呼和浩特 | 1982921 | 1589705 | 8435 | 36936 | 198852 | 157428 |
| 沈 阳 | 7306985 | 6094456 | 188772 | 195573 | 965119 | 51837 |
| 大 连 | 5691046 | 5197509 | 254447 | 69616 | 253011 | 170910 |
| 长 春 | 5301197 | 4473445 | 393245 | 119650 | 564557 | 143545 |
| 哈 尔 滨 | 5751716 | 4943760 | 73452 | 119829 | 564658 | 123469 |
| 上 海 | 50935488 | 43199280 | 14628131 | 4886787 | 2278884 | 570537 |
| 南 京 | 17728901 | 16093091 | 1361493 | 524273 | 969020 | 142517 |
| 杭 州 | 21375883 | 19059508 | 640950 | 1166293 | 877872 | 272210 |
| 宁 波 | 10785467 | 9334646 | 673054 | 368969 | 856105 | 225747 |
| 合 肥 | 12228984 | 9659521 | 238320 | 606840 | 1808981 | 153642 |
| 福 州 | 10659342 | 8488111 | 268879 | 616198 | 1204689 | 350344 |
| 厦 门 | 9202869 | 6547115 | 410792 | 994485 | 685278 | 975991 |
| 南 昌 | 6420309 | 5675529 | 187399 | 214452 | 481482 | 48846 |
| 济 南 | 9162480 | 6958087 | 502562 | 1457983 | 461765 | 284645 |
| 青 岛 | 12628568 | 10452844 | 576433 | 820897 | 1157140 | 197687 |
| 郑 州 | 14309918 | 12243743 | 228842 | 942248 | 879285 | 244642 |
| 武 汉 | 22477581 | 20284263 | 586558 | 367201 | 1465323 | 360794 |
| 长 沙 | 11172213 | 9352599 | 455344 | 345456 | 1238695 | 235463 |
| 广 州 | 24155150 | 18940050 | 751681 | 2624705 | 1833731 | 756664 |
| 深 圳 | 28221701 | 25172968 | 4290113 | 2197137 | 651086 | 200510 |
| 南 宁 | 6650817 | 5474861 | 175553 | 329045 | 546202 | 300709 |
| 海 口 | 2967691 | 2522025 | 203940 | 89906 | 279537 | 76223 |
| 重 庆 | 29522124 | 22444311 | 1392366 | 1180176 | 4834820 | 1062817 |
| 成 都 | 20608659 | 16112113 | 817292 | 726478 | 3016534 | 753534 |
| 贵 阳 | 5785509 | 3922684 | 75778 | 382983 | 1394092 | 85750 |
| 昆 明 | 9648258 | 7237047 | 267118 | 649098 | 1255326 | 506787 |
| 西 安 | 11460090 | 9850393 | 260983 | 490403 | 906366 | 212928 |
| 兰 州 | 4079349 | 3523162 | 87064 | 129956 | 379829 | 46402 |
| 西 宁 | 1795803 | 1199593 | 1320 | 227213 | 352467 | 16530 |
| 银 川 | 2620883 | 2044208 | 41365 | 100306 | 432868 | 43501 |
| 乌鲁木齐 | 3501174 | 2858391 | 161664 | 273627 | 319890 | 49266 |

# 5-17　35个大中城市按用途分的房地产开发企业商品房平均销售价格

单位：元/平方米

| 地　区 | 商品房平均销售价格 | 住　宅 | #别　墅、高档公寓 | 办公楼 | 商业营业用房 | 其　他 |
|---|---|---|---|---|---|---|
| **总　计** | **9752** | **9429** | **21890** | **15566** | **12875** | **5391** |
| 北　京 | 22633 | 22300 | 38817 | 28917 | 27312 | 7070 |
| 天　津 | 10107 | 9931 | 13484 | 15505 | 13705 | 9804 |
| 石 家 庄 | 8601 | 7798 | 7765 | 10301 | 10928 | 10003 |
| 太　原 | 7508 | 7303 | 10333 | 11285 | 12752 | 2500 |
| 呼和浩特 | 5193 | 4946 | 8978 | 9042 | 7002 | 5645 |
| 沈　阳 | 6861 | 6416 | 8573 | 11286 | 11291 | 4191 |
| 大　连 | 8929 | 8711 | 14224 | 12770 | 12176 | 11843 |
| 长　春 | 6634 | 6374 | 11772 | 7573 | 10461 | 5207 |
| 哈 尔 滨 | 6419 | 6124 | 10713 | 8137 | 10351 | 6340 |
| 上　海 | 20949 | 21501 | 37415 | 24754 | 20043 | 5136 |
| 南　京 | 11489 | 11260 | 18400 | 16468 | 15027 | 8075 |
| 杭　州 | 14422 | 14748 | 19062 | 14268 | 15192 | 5413 |
| 宁　波 | 10708 | 11022 | 12231 | 8904 | 10731 | 5777 |
| 合　肥 | 7695 | 7512 | 11396 | 8840 | 9172 | 4105 |
| 福　州 | 11653 | 11333 | 13435 | 13735 | 16984 | 7019 |
| 厦　门 | 16122 | 18928 | 28643 | 15498 | 23808 | 7395 |
| 南　昌 | 7126 | 6955 | 9740 | 7018 | 10006 | 7694 |
| 济　南 | 7686 | 7527 | 12361 | 9296 | 10848 | 4169 |
| 青　岛 | 8902 | 8437 | 12371 | 14511 | 12258 | 6907 |
| 郑　州 | 7537 | 7223 | 12282 | 9726 | 10998 | 9187 |
| 武　汉 | 8556 | 8404 | 10357 | 10429 | 14193 | 4813 |
| 长　沙 | 5856 | 5544 | 7719 | 9489 | 10492 | 3547 |
| 广　州 | 14612 | 14083 | 16918 | 17199 | 18944 | 12868 |
| 深　圳 | 33942 | 33661 | 59655 | 38862 | 32822 | 27615 |
| 南　宁 | 6646 | 6229 | 9516 | 12818 | 18535 | 4507 |
| 海　口 | 7948 | 7636 | 10874 | 12723 | 11239 | 6818 |
| 重　庆 | 5486 | 5012 | 8991 | 10188 | 10441 | 3272 |
| 成　都 | 6875 | 6584 | 11303 | 7703 | 12959 | 3376 |
| 贵　阳 | 6029 | 4967 | 10250 | 7779 | 14061 | 4012 |
| 昆　明 | 7393 | 7178 | 10882 | 12031 | 9725 | 4455 |
| 西　安 | 6501 | 6221 | 9437 | 9749 | 10446 | 5058 |
| 兰　州 | 6495 | 6089 | 13901 | 14225 | 11020 | 7861 |
| 西　宁 | 5758 | 4602 | 10233 | 9730 | 16321 | 2637 |
| 银　川 | 4947 | 4498 | 6259 | 7900 | 8450 | 3809 |
| 乌鲁木齐 | 6669 | 6142 | 11418 | 10139 | 14746 | 4532 |

# 5-18 35个大中城市按用途分的房地产开发企业房屋出租面积

单位：平方米

| 地区 | 房屋出租面积 | 住宅 | #别墅、高档公寓 | 办公楼 | 商业营业用房 | 其他 |
|---|---|---|---|---|---|---|
| **总计** | **23926543** | **1885465** | **840351** | **8986773** | **9337885** | **3716420** |
| 北京 | 4806072 | 190367 | 139509 | 1922667 | 1810670 | 882368 |
| 天津 | 1081641 | 51432 | 3256 | 1006702 |  | 23507 |
| 石家庄 | 159464 |  |  | 80000 | 52280 | 27184 |
| 太原 | 22040 |  |  |  | 20931 | 1109 |
| 呼和浩特 |  |  |  |  |  |  |
| 沈阳 | 203486 | 28284 | 12000 | 34600 | 107835 | 32767 |
| 大连 | 212530 | 40256 |  |  | 170818 | 1456 |
| 长春 | 283171 |  |  | 28283 | 254888 |  |
| 哈尔滨 | 15693 |  |  |  | 12057 | 3636 |
| 上海 | 12024182 | 1205864 | 662583 | 5018599 | 3670216 | 2129503 |
| 南京 | 49935 | 33503 |  |  | 16432 |  |
| 杭州 | 203149 | 35080 |  | 86061 | 82008 |  |
| 宁波 | 180124 |  |  | 76182 | 97130 | 6812 |
| 合肥 | 138683 |  |  | 3760 | 134923 |  |
| 福州 |  |  |  |  |  |  |
| 厦门 | 181903 |  |  | 16013 | 141717 | 24173 |
| 南昌 | 13530 |  |  |  | 13530 |  |
| 济南 | 229415 | 63200 |  |  | 161215 | 5000 |
| 青岛 | 391456 | 2889 |  | 40848 | 325050 | 22669 |
| 郑州 | 15046 |  |  |  | 15046 |  |
| 武汉 | 13646 |  |  |  | 13646 |  |
| 长沙 | 137831 |  |  | 22801 | 65032 | 49998 |
| 广州 | 1019355 | 43357 | 23003 | 97496 | 636394 | 242108 |
| 深圳 | 432201 | 12117 |  | 258009 | 148065 | 14010 |
| 南宁 | 23005 |  |  | 3000 | 20005 |  |
| 海口 | 44950 |  |  | 1746 | 43204 |  |
| 重庆 | 967676 | 8404 |  | 180103 | 603277 | 175892 |
| 成都 | 117903 |  |  | 37621 | 65536 | 14746 |
| 贵阳 | 25300 |  |  |  | 25300 |  |
| 昆明 | 105019 |  |  | 14090 | 90929 |  |
| 西安 | 196395 | 14652 |  | 37215 | 144362 | 166 |
| 兰州 | 5526 | 1927 |  |  | 3599 |  |
| 西宁 | 25000 |  |  |  | 25000 |  |
| 银川 | 224348 | 19573 |  | 7800 | 196387 | 588 |
| 乌鲁木齐 | 376868 | 134560 |  | 13177 | 170403 | 58728 |

# 5-19　35个大中城市按用途分的房地产开发企业商品房待售面积

单位：平方米

| 地　区 | 待售面积 | 住　宅 | #别　墅、高档公寓 | 办公楼 | 商业营业用房 | 其　他 |
|---|---|---|---|---|---|---|
| **总　计** | **248084372** | **137834412** | **15427991** | **19872050** | **46676604** | **43701306** |
| 北　京 | 21674586 | 8670260 | 2472628 | 3324838 | 4612771 | 5066717 |
| 天　津 | 10559137 | 6844826 | 943352 | 940696 | 1336198 | 1437417 |
| 石家庄 | 2195694 | 1794559 | 119724 | 64725 | 122848 | 213562 |
| 太　原 | 1378838 | 1012221 | 37164 | 91532 | 252649 | 22436 |
| 呼和浩特 | 3160533 | 2011161 | 89422 | 75859 | 891446 | 182067 |
| 沈　阳 | 11710444 | 8385021 | 456532 | 396944 | 2407587 | 520892 |
| 大　连 | 11515195 | 8704868 | 419506 | 415795 | 1472323 | 922209 |
| 长　春 | 5701259 | 3366841 | 207049 | 414863 | 1324284 | 595271 |
| 哈尔滨 | 12385994 | 8635746 | 131739 | 373256 | 2042190 | 1334802 |
| 上　海 | 20547365 | 9038266 | 3608867 | 2855938 | 3981152 | 4672009 |
| 南　京 | 5179580 | 3354483 | 206666 | 305866 | 897553 | 621678 |
| 杭　州 | 9892736 | 5972398 | 646168 | 1210663 | 1536628 | 1173047 |
| 宁　波 | 7843212 | 4190008 | 528593 | 921065 | 1319388 | 1412751 |
| 合　肥 | 2599343 | 944793 | 99358 | 443909 | 767078 | 443563 |
| 福　州 | 4606414 | 2741446 | 234579 | 172996 | 583997 | 1107975 |
| 厦　门 | 2640861 | 954811 | 143358 | 134215 | 520922 | 1030913 |
| 南　昌 | 1982458 | 1307791 | 191716 | 218508 | 365313 | 90846 |
| 济　南 | 1694588 | 864938 | 133033 | 157938 | 382184 | 289528 |
| 青　岛 | 6733905 | 4185138 | 349637 | 568028 | 1307078 | 673661 |
| 郑　州 | 4776065 | 3152750 | 127761 | 511702 | 765069 | 346544 |
| 武　汉 | 6261527 | 3964962 | 321556 | 375485 | 1090395 | 830685 |
| 长　沙 | 11889882 | 6975223 | 609352 | 693153 | 2273722 | 1947784 |
| 广　州 | 8655951 | 4185151 | 644760 | 802720 | 1382540 | 2285540 |
| 深　圳 | 3365115 | 2316596 | 159583 | 147172 | 655659 | 245688 |
| 南　宁 | 4553017 | 2468930 | 187363 | 304354 | 682081 | 1097652 |
| 海　口 | 2426977 | 1543290 | 241150 | 28635 | 341644 | 513408 |
| 重　庆 | 23567767 | 10038803 | 636069 | 1256539 | 5716400 | 6556025 |
| 成　都 | 12551260 | 5339352 | 714290 | 805858 | 2272994 | 4133056 |
| 贵　阳 | 3843885 | 1887320 | 74185 | 561718 | 930826 | 464021 |
| 昆　明 | 7359714 | 4013955 | 458907 | 599243 | 1285148 | 1461368 |
| 西　安 | 2848150 | 1763411 | 5294 | 39586 | 657515 | 387638 |
| 兰　州 | 1616321 | 1073644 | | 68524 | 245790 | 228363 |
| 西　宁 | 1393201 | 988647 | | 105134 | 185073 | 114347 |
| 银　川 | 6575866 | 3862119 | 182522 | 253933 | 1678379 | 781435 |
| 乌鲁木齐 | 2397532 | 1280684 | 46108 | 230660 | 389780 | 496408 |

# 5-20 35个大中城市房地产开发企业主要财务指标

单位：万元

| 地　区 | 资产总计 | 负债合计 | 所有者权益合计 | 主营业务收入 |
|---|---|---|---|---|
| **总　计** | **3364781761** | **2562377617** | **802404144** | **371955621** |
| 北　京 | 505420025 | 395239974 | 110180051 | 38274800 |
| 天　津 | 229851613 | 170706027 | 59145585 | 16330659 |
| 石家庄 | 16382588 | 14546623 | 1835966 | 2136543 |
| 太　原 | 33148086 | 28771595 | 4376491 | 3564712 |
| 呼和浩特 | 20202031 | 17584939 | 2617091 | 1182146 |
| 沈　阳 | 53844704 | 40580820 | 13263884 | 7395262 |
| 大　连 | 64379626 | 49156386 | 15223241 | 7239073 |
| 长　春 | 32755907 | 27581176 | 5174731 | 4901251 |
| 哈尔滨 | 57662327 | 39717784 | 17944542 | 4101244 |
| 上　海 | 434576460 | 291296573 | 143279887 | 43880645 |
| 南　京 | 85635818 | 65435757 | 20200061 | 16447021 |
| 杭　州 | 139088505 | 104060360 | 35028146 | 19249502 |
| 宁　波 | 70789205 | 53201944 | 17587261 | 8097687 |
| 合　肥 | 54495361 | 41596992 | 12898369 | 10323340 |
| 福　州 | 72049385 | 56508570 | 15540814 | 8965087 |
| 厦　门 | 57500850 | 39108095 | 18392755 | 6596275 |
| 南　昌 | 43068298 | 32083200 | 10985098 | 5704941 |
| 济　南 | 57218796 | 46478285 | 10740511 | 7076463 |
| 青　岛 | 79099150 | 62229987 | 16869163 | 9691469 |
| 郑　州 | 87307251 | 71718895 | 15588356 | 9823146 |
| 武　汉 | 126700382 | 95196423 | 31503959 | 16723409 |
| 长　沙 | 58013290 | 47546521 | 10466768 | 9217669 |
| 广　州 | 177533996 | 141020120 | 36513876 | 19726966 |
| 深　圳 | 127754634 | 98162060 | 29592573 | 18643621 |
| 南　宁 | 33790812 | 27501876 | 6288937 | 4230891 |
| 海　口 | 25117745 | 19410666 | 5707079 | 1959760 |
| 重　庆 | 215567770 | 156501695 | 59066075 | 22787014 |
| 成　都 | 133016293 | 102599724 | 30416570 | 17575740 |
| 贵　阳 | 42695024 | 35546023 | 7149001 | 4291127 |
| 昆　明 | 87242628 | 71489029 | 15753599 | 6505561 |
| 西　安 | 69031305 | 58006872 | 11024433 | 10424160 |
| 兰　州 | 22602119 | 19210733 | 3391386 | 2958611 |
| 西　宁 | 12197040 | 10597523 | 1599517 | 886315 |
| 银　川 | 18982431 | 16028890 | 2953541 | 2050520 |
| 乌鲁木齐 | 20060307 | 15955480 | 4104827 | 2992996 |

5-20　续表 1　　单位：万元

| 地　区 | 土地转让收入 | 商品房销售收入 | 房屋出租收入 | 其他收入 |
|---|---|---|---|---|
| **总　计** | **3803872** | **340134414** | **13543058** | **14474277** |
| 北　京 | 1554117 | 30029128 | 3135938 | 3555617 |
| 天　津 | 590600 | 13929739 | 342805 | 1467515 |
| 石 家 庄 | 28092 | 2043432 | 4578 | 60441 |
| 太　原 | 18674 | 3054308 | 37746 | 453984 |
| 呼和浩特 | 150 | 1107782 | 8682 | 65532 |
| 沈　阳 | 1338 | 7152775 | 102298 | 138852 |
| 大　连 | 6901 | 6821514 | 281391 | 129267 |
| 长　春 |  | 4810762 | 57433 | 33056 |
| 哈 尔 滨 | 7704 | 3858235 | 26023 | 209283 |
| 上　海 | 459403 | 37547109 | 4206884 | 1667249 |
| 南　京 | 100732 | 15405842 | 560418 | 380029 |
| 杭　州 |  | 18587626 | 188159 | 473717 |
| 宁　波 | 58013 | 7631660 | 149067 | 258947 |
| 合　肥 | 41071 | 10117621 | 39814 | 124835 |
| 福　州 | 593 | 8853215 | 45426 | 65854 |
| 厦　门 | 800 | 6181601 | 126127 | 287747 |
| 南　昌 | 1470 | 5541198 | 42007 | 120266 |
| 济　南 | 14820 | 6265506 | 79458 | 716679 |
| 青　岛 | 24866 | 9183861 | 109833 | 372909 |
| 郑　州 | 6495 | 9231507 | 339371 | 245773 |
| 武　汉 | 125286 | 16110432 | 176380 | 311311 |
| 长　沙 | 140192 | 8778564 | 84351 | 214562 |
| 广　州 | 3918 | 18014631 | 891397 | 817021 |
| 深　圳 |  | 17670612 | 831304 | 141705 |
| 南　宁 | 5106 | 3961054 | 152671 | 112060 |
| 海　口 | 3598 | 1931978 | 13003 | 11181 |
| 重　庆 | 514202 | 20942957 | 723643 | 606211 |
| 成　都 | 19646 | 16957353 | 286972 | 311768 |
| 贵　阳 | 0 | 4184072 | 51003 | 56051 |
| 昆　明 | 14884 | 5893765 | 218356 | 378556 |
| 西　安 | 8492 | 9852850 | 80253 | 482565 |
| 兰　州 | 774 | 2839414 | 28960 | 89463 |
| 西　宁 |  | 843485 | 13467 | 29363 |
| 银　川 | 51935 | 1948109 | 31971 | 18506 |
| 乌鲁木齐 |  | 2850720 | 75872 | 66404 |

5–20 续表 2

单位：万元

| 地　　区 | 主营业务成本 | 主营业务税金及附加 | 其他业务利润 | 销售费用 |
|---|---|---|---|---|
| **总　　计** | **259382068** | **34451735** | **1240244** | **14022109** |
| 北　　京 | 24077534 | 3953421 | 354685 | 1265339 |
| 天　　津 | 12400608 | 1317755 | 90370 | 571808 |
| 石 家 庄 | 1720788 | 199313 | 2128 | 102496 |
| 太　　原 | 2626712 | 297896 | -2977 | 127341 |
| 呼和浩特 | 930553 | 109624 | 1274 | 54194 |
| 沈　　阳 | 5884934 | 609265 | 11450 | 296021 |
| 大　　连 | 5711892 | 548552 | 38228 | 284282 |
| 长　　春 | 3670496 | 384492 | -432 | 175059 |
| 哈 尔 滨 | 3144405 | 376084 | 8932 | 178218 |
| 上　　海 | 27838645 | 4454119 | 126065 | 1463006 |
| 南　　京 | 11795501 | 1325069 | 34074 | 433540 |
| 杭　　州 | 15137744 | 1580897 | 51647 | 749086 |
| 宁　　波 | 6901111 | 658674 | 10061 | 272275 |
| 合　　肥 | 7300367 | 821947 | 7043 | 302179 |
| 福　　州 | 5835813 | 992544 | 2867 | 291163 |
| 厦　　门 | 3764133 | 841366 | 22728 | 181265 |
| 南　　昌 | 4000628 | 503943 | 15089 | 202361 |
| 济　　南 | 5515583 | 573637 | 9140 | 263111 |
| 青　　岛 | 7272804 | 846241 | 36641 | 351742 |
| 郑　　州 | 6360293 | 906755 | 17704 | 464804 |
| 武　　汉 | 11083226 | 1621666 | 102037 | 565146 |
| 长　　沙 | 7005556 | 700787 | 10607 | 496903 |
| 广　　州 | 11780246 | 2299147 | 93619 | 866483 |
| 深　　圳 | 10490508 | 2463658 | 72487 | 607528 |
| 南　　宁 | 2802569 | 428988 | 22614 | 221331 |
| 海　　口 | 1245639 | 211923 | 64851 | 156109 |
| 重　　庆 | 17222781 | 1797094 | 54194 | 1014527 |
| 成　　都 | 12826962 | 1381894 | 33550 | 844927 |
| 贵　　阳 | 3249549 | 322282 | -44654 | 200774 |
| 昆　　明 | 5246189 | 498663 | 45328 | 231811 |
| 西　　安 | 7895289 | 724799 | 20148 | 422834 |
| 兰　　州 | 2210488 | 228739 | 11698 | 91437 |
| 西　　宁 | 703923 | 78623 | -119088 | 34863 |
| 银　　川 | 1574827 | 141889 | 26519 | 93896 |
| 乌鲁木齐 | 2153772 | 249991 | 9622 | 144247 |

5-20　续表 3　　单位：万元

| 地　　区 | 管理费用 | 财务费用 | 营业利润 | 营业外收入 |
|---|---|---|---|---|
| **总　　计** | **18958007** | **15004490** | **47696044** | **3620211** |
| 北　　京 | 2895747 | 2707557 | 7203288 | 528844 |
| 天　　津 | 783891 | 938923 | 1916712 | 519291 |
| 石 家 庄 | 113311 | 121772 | -842 | 2112 |
| 太　　原 | 165171 | 102175 | 261455 | 13301 |
| 呼和浩特 | 102098 | 63613 | -83300 | 9399 |
| 沈　　阳 | 349652 | 136500 | 302360 | 25757 |
| 大　　连 | 384977 | 280292 | 210562 | 54850 |
| 长　　春 | 251181 | 129466 | 322800 | 12443 |
| 哈 尔 滨 | 251375 | 240352 | -35451 | 126643 |
| 上　　海 | 2240953 | 2132910 | 8850210 | 547544 |
| 南　　京 | 491612 | 312384 | 2411999 | 103280 |
| 杭　　州 | 709250 | 556168 | 1142883 | 152374 |
| 宁　　波 | 421066 | 259362 | -405569 | 41383 |
| 合　　肥 | 334407 | 216594 | 1576522 | 163520 |
| 福　　州 | 323314 | 210763 | 1688806 | 136108 |
| 厦　　门 | 258807 | 243649 | 2287204 | 19571 |
| 南　　昌 | 190901 | 107396 | 857904 | 33781 |
| 济　　南 | 313236 | 151799 | 426068 | 13248 |
| 青　　岛 | 519853 | 351083 | 605912 | 102539 |
| 郑　　州 | 611010 | 458197 | 1324816 | 81014 |
| 武　　汉 | 609507 | 384432 | 2833480 | 62408 |
| 长　　沙 | 418908 | 245526 | 333429 | 41489 |
| 广　　州 | 1230060 | 1028898 | 3658029 | 97388 |
| 深　　圳 | 789246 | 827755 | 5200314 | 71056 |
| 南　　宁 | 229234 | 117037 | 398418 | 22540 |
| 海　　口 | 182026 | 97734 | 98709 | 8346 |
| 重　　庆 | 1244468 | 1139516 | 1620540 | 316335 |
| 成　　都 | 726370 | 608376 | 1065002 | 92153 |
| 贵　　阳 | 247964 | 100915 | 183098 | 41086 |
| 昆　　明 | 474646 | 351638 | -31893 | 46856 |
| 西　　安 | 471107 | 155687 | 871213 | 51833 |
| 兰　　州 | 154237 | 81336 | 235389 | 8001 |
| 西　　宁 | 74033 | 21316 | -11179 | 5989 |
| 银　　川 | 168181 | 51825 | 32546 | 23942 |
| 乌鲁木齐 | 226210 | 71544 | 344613 | 43792 |

5-20 续表 4

单位：万元

| 地 区 | 营业外支出 | 利润总额 | 应交所得税 | 应付职工薪酬 |
|---|---|---|---|---|
| **总 计** | **2006722** | **49602446** | **11741380** | **11872836** |
| 北 京 | 288499 | 7502079 | 1958540 | 1841712 |
| 天 津 | 143502 | 2292824 | 347732 | 494561 |
| 石家庄 | 21133 | -19257 | 61224 | 76380 |
| 太 原 | 15975 | 258781 | 83578 | 117236 |
| 呼和浩特 | 15889 | -90223 | 15068 | 49706 |
| 沈 阳 | 29155 | 298962 | 126351 | 177691 |
| 大 连 | 69475 | 198462 | 124233 | 223591 |
| 长 春 | 21699 | 313544 | 127604 | 113333 |
| 哈尔滨 | 30680 | 60517 | 78407 | 111510 |
| 上 海 | 140797 | 9366230 | 2068661 | 1185780 |
| 南 京 | 37021 | 2478268 | 417887 | 300272 |
| 杭 州 | 92239 | 1207423 | 339455 | 475910 |
| 宁 波 | 34270 | -363383 | 45137 | 198924 |
| 合 肥 | 47748 | 1691346 | 342259 | 207502 |
| 福 州 | 100170 | 1724743 | 342871 | 252607 |
| 厦 门 | 81066 | 2302702 | 317757 | 174019 |
| 南 昌 | 16770 | 875321 | 225589 | 130935 |
| 济 南 | 37332 | 401995 | 125408 | 199151 |
| 青 岛 | 53435 | 655273 | 262986 | 269675 |
| 郑 州 | 88025 | 1317973 | 308060 | 309478 |
| 武 汉 | 51521 | 2842372 | 569704 | 395919 |
| 长 沙 | 9014 | 365903 | 211539 | 261263 |
| 广 州 | 131552 | 3625814 | 803064 | 736067 |
| 深 圳 | 75658 | 5195718 | 979962 | 466436 |
| 南 宁 | 19243 | 401465 | 174235 | 106080 |
| 海 口 | 21573 | 85490 | 41878 | 539529 |
| 重 庆 | 121643 | 1818227 | 379626 | 779688 |
| 成 都 | 53816 | 1100895 | 331261 | 535574 |
| 贵 阳 | 36114 | 189144 | 57137 | 183819 |
| 昆 明 | 35812 | -18026 | 106982 | 219271 |
| 西 安 | 29425 | 893620 | 194465 | 370370 |
| 兰 州 | 12301 | 231023 | 66374 | 116774 |
| 西 宁 | 8064 | -13255 | 16058 | 44014 |
| 银 川 | 15926 | 42202 | 24492 | 87972 |
| 乌鲁木齐 | 20183 | 368274 | 65800 | 120090 |

# 附　　录

## 主要统计指标解释

# 主要统计指标解释

## 一、房地产开发企业财务指标

**1.资产总计**：指企业过去的交易或者事项形成的、由企业拥有或者控制的、预期会给企业带来经济利益的资源。资产一般按流动性分为流动资产和非流动资产。其中流动资产可分为货币资金、交易性金融资产、应收票据、应收账款、预付款项、其他应收款、存货等；非流动资产可分为长期股权投资、固定资产、无形资产及其他非流动资产等。根据会计“资产负债表”中“资产总计”项目的期末余额数填报。

**2.负债合计**：指企业过去的交易或者事项形成的，预期会导致经济利益流出企业的现时义务。负债一般按偿还期长短分为流动负债和非流动负债。根据会计“资产负债表”中“负债合计”项目的期末余额数填报。

**3.所有者权益合计**：指企业资产扣除负债后由所有者享有的剩余权益。公司的所有者权益又称股东权益。包括实收资本、资本公积、盈余公积、未分配利润等。根据会计“资产负债表”中“所有者权益合计”项目的期末余额数填报。

**4.主营业务收入**：指企业确认的销售商品、提供劳务等主营业务的收入。根据会计“主营业务收入”科目的期末贷方余额（结转前）填报。

**（1）土地转让收入**：指房地产开发企业按国家规定在报告期转让已经开发的土地和未经开发的土地所得到的收入。根据会计“利润表”和相关核算资料计算填报。

**（2）商品房屋销售收入**：指房地产开发企业在报告期售出商品房的收入，一次收款的，一次性全部计入销售收入，按合同规定分期收款的，可按合同规定的时间分次计入收入。根据会计“利润表”和相关核算资料计算填报。

**（3）房屋出租收入**：指房地产开发企业在报告期内，在不改变现有财产所有权关系的条件下，将企业的全部或部分房屋出租给其他单位或个人使用所得到的租金收入。根据会计“利润表”和相关核算资料计算填报。

**（4）其他（主营业务）收入**：指房地产开发企业在报告期内从事除以上收入外的其他业务活动所得到的收入，包括配套设施销售收入、代建工程结算收入等。根据会计“利润表”和相关核算资料计算填报。

**5.主营业务成本**：指企业经营主要业务和其他业务所发生的成本总额。根据会计“主营业务成本”科目的期末借方余额（结转前）填报。

**6.销售费用**：指企业在销售商品和材料、提供劳务的过程中发生的各种费用，包括保险费、包装费、广告费等费用和为销售本企业商品而专设的销售机构（含销售网点、售后服务网点等）的职工薪酬、业务费等经营费用。建筑业企业销售费用指企业从事施工生产活动过程中发生的各项费用，包括应由企业负担的运输费、装卸费、包装费、保险费、维修费、展览费、差旅费、广告费和其他经费。房地产企业销售费用指企业在从事主要经营业务过程中所发生的各项销售费用，包括转让、销售、结算和出租开发产品等。执行《企业会计准则》或《小企业会计准则》的企业，根据会计“利润表”中“销售费用”项目的本期金额数填报。执行其他企业会计制度的企业，根据会计“利润表”中“营业费用（或经营费用）”项目的本期金额数填报。

**7.主营业务税金及附加**：指企业经营主要业务应负担的营业税、消费税、城市维护建设税、教育费附加等。根据会计“主营业务税金及附加”科目的期末借方余额（结转前）填报。执行《企业会计准则》或《小企业会计准则》的企业，如未设置该科目，以“营业税金及附加”代替填报。

**8.管理费用**：指企业为组织和管理企业生产经营所发生的费用，包括企业在筹建期间内发生的开办费、董事会和行政管理部门在企业经营管理中发生的，或者应当由企业统一负担的公司经费等。根据会计“利润表”中“管理费用”项目的本期金额数填报。

**9.财务费用**：指企业为筹集生产经营所需资金等而发生的筹资费用，包括企业生产经营期间发生的利息支出（减利息收入）、汇兑损失（减汇兑收益）以及相关的手续费等。根据会计“利润表”中“财务费用”项目的本期金额数填报。

**10.营业利润**：指企业从事生产经营活动所取得的利润。执行《企业会计准则》的企业，营业利润为营业收入减去营业成本、营业税金及附加、销售费用、管理费用、财务费用、资产减值损失，再加上公允价值变动收益和投资收益；执行《小企业会计准则》的企业，营业利润为营业收入减去营业成本、营业税金及附加、销售费用、管理费用、财务费用，再加上投资收益后的金额；执行其他企业会计制度的企业，营业利润为主营业务收入减去主营业务成本、主营业务税金及附加，加上其他业务利润后，再减去销售费用、管理费用、财务费用后的金额。根据会计“利润表”中“营业利润”项目的本期金额数填报。

**11.营业外收入**：指企业发生的与经营业务无直接关系的各项收入，包括非流动资产处置利得、非货币性资产交换利得、债务重组利得、政府补助、盘盈利得、捐赠利得等。执行《企业会计准则》或《小企业会计准则》的企业，根据会计“利润表”中“营业外收入”项目的本期金额数填报；执行其他企业会计制度的企业，“营业外收入”中不含“补贴收入”。

**12.营业外支出**：指企业发生的与经营业务无直接关系的各项支出，包括非流动资产处置损失、非货币性资产交换损失、债务重组损失、公益性捐赠支出、非常损失、盘亏损失等。根据会计“利润表”中“营业外支出”项目的本期金额数填报。

**13.利润总额**：指企业在一定会计期间的经营成果，是生产经营过程中各种收入扣除各种耗费后的盈余，反映企业在报告期内实现的亏盈总额。根据会计“利润表”中“利润总额”项目的本期金额数填报。执行《企业会计准则》或《小企业会计准则》的企业，利润总额为营业利润加上营业外收入，减去营业外支出后的金额；执行其他企业会计制度的企业，利润总额为营业利润加上投资收益、补贴收入、营业外收入，再减去营业外支出后的金额。

**14.应交所得税**：指企业按税法规定，应从生产经营等活动的所得中缴纳的税金。执行《企业会计准则》或《小企业会计准则》的企业，根据会计“利润表”中“所得税费用”项目的本期金额数填报；执行其他企业会计制度的企业，根据会计“利润表”中“所得税”项目的本期金额数填报。

## 二、房地产开发投资指标

**1.计划总投资**：指房地产开发企业在建的建设工程按照总体设计（或按设计概算或预算）规定的内容

全部建成计划需要的总投资。

**2.自开始建设累计完成投资**：指房地产开发企业在建的房屋建设工程或正在开发的土地开发工程从开始建设到本期止累计完成的全部投资。其计算范围原则上应与“计划总投资”指标包括的工程内容相一致。

报告期以前已建成投产或停、缓建工程完成的投资以及拆除、报废工程的投资，仍应包括在内。但转出的“在建工程”累计投资应予以扣除，转入的“在建工程”以前年度完成的投资应当包括。

**3.完成投资**：指各种登记注册类型的房地产开发法人单位统一开发的住宅、厂房、仓库、饭店、宾馆、度假村、写字楼、办公楼等房屋建筑物，配套的服务设施，土地开发工程（如道路、给水、排水、供电、供热、通讯、平整场地等基础设施工程）和土地购置的投资；不包括单纯的土地开发和交易活动。

**4.建筑工程**：指各种房屋、建筑物的建造工程，又称建筑工作量。这部分投资额必须兴工动料，通过施工活动才能实现。

**5.安装工程**：指各种设备、装置的安装工程，又称安装工作量。

**6.设备工器具购置**：指报告期内购置或自制的，达到固定资产标准的设备、工具、器具的价值。

**7.其他费用**：指在固定资产建造和购置过程中发生的，除建筑安装工程和设备、工器具购置投资完成额以外的费用，不指经营中财务上的其他费用。包括土地出让金、大市政费、四源费（煤、热、自来水、污水）、不可预见费、旧房屋购置，基本畜禽支出，林木支出，退耕退牧还林还草、土壤改良、城市绿化，办公生活用家具、器具购置，建设单位管理费，土地征用、购置及迁移补偿费，政府收费，勘察设计费，研究实验费，可行性研究费，临时设施费，施工机械转移费，设备检验费，负荷联合试车费，土地占用、使用费，建设期应付利息，企业债券发行费，合同公证费及工程质量监测费，国外借款手续费及承诺费，汇兑损益，坏账损失，固定资产亏损及损失等。

**8.土地购置费**：指房地产开发企业通过各种方式取得土地使用权而支付的费用。土地购置费包括：（1）通过划拨方式取得的土地使用权所支付的土地补偿费、附着物和青苗补偿费、安置补偿费及土地征收管理费等；（2）通过“招、拍、挂”等出让方式取得土地使用权所支付的资金。以划拨方式取得土地所支付的资金在房地产项目竣工后计入新增固定资产，以出让方式取得土地所有权所支付的出让金不计入新增固定资产。土地购置费按当期实际发生额计入投资。土地购置费为分期付款的，应分期计入房地产开发投资。

**9.投资额按工程用途分组：**

**（1）住宅**：指专供居住的房屋，包括别墅、公寓、职工家属宿舍和集体宿舍（包括职工单身宿舍和学生宿舍）等。但不包括住宅楼中作为人防用、不住人的地下室等。

**①90平方米及以下住房**：指在房地产开发企业投资建设的商品住宅中，套型建筑面积不超过90平方米（包括90平方米）的住房。套型建筑面积是指单套住房的建筑面积，由套内建筑面积和分摊的共有建筑面积组成。现房应以商品房销售合同中实际测绘的建筑面积为统计标准，期房根据商品房预售合同中规划设计面积进行统计，待住宅竣工交付使用后，应根据实际测绘面积进行相应调整。

**②144平方米以上住房**：指在房地产开发企业投资建设的商品住宅中，套型建筑面积超过144平方米（不包括144平方米）的住房。现房应以商品房销售合同中实际测绘的建筑面积为统计标准，期房根据商品房预售合同中规划设计面积进行统计，待住宅竣工交付使用后，应根据实际测绘面积进行相应调整。

**③别墅、高档公寓**：指建筑造价和销售价格明显高于一般商品住宅的商品住宅。别墅一般指地处郊区，独立成栋的商品住宅；高档公寓一般指地处市内高档社区，高层或多层的商品住宅。别墅、高档公寓的确定标准：一是经有房地产投资计划审批权的主管部门审批建设的别墅、高档公寓开发项目；二是销售价格高于当地同等地段商品住宅平均销售价格一倍以上的别墅、公寓开发项目。该指标可以分析房地产投资结

构，反映高收入家庭商品住宅的供求平衡情况。

**（2）办公楼**：指企业、事业、机关、团体、学校、医院等单位使用的各类办公用房（又称写字楼）。

**（3）商业营业用房**：指商业、粮食、供销、饮食服务业等部门对外营业的用房，如度假村、饭店、商店、门市部、粮店、书店、供销店、饮食店、菜店、加油站、日杂等房屋。

**（4）其他**：凡不属于上述各项用途的房屋建筑物，如中小学教学用房、托儿所、幼儿园、图书馆、体育馆等。

**10.本年新增固定资产**：指在报告期已经完成建造和开发过程并交付使用的房屋和土地开发面积的价值。指房地产开发公司进行开发经营活动的最终成果，即为社会提供的固定资产，而且是在报告期内新增加的。不是反映房地产开发企业本身固定资产的增加。

**11.待开发土地面积**：指经有关部门批准，通过各种方式获得土地使用权，但尚未开工建设的土地面积。

**12.本年土地购置面积**：指在本年内通过各种方式获得土地使用权的土地面积。

**13.本年土地成交价款**：指进行土地使用权交易活动的最终金额。在土地一级市场，是指土地最后的划拨款、“招拍挂”价格和出让价；在土地二级市场是指土地转让、出租、抵押等最后确定的合同价格。土地成交价款与土地购置面积同口径，可以计算土地的平均购置价格。

14.资金来源

**（1）本年实际到位资金合计**：指房地产开发企业在本年内收到的可用于房地产开发的各种资金来源数之和，包括上年末结余资金、本年度内拨入、借入或以各种方式筹集的资金。

**（2）上年末结余资金**：指上年资金来源中没有形成投资额而结余的资金。包括尚未用到工程中的材料价值、未开始安装的需要安装设备价值及结存的现金和银行存款、新开工项目以前年度支付的土地款等。可根据有关财务数字填报。上年末结余资金不能出现负数，即不能把上年应付工程、材料款作为上年末结余资金的负数来处理。

**（3）本年实际到位资金小计**：指房地产开发企业实际拨入的，用于房地产开发的各种货币资金。包括国内贷款、利用外资、自筹资金和其他资金。

**①国内贷款**：指报告期内房地产开发企业向银行及非银行金融机构借入的，用于房地产开发的各种国内借款，包括银行利用自有资金及吸收存款发放的贷款、上级拨入的国内贷款、国家专项贷款，地方财政专项资金安排的贷款、国内储备贷款、周转贷款等。

**银行贷款**：指报告期内房地产开发企业向各商业银行、政策性银行借入的，用于房地产开发的各项贷款。

**非银行金融机构贷款**：指向除上述银行之外从事金融业务的机构借入的，用于房地产开发的各项贷款。非银行金融机构包括城市信用社、农村信用社、保险公司、金融信托投资公司、证券公司、财务公司、金融租赁公司、融资公司（中心）等。

**②利用外资**：指报告期内收到的，用于房地产开发的境外（包括外国及港澳台地区）资金（包括设备、材料、技术在内）。包括对外借款（外国政府贷款、国际金融组织贷款、出口信贷、外国银行商业贷款、对外发行债券和股票）、外商直接投资、外商其他投资（包括补偿贸易、加工装配由外商提供的设备价款、国际租赁，外商投资收益的再投资资金）。不包括我国自有外汇资金（包括国家外汇、地方外汇、留成外汇、调剂外汇和中国银行自有资金发行的外汇贷款等）。各类外资按报告期的外汇牌价（中间价）折成人民币计算。

**外商直接投资**：指外国投资者在与中国企业（政府）合资、合作或独资中以外汇现金、设备（或实物）、技术、专利或其他方式投入的资金总量。

**③自筹资金**：指各地区、各部门及企事业单位筹集用于房地产开发的预算外资金。

**自有资金**：指凡属于房地产企业（单位）所有者权益范围内，用于房地产开发的资金。是按财务制度规定归企业支配的各种自有资金。包括企业折旧资金、资本金、资本公积金、企业盈余公积金及其他自有资金，也包括通过发行股票筹集的资金。

**④其他资金来源**：指在报告期收到的除以上各种资金之外其他用于房地产开发的资金。包括国家预算内资金、债券、社会集资、个人资金、无偿捐赠的资金及用征地迁移补偿费、移民费等进行房地产开发的资金。

**定金及预收款**：定金是为使甲乙双方按约定签订正式经济合同，实现房屋交易，根据有关规定由购房者或单位在报告期交纳的押金。预收款是甲乙双方签订购销房屋合同后，在报告期由购房者或单位交付的首付款及各种手续费（包括其中的外汇）。

**个人按揭贷款**：是指按照中国人民银行（《个人住房贷款管理办法》，银发[1998]190号）中规定，贷款人（商业银行）向借款人发放的采用分期偿还方式用于购买自用普通住房的贷款。具体指具有完全民事行为能力的自然人，购买商品房时以其购买的产权住房（或银行认可的其他担保方式）为抵押，作为偿还贷款的保证而向银行申请的住房商业性贷款。从1999年2月开始，个人住房贷款可扩大到借款人自用的各类型住房贷款（《关于开展个人消费信贷的指导意见》，银发[1999]73号）。

**15.本年各项应付款合计**：指在房地产开发过程中应付未付的投资款。包括应付工程款、应付器材款、应付工资、应付有偿调入器材及工程款、其他应付款、应交税金、应交基建收入、应交投资包干结余、应交能源交通建设基金、应交预算调节基金及其他应交款。各项应付款填报本报告期实际增加数（或发生数），不是填报开始建设以来的累计数。

## 三、房地产开发企业施工和销售指标

**1.房屋施工面积**：指报告期内施工的全部房屋建筑面积。包括本期新开工的房屋建筑面积、上期跨入本期继续施工的房屋建筑面积、上期停缓建在本期恢复施工的房屋建筑面积、本期竣工的房屋建筑面积以及本期施工后又停缓建的房屋建筑面积。多层建筑应填各层建筑面积之和。

**2.房屋新开工面积**：指报告期内新开工建设的房屋建筑面积，以单位工程为核算对象，即整栋房屋的全部建筑面积，不能分割计算。不包括在上期开工跨入报告期继续施工的房屋建筑面积和上期停缓建而在本期恢复施工的房屋建筑面积。房屋的开工应以房屋正式开始破土刨槽（地基处理或打永久桩）的日期为准。

**3.房屋竣工面积**：指报告期内房屋建筑按照设计要求已全部完工，达到住人和使用条件，经验收鉴定合格或达到竣工验收标准，可正式移交使用的各栋房屋建筑面积的总和。

**4.不可销售面积**：指报告期房地产公司竣工的用于拆迁还建的房屋面积；接受委托、定向开发建设，并收取一定的管理费所建设的统建代建房屋竣工面积；竣工的学校、幼儿园、派出所、居委会、商店等公益设施建筑面积。

**5.住宅竣工套数**：指报告期内按照设计要求已全部完工，经验收合格，达到住人或使用条件的正式交给开发公司的成套住宅数量（以设计图纸为准）。

**6.房屋竣工价值**：指报告期内按规定已经上报竣工的房屋本身的建造价值。一般按房屋设计和预算规定的内容计算。包括竣工房屋本身的基础、结构、屋面、装修以及水、电、卫等附属工程的建筑价值，也包括作为房屋建筑组成部分而列入房屋建筑工程预算内的设备（如电梯、通风设备等）的购置和安装费用；不包括厂房内的工艺设备、工艺管线的购置和安装，工艺设备基础的建造；室外的水、暖、电、卫、道路工程、挡土墙等环境工程的费用，办公和生活用家具的购置等费用；购置土地的费用；迁移补偿费和场地平整的费用及城市建设配套投资。

房屋竣工价值不仅包括该竣工房屋在报告期内完成的价值，也包括跨年施工的房屋在本期以前完成的价值。未竣工而转让给其他单位的房屋建筑工程，出让单位不计算竣工价值，待接受单位继续施工并符合竣工条件后，由接受单位计算其竣工价值，包括出让单位在出让前所完成的价值。房屋竣工价值一般按结算价格（或中标价）计算。

**7.房屋出租面积**：指在报告期期末房屋开发单位出租的商品房屋的全部面积。

**8.商品房销售面积**：指报告期内出售商品房屋的合同总面积（即双方签署的正式买卖合同中所确定的建筑面积）。由现房销售面积和期房销售面积两部分组成。

**（1）现房销售面积**：指在报告期内正式签订买卖合同、已经竣工达到入住条件的商品房屋建筑面积。包括以一次性付款方式和分期付款方式销售的现房建筑面积。

**（2）期房销售面积**：指在报告期内正式签订买卖合同、正在建设尚未竣工交付使用的商品房屋建筑面积。包括以一次性付款方式和分期付款方式销售的商品房屋建筑面积。期房销售建筑面积竣工后不再结转为现房销售建筑面积。

**9.商品房销售额**：指报告期内出售商品房屋的合同总价款（即双方签署的正式买卖合同中所确定的合同总价）。该指标与商品房销售面积同口径，由现房销售额和期房销售额两部分组成。

**（1）现房销售额**：指报告期内销售的已竣工商品房屋的合同总价款。包括现房销售前期预收的定金、预收款、首付款及全部按揭贷款的本金等款项。该指标与现房销售面积同口径。

**（2）期房销售额**：指报告期内销售的正在建设尚未竣工的商品房屋的合同总价款。包括预售房屋前期预收的定金、预收款、首付款及全部按揭贷款的本金等项。该指标与期房销售面积同口径。

**10.商品住宅销售套数**：指报告期内出售商品房屋合同中总的成套住宅数量（即双方签署的正式买卖合同中所确定的成套住宅数量）。由现房销售套数和期房销售套数两部分组成。

**（1）现房销售套数**：指报告期内销售的已竣工商品房屋合同中总的成套住宅数量。

**（2）期房销售套数**：指报告期内销售的正在建设尚未竣工的商品房屋合同中总的成套住宅数量。

**11.待售面积**：指报告期末已竣工的可供销售或出租的商品房屋建筑面积中，尚未销售或出租的商品房屋建筑面积，包括以前年度竣工和本期竣工的房屋面积，但不包括报告期已竣工的拆迁还建、统建代建、公共配套建筑、房地产公司自用及周转房等不可销售或出租的房屋面积。按照商品房待售时间的长短可以划分为待售一年以下、待售一到到三年（含一年）和待售三年以上（含三年）。

## 四、主要分组指标

**1.登记注册类型**：企业法人的登记注册类型，依据在工商行政管理机关登记注册的类型填写。

机关、事业单位和社会团体及其他组织的登记注册类型，依据主要经费来源和管理方式，根据实际情况，比照《关于划分企业登记注册类型的规定》确定。工商行政管理部门对企业（单位）登记注册的类型分为以下几种：

**（1）国有企业**：指企业全部资产归国家所有，并按《中华人民共和国企业法人登记管理条例》规定登记注册的非公司制的经济组织。不包括有限责任公司中的国有独资公司。

(2) **集体企业**：指企业资产归集体所有，并按《中华人民共和国企业法人登记管理条例》规定登记注册的经济组织。

(3) **股份合作企业**：指以合作制为基础，由企业职工共同出资入股，吸收一定比例的社会资产投资组建，实行自主经营，自负盈亏，共同劳动，民主管理，按劳分配与按股分红相结合的一种集体经济组织。

(4) **联营企业**：指两个及两个以上相同或不同所有制性质的企业法人或事业单位法人，按自愿、平等、互利的原则，共同投资组成的经济组织。联营企业包括国有联营企业、集体联营企业、国有与集体联营企业和其他联营企业。

**国有联营企业**：指所有联营单位均为国有。

**集体联营企业**：指所有联营单位均为集体。

**国有与集体联营企业**：指联营单位既有国有也有集体。

**其他联营企业**：指上述三种联营企业之外的其他联营形式的企业。

(5) **有限责任公司**：指根据《中华人民共和国公司登记管理条例》规定登记注册，由两个以上，五十个以下的股东共同出资，每个股东以其所认缴的出资额对公司承担有限责任，公司以其全部资产对其债务承担责任的经济组织。有限责任公司包括国有独资公司以及其他有限责任公司。

**国有独资公司**：指国家授权的投资机构或者国家授权的部门单独投资设立的有限责任公司。

**其他有限责任公司**：指国有独资公司以外的其他有限责任公司。

(6) **股份有限公司**：指根据《中华人民共和国公司登记管理条例》规定登记注册，其全部注册资本由等额股份构成并通过发行股票筹集资本，股东以其认购的股份对公司承担有限责任，公司以其全部资产对其债务承担责任的经济组织。

(7) **私营企业**：指由自然人投资设立或由自然人控股，以雇佣劳动为基础的营利性经济组织。包括按照《公司法》、《合伙企业法》、《私营企业暂行条例》以及《个人独资企业法》规定登记注册的私营独资企业、私营有限责任公司、私营股份有限公司、私营合伙企业和个人独资企业。

**私营独资企业**：指按《私营企业暂行条例》的规定，由一名自然人投资经营，以雇佣劳动为基础，投资者对企业债务承担无限责任的企业。

**私营合伙企业**：指按《合伙企业法》或《私营企业暂行条例》的规定，由两个以上自然人按照协议共同投资、共同经营、共负盈亏，以雇佣劳动为基础，对债务承担无限责任的企业。

**私营有限责任公司**：指按《公司法》、《私营企业暂行条例》的规定，由两个以上自然人投资或由单个自然人控股的有限责任公司。

**私营股份有限公司**：指按《公司法》的规定，由五个以上自然人投资，或由单个自然人控股的股份有限公司。

**个人独资企业**：指按《个人独资企业法》、《个人独资企业登记管理办法》的规定，由一个自然人投资，财产为投资人个人所有，投资人以其个人财产对企业债务承担无限责任的经营实体。个人独资企业填表时归入私营独资企业。

(8) **其他内资企业**：指上述第（1）条至第（7）条之外的其他内资经济组织。

(9) **与港澳台商合资经营企业**：指港澳台地区投资者与内地的企业依照《中华人民共和国中外合资经营企业法》及有关法律的规定，按合同规定的比例投资设立，分享利润和分担风险的企业。

(10) **与港澳台商合作经营企业**：指港澳台地区投资者与内地企业依照《中华人民共和国中外合作经

营企业法》及有关法律的规定，依照合作合同的约定进行投资或提供条件设立，分配利润、分担风险和亏损的企业。

**（11）港澳台商独资经营企业**：指依照《中华人民共和国外资企业法》及有关法律的规定，在内地由港澳台地区投资者全额投资设立的企业。

**（12）港澳台商投资股份有限公司**：指根据国家有关规定，经商务部（原外经贸部）批准设立，并且其中港、澳、台商的股本占公司注册资本的比例达 25%以上的股份有限公司。凡其中港、澳、台商的股本占公司注册资本的比例小于 25%的，属于内资中的股份有限公司。

**（13）其他港、澳、台商投资企业**：指在中国境内参照《外国企业或个人在中国境内设立合伙企业管理办法》和《外商投资合伙企业登记管理规定》，依法设立的港、澳、台商投资合伙企业。

**（14）中外合资经营企业**：指外国企业或外国人与中国内地企业依照《中华人民共和国中外合资经营企业法》及有关法律的规定，按合同规定的比例投资设立，分享利润和分担风险的企业。

**（15）中外合作经营企业**：指外国企业或外国人与中国内地企业依照《中华人民共和国中外合作经营企业法》及有关法律的规定，依照合作合同的约定进行投资或提供条件设立，分配利润、分担风险和亏损的企业。

**（16）外资企业**：指依照《中华人民共和国外资企业法》及有关法律的规定，在中国内地由外国投资者全额投资设立的企业。

**（17）外商投资股份有限公司**：指根据国家有关规定，经商务部（原外经贸部）批准设立，并且其中外资的股本占公司注册资本的比例达 25%以上的股份有限公司。凡其中外资股本占公司注册资本的比例小于 25%的，属于内资中的股份有限公司。

**（18）其他外商投资企业**：指在中国境内依照《外国企业或个人在中国境内设立合伙企业管理办法》和《外商投资合伙企业登记管理规定》，依法设立的外商投资合伙企业。

**2．企业控股情况**：根据企业实收资本中某种经济成分的出资人的实际投资情况，或出资人对企业资产的实际控制、支配程度进行分类。具体分为国有控股、集体控股、私人控股、港澳台商控股、外商控股和其他六类。

**（1）国有控股**：包括：

①在企业的全部实收资本中，国有经济成分的出资人拥有的实收资本（股本）所占企业全部实收资本（股本）的比例大于 50%的国有绝对控股。

②在企业的全部实收资本中，国有经济成分的出资人拥有的实收资本（股本）所占比例虽未大于 50%，但相对大于其他任何一方经济成分的出资人所占比例的国有相对控股；或者虽不大于其他经济成分，但根据协议规定拥有企业实际控制权的国有协议控股。

③投资双方各占 50%，且未明确由谁绝对控股的企业，若其中一方为国有经济成分的，一律按国有控股处理。

**（2）集体控股**：包括：

①在企业的全部实收资本中，集体经济成分的出资人拥有的实收资本（股本）所占企业全部实收资本（股本）的比例大于 50%的集体绝对控股。

②在企业的全部实收资本中，集体经济成分的出资人拥有的实收资本（股本）所占比例虽未大于 50%，但相对大于其他任何一方经济成分的出资人所占比例的集体相对控股；或者虽不大于其他经济成分，但根据协议规定拥有企业实际控制权的集体协议控股。

**（3）私人控股**：包括：

①在企业的全部实收资本中，私人经济成分的出资人拥有的实收资本（股本）所占企业全部实收资本（股本）的比例大于 50%的私人绝对控股。

②在企业的全部实收资本中，私人经济成分的出资人拥有的实收资本（股本）所占比例虽未大于 50%，但相对大于其他任何一方经济成分的出资人所占比例的私人相对控股；或者虽不大于其他经济成分，但根据协议规定拥有企业实际控制权的私人协议控股。

**（4）港澳台商控股**：包括：

①在企业的全部实收资本中，港澳台商经济成分的出资人拥有的实收资本（股本）所占企业全部实收资本（股本）的比例大于 50%的港澳台商绝对控股。

②在企业的全部实收资本中，港澳台商经济成分的出资人拥有的实收资本（股本）所占比例虽未大于 50%，但相对大于其他任何一方经济成分的出资人所占比例的港澳台商相对控股；或者虽不大于其他经济成分，但根据协议规定拥有企业实际控制权的港澳台商协议控股。

**（5）外商控股**：包括：

①在企业的全部实收资本中，外商经济成分的出资人拥有的实收资本（股本）所占企业全部实收资本（股本）的比例大于 50%的外商绝对控股。

②在企业的全部实收资本中，外商经济成分的出资人拥有的实收资本（股本）所占比例虽未大于 50%，但相对大于其他任何一方经济成分的出资人所占比例的外商相对控股；或者虽不大于其他经济成分，但根据协议规定拥有企业实际控制权的外商协议控股。

**（6）其他**：除上述五类以外的企业控股情况。

**3. 隶属关系**：指本单位隶属于哪一级行政管理单位，按照国家标准《单位隶属关系代码》（GB/T12404-1997）分为：中央、省、地、县、街道、镇、乡、居民委员会、村民委员会和其他。

中央与地方双重领导的单位，以领导为主的一方来划分中央属或地方属。

各级政府（中央，省，地，县，街道、镇、乡）、党委、人大、政协等机关的隶属关系填写本级。如：省政府的隶属关系填“省”。

居委会、村委会的隶属关系分别填“居委会”和“村委会”。

隶属于“中央”的单位兴办的集体企业，隶属关系填“其他”；省属以下的企业（单位）办的企业（单位），其隶属关系与企业（单位）本身的隶属关系一致。

无主管部门的单位、本省（自治区、直辖市）在外省（自治区、直辖市）的办事机构所开办的第三产业等单位填“其他”。